国家级一流本科专业建设点
高等教育会计类创新应用型规划教材

Governmental Accounting

政府会计（第二版）

黄海燕　韩　宜　主　编
黄　约　林勇军　副主编

东北财经大学出版社　大连
Dongbei University of Finance & Economics Press

图书在版编目（CIP）数据

政府会计 / 黄海燕，韩宜主编．—2版．—大连：东北财经大学出版社，2025.1（2026.1重印）．—（高等教育会计类创新应用型规划教材）．—ISBN 978-7-5654-5525-4

Ⅰ．F810.6

中国国家版本馆CIP数据核字第20251UV142号

东北财经大学出版社出版

（大连市黑石礁尖山街217号　邮政编码　116025）

网　　址：http://www.dufep.cn

读者信箱：dufep@dufe.edu.cn

大连天骄彩色印刷有限公司印刷　东北财经大学出版社发行

幅面尺寸：185mm×260mm　字数：499千字　印张：21

2025年1月第2版　2026年1月第2次印刷

责任编辑：王　莹　刘慧美　责任校对：惠恩乐

封面设计：原　皓　版式设计：原　皓

定价：52.00元

教学支持　售后服务　联系电话：（0411）84710309

如有印装质量问题，请联系营销部：（0411）84710711

第二版前言

近十余年来，我国的财税体制改革不断深化，预算制度和政府会计体系不断完善，发挥了财政在国家治理中的基础和重要支柱作用。2013年党的十八届三中全会作出“建立权责发生制的政府综合财务报告制度”的重要战略部署，2017年党的十九大报告提出“建立全面规范透明、标准科学、约束有力的预算制度，全面实施绩效管理”。2022年党的二十大报告提出“健全现代预算制度，优化税制结构，完善财政转移支付体系”。

2014年8月第十二届全国人民代表大会常务委员会第十次会议对《中华人民共和国预算法》（以下简称《预算法》）进行了第一次修订，修订后的《预算法》对各级政府财政部门按年度编制以权责发生制为基础的政府综合财务报告提出了明确要求。2014年12月，国务院批转了财政部制定的《权责发生制政府综合财务报告制度改革方案》，财政部加快推进政府会计标准体系建设。自2015年以来，财政部先后发布了《政府会计准则——基本准则》（以下简称《基本准则》）和10项具体准则、《政府会计制度——行政事业单位会计科目和报表》（以下简称《政府会计制度》）、《中央财政预算管理一体化资金支付管理办法（试行）》、《财政总会计制度》等准则制度，这一系列举措对于提高政府会计信息质量、提升行政事业单位的财务和预算管理水平、全面实施绩效管理、建立现代财政制度具有重要的政策支撑作用。

本书依据《基本准则》、具体准则及应用指南、《政府会计制度》，结合行政事业单位会计实务工作中的具体业务编写而成。全书共分为十章。第一章为总论，主要阐述政府会计的概念及其构成、财政预算管理制度、政府会计规范体系、政府会计要素与会计等式、政府会计核算方法；第二章为收入与预算收入，阐述了收入与预算收入的定义、分类、内容与确认条件，以及相关业务的会计核算；第三章为费用与预算支出，阐述了费用与预算支出的定义、分类、内容与确认条件，以及相关业务的会计核算；第四章和第五章为资产，分别阐述了流动资产和非流动资产的定义、分类、内容与确认条件，以及相关业务的会计核算；第六章为负债，阐述了负债的定义、分类、内容与确认条件，以及相关业务的会计核算；第七章为净资产，阐述了净资产的定义、分类、内容与确认条件，以及相关业务的会计核算；第八章为预算结余，阐述了预算结余的定义、分类、内容与确认条件，以及相关业务的会计核算；第九章和第十章为政府会计报告，分别阐述了政府财务会计报表和政府预算会计报表的种类和编制方法。

为深入贯彻落实习近平总书记关于教育的重要论述和全国教育大会精神，贯彻落实中共中央办公厅、国务院办公厅《关于深化新时代学校思想政治理论课改革创新的若干意见》，把思想政治教育贯穿人才培养体系，全面推进高校课程思政建设，发挥好每门课程的育人作用，提高高校人才培养质量，教育部于2020年制定了《高等学校课程思政建设指导纲要》。为全面贯彻党的教育方针，落实立德树人根本任务，扎实推进习近平新时代中国特色社会主义思想进课程教材，国家教材委员会于2021年先后制定了《习近平新时代中国特色社会主义思想进课程教材指南》《“党的领导”相关内容进大中小学课程教材指南》。本书依据这些指导纲要和指南，结合本学科的独特优势和资源，将其进行了有机融入。

本书的主要特点如下：

1. 紧跟最新的会计规范。本书以最新的政府会计准则和政府会计制度为依据，以政府会计核算为核心内容，详细讲解了政府会计的主要账务处理过程。

2. 突出实用性。本书坚持理论联系实际，以大量的例题或实例阐述政府会计实务，同时在每一章章末编写了多类型的习题，旨在帮助本书使用者巩固对重难点问题的理解和掌握，从而提高实践操作能力。

3. 融入课程思政元素。本书的课程思政元素设计以习近平新时代中国特色社会主义思想为指导，结合政府会计课程教学特点，坚持以马克思主义的科学立场、方法解决理论与实践问题，强化“四个自信”在政府会计课程思政教学中的引领作用，通过“学思践悟”栏目将思政元素自然融入课程内容，以“润物细无声”的方式将先进的思想引领与正确的价值追求传递给学习者，助力培养德智体美劳全面发展的高素质应用型会计专门人才。

4. 配套课程资源丰富。本书配有多媒体课件、教案、教学大纲、教学周历等辅助资料。

本书应用性强、易于自学，既可以作为学生教材使用，也可以作为相关会计人员的培训资料和后续学习提高的参考资料。

全书由黄海燕确定内容框架，由黄海燕、韩宜担任主编，黄约、林勇军担任副主编。各章编写分工如下：第一、四、五、六、九、十章由黄海燕编写，第二、三、七、八章由韩宜编写，最后由黄海燕对全书进行统稿。黄约、林勇军编写了本书的多媒体课件、教案、教学大纲、教学周历、练习题参考答案等辅助资料。

本书是湖北经济学院“会计学”“财务管理”“审计学”国家级一流本科专业建设点和湖北经济学院教研项目“融入课程思政元素的会计学专业立体化教材建设研究”（项目编号YB202117）的建设成果之一。

本书在编写过程中参考了财政部发布的有关会计准则与会计制度的文件资料，以及一些专家学者的著作，本书的出版得到了东北财经大学出版社各位编辑的支持与协助，在此一并表示感谢。

虽然在本书编写过程中我们进行了多次讨论研究，成稿后多次复核，力求内容编排合理、避免错误，但仍难免存在疏漏之处，敬请专家学者和广大读者批评指正，以便我们进行后续的充实与完善。

编　者

2024年11月于武汉

目录

第一章 总 论

【学习目标】

了解政府与政府会计的概念及其构成；了解财政预算管理制度、政府会计规范体系；掌握政府会计要素与会计等式；熟悉政府会计核算方法。

第一节 政府会计概述

一、政府会计的概念及适用的政府组织

（一）政府会计的概念

政府会计是现代会计学中与企业会计相对应的另一分支。它是以预算（政府预算和单位预算）管理为中心，以经济和社会事业发展为目的，以预算收支核算为重点，用于核算社会再生产过程中属于分配领域的各级政府部门、行政单位、事业单位预算资金运动过程和结果的会计体系。根据我国的财政预算管理制度，政府会计体系由财政总会计、政府单位会计与参与执行预算会计的收入征解会计、国库会计等组成。财政总会计是指各级财政部门核算和监督政府预算执行和各项财政性资金的专业会计。政府单位会计是指各级各类行政事业单位以货币为计量单位，对单位的各项经济资源进行全面、系统、连续的核算和监督的专业会计。收入征解会计是税务机关核算税收收入，反映和监督税款的征收、解缴、入库和提退情况的一种专业会计。国库会计是由代理国库业务的中国人民银行和商业银行核算、反映、监督政府预算资金的收纳、划分、报解和支拨，并对预算资金的结存进行日常管理的一种专业会计。

根据我国现行政府会计制度体系，我国政府会计分为政府财政会计（即财政总会计）和政府单位会计两大部分。前者由各级政府财政部门（税收部门）、各级人民银行执行，后者由各个政府单位执行。收入征解会计和国库会计可视为政府财政会计的延伸。

（二）中国政府会计适用的政府组织

政府会计的基本职能主要是核算和监督政府活动中的经济资源情况，既要反映政府公共管理服务活动中的经济资源情况，也要反映政府公益服务活动中的经济资源情况。因此，政府会计适用的政府组织应当是经济学意义上的政府组织，包括全部政府权力机构和公立非营利组织。

与我国的财政预算管理体制相适应，我国政府会计适用的政府组织包括国家机关、军队、政党组织、社会团体、事业单位和其他单位[①]，可以分为三大类：行政单位、事业单

① 军队、已纳入企业财务管理体系的单位和执行《民间非营利组织会计制度》的社会团体，不适用《政府会计准则》。

位和公立社会团体。

行政单位是指进行国家行政管理、组织经济建设和文化建设、维护社会公共秩序的单位，主要包括国家权力机关、行政机关、司法机关，以及实行预算管理的其他机关、政党组织等。我国的行政单位主要有：①行政机构，包括中央和地方各级人民政府；②立法机构，包括全国和地方各级人民代表大会的常设机构；③司法和监察机构，包括最高和地方各级人民法院和人民检察院、国家和地方各级监察委员会；④政党和政治协商机构，包括中国共产党、各民主党派的中央和地方组织，全国和地方各级人民政治协商会议的常设机构等；⑤军队，包括中国人民解放军和中国人民武装警察部队各级组织和单位。

事业单位，是指由政府利用国有资产设立的，从事教育、科技、文化、卫生等活动的社会服务组织，包括教育、科技、文化、卫生、社会福利、体育、交通、城市公用事业、农林牧渔水、信息咨询、中介服务、勘察设计、地震测防、海洋、环境保护、检验检测、知识产权、机关后勤服务等行业的事业单位。

公立社会团体，主要是指使用国有资产和财政拨款注册成为社团法人的非营利组织。在我国使用行政编制或事业编制、由国家财政拨款的社会团体约有200个，如中华全国总工会、中国共产主义青年团中央委员会 、中华全国妇女联合会、中国文学艺术界联合会、中国科学技术协会、中国红十字总会等。

二、政府会计的特点

政府会计作为我国会计系统的一个分支，无论是其会计主体，还是其功能、记账方法、核算内容等，都有其特殊性。概括起来，我国现行的政府会计具有以下特点：

（一）公共性和非营利性

“公共性”是指政府会计主体（各级政府、各级各类行政事业单位和事业单位）属于公共部门，以实现公共职能为目的，提供公共产品和公共服务，以公共资金为核算对象，以公共事务为核算依据，以公共业务成果为主要考核指标。“非营利性”是指政府会计主体不以营利为目的，以收支而不是以收支相抵后的结转结余为主要核算内容，政府会计主体的资源提供者向该单位或组织投入资源不要求任何经济回报，追求的是公共利益。

（二）统一性和广泛性

政府会计是反映和监督预算收支执行情况以及政府财务状况、运行情况、运行成本和现金流量等信息的会计。为了在全国范围内汇总反映涉及各个方面的预算收支情况，无论是财政总会计还是政府单位会计，都需要有统一的核算内容。因此，政府会计的会计科目及其核算内容、会计报表的基本格式及填列方法等在全国是统一的。

政府会计的广泛性体现在两个方面：一是核算内容的广泛性。政府会计既要核算、反映和监督非物质生产领域的各项预算收支及其有关财务活动，又要核算、反映和监督物质生产领域上缴的税收、利润和用于物质生产领域的各项支出等有关财务活动，其涉及的内容比较广泛。二是会计主体的广泛性。政府会计包括诸多会计主体的会计核算，如财政总会计、政府单位会计（含行政单位会计和事业单位会计）、国库会计、收入征解会计等。

（三）“双功能、双基础、双报告”的核算模式

现行《财政总会计制度》《政府会计制度》构建了“财务会计与预算会计适度分离并相互衔接”的会计核算模式。适度分离，是指适度分离政府预算会计和财务会计功能，以

及决算报告和财务报告功能，全面反映政府会计主体的预算执行信息和财务信息。相互衔接，是指在同一会计核算系统中政府预算会计要素和相关财务会计要素相互协调，决算报告与财务报告相互补充，共同反映政府会计主体的预算执行信息和财务信息。因此，现行政府会计核算具有“双功能、双基础、双报告”的特点。

现行政府会计核算包括财务会计核算和预算会计核算，由此同一会计核算系统中具备财务会计和预算会计双重功能。财务会计反映和监督政府会计主体的财务状况、运行情况和现金流量等，预算会计反映和监督预算收支执行情况。政府会计实行“平行记账”，即对纳入预算管理的财政资金收支业务在进行预算会计核算的同时也进行财务会计核算；对于不同预算类型资金间的调入调出、待发国债等业务，仅需进行预算会计核算；对于其他业务，仅需要进行财务会计核算。“双基础”是指政府财务会计核算实行权责发生制，政府预算会计核算实行收付实现制。国务院另有规定的，依照其规定。“双报告”是指通过财务会计核算形成财务报告，通过预算会计核算形成决算报告。因此，政府会计报表包括财务报表和预算会计报表。政府财务报表的编制主要以权责发生制为基础，以财务会计核算生成的数据为准；预算会计报表的编制主要以收付实现制为基础，以预算会计核算生成的数据为准。

（四）加强成本核算工作

根据政府会计准则制度，2019年12月财政部颁布了《事业单位成本核算基本指引》，为事业单位开展成本核算工作提供基本遵循依据，行政单位、参照执行政府会计准则制度的非行政事业单位主体开展成本核算工作，可以参照其执行。加强政府成本核算，将有助于揭示成本发生和形成过程，明确成本影响因素，找到资源耗费的主要环节，从而便于有针对性地开展成本控制活动，减少公共资源不必要的耗费，提升单位运行效率。加强政府成本核算是出于公共服务或产品定价的需要，将有助于提高定价成本核算的准确性，为定价和成本补偿提供更科学的依据。加强行政事业单位成本核算有助于打牢成本数据基础，提高绩效评价的准确性，为完善绩效管理体系做好支撑。

政府单位成本核算与会计核算两者紧密相关又有所区别，主要体现在以下几个方面：

（1）成本核算以会计核算为基础，成本核算所需的相关基础信息数据主要由财务会计核算产生，财务会计有关明细科目设置和辅助核算应当满足成本核算的需要。

（2）部分成本核算结果会在会计核算上反映，当成本核算对象为自制或委托外单位加工的各种物品、建设工程项目、自行研究开发项目时，应当按照政府会计准则制度等规定分别通过“加工物品”“在建工程”“研发支出”等会计科目归集和结转成本，并在财务报表中列示。

（3）事业单位的大量成本核算活动虽以财务会计核算数据为基础，但其核算过程和结果相对独立于财务会计，除“加工物品”“在建工程”“研发支出”外，事业单位的费用大多通过“业务活动费用”“单位管理费用”等会计科目归集，上述费用信息用于计算业务活动、项目、单位整体、内部组织部门、业务团队等特定成本核算对象的成本，但成本核算的过程和结果无须在会计账簿和财务报表中反映。

（4）会计核算具有强制性和统一性，而成本核算需要单位根据内部管理需求和外部有关要求因地制宜地开展，成本核算对象、核算方法的选择应当与单位的行业特点、特定的成本信息需求相适应。

第二节 政府会计的财政制度环境

政府会计的财政制度环境是指对政府会计规范建立和完善产生影响作用的财政制度因素。我国的财政管理制度主要包括政府预算管理、税收管理、国家金库管理制度、政府采购管理制度等各个财政环节的具体管理制度。本节简要阐述政府预算管理制度、国家金库管理制度及其对政府会计制度产生的影响。税收管理、政府采购管理相关制度在其他专门课程中学习。

一、政府预算管理

（一）政府预算及政府预算管理的内涵

就公共财政而言，政府预算是指经法定程序审批的具有法律效力的政府财政收支计划，是政府筹集、分配和管理财政资金及宏观调控的重要工具。通常，狭义的预算指预算文件或预算书，而广义的预算则包括编制决策、审查批准、执行调整、决算绩效、审计监督等预算过程。

政府预算一般包括三个方面的内容：

（1）收入和支出的种类与数量，以及这些种类与数量所表现出来的收支的性质和作用；

（2）各级政府及各部门在处理收支问题上的关系及所处的地位和所承担的责任；

（3）在收入和支出的实现上所必须经过的编制、批准、执行、决算、管理和监督等预算过程。

政府预算管理是指政府依据法律法规对预算过程中的预算决策、资金筹集、分配、使用及绩效等进行组织、协调和监督等活动。政府预算管理是财政管理的核心组成部分，是政府对经济实施宏观调控的重要手段，也是财政管理的重要依据和综合反映。

（二）政府预算管理的要素

预算管理要素主要包括预算管理主体、管理对象、管理目标、管理手段和管理职能，各要素构成一个有机的管理系统。

1.预算管理的主体

预算管理是一个复杂的管理系统，管理主体是多层次的，主要包括财政预算法律法规的立法主体、财政预算政策的决策主体、政府预算的执行主体等。不同主体的地位和责任不同。

（1）立法主体

我国预算立法主体包括全国人民代表大会和地方各级人民代表大会及其常务委员会，负责制定具有重要地位、用以明确基本法律责任和义务、具有全局性和长期性的财政预算法律，以及审查批准年度预算和决算、预算调整等。

（2）决策主体

由于预算的决策涉及各方的利益，因此决策参与者众多，包括资金需求方、资金供给方、监督制衡方。因此，在预算的决策过程中，立法部门、行政部门、政党、审计机构、公务人员、政府退休金及养老金领取者、政府服务供应商、政府债券购买者、普通公民、新闻媒体等各利益方都会以某种方式参与到预算过程中。

（3）执行主体

国务院和地方各级人民政府负责制定财政预算有关规章、重大财政预算政策，并负责预算执行；财政部和地方各级财政部门是财政预算管理的具体执行主体，负责制定财政预算规章制度，全面、具体地实施财政预算收支计划，对财政预算活动进行日常管理；政府职能部门和单位负责执行财政部门批复的本部门、单位的预算。

2.预算管理的客体

预算管理的客体即预算管理的对象，涉及国民经济和社会发展的各个方面，涵盖政府宏观调控与微观主体活动的全过程，既包括预算法律制度的制定、预算政策的制定、预算收支体系的构建、预算收支形式和结构的选择及预算管理体制的确定，又包括预算机构的设置、人员的配备、预算信息的传导、预算收入的具体征纳、预算支出的资金拨付和具体运用等，它贯穿于预算活动的全过程。

3.预算管理的范围

我国《预算法》规定：预算由预算收入和预算支出组成。政府的全部收入和支出都应纳入预算。

4.预算管理目标

政府预算管理目标：一是通过对预算分配活动的决策、计划、组织、协调和监督，优化财政资源配置，促进国民经济健康发展和社会各项事业全面进步；二是通过预算管理活动，使财政资金运行规范透明、严格高效，提高预算资金的使用效率。

5.预算管理的手段

预算管理的手段是指预算管理主体为了达到管理目标所选择的工具和方法，大体上分为经济手段、法律手段、行政手段三大类。经济手段运用各种经济杠杆对预算进行约束和控制。法律手段是指财政预算立法、执法、监督等一系列管理活动。行政手段是依靠行政力量，采用命令、指示、规定等形式对财政预算分配活动实施各种管理。

（三）我国政府预算管理的组织体系

我国政府预算管理按照国家政权级次、行政区划和行政管理体制，实行“统一领导，分级管理，分工负责”，因而我国政府预算的管理涉及中央和地方各地区、各部门、各单位。其组织系统纵向由中央和地方各级预算主体和编制主体即各级政府构成；在各级政府预算中横向由国家政权机关、行政领导机关、财政职能部门及各类专门机构构成。

1.纵向体系

根据各级预算及编制主体间的纵向关系，可以从预算管理级次、预算编制主体、行政隶属关系和经费领拨关系来划分我国政府预算管理体系。

（1）按照预算管理级次划分

由于政府预算是政府的基本收支计划，为政府履行职责、提供公共产品与服务给予财力保障，因而预算管理体系必然与行政管理体制相一致，即一级政府、一级财政、一级预算。根据《中华人民共和国宪法》（以下简称《宪法》）的规定，我国目前从中央到地方共有五级政府，即中央，省、自治区、直辖市，设区的市、自治州，县、自治县、旗、不设区的市、市辖区，乡、民族乡、镇。与之相适应，《预算法》第三条规定：国家实行一级政府一级预算，设立中央，省、自治区、直辖市，设区的市、自治州，县、自治县、旗、不设区的市、市辖区，乡、民族乡、镇五级预算。省、自治区、直辖市预算及以下为地方预算。

（2）按照预算编制主体划分

按预算编制主体划分，预算可分为总预算、本级预算、部门预算和单位预算。

总预算是各级政府的基本财政计划，由各级财政部门编制。《预算法》第三条规定："全国预算由中央预算和地方预算组成。地方预算由各省、自治区、直辖市总预算组成。地方各级总预算由本级预算和汇总的下一级总预算组成；下一级只有本级预算的，下一级总预算即指下一级的本级预算；没有下一级预算的，总预算即指本级预算。"

本级预算是指经法定程序批准的本级政府的财政收支计划，它由本级各部门（含直属预算单位）的预算组成，同时包括下级政府向上级政府上解的收入和上级政府对下级政府的返还或补助。

部门预算反映本级各部门（含直属单位）所属所有单位全部收支的预算，由部门机关及所属各单位预算组成。本级各部门是指与本级政府财政部门直接发生预算缴款、拨款关系的国家机关、政党组织和社会团体（中央部门含军队），直属单位是指与本级政府财政部门直接发生缴款、拨款关系的企业和事业单位。

单位预算是指列入部门预算的国家机关、社会团体和其他单位的收支计划。

（3）按照行政隶属关系和经费领拨关系划分

按照行政隶属关系和经费领拨关系划分，预算可分为：一级预算单位、二级预算单位和基层预算单位。

一级预算单位是指与同级政府财政部门发生预算领拨关系的单位，如一级预算单位还有下级单位，则该单位又称主管预算单位。

二级预算单位是指与一级预算单位发生经费领拨关系，下面还有所属预算单位的单位。

基层预算单位是与二级或一级预算单位发生经费领拨关系，下面没有所属预算单位的单位。

2.横向体系

根据预算管理各机构间的横向关系，政府预算管理体系由政府预算的监督管理机构、组织领导机构、主管职能部门和各类专门管理机构组成。

（1）政府预算的监督管理机构——立法机构

各国的立法机构均有对政府预算的方案制定、预算收支落实、预算结果评价的审查批准和监督管理权限，这也是公共选择机制的具体体现。

我国《预算法》第八十三条规定："全国人民代表大会及其常务委员会对中央和地方预算、决算进行监督。县级以上地方各级人民代表大会及其常务委员会对本级和下级预算、决算进行监督。乡、民族乡、镇人民代表大会对本级预算、决算进行监督。"

（2）政府预算的组织领导机构——各级政府

政府预算的日常管理贯穿于政府预算编制、执行和决算的全过程。按照我国《预算法》的规定，各级预算由本级政府组织编制、执行和决算，即负责政府预算管理的组织领导机关是国务院及地方各级人民政府。国务院作为国家最高行政机关，负责组织中央预算和全国预算的管理；地方各级人民政府负责本级政府预算和本行政区域内总预算的管理，并负责对本级各部门和所属下级政府预算管理进行检查和监督。

（3）政府预算的主管职能部门——财政部门

根据我国《预算法》的规定，政府预算的具体编制、执行和决算机构是本级政府财政部门，即各级政府财政部门是对预算管理进行具体负责和管理的职能机构，是预算收支管理的主管机构。

《预算法》第二十五条规定："国务院财政部门具体编制中央预算、决算草案；具体组织中央和地方预算的执行；提出中央预算预备费动用方案；具体编制中央预算的调整方案；定期向国务院报告中央和地方预算的执行情况。地方各级政府财政部门具体编制本级预算、决算草案；具体组织本级总预算的执行；提出本级预算预备费动用方案；具体编制本级预算的调整方案；定期向本级政府和上一级政府财政部门报告本级总预算的执行情况。

（4）政府预算收支的具体管理机构

政府预算收支的具体管理工作，由财政部门统一负责组织，并按各项预算收支的性质和不同的管理办法，分别由财政部门和各主管收支的专职机构负责组织管理，即除财政部门外，国家还根据预算收支的不同性质和不同管理办法，设立或指定专门的管理机构负责参与组织政府预算的有关管理工作。

组织预算收入执行的机关主要有税务机关和海关；参与组织预算支出执行的机关主要有中央银行、有关商业银行和政策性银行。国家金库负责办理预算收入的收纳、划分和留解，办理预算资金的拨付，办理现金余额的管理。

各职能部门、预算单位是预算管理中部门预算和单位预算的执行主体。中央和地方各级主管部门负责执行本部门的部门预算和财务收支计划，提出本部门预算调整方案，定期向同级财政部门报告预算执行情况；各行政事业单位、国有企业负责本单位预算和企业财务收支计划的执行。

除上述机构外，我国预算管理机构还包括审计部门及有关社会中介组织，它们参与对政府预算的审计与评价。

《预算法》第二章"预算管理职权"明确规定了各级立法机构、各级政府、各级政府财政部门和各部门、各单位的预算管理权限。

3.预算功能体系

预算由预算收入和预算支出组成。政府的全部收入和支出都应当纳入预算。按照功能划分，我国的政府预算包括一般公共预算、政府性基金预算、国有资本经营预算、社会保险基金预算。

一般公共预算、政府性基金预算、国有资本经营预算、社会保险基金预算应当保持完整、独立。政府性基金预算、国有资本经营预算、社会保险基金预算应当与一般公共预算相衔接。

（1）一般公共预算

一般公共预算是对以税收为主体的财政收入，安排用于保障和改善民生、推动经济社会发展、维护国家安全、维持国家机构正常运转等方面的收支预算。

中央一般公共预算包括中央各部门（含直属单位）的预算和中央对地方的税收返还、转移支付预算。中央一般公共预算收入包括中央本级收入和地方向中央的上解收入。中央一般公共预算支出包括中央本级支出、中央对地方的税收返还和转移支付。

地方各级一般公共预算包括本级各部门（含直属单位，下同）的预算和税收返还、转移支付预算。地方各级一般公共预算收入包括地方本级收入、上级政府对本级政府的税收返还和转移支付、下级政府的上解收入。地方各级一般公共预算支出包括地方本级支出、对上级政府的上解支出、对下级政府的税收返还和转移支付。

一般公共预算收入包括各项税收收入、行政事业性收费收入、国有资源（资产）有偿使用收入、转移性收入和其他收入。

一般公共预算支出按照其功能分类，包括一般公共服务支出，外交、公共安全、国防支出，农业、环境保护支出，教育、科技、文化、卫生、体育支出，社会保障及就业支出和其他支出。一般公共预算支出按照其经济性质分类，包括工资福利支出、商品和服务支出、资本性支出和其他支出。

（2）政府性基金预算

政府性基金预算是对依照法律、行政法规的规定在一定期限内向特定对象征收、收取或者以其他方式筹集的资金，专项用于特定公共事业发展的收支预算。

政府性基金预算应当根据基金项目收入情况和实际支出需要，按基金项目编制，做到以收定支。

2017年以来我国纳入全国政府性基金预算管理的基金共20项，包括铁路建设基金、民航发展基金、高等级公路车辆通行附加费、国家重大水利工程建设基金、水利建设基金、城市基础设施配套费、农网还贷资金、教育费附加、地方教育附加、文化事业建设费、国家电影事业发展专项资金、旅游发展基金、中央水库移民扶持基金（包括大中型水库移民后期扶持基金、跨省大中型水库库区基金、三峡水库库区基金）、地方水库移民扶持基金（包括省级大中型水库库区基金、小型水库移民扶助基金）、残疾人就业保障金、森林植被恢复费、可再生能源发展基金、船舶油污损害赔偿基金、核电站乏燃料处理处置基金、废弃电器电子产品处理基金。

政府性基金按收入来源可划分为向社会征收的基金和其他收入来源的基金；按收入归属划分为中央收入的基金、地方收入的基金、中央与地方共享收入的基金三类；按照征收地区可划分为向全国征收的基金和向特定地区征收的基金。

（3）国有资本经营预算

国有资本经营预算是对国有资本收益作出支出安排的收支预算。国有资本经营预算应当按照收支平衡的原则编制，不列赤字，并安排资金调入一般公共预算。

国有资本经营预算的基本内容包括收入预算和支出预算。国有资本经营预算收入包括从国家出资企业分得的利润、国有资产转让收入、从国家出资企业取得的清算收入和其他国有资本收入。国有资本经营预算支出主要用于国有经济和产业结构调整、中央企业灾后恢复生产重建、中央企业重大技术创新、节能减排、境外矿产资源权益投资以及改革重组补助支出等。

（4）社会保险基金预算

社会保险基金预算是对社会保险缴款、一般公共预算安排和其他方式筹集的资金，专项用于社会保险的收支预算。社会保险基金预算应当按照统筹层次和社会保险项目分别编制，做到收支平衡。

现阶段，我国的社会保险基金预算收入包括：单位缴纳的社会保险费收入、职工个人缴纳的社会保险费收入、基金利息收入、财政补贴收入、转移收入、上级补助收入、下级上解收入和其他收入。上述基金收入项目按规定分别形成基本养老保险基金、基本医疗保险基金和失业保险基金。社会保险基金预算支出项目包括：社会保险待遇支出、转移支出、补助下级支出、上解上级支出和其他支出。

政府预算体系的构成如图1-1所示。

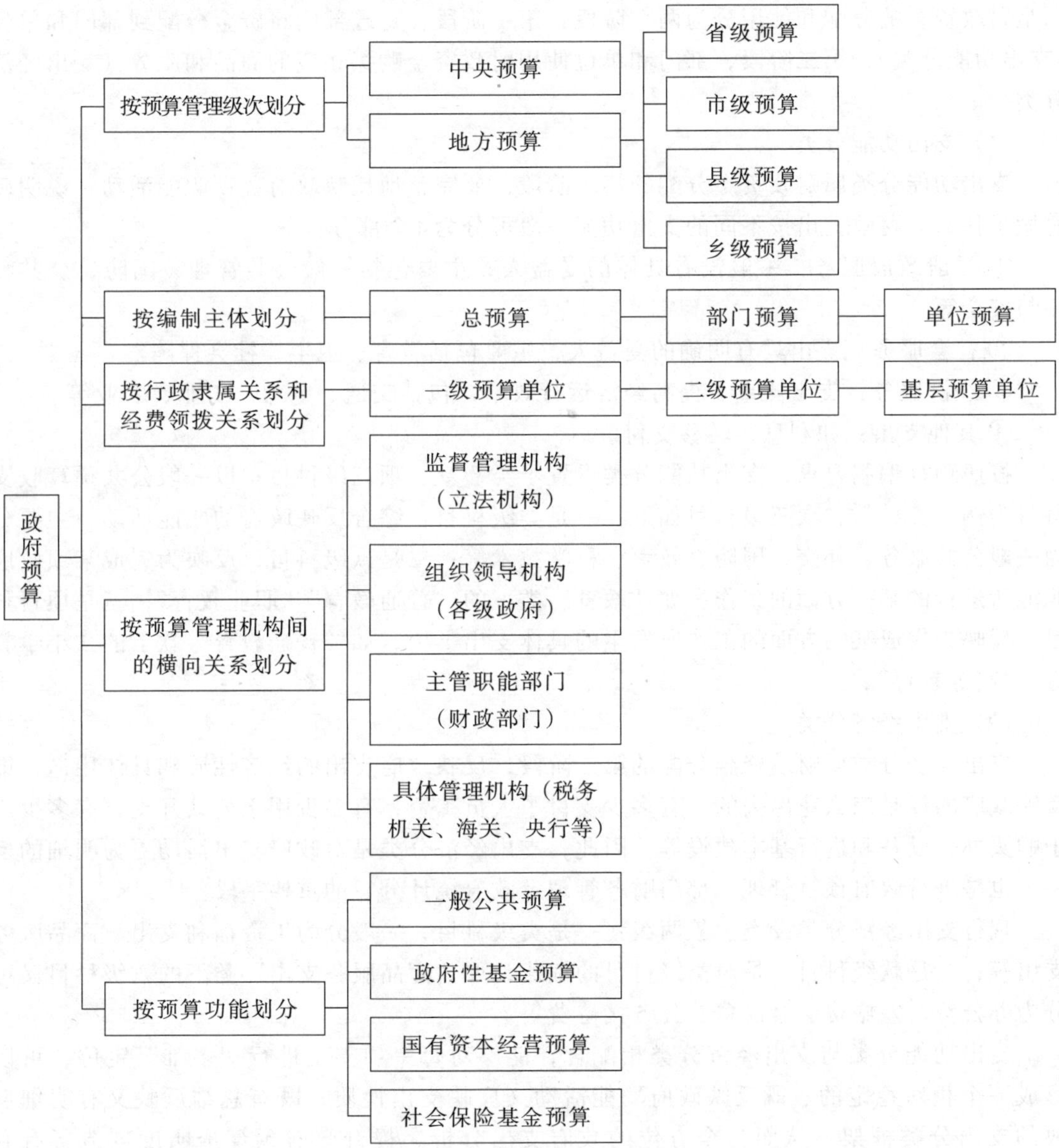

图1-1　政府预算体系的构成

（四）我国政府预算收支分类

1.收入分类

我国对政府收入进行统一分类管理，完整反映政府收入的来源和性质，全面、规范、细致地反映政府的各项收入，说明政府的钱都是从哪里来的。按照收入的来源和性质，政府收入划分为：税收收入、非税收入、债务收入及转移性收入。

2.支出分类

现行支出分类体系将政府支出按职能和经济性质分设了两层既相互独立又紧密联系的支出分类体系。这种设置的理论依据与财政资金使用去向细化透明的要求有关，现实依据则是财政资金的分配和使用分为两个阶段：第一阶段，财政部门将资金分配到部门和单位（支出功能分类）；第二阶段，部门和单位使用财政资金购买相应的商品和服务（支出经济分类）。

（1）支出功能分类

支出功能分类属财政资金分配的第一阶段，要完整地反映政府各项职能活动，说明政府做了什么。财政支出按不同的支出功能一般可分为4个部分：

① 一般政府服务：一般没有具体的受益人，主要包括一般公共管理、国防、公共秩序与安全等。

② 社会服务：支出具有明确的受益人，主要包括教育、卫生、社会保障。

③ 经济服务：支出侧重于提高经济运行效率，包括交通、电力、工业、农业等。

④ 其他支出：如利息、转移支付。

按照预算编制要求，支出功能分类设置了类、款、项三级科目。以一般公共预算收支科目为例，类、款、项三级科目如下：一是类级科目，综合反映政府的职能活动，主要分为一般公共服务、外交、国防、教育、科学技术等；二是款级科目，反映为完成某项政府职能所进行的某一方面的工作，如“教育”类下的“普通教育”“职业教育”；三是项目科目，反映为完成某一方面的工作所发生的具体支出事项，如“普通教育”款下的“小学教育”“高等教育”。

（2）支出经济分类

支出经济分类属财政资金分配的第二阶段，反映政府支出的经济性质和具体用途，即反映政府的钱是怎么花出去的，有多少支付了人员工资，有多少用于公共开支，有多少用于购买办公设备和进行基本建设等。因此，支出经济分类是对政府支出活动更为明细的反映，也是进行政府预算管理、部门财务管理及政府统计分析的重要手段。

现行支出经济分类设类、款两级：一是类级科目，一般分为工资福利支出、商品服务支出等；二是款级科目，是对类级科目的细化，如“商品服务支出”类下的款级科目又可分为办公费、差旅费、会议费、公务接待费等。

支出功能分类与支出经济分类相配合，能够对每一项支出进行“多维”定位，可以形成一个相对稳定的、既反映政府职能活动又反映支出性质、既有总结反映又有明细反映的支出分类框架，从而为全方位的政府支出分析、提升政府预算透明度创造了有利条件。

支出分类表的格式如表1-1所示。

表1-1　　**支出分类表**

单位编码	功能分类				经济分类							合计
					工资福利支出			基本建设支出			……	
	科目代码			科目名称	基本工资	津贴补贴	……	办公设备购置	专用设备购置	……		
	类	款	项									
666	205			教育支出								
		02		普通教育								
			05	高等教育	185	390		150	430	……	……	3 379

二、国库集中支付制度

（一）国库集中支付制度的概念

国库集中支付制度，也称国库单一账户制度，是指取消各支出部门独立开设的预算账户，由财政部门在中央银行或委托其他商业银行设立“国库单一账户”①，各级政府将所有的预算资金集中在该账户，同时，所有的预算支出均通过这一账户直接支付给商品供应者或者劳务提供者。在这个账户下设立国库分类账，详细记录各部门的可用资金，并由国库部门集中管理。财政部门设立总分类账，并在总分类账下为各部门设子账户。

国库单一账户的最大特点是：为防止国家公共资金流失、强化国家宏观调控的能力，所有预算收入都必须直接缴入国库，在实际支付前，都是财政可统一支配和调用的资金；所有预算资金均需通过国库予以拨付。

（二）国库集中支付制度的意义

国库集中支付制度作为政府支出管理的重要手段和改革预算执行的必要保障，是市场经济国家适应市场经济体制的要求，解决政府财政资金分散支付所存在弊端的国际通用方式。实行国库集中支付制度具有以下意义：

第一，从根本上解决了财政资金多环节拨付、多头管理、多户头存放的弊端，提高了财政资金的使用效益。过去，单位用款计划批准后，国库要一次将资金拨入单位银行账户，一方面形成财政资金结余多户头分散存放，另一方面却造成国库资金不足、调度困难。实行国库集中支付制度后，实现了单位用款计划与资金拨付相分离，使单位形成的结余体现为用款计划指标结余，而实际资金结余却在国库或国库集中支付专户。

第二，降低了财政资金运行成本。首先，实行国库集中支付制度后，单位的未使用资金全部结余在国库，可减少短期借款或发行的国债数量。其次，由过去向多个户头拨款变为向一个户头拨款，大大减少了在途资金量，从而降低了财政资金运行成本。

第三，强化了财政预算的执行，推进了部门预算改革步伐。过去，资金直接拨入预算单位银行账户，而单位是否按既定的预算执行、执行进度如何，只能在事后检查监督，容易形成预算和执行“两张皮”；现在，每笔支出都处在相应预算指标控制之下，财政可随时掌握各项预算的实际支出进度，为制定更加合理的部门预算提供准确资料。

① 注意：国库单一账户是我国对这一账户的表达方式，美国称之为国库总账户或一般账户，法国称之为国库公共会计账户。国库单一账户不是一个独立的账户，而是一个多级多层的账户体系。

第四，真实反映了财政资金的实际支出数，使财政部门对财经形势作出及时、准确的判断。实行国库集中支付制度后，财政总预算支出和单位支出实际上是同时形成的，财政总预算支出能真实反映财政资金的实际支出数，有利于财政部门对财经形势作出及时、准确的判断。

第五，有效防止了对财政资金的挤占、挪用和截留，从源头上预防和遏制了腐败。实行国库集中支付制度后，所有财政资金不再预拨到预算单位账户，在预算执行前就对其进行审核，结余都以指标体现，所以挤占、挪用和截留财政资金的可能性大大降低，特别是截留财政资金已不可能。由于预算单位每笔支出均要通过财政审核，随着部门预算改革的实施，预算更加细化，从而起到预防和遏制腐败的作用。

第六，提高了资金到位速度。实行国库集中支付制度后，对各预算单位来说，省去了国库向单位拨款的程序，国库在批准单位用款计划后，将其直接通过电子网络传送到会计中心，会计中心收到用款计划，单位即可使用资金，可将资金到位时间提前3~5天。

（三）国库单一账户体系的基本构成

国库单一账户体系是指在财政国库管理制度改革中设立的政府资金管理的银行账户体系，主要包括国库单一账户、零余额账户、财政专户等。国库单一账户体系如图1-2所示。

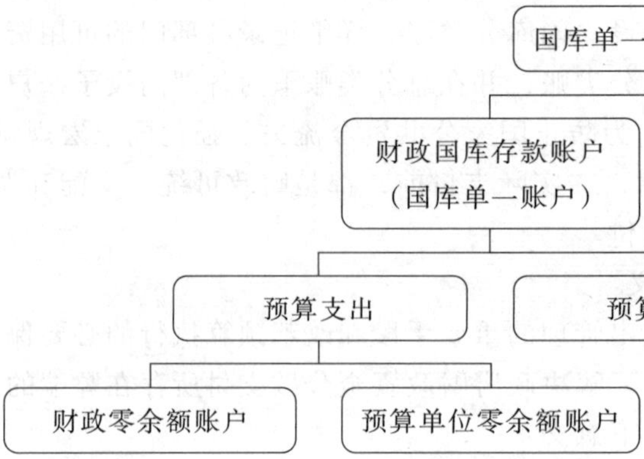

图1-2 国库单一账户体系

1.财政国库存款账户（国库单一账户）

财政国库存款账户，即国库单一账户，是指财政部门在国库业务经办机构开设的，用于记录、核算和反映预算收入与预算支出及《预算法》规定的其他预算资金活动，并用于与零余额账户进行清算的存款账户。该账户按收入和支出设置分类账，并按政府预算收支科目进行明细核算。

2.零余额账户

零余额账户是指财政部门和各部门、各单位在代理集中支付业务的银行业金融机构开设的银行结算账户，用于办理预算资金支付业务并与国库单一账户清算，日终余额为零。

零余额账户分为财政零余额账户和预算单位零余额账户。

2022年财政部发布《中央财政预算管理一体化资金支付管理办法（试行）》（财库〔2022〕5号）后，实行预算管理一体化的中央预算单位在会计核算时不再使用“零余额账户用款额度”科目。因此，在本节仅介绍财政零余额账户，该账户由财政部门在集中收付代理银行开设，由财政国库支付中心使用，由财政部门进行监督管理，用于记录、核算和反映实行直接支付方式的财政性资金活动，并与国库单一账户进行清算。该账户按支出类型和预算单位设置总分类账与明细分类账。

3.财政专户

财政专户是指财政部门为履行财政管理职能，按照规定的设立程序，在银行业金融机构开设的用于管理核算特定专用资金的银行结算账户。

该账户用于记录、核算和反映法律规定的特定专用资金活动，主要满足社会保险基金核算、非税收入收缴、外国政府和国际金融组织贷款捐赠、外币资金核算、教育收费资金管理、财政代管资金管理、乡镇财政资金管理的需要。该账户按照资金使用性质设置总分类账和明细分类账进行核算。

（四）财政资金的收缴和支付方式与程序

1.财政资金的收缴方式

财政资金的收缴方式分为三种，即直接缴库、集中汇缴和自收自缴。直接缴库是指由缴款单位或缴款人按有关法律法规规定，直接将应缴收入缴入国库单一账户或预算外资金财政专户；集中汇缴是指由征收机关（有关法定单位）按有关法律法规规定，将所收的应缴收入汇总缴入国库单一账户或财政专户；自收自缴是尚未实行国库单一账户制度时所使用的一种传统方式，即有关部门或单位将收到的款项存入银行，然后通过各自的银行汇缴国库。

2.财政资金的收缴程序

（1）直接缴库程序

直接缴库的税收收入，由纳税人或税务代理人提出纳税申报，经征收机关审核无误后，由纳税人通过开户银行将税款缴入国库单一账户。直接缴库的其他收入，比照上述程序缴入国库单一账户或财政专户。

（2）集中汇缴程序

小额零散税收和法律另有规定的应缴收入，由征收机关于收缴收入的当日汇总缴入国库单一账户。非税收收入中的现金缴款，比照本程序缴入国库单一账户或财政专户。

财政资金的收缴流程图如图1-3、图1-4所示。

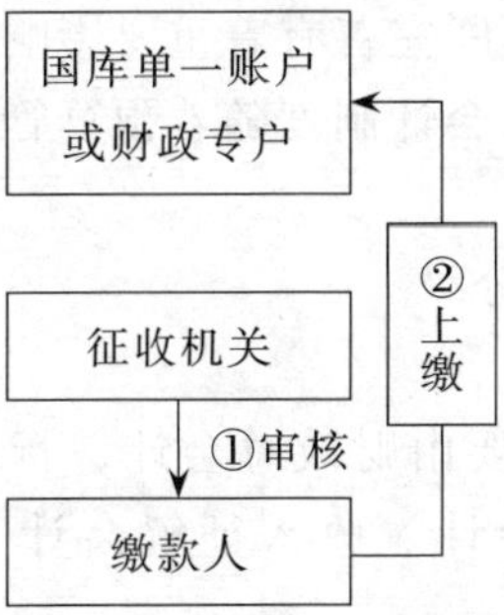

图1-3　直接缴库流程图

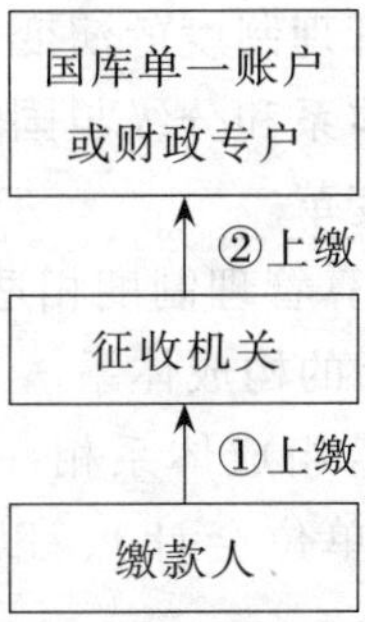

图1-4　集中汇缴流程图

（3）自收自缴程序（略）。

3.财政资金的支付流程

根据《中央财政预算管理一体化资金支付管理办法（试行）》（财库〔2022〕5号）的规定，中央预算单位应当通过预算单位零余额账户支付资金，未开设预算单位零余额账户的试点单位通过财政零余额账户支付资金。具体流程如下：

（1）试点单位按规定通过中央一体化系统填报资金支付申请。通过预算单位零余额账户支付资金的，试点单位在提交资金支付申请时预生成支付凭证并按规定加盖电子签章（签名）。

（2）财政部根据预算指标和批复的用款计划对试点单位资金支付申请进行控制。预算指标的基本控制口径为：单位、指标类型、资金性质、支出功能分类科目（底级）、政府预算支出经济分类科目（类级）、预算项目、金额。用款计划的基本控制口径为：单位、支出功能分类科目、资金性质、支付方式、指标类型、金额。

（3）中央一体化系统根据预设的校验规则对资金支付申请进行校验，校验不通过的，转为试点部门人工审核；试点部门人工审核后提交资金支付申请，系统校验仍不通过的，按规定转为财政部（国库司）人工审核。

（4）校验（审核）通过后，财政部（国库司）将支付凭证发送代理银行。代理银行支付资金后，向财政部和试点单位发送国库集中支付凭证回单，作为财政总会计和单位会计核算的依据。

三、预算管理制度对政府会计制度的影响

政府作为一种经济主体，其活动的一个重要方面就是政府的财政活动。财政活动集中反映在税收、政府支出、公债等与预算行为有关的活动中，并且时刻影响着每个企业、家庭和个人。如同企业进行生产经营决策依赖客观、有用、透明的会计信息一样，政府制定和执行税收、政府支出、公债等经济决策时，也依赖于政府会计提供与此相关的经济信息；同样，企业所有者和经营者之间存在一定的委托、受托责任关系，而政府与纳税人或公民之间也存在委托、受托责任关系，即纳税人或公民将公共资源和公共财产委托政府管理，而政府承担保障公共资源和公共财产安全、完整的受托责任。政府从人民的公共利益出发，一方面，接受公民的委托，履行公共事务的管理职责；另一方面，应当向社会公众报告其受托责任的履行情况。政府报告其受托责任同样离不开政府会计提供的相关信息。

我国预算管理制度的演变过程对政府会计的建立与不断完善有着重要影响。我国的政府会计的构成体系和分级与国家预算组成体系一致，政府会计制度随着预算管理制度的不断完善而不断变革。

（一）与预算管理制度相适应的政府会计构成体系与分级

1.政府会计的构成体系

与国家预算组成体系相一致，我国政府会计体系主要由财政总会计、行政事业单位会计（即政府单位会计），以及参与预算执行的国库会计、收入征解会计等三个部分组成。

财政总会计、行政事业单位会计，以及国库会计、收入征解会计都是围绕着财政资金预算管理进行的，也被合称为政府会计。其中，财政总会计和政府单位会计是政府会计体

系的基本组成部分，财政总会计居主导地位，政府单位会计是财政总会计的延伸；收入征解会计及国库会计作为参与国家预算执行的专门会计，也是在财政总会计的业务指导下展开核算工作。

我国政府会计体系如图1-5所示。

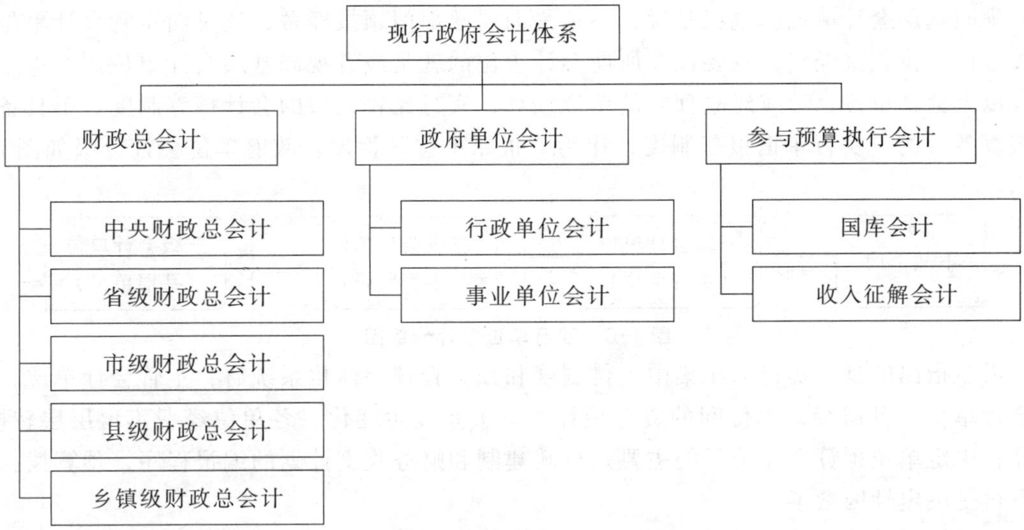

图1-5 我国政府会计体系

2.政府会计的分级

这里所说的分级是指财政总会计与政府单位会计间的关系。我国的预算按照收支管理范围，分为总预算和部门预算，也称本级政府及所属部门的单位预算，从其内容构成看，主要包括财政总会计和政府单位会计，政府单位会计又包括行政单位会计和事业单位会计。

（1）财政总会计的分级

财政总会计的分级与政府预算的分级是一致的。我国政府预算分为五级，按照有一级政府就要建立一级总预算的原则，每一级政府的总预算都在财政部门设立财政总会计。我国各级预算级次的设置与政权体系的层级基本对应，分为中央预算和地方预算。中央政府财政部设立中央一级总会计，地方总会计包括四级：①省级政府（自治区、直辖市和计划单列市）的财政厅（局）设立省级总会计；②设区的市级政府（自治州）财政局设立市（州）级总会计；③县级政府（自治县、不设区的市、市辖区）财政局设立县（市）级总会计；④乡（镇）政府的财政所设立乡（镇）总会计。

（2）政府单位会计的分级

根据现行的行政、事业单位管理体制，预算拨款关系和单位财务收支计划的编报程序，单位预算会计共分为三级，即主管会计单位、二级会计单位、基层会计单位。

主管会计单位（简称主管单位），即向财政部门领报经费，并发生预算管理关系，有所属会计单位的会计单位。也就是说，主管会计单位直接向财政部门领报经费，有所属会计单位，并向其所属会计单位转拨经费。

二级会计单位（简称二级单位），即向主管会计单位或上一级会计单位领报经费，并发生预算管理关系，有下一级会计单位的会计单位。也就是说，二级会计单位不直接向财政部门领报经费，而是向主管会计单位或上一级会计单位领报经费，有所属会计单位，并向其所属会计单位转拨经费。

三级会计单位（也称基层会计单位），即向上一级会计单位领报经费，并发生预算管理关系，没有下级会计单位的会计单位。向同级财政部门领报经费，没有下级会计单位的，视同基层会计单位。也就是说，不论是向财政部门领报经费，还是向主管会计单位或二级会计单位领报经费，只要没有所属会计单位的就是或者视同基层会计单位。

以上会计单位，都应建立独立的单位预算，实行比较完整的会计核算制度。不具备独立核算条件的，实行单据报账制度，作为“报账单位”管理。政府单位会计分级如图1-6所示。

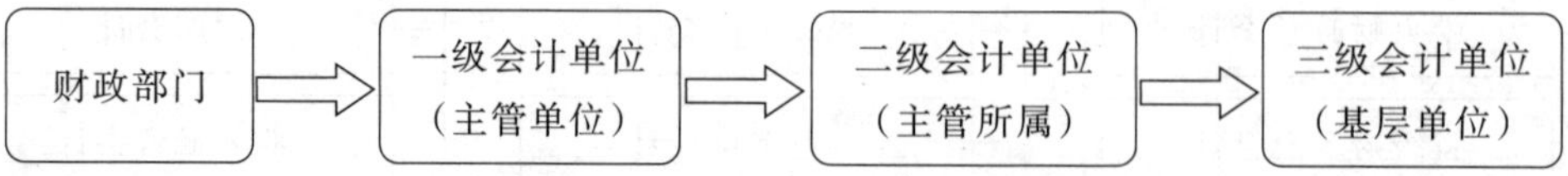

图1-6　政府单位会计分级图

需要指出的是，实行国库集中支付制度和预算管理一体化系统后，主管会计单位、二级会计单位、基层会计单位间的资金预算拨款关系发生变化，各单位经费不再层层转拨。因此，决定单位预算会计关系的主要是行政建制和财务收支计划的编报程序，预算拨款关系不再是决定性因素了。

由于政府单位会计的使用范围较广，而其他的预算会计使用范围相对较窄，出于教学安排和知识结构的考虑，本书仅介绍政府单位会计有关内容。

（二）与财政制度改革相适应的政府会计规范体系

1.我国政府会计规范的演变

（1）1949—1978年：预算会计形成与发展时期

我国的预算会计历史悠久，公元前11世纪西周就有“官计”，汉朝至清朝均有“国计”。“官计”和“国计”均称为“官厅会计”，相当于近代的预算会计。1949年以后，我国的预算会计经过近半个世纪的历次修订和改革，至1997年形成预算会计制度体系。预算会计的名称也从1949年开始一直沿用，其显著特点是，能够体现会计管理与预算管理的密切联系，对各级政府、各级各类行政事业单位规范会计核算、加强预算管理发挥了重要作用。

中华人民共和国成立初期，基于全力建设与支持社会主义的计划经济体制要求，预算会计工作的首要目标和任务就是建立统一的预算会计制度。这一时期我国确立了“发展经济，保障供给”的预算会计工作总体指导方针，政府预算会计为国家财政预算管理服务，为社会主义计划经济建设服务。

1950年，财政部召开第一次全国预算会计和金库制度会议，正式发布了《各级人民政府暂行财政总预算会计制度》和《各级人民政府暂行单位预算会计制度》，标志着中国预算会计的诞生。它第一次系统、完整地确立了我国预算会计的基本框架，包括：各级政府的财政总预算会计和单位预算会计。

从1951年起，财政部根据不同时期政治、经济形势的发展和财政预算管理工作的需要，并借鉴当时苏联的管理经验，对预算会计制度进行了多次修订。

1952—1965年，预算会计的总则、会计科目、账簿和记账方法、会计报表得到了全面的修订。

到1965年，我国已经逐步形成一整套较为成型的预算会计体系。它是以总预算会计为主导，以单位预算会计为补充，以会计制度形式固定下来的有别于企业会计的独立的会计体系。1965年8月，财政部召开全国预算会计工作会议，将《单位预算机关会计制度》修改为《行政事业单位会计制度》。经过这一次修订，我国预算会计制度的主要变化有：

①由财政部统一制定"四本制度"，包括：适用于各级财政部门的总会计制度，适用于业务繁重的单位的会计制度，适用于业务简单的单位的会计制度和适用于所有单位的财务收支处理办法。

②取消借贷记账法，实行资金收付记账法。

③修改会计科目，将总账会计科目分为资金来源、资金运用和资金结存三大类。

④会计平衡等式由"资产=负债"改为"资金来源-资金运用=资金结存"。

在1966年至1976年期间，预算会计理论研究与实践应用处于停滞状态。党的十一届三中全会召开之后，我国预算会计工作秩序恢复正常，理论研究也得到了有序的渐次展开。

（2）1979—2013年：预算会计过渡到政府会计的时期

在1979—1988年期间，预算管理改革调整尚未冲破计划经济体制下的单一预算会计模式，在这个时期，政府会计的改革处于起步阶段。为适应财政和财务体制改革的要求，财政部于1983年和1988年两次修改预算会计制度。这时，我国预算会计已经形成一个以总预算会计为主导、行政事业单位会计为补充的，以制度形式确定的独立会计系统。

1992年党的十四大确立了我国经济体制的建设目标之后，随着国家预算管理体制和行政事业单位财务制度的不断改革，特别是分税制财政体制的建立和完善，财政部对预算会计进行了一系列改革，从组织体系到制度模式，从核算的基本理论方法到会计事项的具体处理，都进行了改进、调整和补充。

改革后的新的预算会计制度适应了财税体制改革、预算管理和行政事业单位财务改革的发展方向，体现了经济管理方式转变的要求，以财政部1997年和1998年初制定发布的《财政总预算会计制度》《行政单位会计制度》《事业单位会计准则（试行）》《事业单位会计制度》为标志，我国预算会计此次全面改革告一段落。经过这次改革，我国预算会计已全面摆脱计划经济体制下的模型，建立起一套与社会主义市场经济体制基本相适应的预算会计体系。进入21世纪后，我国预算会计的环境发生了很大变化。在公共财政管理改革方面，公共财政改革重点开始向财政支出领域转移。

自2000年开始，我国相继推行的部门预算、国库集中支付制度、政府收支分类、国有资本经营预算编制、财政拨款结转和结余资金管理、预算外资金全部纳入预算管理、地方债务管理等多项公共财政管理改革，加之行政事业单位体制改革的深入、政府负债风险的防范、经济全球化等，均对政府财政、行政单位和事业单位的会计核算提出了新的要求，也对预算会计信息提出了更高的要求。与此同时，鉴于国际上一些发达国家都不同程度地进行了权责发生制政府会计改革并取得了较好效果，而我们面对的局面却是科学化、精细化管理会计基础的缺乏，所以，很多专家学者认为我国还没有建立起真正意义上的政府会计体系。由此，随着中国公共财政改革的不断深入，政府会计改革成为公共财政和会计理论界及实践领域探讨的热点话题，与中国构建政府会计规范体系相关的研究成果不断涌现，作为政府会计规范制定部门的财政部也加快了对1997年形成的预算会计制度进行修订的步伐。

自2001年起，为适应各项公共财政制度改革的需要，财政部陆续发布了数十个补充规定，对预算会计制度进行调整，对政府采购、国库集中支付、国有资本经营预算、预算外资金纳入预算管理、政府债务等的核算进行规范，在2006年、2011年、2013分别对财政总预算会计制度、事业单位会计制度、行政单位会计制度进行调整。

（3）2014年至今：政府会计新时期

2013年11月，党的十八届三中全会提出，要“建立权责发生制的政府综合财务报告制度”。

2014年8月31日，第十二届全国人民代表大会常务委员会第十次会议表决通过了《关于修改〈中华人民共和国预算法〉的决定》，新《预算法》对各级政府提出按年度编制以权责发生制为基础的政府综合财务报告的新要求。为落实党的十八届三中全会决定以及新《预算法》，2014年12月12日，国务院批转财政部《权责发生制政府综合财务报告制度改革方案》，确立了政府会计改革的指导思想、总体目标、基本原则、主要任务和实施步骤，并提出力争在2020年前建立具有中国特色的政府会计准则体系。

2015年以来，我国相继出台了政府会计准则，包括1个基本准则和10个具体准则。

2017年10月，《政府会计制度——行政事业单位会计科目和报表》颁布，自2019年1月1日起实施，规定和要求各级政府财政部门按年度以权责发生制为基础，编制政府综合财务报告，报告各级政府整体财务状况。

2022年财政部根据深化预算管理制度改革、政府会计改革工作要求，研究制定了《财政总会计制度》，自2023年1月1日起施行。财政总会计新制度实行后，除特殊领域外，政府财政和政府单位两个层面的会计标准体系基本建成，将进一步夯实决算报告、财务报告等核算基础，为开展政府信用评级、加强资产负债管理、防范财政风险等提供有力支撑，有利于更好地发挥财政在国家治理中的基础和重要支柱作用。

2.我国现行政府会计规范体系的构成

会计规范是指社会组织在从事会计核算及相关活动中应遵循的约束性行为准则。政府会计规范体系包括法律规范、行政规章，以及会计准则与制度三个层次。

会计法律是指由全国人民代表大会及其常务委员会经过一定立法程序制定的有关会计工作的法律。《中华人民共和国会计法》是我国会计法律制度中层次最高的法律规范，是制定其他会计法规的依据，也是指导会计工作的最高准则。财政总会计、政府单位会计、参与预算执行会计还须遵从《中华人民共和国预算法》的规定。

会计行政法规是指由国务院制定并发布，或者由国务院有关部门拟定、经国务院批准发布、调整某些方面会计关系的行政规范，如《总会计师条例》等。

会计制度是指财政部门制定的关于会计核算要求、会计确认计量方法、会计科目设置与使用方法、财务报表编制说明的具体规定，如《政府会计准则》《财政总会计制度》《政府会计制度——行政事业单位会计科目和报表》《行政单位财务规则》《事业单位财务规则》《行政事业单位内部控制规范（试行）》等。

我国现行政府会计规范体系如图1–7所示。

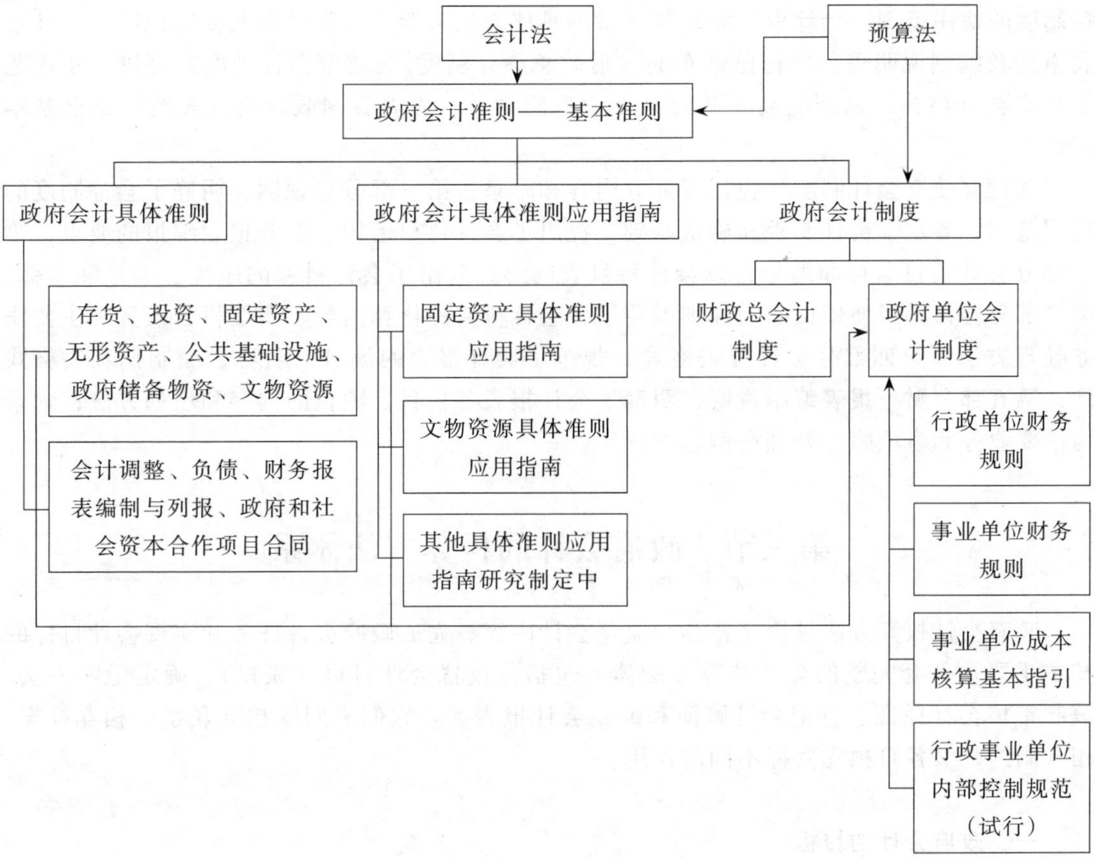

图1-7　我国现行政府会计规范体系

本节内容仅介绍涉及政府会计准则与会计制度层面的有关会计规范。

（1）会计准则

会计准则是进行会计核算工作必须遵守的基本要求，体现了会计核算的基本规律。它由会计核算的前提条件、一般原则、会计要素准则和会计报表准则组成，是对会计核算要求所作的原则性规定，具有覆盖面广、概括性强等特点。

我国在2015年颁布了《政府会计准则》，自2017年1月1日开始实施。它为政府会计体系建立了统一的概念基础和框架，其内容包括财务报告目标、会计基本假设、会计信息质量要求、会计要素的确认与计量原则、财务报告编制要求等基本问题，是制定政府单位会计制度的基础和依据，对政府单位会计制度体系的制定发挥统驭作用。

现行《政府会计准则》包括六章内容。第一章总则，明确了会计准则的适用范围、会计目标、会计假设、确认计量方法等基本事项；第二章政府会计信息质量要求，阐述了政府单位的会计信息质量特征；第三章政府预算会计要素，阐述了预算收入、预算支出与预算结余的基本概念；第四章政府财务会计要素，阐述了资产、负债、净资产、收入和费用的基本概念；第五章政府决算报告和财务报告，阐述了政府决算报告和财务报告的组成及编制基础；第六章附则。

（2）会计制度

会计制度是政府单位会计要素确认、计量、记录与报告的操作性规范，其内容主要包括制度的适用范围、会计事项确认与计量的具体方法、会计科目设置及使用说明、会计报表格式及编制说明等。现行已颁布的《财政总会计制度》《政府会计制度》等进一步规范了政府会计核算，从而提高了政府会计信息质量，标志着我国政府会计规范体系已基本完善。

现行《政府会计制度》包括五部分内容和附录：第一部分总说明，明确了会计制度的适用范围，界定了会计要素和确认基础，提出了会计科目运用、财务报表编报的要求；第二部分会计科目名称和编号，以会计科目表的形式列出了会计科目的序号、编号和名称；第三部分会计科目使用说明，详细说明了各会计科目的核算内容、明细科目设置和主要账务处理方法；第四部分会计报表格式，规范了会计报表的编号、名称、编制期和表格式样；第五部分财务报表编制说明，明确了会计报表各栏目、项目的内容和填列方法；附录为主要业务和事项账务处理举例。

第三节 政府会计的核算方法体系

政府会计核算方法是用来核算和监督会计内容、完成政府会计任务和实现会计目标的基本手段。一套完整的会计核算方法体系包括：设置会计科目（账户）、确定记账方法、填制审核会计凭证、登记会计账簿和编制会计报表等。它们之间既相互联系、相互补充、相互制约，又各自独立发挥不同的作用。

一、政府会计的目标

会计目标是会计所要达到的目的，是进行会计活动的出发点和归宿。向谁提供信息、提供哪些信息、如何提供这些信息，这三个方面构成了会计目标的内容。

我国现行政府会计由政府预算会计和政府财务会计构成，即政府会计应当实现预算会计和财务会计的双重功能。政府会计主体应当编制政府决算报告和政府财务报告，以实现政府预算会计目标和政府财务会计目标。

政府会计决算报告的目标是向决算报告使用者提供与政府预算执行情况有关的信息，综合反映政府会计主体预算收支的年度执行结果，有助于决算报告使用者进行监督和管理，并为编制后续年度预算提供参考和依据。政府决算报告使用者包括各级人民代表大会及其常务委员会、各级政府及其有关部门、政府会计主体自身、社会公众和其他利益相关者。

政府会计财务报告的目标是向财务报告使用者提供与政府的财务状况、运行情况（含运行成本）和现金流量等有关的信息，反映政府会计主体公共受托责任履行情况，有助于财务报告使用者作出决策或者进行监督和管理。政府财务报告使用者包括各级人民代表大会常务委员会、债权人、各级政府及其有关部门、政府会计主体自身和其他利益相关者。

二、政府会计的核算前提

会计的核算前提也称会计假设、会计条件，指为保证会计工作的正常进行和会计信息的质量，对会计核算的范围、内容、基本程序和方法所作的基本假定。在组织会计核算时须遵循的会计假设包括会计主体、持续运行、会计分期和货币计量。

（一）会计主体

政府会计主体是指政府会计为之服务的特定单位或组织，即会计核算的空间范围。政府会计主体应当对其自身发生的经济业务或事项进行会计核算。政府会计的主体包括国家各级政府及行政单位、各类事业单位。财政总会计的主体是各级政府。政府单位会计的主体是行政单位和事业单位。

（二）持续运行

持续运行强调政府会计核算时间的界限，指政府会计主体的业务活动在可以预见的将来能够持续不断地运行下去。在持续运行的前提下，会计确认、计量和报告应当以政府持续、正常的活动为前提。

（三）会计分期

会计分期指政府会计核算的时间尺度，即将会计主体持续运行的时间人为地划分为一个个连续的、长短相同的期间，以便分期结算账目，按规定编制决算报告和财务报告，及时向会计信息使用者提供会计信息。政府会计期间至少分为年度和月度。会计年度、月度等会计期间的起讫日期采用公历日期。

（四）货币计量

货币计量是指在会计核算中要以货币为统一的主要计量单位，记录和反映政府的各项业务活动。实际进行会计核算，除了应明确以货币作为主要计量尺度之外，还需要具体确定记账本位币，我国政府会计核算以人民币为记账本位币。发生外币业务时，应当将有关外币金额折算为人民币金额计量，同时登记外币金额。

在货币计量属性方面区别于企业的是，由于政府会计一般不计算盈亏，故只以历史成本作为计价基础，除非特殊情况，否则不要求采用类似于现行成本、现行市价的计量属性。

三、政府会计的记账基础

会计记账基础是指会计确认、计量和报告的基础，主要分为收付实现制和权责发生制两种。

收付实现制是指以现金的实际收付为标志来确定本期收入和支出的会计核算基础。凡在当期实际收到的现金收入和支出，均应作为当期的收入和支出；凡是不属于当期的现金收入和支出，均不应作为当期的收入和支出。

权责发生制是指以取得收取款项的权利或支付款项的义务为标志来确定本期收入和费用的会计核算基础。凡是当期已经实现的收入和已经发生的或应当负担的费用，不论款项是否收付，都应当作为当期的收入和费用；凡是不属于当期的收入和费用，即使款项已在当期收付，也不应作为当期的收入和费用。

我国现行政府会计由预算会计和财务会计构成，采用“双基础”进行核算。由于政府预算会计以如实反映预算执行情况作为主要会计目标，因此，政府预算会计采用收付实现制，即财政总会计和行政事业单位预算会计采用收付实现制核算。由于政府财务会计以如实反映政府财务状况作为主要会计目标，因此政府财务会计采用权责发生制，即行政事业单位财务会计采用权责发生制进行账务处理。由此可见，行政事业单位会计同时采用收付实现制和权责发生制。

四、政府会计信息质量要求

会计信息质量要求是指会计向信息使用者提供的会计信息应当达到的质量标准。政府会计信息质量的高低直接影响信息使用者能否作出合理正确的经济和社会等方面的决策。政府会计信息质量要求通常包括可靠性、全面性、相关性、及时性、可比性、可理解性、实质重于形式等。

（一）可靠性

可靠性是指政府会计主体应当以实际发生的经济业务或者事项为依据进行会计核算，如实反映各项会计要素的情况和结果，保证会计信息真实可靠。政府会计不能扭曲经济业务的内容，对相应的经济业务作出不真实、不客观的记录和反映；也不能以尚未发生或可能发生的经济业务为依据，根据人为的估计进行会计核算；更不能故意编造经济业务的内容，并以此为依据进行会计记录和反映。政府会计信息只有真实客观，才能帮助信息使用者作出正确的评价与决策。

（二）全面性

全面性是指政府会计主体应当将发生的各项经济业务或者事项统一纳入会计核算，确保会计信息能够全面反映政府会计主体的预算执行情况和财务状况、运行情况、现金流量等。在政府会计中，既涉及财政拨款资金的来源和使用，也涉及非财政拨款资金的来源和使用。例如，事业单位面向市场取得的事业收入的来源和使用，既涉及基本运行经费，也涉及项目经费的来源和使用；既需要反映预算执行情况，也需要反映财务状况和运行成本。故政府会计需要全面反映财政拨款资金收支、非财政拨款资金收支等情况，全面反映政府财务状况、运行成本等。

（三）相关性

相关性是指政府会计主体提供的会计信息，应当与反映政府会计主体公共受托责任履行情况以及报告使用者决策或者监督、管理的需要相关，有助于报告使用者对政府会计主体过去、现在或者未来的情况作出评价或者预测。近年来，随着我国政府预算内容不断完善和预算管理方法的不断改进、预算管理水平的不断提高，政府会计也不断进行改革和发展，提供的信息基本满足了相关信息使用者评价和考核行政事业单位公共受托责任履行情况的需要，并为信息使用者作出相应的经济和社会决策提供了有力的信息支持。

（四）及时性

及时性是指政府会计主体对已经发生的经济业务或者事项，应当及时进行会计核算，不得提前或者延后。会计信息的价值在于帮助会计信息使用者作出相关决策，具有时效性。即使是可靠、相关的会计信息，若不及时提供，就失去了时效性，对于使用者的效用大大降低，甚至不再具有实际意义。

（五）可比性

政府会计主体提供的会计信息应当具有可比性。同一政府会计主体不同时期发生的相同或者相似的经济业务或者事项，应当采用一致的会计政策，不得随意变更。确需变更的，应当将变更的内容、理由及其影响在附注中予以说明。不同政府会计主体发生的相同或者相似的经济业务或者事项，应当采用一致的会计政策，确保政府会计信息口径一致，相互可比。

（六）可理解性

政府会计主体提供的会计信息应当清晰明了，便于报告使用者理解和使用。政府会计信息只有易于被信息使用者理解，才能帮助信息使用者评价政府受托责任的履行情况，并作出相应的决策。可理解性除了要求政府会计信息本身通俗易懂、清晰明了之外，也假设相关信息使用者具有相应的政府会计专业知识。

（七）实质重于形式

政府会计主体应当按照经济业务或者事项的经济实质进行会计核算，不限于以经济业务或者事项的法律形式为依据。经济业务的经济实质与法律形式在大多数情况下是相互一致的，但有时也会存在不一致的情况。例如，政府融资租入固定资产的业务，尽管在法律形式上，政府只拥有融资租入固定资产的使用权，不拥有融资租入固定资产的所有权，但政府实际控制融资租入的固定资产及其服务能力或经济利益。因此，在会计核算上将融资租入固定资产视同自有固定资产确认、计量和报告。按照实质重于形式的质量要求提供的政府会计信息，比纯粹按照法律形式提供的政府会计信息更加具有相关性，从而可以更好地帮助政府会计信息使用者作出合理正确的决策。

五、会计要素

会计要素就是会计对象的构成要素，是对会计对象的基本分类。政府会计由预算会计和财务会计构成，因此政府会计要素分为政府预算会计要素和政府财务会计要素两个大类。政府预算会计要素包括预算收入、预算支出与预算结余；政府财务会计要素包括资产、负债、净资产、收入和费用。

（一）预算收入

预算收入是指政府会计主体在预算年度内依法取得的并纳入预算管理的现金流入。

预算收入一般在实际收到时予以确认，以实际收到的金额计量。

（二）预算支出

预算支出是指政府会计主体在预算年度内依法发生并纳入预算管理的现金流出。

预算支出一般在实际支付时予以确认，以实际支付的金额计量。

（三）预算结余

预算结余是指政府会计主体预算年度内预算收入扣除预算支出后的资金余额，以及历年滚存的资金余额。

预算结余包括结余资金和结转资金。结余资金是指年度预算执行终了，预算收入实际完成数扣除预算支出和结转资金后剩余的资金。结转资金是指预算安排项目的支出年终尚未执行完毕或者因故未执行，且下年需要按原用途继续使用的资金。

符合预算收入、预算支出和预算结余定义及其确认条件的项目应当列入政府决算报表。

（四）资产

资产是指政府会计主体过去的经济业务或者事项形成的，由政府会计主体控制的，预期能够产生服务潜力或者带来经济利益流入的经济资源。

服务潜力是指政府会计主体利用资产提供公共产品和服务以履行政府职能的潜在能力。

经济利益流入表现为现金及现金等价物的流入，或者现金及现金等价物流出的减少。

符合资产定义的经济资源，在同时满足以下条件时，确认为资产：

(1) 与该经济资源相关的服务潜力很可能实现或者经济利益很可能流入政府会计主体；

(2) 该经济资源的成本或者价值能够可靠地计量。

资产的计量属性主要包括历史成本、重置成本、现值、公允价值和名义金额。

在历史成本计量下，资产按照取得时支付的现金金额或者支付对价的公允价值计量。

在重置成本计量下，资产按照现在购买相同或者相似资产所需支付的现金金额计量。

在现值计量下，资产按照预计从其持续使用和最终处置中所产生的未来净现金流入量的折现金额计量。

在公允价值计量下，资产按照市场参与者在计量日发生的有序交易中，出售资产所能收到的价格计量。

无法采用上述计量属性的，采用名义金额（即人民币1元）计量。

政府会计主体在对资产进行计量时，一般应当采用历史成本。采用重置成本、现值、公允价值计量的，应当保证所确定的资产金额能够持续、可靠计量。

符合资产定义和资产确认条件的项目，应当列入资产负债表。

(五) 负债

负债是指政府会计主体过去的经济业务或者事项形成的，预期会导致经济资源流出政府会计主体的现时义务。

现时义务是指政府会计主体在现行条件下已承担的义务。未来发生的经济业务或者事项形成的义务不属于现时义务，不应当确认为负债。

符合负债定义的义务，在同时满足以下条件时，确认为负债：

(1) 履行该义务很可能导致含有服务潜力或者经济利益的经济资源流出政府会计主体；

(2) 该义务的金额能够可靠地计量。

负债的计量属性主要包括历史成本、现值和公允价值。

在历史成本计量下，负债按照因承担现时义务而实际收到的款项或者资产的金额，或者承担现时义务的合同金额，或者为偿还负债预期需要支付的现金计量。

在现值计量下，负债按照预计期限内需要偿还的未来净现金流出量的折现金额计量。

在公允价值计量下，负债按照市场参与者在计量日发生的有序交易中，转移负债所需支付的价格计量。

政府会计主体在对负债进行计量时，一般应当采用历史成本。采用现值、公允价值计量的，应当保证所确定的负债金额能够持续、可靠计量。

符合负债定义和负债确认条件的项目，应当列入资产负债表。

(六) 净资产

净资产是指政府会计主体资产扣除负债后的净额。

净资产金额取决于资产和负债的计量。净资产项目应当列入资产负债表。

(七) 收入

收入是指报告期内导致政府会计主体净资产增加的、含有服务潜力或者经济利益的经济资源的流入。

收入的确认应当同时满足以下条件：

(1) 与收入相关的含有服务潜力或者经济利益的经济资源很可能流入政府会计主体；

(2) 含有服务潜力或者经济利益的经济资源流入会导致政府会计主体资产增加或者负债减少；

(3) 流入金额能够可靠地计量。

符合收入定义和收入确认条件的项目，应当列入收入费用表。

(八) 费用

费用是指报告期内导致政府会计主体净资产减少的、含有服务潜力或者经济利益的经济资源的流出。

费用的确认应当同时满足以下条件：

(1) 与费用相关的含有服务潜力或者经济利益的经济资源很可能流出政府会计主体；

(2) 含有服务潜力或者经济利益的经济资源流出会导致政府会计主体资产减少或者负债增加；

(3) 流出金额能够可靠地计量。

符合费用定义和费用确认条件的项目，应当列入收入费用表。

六、会计等式

会计等式是由会计要素所组成的，反映会计要素之间的平衡关系。会计等式的经济内容和数量上的等量关系是资金平衡的理论依据。

在政府财务会计要素中资产、负债、收入和费用要素都有特定的内涵，净资产要素没有特定的内涵，它只是资产减去负债得出的差额。资产、负债、净资产之间的平衡关系为：

资产=负债+净资产

政府会计主体在业务运作过程中会取得一定数额的收入，同时也会发生一定数额的费用，收入减去费用之后的差额为盈余。盈余是净资产的组成部分。

收入-费用=盈余

政府预算会计要素之间的平衡关系为：

预算收入-预算支出=预算结余

上述会计等式是编制政府会计报表的理论依据。

七、会计科目与会计账户

(一) 会计科目

会计科目是会计要素的进一步分类，是对各项具体经济业务按其特征和经济管理要求进行归集、分类的类别名称。会计科目是建立账簿、开设账户、组织会计核算工作、实施会计监督、提供会计信息的基础。

政府会计科目按照其反映的经济内容或用途分为财务会计科目和预算会计科目，从横向反映各科目之间的关系。财务会计科目分为资产类、负债类、净资产类、收入类、费用类五大类，预算会计科目分为预算收入类、预算支出类和预算结余类三大类。

现行政府单位财务会计科目共77个，其中行政单位特有的财务会计科目1个、事业单位特有的财务会计科目24个、行政单位和事业单位共有的财务会计科目52个。预算会计科目共26个，其中行政单位特有的预算会计科目1个，事业单位特有的预算会计科目15个，行政单位和事业单位共有的预算会计科目10个。

政府会计科目按照提供会计信息的详细程度分为总账科目和明细科目，从纵向反映各科目之间的关系。政府单位会计科目表如表1-2所示，表中“▲”表示行政单位使用的科目，“●”表示事业单位使用的科目。

表1-2 政府单位会计科目表

序号	科目编号	科目名称	行政单位	事业单位
一、财务会计科目				
(一) 资产类				
1	1001	库存现金	▲	●
2	1002	银行存款	▲	●
3	1011	零余额账户用款额度	▲	●
4	1021	其他货币资金	▲	●
5	1101	短期投资		●
6	1201	财政应返还额度	▲	●
7	1211	应收票据		●
8	1212	应收账款	▲	●
9	1214	预付账款	▲	●
10	1215	应收股利		●
11	1216	应收利息		●
12	1218	其他应收款	▲	●
13	1219	坏账准备		●
14	1301	在途物品	▲	●
15	1302	库存物品	▲	●
16	1303	加工物品	▲	●
17	1401	待摊费用	▲	●
18	1501	长期股权投资		●
19	1502	长期债券投资		●

续表

序号	科目编号	科目名称	行政单位	事业单位
20	1601	固定资产	▲	●
21	1602	固定资产累计折旧	▲	●
22	1611	工程物资	▲	●
23	1613	在建工程	▲	●
24	1701	无形资产	▲	●
25	1702	无形资产累计摊销	▲	●
26	1703	研发支出	▲	●
27	1801	公共基础设施	▲	●
28	1802	公共基础设施累计折旧（摊销）	▲	●
29	1811	政府储备物资	▲	●
30	1821	文物资源	▲	●
31	1831	保障性住房	▲	●
32	1832	保障性住房累计折旧	▲	●
33	1891	受托代理资产	▲	●
34	1901	长期待摊费用	▲	●
35	1902	待处理财产损溢	▲	●
（二）负债类				
36	2001	短期借款		●
37	2101	应交增值税	▲	●
38	2102	其他应交税费	▲	●
39	2103	应缴财政款	▲	●
40	2201	应付职工薪酬	▲	●
41	2301	应付票据		●
42	2302	应付账款	▲	●
43	2303	应付政府补贴款	▲	
44	2304	应付利息		●
45	2305	预收账款		●

续表

序号	科目编号	科目名称	行政单位	事业单位
46	2307	其他应付款	▲	●
47	2401	预提费用	▲	●
48	2501	长期借款		●
49	2502	长期应付款	▲	●
50	2601	预计负债	▲	●
51	2901	受托代理负债	▲	●
（三）净资产类				
52	3001	累计盈余	▲	●
53	3101	专用基金		●
54	3201	权益法调整		●
55	3301	本期盈余	▲	●
56	3302	本年盈余分配	▲	●
57	3401	无偿调拨净资产	▲	●
58	3501	以前年度盈余调整	▲	●
（四）收入类				
59	4001	财政拨款收入	▲	●
60	4101	事业收入		●
61	4201	上级补助收入		●
62	4301	附属单位上缴收入		●
63	4401	经营收入		●
64	4601	非同级财政拨款收入	▲	●
65	4602	投资收益		●
66	4603	捐赠收入	▲	●
67	4604	利息收入	▲	●
68	4605	租金收入	▲	●
69	4609	其他收入	▲	●

续表

序号	科目编号	科目名称	行政单位	事业单位
（五）费用类				
70	5001	业务活动费用	▲	●
71	5101	单位管理费用		●
72	5201	经营费用		●
73	5301	资产处置费用	▲	●
74	5401	上缴上级费用		●
75	5501	对附属单位补助费用		●
76	5801	所得税费用		●
77	5901	其他费用	▲	●
二、预算会计科目				
（一）预算收入类				
1	6001	财政拨款预算收入	▲	●
2	6101	事业预算收入		●
3	6201	上级补助预算收入		●
4	6301	附属单位上缴预算收入		●
5	6401	经营预算收入		●
6	6501	债务预算收入		●
7	6601	非同级财政拨款预算收入	▲	●
8	6602	投资预算收益		●
9	6609	其他预算收入	▲	●
（二）预算支出类				
10	7101	行政支出	▲	
11	7201	事业支出		●
12	7301	经营支出		●
13	7401	上缴上级支出		●
14	7501	对附属单位补助支出		●

续表

序号	科目编号	科目名称	行政单位	事业单位
15	7601	投资支出		●
16	7701	债务还本支出		●
17	7901	其他支出	▲	●
（三）预算结余类				
18	8001	资金结存	▲	●
19	8101	财政拨款结转	▲	●
20	8102	财政拨款结余	▲	●
21	8201	非财政拨款结转	▲	●
22	8202	非财政拨款结余	▲	●
23	8301	专用结余		●
24	8401	经营结余		●
25	8501	其他结余	▲	●
26	8701	非财政拨款结余分配		●

政府财政和政府单位应当按照会计制度的规定设置和使用会计科目，在不影响会计处理和编制报表的前提下，单位可以根据实际情况自行增设或减少某些会计科目；应当执行政府会计制度统一规定的会计科目编号，以便填制会计凭证、登记账簿、查阅账目，实行会计信息化管理；在填制会计凭证、登记会计账簿时，应当填列会计科目的名称，或者同时填列会计科目的名称和编号，不得只填列会计科目编号、不填列会计科目名称；设置明细科目或进行明细核算，除遵循会计制度规定外，还应当满足权责发生制政府财务报告和政府综合财务报告编制的其他需要。

（二）会计账户

会计账户是根据会计科目开设的，具有一定结构的，用以归类、反映和监督会计对象，提供各类会计核算资料的工具。会计账户可以按照不同的标准分类，按照经济内容和提供会计信息的详细程度分类，一般与上述会计科目的分类一样。为了正确地记录和反映各项经济业务所引起的资金收付结存情况，账户不但要有明确的核算内容，而且要有一定的结构。在借贷记账法下，每个总分类账户必须设置“借方”“贷方”“余额”来分别记录资产、负债、净资产、收入和支出的增减变化情况和结果。

八、记账方法

（一）借贷复式记账法

记账方法就是根据一定的记账原理，运用一定的记账符号、记账规则，采用一定的计量单位利用文字和数字在账簿中记录经济业务活动的一种专门方法。

政府会计采用借贷复式记账法。借贷复式记账法是以“借”和“贷”作为记账符号，以“有借必有贷、借贷必相等”为记账规则，对每一项经济业务所引起的会计要素的变化，都在有关的两个或两个以上账户中，以相等的金额全面地、相互联系地进行登记的一种复式记账方法。

（二）平行记账法

具体进行会计核算时，政府财政和政府单位实行“平行记账”，即对纳入预算管理的现金收支在进行财务会计核算的同时也进行预算会计核算；对于其他业务，仅需要进行财务会计核算。

政府单位财务会计与预算会计采用“平行记账”时，财务会计科目与预算会计科目的对应关系如表1-3、表1-4、表1-5所示。

表1-3 政府单位货币资金类科目与资金结存类科目的对应关系

<table>
<tr><th>序号</th><th>财务会计科目</th><th>预算会计科目</th><th>说明</th></tr>
<tr><td rowspan="3">1</td><td>库存现金</td><td rowspan="3">资金结存——货币资金</td><td rowspan="4">财务会计设置了4个货币资金类会计科目，预算会计在核算相关预算收支时设置了“资金结存”会计科目来对应，并分别设置了3个明细科目。预算会计这样设置资金结存类会计科目既与预算资金管理的做法一致，也与财务会计相关货币资金类科目相呼应</td></tr>
<tr><td>银行存款</td></tr>
<tr><td>其他货币资金</td></tr>
<tr><td>2</td><td>财政应返还额度</td><td>资金结存——财政应返还额度</td></tr>
</table>

表1-4 政府单位收入类与预算收入类科目的对应关系

<table>
<tr><th>序号</th><th>财务会计科目</th><th>预算会计科目</th><th>说明</th></tr>
<tr><td rowspan="7">1</td><td>财政拨款收入</td><td>财政拨款预算收入</td><td rowspan="9">①预算会计收入类科目的名称只是在财务会计收入类科目的名称中添加了“预算”二字。
②财务会计将捐赠收入、利息收入、租金收入、其他收入分别设置为总账科目，而预算会计将上述4项内容的预算收入都归集在“其他预算收入”一个总账科目内核算。
③财务会计将单位借款确认为负债类要素，这符合财务会计惯例；而预算会计将单位借款确认为债务预算收入，这与政府预算编制与管理相吻合</td></tr>
<tr><td>事业收入</td><td>事业预算收入</td></tr>
<tr><td>上级补助收入</td><td>上级补助预算收入</td></tr>
<tr><td>附属单位上缴收入</td><td>附属单位上缴预算收入</td></tr>
<tr><td>经营收入</td><td>经营预算收入</td></tr>
<tr><td>非同级财政拨款收入</td><td>非同级财政拨款预算收入</td></tr>
<tr><td>投资收益</td><td>投资预算收益</td></tr>
<tr><td>2</td><td>捐赠收入、利息收入、租金收入、其他收入</td><td>其他预算收入</td></tr>
<tr><td>3</td><td>短期借款、长期借款</td><td>债务预算收入</td></tr>
</table>

表1-5 政府单位费用类科目和预算支出类科目的对应关系

序号	财务会计科目	预算会计科目	说明
1	业务活动费用	行政支出、事业支出	①支出类科目的名称只是将费用类科目名称中的"费用"调整为"支出"（"所得税费用"科目除外），这与政府会计要素分类相吻合。 ②"所得税费用"未调整为"所得税支出"，这与预算会计对事业单位实际缴纳单位所得税直接冲减非财政拨款结余（累计结余）的会计处理相一致。 ③预算会计将事业单位因发生投资所流出的货币资金以"投资支出"来确认，是收付实现制原则的体现。 ④预算会计将事业单位因归还借款而流出的货币资金确认为"债务还本支出"，与将因借款而流入的货币资金确认为"债务预算收入"相对应
2	单位管理费用	事业支出	
3	经营费用	经营支出	
4	上缴上级费用	上缴上级支出	
5	对附属单位补助费用	对附属单位补助支出	
6	其他费用	其他支出	
7	所得税费用	非财政拨款结余（累计盈余）	
8	短期投资、长期股权投资、长期债权投资	投资支出	
9	短期借款、长期借款	债务还本支出	

九、会计凭证与会计账簿

会计凭证是记录经济业务、明确经济责任、作为记账依据的书面证明，是单位发生经济业务并据以登记账簿的凭据。

单位的任何一项经济业务，如领拨经费、支付费用、往来款项的结算等，都应取得或填制合法的会计凭证，会计账簿也必须根据审核后的会计凭证进行登记。因此，正确、严格地审核和填制会计凭证是会计工作中不可缺少的制度和手续，也是监督预算执行的一个重要环节。

会计凭证按其填制程序和用途的不同，可以分为原始凭证和记账凭证两种。

会计账簿是以会计凭证为依据，由具有一定格式而又相互联系的账页组成，用来全面、连续、系统地记录和反映经济业务的簿籍。设置和登记账簿是正确组织会计核算的一个重要环节。与企业会计一样，政府会计账簿也分为总账、明细账和日记账三种。会计账簿的格式也分为三栏式、多栏式、数量金额式。

十、政府决算报告和财务报告

政府决算报告是综合反映政府会计主体年度预算收支执行结果的文件。

政府财务报告是反映政府会计主体某一特定日期的财务状况与某一会计期间的运行情况和现金流量等信息的文件（政府决算报告和财务报告的具体内容见后续章节）。

【学思践悟】

（一）资料

社会保障体系建设进入快车道

2024 年 9 月 24 日国新办举行的“推动高质量发展”系列主题新闻发布会对我国社会保障事业的发展进行了介绍。我国社会保障体系建设进入快车道，成功建设了世界上规模最大的社会保障网，养老保险、失业保险、工伤保险制度体系不断健全完善。党的十八大以来，我国社会保障体系建设取得历史性成就，一是制度更加健全完善，企业职工基本养老保险实现全国统筹，城乡居民养老保险制度统一实施，多层次社会保障制度体系基本建立。二是覆盖范围持续扩大，基本养老、失业、工伤保险参保人数分别达到10.74亿人、2.45亿人、3.01亿人。三是保障水平稳步提高，待遇确定和合理调整机制逐步建立健全。保障能力不断增强，基金收支和结余规模稳步增长。四是服务水平不断优化，城乡五级经办管理服务网络基本形成，社会保障卡覆盖98%的人口，群众办事满意度持续提升。

资料来源：李婕.社会保障体系建设进入快车道［EB/OL］.［2024-10-11］.https：//www.gov.cn/lianbo/bumen/202409/content_6976290.htm.

（二）讨论

请从社会保险基金预算的角度分析政府预算管理如何推动我国经济社会高质量发展。

【复习思考题】

1. 什么是政府会计？我国政府会计适用的组织有哪些？
2. 目前我国政府会计有哪些特点？
3. 什么是政府预算？我国政府预算管理体系的构成有哪些？
4. 政府预算支出按照支出功能和支出经济分类各包含哪些内容？
5. 什么是国库集中支付制度？实行国库集中支付制度有哪些意义？
6. 我国国库单一账户体系的构成有哪些？
7. 我国财政资金的收缴和支付方式分别有哪些？
8. 我国政府会计体系的构成有哪些？我国政府会计是如何分级的？
9. 我国政府会计规范体系的构成有哪些？
10. 我国政府会计的目标是什么？
11. 我国政府会计的记账基础是什么？
12. 我国政府会计信息质量要求有哪些？
13. 我国政府会计要素有哪些？会计要素之间存在什么样的关系？
14. 什么是我国政府会计的“平行记账”？采用“平行记账”时，财务会计科目与预算会计科目之间有哪些对应关系？

【练习题】

一、单项选择题

1.政府会计是会计学的一大分支，另一分支是（　　）。

A.企业会计　B.预算会计　C.管理会计　D.财务会计

2.财政总会计的主体是（　　）。

A.县级以上财政机关　B.行政单位

C.事业单位　D.各级政府财政部门

3.不属于预算会计核算基本前提的是（　　）。

A.现金计量　B.会计分期　C.持续运行　D.会计主体

4.不属于行政事业单位会计要素的是（　　）。

A.资产　B.净资产　C.预算支出　D.所有者权益

5.政府在国库或国库指定的代理行开设账户，集中收纳和支付所有财政资金的制度是（　　）。

A.政府采购制度　B.国库制度

C.国库集中支付制度　D.会计集中核算制度

二、多项选择题

1.下列单位中适用于政府会计制度的有（　　）。

A.政府部门　B.高等学校　C.立法机构　D.国有企业

2.下列专业会计中，属于事业单位会计的有（　　）。

A.人民法院会计　B.公办医院会计　C.社会福利院会计　D.律师事务所会计

3.政府会计的会计主体包括（　　）。

A.各级政府财政部门　B.各个中小企业

C.各类事业单位　D.各级行政单位

4.按国家政权结构和行政区域的不同，国家预算可分为（　　）。

A.中央预算　B.财政总预算　C.单位预算　D.地方预算

5.政府财务会计要素分为（　　）。

A.资产、负债　B.净资产　C.收入、支出　D.利润

6.我国预算收入的征收机关可以是（　　）。

A.财政机关　B.海关　C.税务机关　D.国家金库

第二章　收入与预算收入

【学习目标】

熟悉收入与预算收入的定义、分类与确认条件；掌握行政单位与事业单位各自收入与预算收入的内容；掌握政府单位各项收入与预算收入业务的会计核算。

第一节　收入与预算收入概述

一、收入与预算收入的定义

（一）收入的定义

收入是指报告期内导致政府会计主体净资产增加的、含有服务潜力或者经济利益的经济资源的流入。

（二）预算收入的定义

预算收入是指政府会计主体在预算年度内依法取得的并纳入预算管理的现金流入。

二、收入与预算收入的分类

（一）收入的分类

政府单位收入包括财政拨款收入、事业收入、上级补助收入、附属单位上缴收入、经营收入、非同级财政拨款收入、投资收益、捐赠收入、利息收入、租金收入、其他收入。其中，财政拨款收入、非同级财政拨款收入、捐赠收入、利息收入、租金收入和其他收入属于行政单位和事业单位共有的收入项目；事业收入、上级补助收入、附属单位上缴收入、经营收入和投资收益是事业单位特有的收入项目。

（二）预算收入的分类

政府单位预算收入包括财政拨款预算收入、事业预算收入、上级补助预算收入、附属单位上缴预算收入、经营预算收入、债务预算收入、非同级财政拨款预算收入、投资预算收益、其他预算收入。其中，财政拨款预算收入、非同级财政拨款预算收入和其他预算收入是行政单位和事业单位共有的预算收入项目；事业预算收入、上级补助预算收入、附属单位上缴预算收入、经营预算收入、债务预算收入和投资预算收益是事业单位特有的预算收入项目。

三、收入与预算收入的确认

（一）收入的确认

收入的确认应当同时满足以下条件：①与收入相关的含有服务潜力或者经济利益的经

济资源很可能流入政府会计主体；②含有服务潜力或者经济利益的经济资源流入会导致政府会计主体资产增加或者负债减少；③流入金额能够可靠地计量。

收入与预算收入的管理

符合收入定义和收入确认条件的项目，应当列入收入费用表。

（二）预算收入的确认

预算收入一般在实际收到时予以确认，以实际收到的金额计量。

第二节 事业单位特有收入与预算收入

一、事业收入与事业预算收入的核算

事业收入是事业单位开展专业业务活动及其辅助活动实现的收入，不包括从同级政府财政部门取得的各类财政拨款。

事业预算收入是事业单位开展专业业务活动及其辅助活动取得的现金流入。事业单位因开展科研及其辅助活动从非同级政府财政部门取得的经费拨款，也属于事业预算收入。

（一）科目设置

事业单位应设置“事业收入”与“事业预算收入”科目，核算事业单位取得的各项事业收入与事业预算收入。

事业收入应当按照事业收入的类别、来源等进行明细核算。对于因开展科研及其辅助活动从非同级政府财政部门取得的经费拨款，应当在本科目下单设“非同级财政拨款”明细科目进行核算。

事业预算收入应当按照事业预算收入类别、项目、来源、《政府收支分类科目》中“支出功能分类科目”项级科目等进行明细核算。对于因开展科研及其辅助活动从非同级政府财政部门取得的经费拨款，应当在本科目下单设“非同级财政拨款”明细科目进行明细核算。事业预算收入中如有专项资金收入，还应按照具体项目进行明细核算。事业（预算）收入明细科目表如表2-1所示。

表2-1 事业（预算）收入明细科目表

总账科目	一级明细科目	二级明细科目	三级明细科目	四级明细科目
事业（预算）收入	支出功能分类项级科目	××业务（预算）收入	非专项收入	××收入
				××收入
		××业务（预算）收入	××项目	非同级财政拨款
				其他资金收入

（二）主要账务处理

1.采用财政专户返还方式管理的事业收入

实现应上缴财政专户的事业收入时，按照实际收到或应收的金额，借记“银行存款”“应收账款”等科目，贷记“应缴财政款”科目。

向财政专户上缴款项时，按照实际上缴的款项金额，借记“应缴财政款”科目，贷记

“银行存款”等科目。

收到从财政专户返还的事业收入时，按照实际收到的返还金额，在财务会计中，借记“银行存款”等科目，贷记“事业收入”科目；同时在预算会计中，借记“资金结存——货币资金”科目，贷记“事业预算收入”科目。

【例2-1】某事业单位收到一笔采用财政专户返还方式管理的事业收入120 000元，款项已存入开户银行。数日后，事业单位通过开户银行向财政专户上缴收到的该笔事业收入120 000元。次月，该事业单位收到从财政专户返还的一部分事业收入90 000元，款项已存入开户银行。

① 收到采用财政专户返还方式管理的事业收入时，财务会计分录如下：

借：银行存款 120 000

贷：应缴财政款——应缴财政专户款 120 000

② 通过开户银行向财政专户上缴相应的事业收入时，财务会计分录如下：

借：应缴财政款——应缴财政专户款 120 000

贷：银行存款 120 000

③ 收到从财政专户返还的一部分事业收入时，财务会计分录如下：

借：银行存款 90 000

贷：事业收入——财政专户返还收入 90 000

同时，编制预算会计分录：

借：资金结存——货币资金——银行存款 90 000

贷：事业预算收入——财政专户返还收入 90 000

2.采用预收款方式确认的事业收入

实际收到预收款项时，按照收到的款项金额，在财务会计中，借记“银行存款”等科目，贷记“预收账款”科目；同时在预算会计中，借记“资金结存——货币资金”科目，贷记“事业预算收入”科目。

以合同完成进度确认事业收入时，按照基于合同完成进度计算的金额，借记“预收账款”科目，贷记“事业收入”科目。

【例2-2】2×23年4月10日，某事业单位同甲公司签订了某项技术合同，共计300 000元，4月10日，按合同约定从甲公司预收款项150 000元，款项已存入开户银行。2×23年6月10日，该事业单位完成了本技术合同规定内容的一半，提供的技术服务获得了对方的认可，按合同完成进度计算确认实现的事业收入150 000元。

① 2×23年4月10日，从甲公司预收款项时，财务会计分录如下：

借：银行存款 150 000

贷：预收账款——甲公司 150 000

同时，编制预算会计分录：

借：资金结存——货币资金——银行存款 150 000

贷：事业预算收入——科研收入 150 000

② 2×23年6月10日，确认实现的事业收入时，财务会计分录如下：

借：预收账款——甲公司 150 000

贷：事业收入——科研收入 150 000

3.采用应收款方式确认的事业收入

根据合同完成进度计算本期应收的款项，借记“应收账款”科目，贷记“事业收入”科目。实际收到款项时，在财务会计中，借记“银行存款”等科目，贷记“应收账款”科目；同时在预算会计中，借记“资金结存——货币资金”科目，贷记“事业预算收入”科目。

【例2-3】接【例2-2】，2×23年10月10日，合同全部完成，该事业单位确认剩余合同的事业收入150 000元，款项尚未收到。2×23年11月5日，收到该笔款项。

① 2×23年10月10日，确认实现的事业收入时，财务会计分录如下：

借：应收账款——甲公司　　150 000

　贷：事业收入——科研收入　　150 000

② 2×23年11月5日，实际收到款项时，财务会计分录如下：

借：银行存款　　150 000

　贷：应收账款——甲公司　　150 000

同时，编制预算会计分录：

借：资金结存——货币资金——银行存款　　150 000

　贷：事业预算收入——科研收入　　150 000

4.其他方式下确认的事业收入

其他方式下确认的事业收入，按照实际收到的金额，在财务会计中，借记“银行存款”“库存现金”等科目，贷记“事业收入”科目；同时在预算会计中，借记“资金结存——货币资金”科目，贷记“事业预算收入”科目。

【例2-4】某事业单位为培训中心，为企业举办培训，2×23年3月1日收到培训费30 000元，存入银行。

2×23年3月1日，该单位编制财务会计分录如下：

借：银行存款　　30 000

　贷：事业收入——培训业务——学费收入　　30 000

同时，编制预算会计分录：

借：资金结存——货币资金——银行存款　　30 000

　贷：事业预算收入——培训业务——学费收入　　30 000

上述业务中涉及增值税业务的，相关账务处理参见“应交增值税”科目。

5.期末结转

期末，将“事业收入”科目本期发生额转入本期盈余，借记“事业收入”科目，贷记“本期盈余”科目。期末结转后，“事业收入”科目应无余额。具体例题见第七章的净资产相关业务处理例题。

年末，将“事业预算收入”科目本年发生额中的专项资金收入转入“非财政拨款结转”科目，借记“事业预算收入”科目下各专项资金收入明细科目，贷记“非财政拨款结转——本年收支结转”科目；将“事业预算收入”科目本年发生额中的非专项资金收入转入“其他结余”科目，借记本科目下各非专项资金收入明细科目，贷记“其他结余”科目。年末结转后，“事业预算收入”科目应无余额。预算结余相关业务处理例题见第八章。

事业收入与事业预算收入的主要账务处理

二、经营收入与经营预算收入的核算

经营收入是事业单位在专业业务活动及其辅助活动之外开展非独立核算经营活动取得的收入。

经营预算收入是事业单位在专业业务活动及其辅助活动之外开展非独立核算经营活动取得的现金流入。

(一) 科目设置

事业单位应设置“经营收入”与“经营预算收入”科目，核算事业单位取得的各项经营收入与经营预算收入。

“经营收入”科目应当按照经营活动类别、项目和收入来源等进行明细核算。

“经营预算收入”科目应当按照经营活动类别、项目、《政府收支分类科目》中“支出功能分类科目”的项级科目等进行明细核算。经营（预算）收入明细科目表如表2-2所示。

表2-2　**经营（预算）收入明细科目表**

总账科目	一级明细科目	二级明细科目	三级明细科目
经营（预算）收入	业务类别	××收费项目	支出功能分类科目的项级科目
		××收费项目	

(二) 主要账务处理

经营收入应当在提供服务或发出存货，同时收讫价款或者取得索取价款的凭据时，按照实际收到或应收的金额予以确认。

1.实现经营收入时，在财务会计中，按照确定的收入金额，借记“银行存款”“应收账款”“应收票据”等科目，贷记“经营收入”科目；在预算会计中，按照实际收到的金额，借记“资金结存——货币资金”科目，贷记“经营预算收入”科目。涉及增值税业务的，相关账务处理参见“应交增值税”科目。

【例2-5】2×23年4月5日，某事业单位开展一项非独立核算的经营活动，取得经营收入80 000元，款项已存入开户银行。

2×23年4月5日，该单位编制财务会计分录如下：

借：银行存款　80 000

　贷：经营收入　80 000

同时，编制预算会计分录：

借：资金结存——货币资金——银行存款　80 000

　贷：经营预算收入　80 000

2.期末，将“经营收入”科目本期发生额转入“本期盈余”科目，借记“经营收入”科目，贷记“本期盈余”科目。期末结转后，“经营收入”科目应无余额。具体例题见第七章净资产相关业务处理例题。

年末，将“经营预算收入”科目本年发生额转入“经营结余”科目，借记“经营预算收入”科目，贷记“经营结余”科目。年末结转后，“经营预算收入”科目应无余额。具体例题见第八章预算结余相关业务处理例题。

经营收入与经营预算收入的主要账务处理

三、上级补助收入与上级补助预算收入的核算

上级补助收入是事业单位从主管部门和上级单位取得的非财政拨款收入。

上级补助预算收入是事业单位从主管部门和上级单位取得的非财政补助现金流入。

（一）科目设置

事业单位应设置“上级补助收入”和“上级补助预算收入”科目，核算事业单位取得的上级补助收入和上级补助预算收入。

“上级补助收入”科目应当按照发放补助单位、补助项目等进行明细核算。

“上级补助预算收入”科目应当按照发放补助单位、补助项目、《政府收支分类科目》中“支出功能分类科目”的项级科目等进行明细核算。上级补助预算收入中如有专项资金收入，还应按照具体项目进行明细核算。

（二）主要账务处理

1.确认上级补助收入时，在财务会计中，按照应收或实际收到的金额，借记“其他应收款”“银行存款”等科目，贷记“上级补助收入”科目；按照实际收到的金额，借记“银行存款”等科目，贷记“其他应收款”科目；在预算会计中，按照实际收到的金额，借记“资金结存——货币资金”科目，贷记“上级补助预算收入”科目。

【例 2-6】某事业单位2×23年5月15日确认应收到上级补助收入420 000元，全部为非专项资金收入，6月1日收到该笔款项。

5月15日，财务会计分录如下：

借：其他应收款——上级补助收入　　420 000

　贷：上级补助收入——非专项资金收入　　420 000

6月1日，财务会计分录如下：

借：银行存款　　420 000

　贷：其他应收款——上级补助收入　　420 000

同时，编制预算会计分录：

借：资金结存——货币资金——银行存款　　420 000

　贷：上级补助预算收入——非专项资金收入　　420 000

2.期末，将“上级补助收入”科目本期发生额转入“本期盈余”科目，借记“上级补助收入”科目，贷记“本期盈余”科目。期末结转后，“上级补助收入”科目应无余额。具体例题见第七章净资产相关业务处理例题。

年末，将“上级补助预算收入”科目本年发生额中的专项资金收入转入“非财政拨款结转”科目，借记“上级补助预算收入”科目下各专项资金收入明细科目，贷记“非财政拨款结转——本年收支结转”科目；将“上级补助预算收入”科目本年发生额中的非专项资金收入转入其他结余，借记“上级补助预算收入”科目下各非专项资金收入明细科目，贷记“其他结余”科目。年末结转后，“上级补助预算收入”科目应无余额。具体例题见第八章预算结余相关业务处理例题。

上级补助收入与上级补助预算收入的主要账务处理

四、附属单位上缴收入与附属单位上缴预算收入的核算

附属单位上缴收入是事业单位取得的附属独立核算单位按照有关规定上缴的收入。

附属单位上缴预算收入是事业单位取得的附属独立核算单位根据有关规定上缴的现金流入。

（一）科目设置

事业单位应设置“附属单位上缴收入”和“附属单位上缴预算收入”科目，核算事业单位取得的附属单位上缴收入和附属单位上缴预算收入。

“附属单位上缴收入”科目应当按照附属单位、缴款项目等进行明细核算。

“附属单位上缴预算收入”科目应当按照附属单位、缴款项目、《政府收支分类科目》中“支出功能分类科目”的项级科目等进行明细核算。附属单位上缴预算收入中如有专项资金收入，还应按照具体项目进行明细核算。

（二）主要账务处理

1.确认附属单位上缴收入时，在财务会计中，按照应收或收到的金额，借记“其他应收款”“银行存款”等科目，贷记“附属单位上缴收入”科目；实际收到应收附属单位上缴款时，按照实际收到的金额，借记“银行存款”等科目，贷记“其他应收款”科目。在预算会计中，按照实际收到的金额，借记“资金结存——货币资金”科目，贷记“附属单位上缴预算收入”科目。

【例2-7】某事业单位的影印部为独立核算单位，按事业单位与影印部所签订的收入分配办法规定，2×23年年末事业单位收到该影印部缴纳收入分成款60 000元，存入银行。

编制财务会计分录如下：

借：银行存款 60 000

　贷：附属单位上缴收入——影印部 60 000

同时，编制预算会计分录：

借：资金结存——货币资金——银行存款 60 000

　贷：附属单位上缴预算收入——影印部 60 000

2.期末，将“附属单位上缴收入”科目本期发生额转入本期盈余，借记“附属单位上缴收入”科目，贷记“本期盈余”科目。期末结转后，“附属单位上缴收入”科目应无余额。具体例题见第七章净资产相关业务处理例题。

年末，将“附属单位上缴预算收入”科目本年发生额中的专项资金收入转入“非财政拨款结转”科目，借记“附属单位上缴预算收入”科目下各专项资金收入明细科目，贷记“非财政拨款结转——本年收支结转”科目；将“附属单位上缴预算收入”科目本年发生额中的非专项资金收入转入“其他结余”科目，借记“附属单位上缴预算收入”科目下各非专项资金收入明细科目，贷记“其他结余”科目。年末结转后，“附属单位上缴预算收入”科目应无余额。具体例题见第八章预算结余相关业务处理例题。

附属单位上缴收入与附属单位上缴预算收入的主要账务处理

五、投资收益与投资预算收益的核算

投资收益是事业单位股权投资和债券投资所实现的收益或发生的损失。

投资预算收益是事业单位取得的按照规定纳入部门预算管理的属于投资收益性质的现金流入，包括股权投资收益、出售或收回债券投资所取得的收益和债券投资利息收入。

（一）科目设置

事业单位应设置“投资收益”和“投资预算收益”科目，核算事业单位取得的投资收益和投资预算收益。

“投资收益”科目应当按照投资的种类等进行明细核算。

“投资预算收益”科目应当按照《政府收支分类科目》中“支出功能分类科目”的项级科目等进行明细核算。

（二）主要账务处理

1.收到短期投资持有期间的利息，按照实际收到的金额，在财务会计中，借记“银行存款”科目，贷记“投资收益”科目；同时在预算会计中，借记“资金结存——货币资金”科目，贷记“投资预算收益”科目。

【例2-8】某事业单位收到短期投资持有期间的利息1 500元，款项已存入开户银行。

该单位编制财务会计分录如下：

借：银行存款	1 500	
贷：投资收益		1 500

同时，编制预算会计分录：

借：资金结存——货币资金——银行存款	1 500	
贷：投资预算收益		1 500

2.出售或到期收回当年短期债券本息，在财务会计中，按照实际收到的金额借记“银行存款”科目，按照出售或收回短期投资的成本贷记“短期投资”科目，按照其差额贷记或借记“投资收益”科目；同时在预算会计中，按照实际收到的金额借记“资金结存”科目，按照出售或收回短期投资的成本贷记“投资支出”科目，按照其差额贷记或借记“投资预算收益”科目。涉及增值税业务的，相关账务处理参见“应交增值税”科目。

【例2-9】某事业单位出售一项本年度取得的短期投资，实际收到款项150 000元，款项已存入开户银行。该项短期投资的账面余额为125 000元，取得时“投资支出”科目的发生额也为125 000元。按照规定，本次短期投资出售取得的投资收益纳入单位预算管理。

该单位编制财务会计分录如下：

借：银行存款	150 000	
贷：短期投资		125 000
投资收益		25 000

同时，编制预算会计分录：

借：资金结存——货币资金——银行存款	150 000	
贷：投资支出		125 000
投资预算收益		25 000

3.持有的分期付息、一次还本的长期债券投资，按期确认利息收入时，在财务会计中，按照计算确定的应收未收利息，借记“应收利息”科目，贷记“投资收益”科目；持有的到期一次还本付息的债券投资，按期确认利息收入时，按照计算确定的应收未收利息，借记“长期债券投资——应计利息”科目，贷记“投资收益”科目。持有的短期投资以及分期付息、一次还本的长期债券投资收到利息时，按照实际收到的金额，同时在预算会计中，借记“资金结存——货币资金”科目，贷记“投资预算收益”科目。具体例题见第五章非流动资产相关业务处理例题。

4.出售长期债券投资或到期收回长期债券投资本息，在财务会计中，按照实际收到的金额，借记“银行存款”等科目；按照债券初始投资成本和已计未收利息金额，贷记“长期债券投资——成本、应计利息”科目（到期一次还本付息债券）或“长期债券投资”“应收利息”科目（分期付息债券）；按照其差额，贷记或借记“投资收益”科目。涉及增值税业务的，相关账务处理参见“应交增值税”科目。出售或到期收回以前年度取得的短期、长期债券，同时在预算会计中，按照实际取得的价款或实际收到的本息金额，借记“资金结存——货币资金”科目；按照取得债券时“投资支出”科目的发生额，贷记“其他结余”科目；按照其差额，贷记或借记“投资预算收益”科目。具体例题见第五章非流动资产相关业务处理例题。

5.采用成本法核算的长期股权投资持有期间，被投资单位宣告分派现金股利或利润时，按照宣告分派的现金股利或利润中属于单位应享有的份额，借记“应收股利”科目，贷记“投资收益”科目。按照实际收到的金额，借记“银行存款”科目，贷记“应收股利”科目；同时在预算会计中，借记“资金结存——货币资金”科目，贷记“投资预算收益”科目。

【例 2-10】某事业单位持有A公司10%的股份，相应的长期股权投资采用成本法核算。某日，该事业单位收到A公司数日前宣告分派的现金股利180 000元，款项已存入开户银行。

该单位编制财务会计分录如下：

借：银行存款	180 000	
贷：应收股利		180 000

同时，编制预算会计分录：

借：资金结存——货币资金——银行存款	180 000	
贷：投资预算收益		180 000

6.采用权益法核算的长期股权投资在持有期间，按照应享有或应分担的被投资单位实现的净损益的份额，借记或贷记“长期股权投资——损益调整”科目，贷记或借记“投资收益”科目；被投资单位发生净亏损，但以后年度又实现净利润的，单位在其收益分享额弥补未确认的亏损分担额等后，恢复确认投资收益，借记“长期股权投资——损益调整”科目，贷记“投资收益”科目。按照规定处置长期股权投资时有关投资收益的账务处理，参见第五章长期股权投资的核算。

7.期末，将“投资收益”科目本期发生额转入“本期盈余”科目，借记或贷记“投资收益”科目，贷记或借记“本期盈余”科目。期末结转后，“投资收益”科目应无余额。具体例题见第七章净资产相关业务处理例题。

投资收益与投资预算收益的主要账务处理

年末，将“投资预算收益”科目本年发生额转入“其他结余”科目，借记或贷记“投资预算收益”科目，贷记或借记“其他结余”科目。年末结转后，“投资预算收益”科目应无余额。具体例题见第八章预算结余相关业务处理例题。

六、债务预算收入的核算

债务预算收入是事业单位按照规定从银行和其他金融机构等借入的、纳入部门预算管理的、不以财政资金作为偿还来源的债务本金。

（一）科目设置

事业单位应设置“债务预算收入”科目，核算事业单位取得的债务预算收入。

“债务预算收入”科目应当按照贷款单位、贷款种类、《政府收支分类科目》中“支出功能分类科目”的项级科目等进行明细核算。债务预算收入中如有专项资金收入，还应按照具体项目进行明细核算。

（二）主要账务处理

1.借入各项短期或长期借款时，按照实际借入的金额，借记“资金结存——货币资金”科目，贷记“债务预算收入”科目。

【例2-11】某事业单位因开展非独立核算经营活动向银行借款200 000元，期限10个月。

财务会计分录为：

借：银行存款	200 000	
贷：短期借款		200 000

预算会计分录为：

借：资金结存——货币资金——银行存款	200 000	
贷：债务预算收入		200 000

2.年末，将“债务预算收入”科目本年发生额中的专项资金收入转入“非财政拨款结转”科目，借记“债务预算收入”科目下各专项资金收入明细科目，贷记“非财政拨款结转——本年收支结转”科目；将“债务预算收入”科目本年发生额中的非专项资金收入转入“其他结余”科目，借记“债务预算收入”科目下各非专项资金收入明细科目，贷记“其他结余”科目。年末结转后，“债务预算收入”科目应无余额。具体例题见第八章预算结余相关业务处理例题。

债务预算收入的主要账务处理

第三节　行政事业单位共有收入与预算收入

一、财政拨款收入与财政拨款预算收入的核算

财政拨款收入和财政拨款预算收入是指单位从同级政府财政部门取得的各类财政拨款。

（一）科目设置

政府单位应设置“财政拨款收入”和“财政拨款预算收入”科目，核算所取得的财政拨款收入和财政拨款预算收入。

“财政拨款收入”科目可按照一般公共预算财政拨款、政府性基金预算财政拨款等拨

款种类进行明细核算。

“财政拨款预算收入”科目应当设置“基本支出”和“项目支出”两个明细科目，并按照《政府收支分类科目》中“支出功能分类科目”的项级科目进行明细核算；同时，在“基本支出”明细科目下按照“人员经费”和“日常公用经费”进行明细核算，在“项目支出”明细科目下按照具体项目进行明细核算。有一般公共预算财政拨款、政府性基金预算财政拨款等两种或两种以上财政拨款的单位，还应当按照财政拨款的种类进行明细核算。财政拨款（预算）收入明细科目设置如表2-3所示。

表2-3 **财政拨款（预算）收入明细科目设置**

<table>
<tr><th>总账科目</th><th>一级明细科目</th><th>二级明细科目</th><th>三级明细科目</th><th>四级明细科目</th></tr>
<tr><td rowspan="5">财政拨款（预算）收入</td><td rowspan="4">一般公共预算拨款</td><td rowspan="4">支出功能分类项级科目</td><td rowspan="2">基本支出拨款</td><td>人员经费</td></tr>
<tr><td>日常公用经费</td></tr>
<tr><td rowspan="2">项目支出拨款</td><td>××项目</td></tr>
<tr><td>××项目</td></tr>
<tr><td>政府性基金预算拨款</td><td>同上</td><td>同上</td><td>同上</td></tr>
</table>

（二）主要账务处理

1.根据资金到账通知书及相关原始凭证，按照通知书中的直接支付入账金额，在财务会计中，借记“库存物品”“固定资产”“业务活动费用”“单位管理费用”“应付职工薪酬”等科目，贷记“财政拨款收入”科目；同时在预算会计中，借记“行政支出”“事业支出”等科目，贷记“财政拨款预算收入”科目。涉及增值税业务的，相关账务处理参见“应交增值税”科目。

年末，根据本年度财政直接支付预算指标数与当年财政直接支付实际支付数的差额，在财务会计中，借记“财政应返还额度”科目，贷记“财政拨款收入”科目；同时在预算会计中，借记“资金结存——财政应返还额度”科目，贷记“财政拨款预算收入”科目。

【例2-12】某事业单位实行国库集中支付制度，2×23年3月5日，该单位购办公用品一批，价值200 000元，依据收到财政国库支付执行机构委托代理银行转来的“财政直接支付入账通知书”及原始凭证，该笔款项已经完成支付，该批办公用品已验收入库。

2×23年3月5日，编制财务会计分录如下：

借：库存物品——办公用品 200 000

　贷：财政拨款收入——基本支出——日常公用经费——办公费 200 000

同时，编制预算会计分录：

借：事业支出——基本支出——日常办公经费——办公费 200 000

　贷：财政拨款预算收入——基本支出 200 000

【例2-13】某事业单位实行财政国库集中支付制度，2×23年全年财政直接支付预算指标为5 000 000元，当年实际支出4 500 000元，有500 000元截至年底尚未支付。

2×23年12月31日，编制财务会计分录如下：

借：财政应返还额度 500 000

　贷：财政拨款收入 500 000

同时，编制预算会计分录：

借：资金结存——财政应返还额度 500 000

　贷：财政拨款预算收入 500 000

2.在其他方式下收到财政拨款收入时，按照实际收到的金额，在财务会计中，借记“银行存款”等科目，贷记“财政拨款收入”科目；同时在预算会计中，借记“资金结存——货币资金”科目，贷记“财政拨款预算收入”科目。

单位收到下期预算的财政预拨款，应当在下个预算期按照预收的金额，借记“资金结存——货币资金”科目，贷记“财政拨款预算收入”科目。

财政实拨资金是财政部门的国库支付执行机构按照批复的部门预算和资金使用计划，开出拨款凭证，将财政款项划转到事业单位在商业银行开设的存款账户。财政实拨资金主要适用于未实行国库集中支付制度的事业单位，以及一些特殊财政款项的拨付。

财政实拨资金方式的确认方法如下：

（1）在实拨资金方式下，根据银行存款进账单中标明的财政拨款到账金额，确认财政拨款预算收入及其金额。

（2）单位收到下期预算的财政拨款，本期不可确认为财政拨款预算收入，须在下个预算期按照预收的金额确认财政拨款预算收入。单位收到财政部门很可能列入预算、尚未走完预算批准程序的临时拨款，在收到时不确认为财政拨款预算收入，待到该拨款按照预算批准程序列入预算后，才确认财政拨款预算收入。

（3）对于政府单位收到同级财政部门拨入的应转拨下属单位的财政拨款，按下列方法处理：

① 能够确定属于下属单位的具体预算数额的，不确认为本单位的财政拨款预算收入，而应确认为负债。下属单位在收到该财政拨款时将其确认为财政拨款预算收入。

② 尚不能确定属于下属单位的具体预算数额的，先全额确认为财政拨款预算收入，待向下属单位转拨财政拨款时，再冲减财政拨款预算收入。下属单位在收到该财政拨款时将其确认为财政拨款预算收入。

【例2-14】某政府单位未实行国库集中支付制度，在实拨资金方式下，2×23年3月7日，该政府单位收到开户银行转来的“到账通知书”，财政部门拨付的人员经费1 000 000元已到账，其中300 000元为下属单位的人员经费。

该政府单位2×23年3月7日编制的财务会计分录为：

借：银行存款 700 000

　贷：财政拨款收入——一般公共预算拨款——行政运行——基本支出拨款——人员经费 700 000

同时，编制预算会计分录：

借：资金结存——货币资金——银行存款 700 000

　贷：财政拨款预算收入——一般公共预算拨款——行政运行——基本支出拨款——人员经费 700 000

【例2-15】某政府单位未实行国库集中支付制度，在实拨资金方式下，2×23年3月7

日，该政府单位收到财政部门拨入日常公用经费300 000元，其中包括暂时不能确定金额、需要转拨下属研究所的日常公用经费。

该政府单位编制的财务会计分录为：

借：银行存款 300 000

贷：财政拨款收入——一般公共预算拨款——行政运行——基本支出拨款——日常公用经费 300 000

预算会计分录为：

借：资金结存——货币资金——银行存款 300 000

贷：财政拨款预算收入——一般公共预算拨款——行政运行——基本支出拨款——日常公用经费 300 000

【例2-16】接【例2-15】，根据已批准的下级预算，明确向下属单位转拨日常公用经费150 000元。

该政府单位编制的财务会计分录为：

借：财政拨款收入 150 000

贷：银行存款 150 000

预算会计分录为：

借：财政拨款预算收入——一般公共预算拨款——行政运行——基本支出拨款——日常公用经费 150 000

贷：资金结存——货币资金——银行存款 150 000

【例2-17】某政府单位未实行国库集中支付制度，在实拨资金方式下，2×23年年末时收到银行存款进账单，财政部门拨付属于2×24年预算的2×24年1月份的××项目经费120 000元。年末收到财政部门拨款时，不确认财政拨款预算收入，登记备查账簿。

2×24年1月，该单位编制财务会计分录如下：

借：银行存款 120 000

贷：财政拨款收入——一般公共预算拨款——一般行政管理事务——项目支出拨款——××项目 120 000

同时编制预算会计分录：

借：资金结存——货币资金——银行存款 120 000

贷：财政拨款预算收入——一般公共预算拨款——一般行政管理事务——项目支出拨款——××项目 120 000

3.因差错更正或购货退回等发生国库支付款项退回的，属于以前年度支付的款项，按照退回金额，在财务会计中，借记“财政应返还额度”科目，贷记“以前年度盈余调整”“库存物品”等科目；在预算会计中，借记“资金结存——财政应返还额度”科目，贷记“财政拨款结转——年初余额调整”科目或“财政拨款结余——年初余额调整”科目。属于本年度支付的款项，按照退回金额，在财务会计中，借记“财政拨款收入”科目，贷记“业务活动费用”“库存物品”等科目；同时在预算会计中，借记“财政拨款预算收入”科目，贷记“行政支出”“事业支出”等科目。

【例2-18】2×24年2月3日，某事业单位发现所购材料存在问题需要退货，其中有10 000元材料为当年1月购入，另有30 000元材料为2×23年购入，购入时款项均由预算管理一体化系统支付。2×23年年末该笔30 000元资金按照规定结转至“财政拨款结转”科目。2月5日办理完退货手续，将材料退回给供应商。

①退回当年所购材料，编制财务会计分录如下：

借：财政拨款收入 10 000

　贷：库存物品 10 000

同时，编制预算会计分录：

借：财政拨款预算收入 10 000

　贷：事业支出——基本支出——商品和服务支出 10 000

②退回上年所购材料，编制财务会计分录如下：

借：财政应返还额度 30 000

　贷：库存物品 30 000

同时，编制预算会计分录：

借：资金结存——财政应返还额度 30 000

　贷：财政拨款结转——年初余额调整 30 000

4.期末，将“财政拨款收入”科目本期发生额转入“本期盈余”科目，借记“财政拨款收入”科目，贷记“本期盈余”科目。期末结转后，“财政拨款收入”科目应无余额。“财政拨款收入”期末结转业务处理例题见第七章净资产相关业务的核算。

财政拨款收入与财政拨款预算收入的主要账务处理

年末将“财政拨款预算收入”科目本年发生额转入“财政拨款结转”科目，借记“财政拨款预算收入”科目，贷记“财政拨款结转——本年收支结转”科目。年末结转后，“财政拨款预算收入”科目应无余额。“财政拨款预算收入”期末结转业务处理例题见本书第八章预算结余相关业务的核算。

二、非同级财政拨款收入与非同级财政拨款预算收入的核算

非同级财政拨款收入是单位从非同级政府财政部门取得的经费拨款，包括从同级政府其他部门取得的横向转拨财政款、从上级或下级政府财政部门取得的经费拨款等。

非同级财政拨款预算收入是单位从非同级政府财政部门取得的财政拨款，包括本级横向转拨财政款和非本级财政拨款。

（一）科目设置

政府单位应设置“非同级财政拨款收入”和“非同级财政拨款预算收入”科目，核算所取得的非同级财政拨款收入和非同级财政拨款预算收入。

“非同级财政拨款收入”科目应当按照本级横向转拨财政款和非本级财政拨款进行明细核算，并按照收入来源进行明细核算。

事业单位因开展科研及其辅助活动从非同级政府财政部门取得的经费拨款，应当通过“事业收入——非同级财政拨款”科目核算，不通过“非同级财政拨款收入”科目核算。

“非同级财政拨款预算收入”科目应当按照非同级财政拨款预算收入的类别、来源、《政府收支分类科目》中“支出功能分类科目”的项级科目等进行明细核算。非同级财政拨款预算收入中如有专项资金收入，还应按照具体项目进行明细核算。非同级财政拨款

（预算）收入明细科目表如表2-4所示。

表2-4 **非同级财政拨款（预算）收入明细科目表**

总账科目	一级明细科目	二级明细科目	三级明细科目	四级明细科目
非同级财政拨款（预算）收入	本级横向转拨财政款	支出功能分类项级科目	××单位	非专项
			××单位	××项目
			××单位	××项目
	非本级财政拨款	同上	同上	同上

对于因开展科研及其辅助活动从非同级政府财政部门取得的经费拨款，应当通过“事业预算收入——非同级财政拨款”科目进行核算，不通过“非同级财政拨款预算收入”科目核算。

（二）主要账务处理

1.确认非同级财政拨款收入时，按照应收或实际收到的金额，在财务会计中，借记“其他应收款”“银行存款”等科目，贷记“非同级财政拨款收入”科目；同时在预算会计中，按照实际收到的金额，借记“资金结存——货币资金”科目，贷记“非同级财政拨款预算收入”科目。

【例2-19】某事业单位2×23年2月15日确认从属地医疗机构取得医疗费财政拨款2 000 000元，2×23年3月5日收到该笔款项。

①2月15日，确认收入时，财务会计分录如下：

借：其他应收款——医疗费　　2 000 000

　贷：非同级财政拨款收入——横向转拨财政拨款　　2 000 000

②3月5日，收到应收款项时，财务会计分录如下：

借：银行存款　　2 000 000

　贷：其他应收款——医疗费　　2 000 000

同时，编制预算会计分录：

借：资金结存——货币资金——银行存款　　2 000 000

　贷：非同级财政拨款预算收入——横向转拨财政拨款　　2 000 000

2.期末，将“非同级财政拨款收入”科目本期发生额转入“本期盈余”科目，借记“非同级财政拨款收入”科目，贷记“本期盈余”科目。期末结转后，“非同级财政拨款收入”科目应无余额。“非同级财政拨款收入”期末结转业务处理例题见本书第七章净资产相关业务的核算。

年末，将“非同级财政拨款预算收入”科目本年发生额中的专项资金收入转入“非财政拨款结转”科目，借记“非同级财政拨款预算收入”科目下各专项资金收入明细科目，贷记“非财政拨款结转——本年收支结转”科目；将“非同级财政拨款预算收入”科目本年发生额中的非专项资金收入转入“其他结余”科目，借记“非同级财政拨款预算收入”科目下各非专项资金收入明细科目，贷记“其他结余”科目。年末结转后，“非同级财政拨款预算收入”科目应无余额。“非同级财政拨款预算收入”期末结转业务处理例题见本书第八章预算结余相关业务的核算。

非同级财政拨款收入与非同级财政拨款预算收入的主要账务处理

三、其他收入与其他预算收入的核算

（一）捐赠收入

捐赠收入即单位接受其他单位或者个人捐赠取得的收入。

1.科目设置

政府单位应设置“捐赠收入”科目核算所取得的捐赠收入，“捐赠收入”科目应当按照捐赠资产的用途和捐赠单位等进行明细核算。

2.主要账务处理

（1）接受捐赠的货币资金，按照实际收到的金额，在财务会计中，借记“银行存款”“库存现金”等科目，贷记“捐赠收入”科目；同时在预算会计中，借记“资金结存——货币资金”科目，贷记“其他预算收入——捐赠收入”科目。

【例2-20】2×23年3月16日，某政府单位收到某企业捐赠的银行存款500 000元。

财务会计分录如下：

借：银行存款　　500 000

　贷：捐赠收入——某企业　　500 000

同时，编制预算会计分录：

借：资金结存——货币资金——银行存款　　500 000

　贷：其他预算收入——捐赠收入　　500 000

（2）接受捐赠的存货、固定资产等非现金资产，按照确定的成本，在财务会计中，借记“库存物品”“固定资产”等科目，按照发生的相关税费、运输费等，贷记“银行存款”等科目，按照其差额，贷记“捐赠收入”科目。同时，对支付的相关税费、运输费等，在预算会计中，借记“其他支出”科目，贷记“资金结存——货币资金”科目。

【例2-21】某事业单位将接受捐赠的材料验收入库，参照市场价格，该批材料估价10 000元，该单位用银行存款支付了运费及相关税费200元。

①材料验收入库时，编制的财务会计分录为：

借：库存物品　　10 200

　贷：捐赠收入　　10 000

　　　银行存款　　200

②对支付运费及相关税费，编制预算会计分录：

借：其他支出　　200

　贷：资金结存——货币资金——银行存款　　200

（3）接受捐赠的资产按照名义金额入账的，按照名义金额，借记“库存物品”“固定资产”等科目，贷记“捐赠收入”科目；同时，按照发生的相关税费、运输费等，借记“其他费用”科目，贷记“银行存款”等科目。对支付的相关税费、运输费等，还要在预算会计中，借记“其他支出”科目，贷记“资金结存——货币资金”科目。

【例2-22】某事业单位接受捐赠的材料一批，无参照市场价格，该批材料以名义价格1元验收入库，该单位用银行存款支付了运费及相关税费200元。

①材料验收入库时，编制的财务会计分录为：

借：库存物品　　1

贷：捐赠收入 1

②支付运费及相关税费时，编制财务会计分录如下：

借：其他费用 200

贷：银行存款 200

同时，编制预算会计分录：

借：其他支出 200

贷：资金结存——货币资金——银行存款 200

（4）期末，在财务会计中，将“捐赠收入”科目本期发生额转入“本期盈余”科目，借记“捐赠收入”科目，贷记“本期盈余”科目。期末结转后，“捐赠收入”科目应无余额。期末结转业务处理例题见第七章净资产相关业务的核算。

捐赠收入的主要账务处理

（二）利息收入

利息收入即单位取得的银行存款利息收入。

1.科目设置

政府单位应设置“利息收入”科目，核算所取得的利息收入。

2.主要账务处理

（1）取得银行存款利息时，按照实际收到的金额，在财务会计中，借记“银行存款”科目，贷记“利息收入”科目；同时在预算会计中，借记“资金结存——货币资金”科目，贷记“其他预算收入——利息收入”科目。

【例2-23】2×23年4月5日，某政府单位收到银行存款利息3 000元。

财务会计分录如下：

借：银行存款 3 000

贷：利息收入 3 000

同时，编制预算会计分录：

借：资金结存——货币资金——银行存款 3 000

贷：其他预算收入——利息收入 3 000

（2）期末，在财务会计中，将“利息收入”科目本期发生额转入“本期盈余”科目，借记“利息收入”科目，贷记“本期盈余”科目。期末结转后，“利息收入”科目应无余额。期末结转业务处理例题见第七章净资产相关业务的核算。

利息收入的主要账务处理

（三）租金收入

租金收入是单位经批准利用国有资产出租取得并按照规定纳入本单位预算管理的租金收入。

1.科目设置

政府单位应设置“租金收入”科目核算所取得的租金收入。“租金收入”科目应当按照出租国有资产类别和收入来源等进行明细核算。

2.主要账务处理

（1）国有资产出租收入，应当在租赁期内各个期间按照直线法予以确认。

①采用预收租金方式的，预收租金时，按照收到的金额，借记“银行存款”等科目，贷记“预收账款”科目。分期确认租金收入时，按照各期租金金额，在财务会计中，借记

“预收账款”科目，贷记“租金收入”科目；同时在预算会计中，借记“资金结存——货币资金”科目，贷记“其他预算收入——租金收入”科目。

② 采用后付租金方式的，每期确认租金收入时，按照各期租金金额，借记“应收账款”科目，贷记“租金收入”科目。收到租金时，按照实际收到的金额，在财务会计中，借记“银行存款”等科目，贷记“应收账款”科目；同时在预算会计中，借记“资金结存——货币资金”科目，贷记“其他预算收入——租金收入”科目。

③ 采用分期收取租金方式的，每期收取租金时，按照租金金额，在财务会计中，借记“银行存款”等科目，贷记“租金收入”科目；同时在预算会计中，借记“资金结存——货币资金”科目，贷记“其他预算收入——租金收入”科目。

【例2-24】某事业单位将办公楼对外出租给了甲公司，每年租金收入360 000元，纳入单位预算管理。分别编制该单位采用预收租金方式、后付租金方式、分期收取租金方式的有关会计分录。

① 预收租金方式下该单位编制的有关会计分录

收到预付租金时，财务会计分录如下：

借：银行存款	360 000	
贷：预收账款——甲公司		360 000

同时，编制预算会计分录：

借：资金结存——货币资金——银行存款	360 000	
贷：其他预算收入——租金收入		360 000

每期确认租金收入时，财务会计分录如下：

借：预收账款——甲公司	30 000	
贷：租金收入		30 000

② 后付租金方式下该单位编制的有关会计分录

每期确认租金收入时，财务会计分录如下：

借：应收账款——甲公司	30 000	
贷：租金收入		30 000

收到后付租金时，财务会计分录如下：

借：银行存款	360 000	
贷：应收账款——甲公司		360 000

同时，编制预算会计分录：

借：资金结存——货币资金——银行存款	360 000	
贷：其他预算收入——租金收入		360 000

③ 分期收取租金方式下该单位编制的有关会计分录

分期收取租金时，财务会计分录如下：

借：银行存款	30 000	
贷：租金收入		30 000

同时，编制预算会计分录：

借：资金结存——货币资金——银行存款	30 000	
贷：其他预算收入——租金收入		30 000

涉及增值税业务的，相关账务处理参见“应交增值税”科目。

（2）期末，在财务会计中，将“租金收入”科目本期发生额转入“本期盈余”科目，借记“租金收入”科目，贷记“本期盈余”科目。期末结转后，“租金收入”科目应无余额。期末结转业务处理例题见第七章净资产相关业务的核算。

租金收入的主要账务处理

（四）其他收入与其他预算收入

其他收入是指单位取得的除财政拨款收入、事业收入、上级补助收入、附属单位上缴收入、经营收入、非同级财政拨款收入、投资收益、捐赠收入、利息收入、租金收入以外的各项收入，包括现金盘盈收入、按照规定纳入单位预算管理的科技成果转化收入、行政单位收回已核销的其他应收款、无法偿付的应付及预收款项、置换换出资产评估增值等。

其他预算收入是指单位除财政拨款预算收入、事业预算收入、上级补助预算收入、附属单位上缴预算收入、经营预算收入、债务预算收入、非同级财政拨款预算收入、投资预算收益之外的纳入部门预算管理的现金流入，包括捐赠预算收入、利息预算收入、租金预算收入、现金盘盈收入等。

1.科目设置

政府单位应设置“其他收入”和“其他预算收入”科目核算所取得的其他收入和其他预算收入。

“其他收入”科目应当按照其他收入的类别、来源等进行明细核算。

“其他预算收入”科目应当按照其他收入类别、《政府收支分类科目》中“支出功能分类科目”的项级科目等进行明细核算。其他预算收入中如有专项资金收入，还应按照具体项目进行明细核算。

单位发生的捐赠预算收入、利息预算收入、租金预算收入金额较大或业务较多的，可单独设置“捐赠预算收入”“利息预算收入”“租金预算收入”等科目。

2.主要账务处理

（1）现金盘盈收入

每日现金账款核对中发现的现金溢余，属于无法查明原因的部分，报经批准后，在财务会计中借记“待处理财产损溢”科目，贷记“其他收入”科目。同时在预算会计中，按照溢余的现金金额，借记“资金结存——货币资金”科目，贷记“其他预算收入”科目。经核实，属于应支付给有关个人和单位的部分，按照实际支付的金额，借记“其他预算收入”科目，贷记“资金结存——货币资金”科目。

【例2-25】2×23年3月31日，某事业单位盘点现金时发现长款1 000元，无法查明原因，报经领导批准后作现金盈余处理。

财务会计分录如下：

借：待处理财产损溢——货币资金——待处理财产价值	1 000	
贷：其他收入——现金盘盈收入		1 000

（2）科技成果转化收入

单位科技成果转化所取得的收入，按照规定留归本单位的，按照所取得收入扣除相关费用之后的净收益，在财务会计中，借记“银行存款”等科目，贷记“其他收入”科目；同时在预算会计中，借记“资金结存——货币资金”科目，贷记“其他预算收入”科目。

【例 2-26】某事业单位将一项专利成果出售给某企业，扣除相关税费后获得 500 000 元，存入银行。

财务会计分录为：

借：银行存款　　500 000

　贷：其他收入——科技成果转化收入　　500 000

同时，编制预算会计分录：

借：资金结存——货币资金——银行存款　　500 000

　贷：其他预算收入——科技成果转化收入　　500 000

（3）收回已核销的其他应收款

行政单位已核销的其他应收款在以后期间收回的，按照实际收回的金额，在财务会计中，借记“银行存款”等科目，贷记“其他收入”科目；同时在预算会计中，借记“资金结存——货币资金”科目，贷记“其他预算收入”科目。具体业务核算见第四章流动资产相关业务的核算。

（4）无法偿付的应付及预收款项

无法偿付或债权人豁免偿还的应付账款、预收账款、其他应付款及长期应付款，在财务会计中，借记“应付账款”“预收账款”“其他应付款”“长期应付款”等科目，贷记“其他收入”科目。具体业务核算见第六章负债相关业务的核算。

（5）置换换出资产评估增值

在资产置换过程中，换出资产评估增值的，按照评估价值高于资产账面价值或账面余额的金额，借记有关科目，贷记“其他收入”科目。具体账务处理参见“库存物品”等科目。

以未入账的无形资产取得的长期股权投资，在财务会计中，按照评估价值加相关税费作为投资成本，借记“长期股权投资”科目；按照发生的相关税费，贷记“银行存款”“其他应交税费”等科目；按照其差额，贷记“其他收入”科目。具体账务处理参见第五章中长期股权投资业务的核算。

（6）确认（1）至（5）以外的其他收入时，按照应收或实际收到的金额，借记“其他应收款”“银行存款”“库存现金”等科目，贷记“其他收入”科目。收到其他预算收入时，按照收到的金额，借记“资金结存——货币资金”科目，贷记“其他预算收入”科目。涉及增值税业务的，相关账务处理参见第六章“应交增值税”科目。

（7）期末，将“其他收入”科目本期发生额转入“本期盈余”科目，借记“其他收入”科目，贷记“本期盈余”科目。期末结转后，“其他收入”科目应无余额。具体业务处理例题见第七章净资产相关业务的处理。

年末，将“其他预算收入”科目本年发生额中的专项资金收入转入“非财政拨款结转”科目，借记“其他预算收入”科目下各专项资金收入明细科目，贷记“非财政拨款结转——本年收支结转”科目；将“其他预算收入”科目本年发生额中的非专项资金收入转入“其他结余”科目，借记“其他预算收入”科目下各非专项资金收入明细科目，贷记“其他结余”科目。年末结转后，“其他预算收入”科目应无余额。具体业务处理例题见第八章预算结余相关业务的处理。

其他收入与其他预算收入的主要账务处理

【学思践悟】

（一）资料

2018—2023年中央财政累计安排855亿元引导教师扎根农村、服务基层

为支持农村教师队伍结构不断优化，2018年到2023年，中央财政累计安排855亿元，持续支持实施相关计划和政策，引导教师到欠发达地区、到农村学校任教、支教，扎根服务基层。

支持实施特岗计划。2018年到2023年，中央财政累计安排了533亿元，对特岗教师给予工资性补助，支持高校毕业生到中西部农村学校任教，为欠发达地区补充了大量的优秀师资。

支持实施“三区”人才计划教师专项和银龄讲学计划。2018年到2023年，中央财政累计安排21亿元，鼓励义务教育优秀教师和退休教师到脱贫地区、民族地区、革命老区、边疆地区支教讲学。从2020年起，还安排了近1亿元，支持教育部组织实施高校银龄教师支援西部计划，遴选一批高校优秀退休教师支教支研，提高西部高等教育发展水平。

支持实施乡村教师生活补助政策。2018年到2023年，累计安排了300亿元，引导中西部地区通过差异化补助政策，吸引更多优秀教师到乡村学校任教，每年惠及130万名教师。

资料来源：吴丹，吴月.2018年到2023年 中央财政累计安排855亿元引导教师扎根农村、服务基层［EB/OL］.［2024-10-11］.https：//www.gov.cn/lianbo/bumen/202311/content_6914965.htm.

（二）讨论

结合上述资料，假设你是西部某公立大学的会计，请分析学校收到中央财政资金给予支教教师的工资性补助后如何进行会计处理。

【复习思考题】

1. 简述政府单位收入与预算收入的含义。
2. 简述国库集中支付制度下事业单位财政拨款（预算）收入的管理与核算。
3. 简述非财政拨款（预算）收入的核算内容。
4. 简述事业单位事业收入与经营收入的区别。
5. 简述事业单位上级补助收入的核算。
6. 简述事业单位的附属单位上缴收入的核算。
7. 简述事业单位投资（预算）收益的核算。
8. 简述事业单位其他收入的核算内容。

【练习题】

一、单项选择题

1.下列各项中，关于“事业收入”科目的说法错误的是（ ）。

A.期末结账后，本科目应有贷方余额

B.本科目核算事业单位开展专业业务活动及其辅助活动取得的收入

C.本科目应当按照事业收入类别、项目、《政府收支分类科目》中“支出功能分类”相关科目等进行明细核算

D.事业收入中如有专项资金收入，还应按具体项目进行明细核算

2.下列项目中，关于“经营收入”科目的说法错误的是（ ）。

A.期末，将本科目本期发生额转入经营结余，借记本科目，贷记“经营结余”科目

B.本科目核算事业单位在专业业务活动及其辅助活动中开展的非独立核算业务活动取得的收入

C.本科目应当按照经营活动类别、项目、《政府收支分类科目》中“支出功能分类”相关科目等进行明细核算

D.经营收入应当在提供服务或发出存货，同时收讫价款或者取得索取价款的凭据时，按照实际收到或应收的金额确认收入

3.取得非同级财政拨款预算收入时，按照实际收到的金额，借记（ ）科目。

A.资金结存——货币资金——银行存款　B.银行存款

C.其他应收款　D.非同级财政拨款收入

4.每日现金账款核对中发现的现金溢余，属于无法查明原因的部分，报经批准后，借记（ ）科目。

A.其他收入　B.银行存款　C.待处理财产损溢　D.其他应收款

二、多项选择题

1.非同级财政拨款收入应当按照（ ）进行明细核算，并按照收入来源进行明细核算。

A.本级横向转拨财政款　B.上级部门拨款

C.非本级财政拨款　D.下级部门拨款

2.经营收入确认必须具备的条件有（ ）。

A.事业业务活动取得的　B.经营活动取得的

C.实行独立核算　D.实行非独立核算

3.下列属于事业单位经营收入的有（ ）。

A.学校的学费收入　B.学校非独立核算的电影院收入

C.学校非独立核算的招待所收入　D.学校电脑培训收入

4.下列属于事业单位其他收入的有（ ）。

A.上级拨入的补助款　B.附属单位上缴收入

C.固定资产租金收入　D.债券利息收入

5.年终结账后应无余额的账户有（　　）。

A.事业收入　　B.经营收入　　C.上级补助收入　　D.附属单位上缴收入

三、业务处理题

资料：某事业单位实行财政国库集中支付制度，2×23年发生下列经济业务：

1.收到财政部门拨入的事业经费120 000元。

2.收到上级单位用其自有资金拨入的补助款50 000元。

3.非独立核算单位的车队向外单位提供服务，获得收入30 000元，存入银行。

4.收到所属独立核算单位通过银行上缴的款项40 000元。

5.开展生产活动，对外销售产品一批，价款40 000元，增值税2 400元，款项通过银行划转收到。

6.收到专业活动取得的收入50 000元，存入银行。

7.收到某投资单位分得的利润80 000元，存入银行。

8.开展非专业业务活动，取得收入10 000元，按规定交纳增值税300元。

9.收到固定资产租金收入6 000元，存入银行。

10.收到其他单位的限定用途的捐赠收入50 000元，存入银行。

11.收回已核销的应收账款15 000元，存入银行。

12.现金账款核对中发现现金溢余300元，无法查明原因，报经领导批准后作现金盘盈处理。

要求：请根据上述资料，编制有关的会计分录。

第三章　费用与预算支出

【学习目标】

熟悉费用与预算支出的定义、分类与确认条件；掌握行政单位与事业单位各自费用与预算支出的内容；掌握政府单位各项费用与预算支出业务的会计核算。

第一节　费用与预算支出概述

一、费用与预算支出的定义

（一）费用的定义

费用是指报告期内导致政府会计主体净资产减少的、含有服务潜力或者经济利益的经济资源的流出。

（二）预算支出的定义

预算支出是指政府会计主体在预算年度内依法发生并纳入预算管理的现金流出。

二、费用与预算支出的分类

（一）费用的分类

行政事业单位的费用包括业务活动费用、单位管理费用、经营费用、资产处置费用、上缴上级费用、对附属单位补助费用、所得税费用和其他费用。其中，业务活动费用、资产处置费用和其他费用为行政单位和事业单位共有的费用项目；单位管理费用、经营费用、上缴上级费用、对附属单位补助费用、所得税费用属于事业单位特有的费用项目。

（二）预算支出的分类

政府单位的预算支出包括行政支出、事业支出、经营支出、上缴上级支出、对附属单位补助支出、投资支出、债务还本支出和其他支出。其中，行政支出是行政单位特有的预算支出项目，事业支出、经营支出、上缴上级支出、对附属单位补助支出、投资支出、债务还本支出是事业单位特有的预算支出项目，其他支出是行政事业单位共有的预算支出项目。

费用与预算支出的管理

三、费用与预算支出的确认

费用的确认应当同时满足以下条件：①与费用相关的含有服务潜力或者经济利益的经济资源很可能流出政府会计主体；②含有服务潜力或者经济利益的经济资源流出会导致政府会计主体资产减少或者负债增加；③流出金额

能够可靠地计量。符合费用定义和费用确认条件的项目，应当列入收入费用表。

预算支出一般在实际支付时予以确认，以实际支付的金额计量。

第二节 事业单位特有费用与预算支出

一、单位管理费用与事业支出的核算

单位管理费用是指事业单位本级行政及后勤管理部门开展管理活动发生的各项费用，包括单位行政及后勤管理部门发生的人员经费、公用经费、资产折旧（摊销）等费用，以及由单位统一负担的离退休人员经费、工会经费、诉讼费、中介费等。

事业支出是指事业单位开展专业业务活动及其辅助活动实际发生的各项现金流出。

（一）科目设置

事业单位应设置“单位管理费用”科目核算事业单位发生的各项单位管理费用。

“单位管理费用”科目应当按照项目、费用类别、支付对象等进行明细核算。为了满足成本核算需要，本科目下还可按照“工资福利费用”“商品和服务费用”“对个人和家庭的补助费用”“固定资产折旧费”“无形资产摊销费”等成本项目设置明细科目，归集能够直接计入单位管理活动或采用一定方法计算后计入单位管理活动的费用。

事业单位发生教育、科研、医疗、行政管理、后勤保障等活动的，可在事业支出科目下设置相应的明细科目进行核算，或单设“教育支出”“科研支出”“医疗支出”“行政管理支出”“后勤保障支出”等一级会计科目进行核算。

“事业支出”科目应当分别按照“财政拨款支出”“非财政专项资金支出”和“其他资金支出”，“基本支出”和“项目支出”等进行明细核算，并按照《政府收支分类科目》中“支出功能分类科目”的项级科目进行明细核算；“基本支出”和“项目支出”明细科目应当按照《政府收支分类科目》中“部门预算支出经济分类科目”的款级科目进行明细核算，同时在“项目支出”明细科目下按照具体项目进行明细核算。

有一般公共预算财政拨款、政府性基金预算财政拨款等两种或两种以上财政拨款的事业单位，还应当在“财政拨款支出”明细科目下按照财政拨款的种类进行明细核算。

对于预付款项，可通过在本科目下设置“待处理”明细科目进行明细核算，待确认具体支出项目后再转入本科目下相关明细科目。年末结账前，应将本科目“待处理”明细科目余额全部转入本科目下相关明细科目。事业支出明细科目表如表3-1所示。

（二）主要账务处理

1.职工薪酬

（1）为管理活动人员计提的薪酬，按照计算确定的金额，在财务会计中，借记“单位管理费用”科目，贷记“应付职工薪酬”科目。

向单位职工个人支付薪酬时，按照实际支付的数额，在预算会计中，借记“事业支出”科目，贷记“财政拨款预算收入”“资金结存”科目。

按照规定代扣代缴个人所得税以及代扣代缴或为职工缴纳职工社会保险费、住房公积金等时，按照实际缴纳的金额，在预算会计中，借记“事业支出”科目，贷记“财政拨款预算收入”“资金结存”科目。

表3-1

事业支出明细科目表

<table>
<tr><th>总账科目</th><th>一级明细科目</th><th>二级明细科目</th><th>三级明细科目</th><th>四级明细科目</th><th>五级明细科目</th><th>六级明细科目</th><th>七级明细科目</th></tr>
<tr><td rowspan="13">事业支出</td><td>××（业务）支出</td><td rowspan="6">财政拨款支出</td><td rowspan="5">一般公共预算拨款支出</td><td rowspan="5">支出功能分类项级科目</td><td rowspan="2">基本支出</td><td>部门预算支出经济分类款级科目</td><td></td></tr>
<tr><td>××（业务）支出</td><td>待处理</td><td></td></tr>
<tr><td rowspan="2">××（业务）支出</td><td rowspan="3">项目支出</td><td rowspan="2">××项目</td><td>部门预算支出经济分类款级科目</td></tr>
<tr><td>待处理</td></tr>
<tr><td>××（业务）支出</td><td>××项目</td><td>同上</td></tr>
<tr><td>××（业务）支出</td><td>政府性基金预算拨款支出</td><td>支出功能分类项级科目</td><td></td><td></td><td></td></tr>
<tr><td rowspan="2">××（业务）支出</td><td rowspan="2">非财政专项资金支出</td><td rowspan="2">支出功能分类项级科目</td><td rowspan="2">基本支出</td><td>部门预算支出经济分类款级科目</td><td rowspan="2"></td><td rowspan="2"></td></tr>
<tr><td>待处理</td></tr>
<tr><td rowspan="2">××（业务）支出</td><td rowspan="5">其他资金支出</td><td rowspan="5">支出功能分类项级科目</td><td rowspan="5">项目支出</td><td rowspan="3">××项目</td><td>部门预算支出经济分类款级科目</td><td></td></tr>
<tr><td rowspan="2">待处理</td><td rowspan="2"></td></tr>
<tr><td rowspan="2">××（业务）支出</td></tr>
<tr><td rowspan="2">××项目</td><td rowspan="2">同上</td><td></td></tr>
<tr><td>××（业务）支出</td><td></td></tr>
</table>

【例3-1】2×23年6月13日，某事业单位财务部门根据月工资发放表计发工资。工资发放具体情况如表3-2所示。

表3-2 **某事业单位6月份工资发放表** 单位：元

部门	工资项目					代扣代缴项目				实发
	基本工资	津补贴	住房补贴	公共交通补贴	合计	养老保险	医疗保险	公积金	合计	
行政管理	156 000	69 000	18 000	9 750	252 750	50 400	10 800	16 200	77 400	175 350
业务部门	60 300	16 200	16 500	0	93 000	15 345	8 100	10 800	34 245	58 755
后勤管理	18 600	69 600	17 250	0	105 450	15 420	9 375	11 730	36 525	68 925
离退休	85 500	57 000	0	0	142 500	0	0	0	0	142 500
合计	320 400	211 800	51 750	9 750	593 700	81 165	28 275	38 730	148 170	445 530

6月12日，计提工资时，财务会计分录如下：

借：业务活动费用——工资福利费用 93 000

单位管理费用——商品和服务费用 9 750

——工资福利费用（252 750−9 750+105 450） 348 450

——对个人和家庭的补助费用（离退休费用） 142 500

贷：应付职工薪酬——基本工资（含离退休费） 320 400

——国家统一规定的津贴补贴 211 800

——改革性补贴 51 750

——其他 9 750

同时，编制财务会计分录：

借：应付职工薪酬——基本工资（含离退休费） 148 170

贷：应付职工薪酬——机关事业单位基本养老保险缴费 81 165

——职工基本医疗保险缴费 28 275

——住房公积金 38 730

【例3-2】承【例3-1】，2×23年6月13日，某事业单位财务部门通过预算管理一体化系统发放职工工资薪金。

6月13日，发放工资时，财务会计分录如下：

借：应付职工薪酬——基本工资（含离退休费） 172 230

——国家统一规定的津贴补贴 211 800

——改革性补贴 51 750

——其他 9 750

贷：财政拨款收入——基本支出 445 530

同时，编制预算会计分录：

借：事业支出——基本支出——工资福利支出——基本工资 86 730
——工资福利支出——津贴补贴 154 800
——工资福利支出——改革性补贴 51 750
——商品和服务支出 9 750
——对个人和家庭的补助支出 142 500
贷：财政拨款预算收入 445 530

（2）为开展管理活动发生的外部人员劳务费，在财务会计中，按照计算确定的费用金额，借记“单位管理费用”科目；按照代扣代缴个人所得税的金额，贷记“其他应交税费——应交个人所得税”科目；按照扣税后应付或实际支付的金额，贷记“其他应付款”“财政拨款收入”“银行存款”等科目。

在预算会计中，按照实际支付给外部人员个人的金额，借记“事业支出”科目，贷记“财政拨款预算收入”“资金结存”科目；按照规定代扣代缴个人所得税时，按照实际缴纳的金额，借记“事业支出”科目，贷记“财政拨款预算收入”“资金结存”科目。

【例3-3】2×23年2月初，某事业单位为非经营部门的长期外聘人员计发当月工资薪酬156 000元，在工资中代扣个人应缴的社会保险费9 000元（养老保险5 000元、医疗保险4 000元）、住房公积金4 000元、个人所得税2 400元。

计提工资时，财务会计分录如下：

借：单位管理费用——工资福利费用——其他工资福利费用 156 000
贷：应付职工薪酬——基本工资（含离退休费） 140 600
——机关事业单位基本养老保险缴费 5 000
——职工基本医疗保险缴费 4 000
——住房公积金 4 000
其他应交税费——应交个人所得税 2 400

【例3-4】承【例3-3】，2月13日，该单位银行发放非经营活动职工本月的工资薪酬140 600元。

2月13日，发放工资时，财务会计分录如下：

借：应付职工薪酬——基本工资（含离退休费） 140 600
贷：银行存款——基本账户存款 140 600

同时，编制预算会计分录：

借：事业支出——工资福利支出——其他工资福利支出 140 600
贷：资金结存——货币资金——银行存款 140 600

【例3-5】承【例3-3】，2月16日，该单位通过银行缴纳非经营活动职工本月的社保缴费9 000元。

财务会计分录如下：

借：应付职工薪酬——机关事业单位基本养老保险缴费 5 000
——职工基本医疗保险缴费 4 000
贷：银行存款——基本账户存款 9 000

同时，编制预算会计分录：

借：事业支出——工资福利支出——机关事业单位基本养老保险缴费 5 000

借：事业支出——职工基本医疗保险缴费 4 000

贷：资金结存——货币资金——银行存款 9 000

【例3-6】承【例3-3】，2月16日，该单位通过银行缴纳住房公积金8 000元。

财务会计分录如下：

借：应付职工薪酬——住房公积金 4 000

单位管理费用——工资福利费用——其他工资福利费用 4 000

贷：银行存款——基本账户存款 8 000

同时，编制预算会计分录：

借：事业支出——工资福利支出——住房公积金 4 000

贷：资金结存——货币资金——银行存款 4 000

【例3-7】承【例3-3】，2月16日，该单位通过银行缴纳个人所得税2 400元。

财务会计分录如下：

借：其他应交税费——应交个人所得税 2 400

贷：银行存款——基本账户存款 2 400

同时，编制预算会计分录：

借：事业支出——工资福利支出——其他工资福利支出 2 400

贷：资金结存——货币资金——银行存款 2 400

2.各类非现金资产业务

（1）开展管理活动内部领用库存物品，按照领用物品的实际成本，在财务会计中，借记“单位管理费用”科目，贷记“库存物品”科目。

【例3-8】某事业单位开展活动领用甲材料，实际成本80 000元，其中用于行政部门管理活动的材料为30 000元，用于后期管理活动的材料为50 000元。

财务会计分录如下：

借：单位管理费用 80 000

贷：库存物品——甲材料 80 000

（2）为管理活动所使用固定资产、无形资产计提的折旧、摊销，按照应提折旧、摊销额，在财务会计中借记“单位管理费用”科目，贷记“固定资产累计折旧”“无形资产累计摊销”科目。

【例3-9】2×23年9月末，某单位计提固定资产折旧的明细如下：管理部门用房屋4 000元，业务部门用房屋6 000元，管理部门通用设备600元，业务部门通用设备720元。

该单位编制的财务会计分录如下：

借：单位管理费用——固定资产折旧费 4 600

业务活动费用——固定资产折旧费 6 720

贷：固定资产累计折旧——房屋及构建物折旧 10 000

——通用设备折旧 1 320

【例3-10】2×23年9月末，某单位计提无形资产摊销550元。

该单位编制的财务会计分录如下：

借：单位管理费用——无形资产摊销费 550

贷：无形资产累计摊销 550

（3）开展专业业务活动及其辅助活动过程中为购买存货、固定资产、无形资产等以及在建工程支付相关款项时，按照实际支付的金额，在财务会计中，借记"库存物品""固定资产""无形资产""在建工程"等科目，贷记"财政拨款收入""银行存款""应付账款"等科目；同时在预算会计中，借记"事业支出"科目，贷记"财政拨款预算收入""资金结存"科目。

【例3-11】2×23年10月11日，某事业单位通过政府采购方式购置1台复印机，通过预算管理一体化系统支付4 800元，复印机已运到并验收使用。

10月11日，采购设备时，财务会计分录如下：

借：固定资产——通用设备　　4 800

　贷：财政拨款收入　　4 800

同时，编制预算会计分录：

借：事业支出——基本支出——资本性支出——办公设备购置　　4 800

　贷：财政拨款预算收入　　4 800

3.涉税业务

为开展管理活动发生城市维护建设税、教育费附加、地方教育附加、车船税、房产税、城镇土地使用税等，在财务会计中，按照计算确定应交纳的金额，借记"单位管理费用"科目，贷记"其他应交税费"等科目；同时，在预算会计中，按照实际支付的金额，借记"事业支出"科目，贷记"财政拨款预算收入""资金结存"科目。

【例3-12】某事业单位月末按规定计算出各项税费，如表3-3所示。

表3-3　**某事业单位各项税费明细表**　单位：元

税费种类	专业活动	管理活动	经营活动	合计
城市维护建设税	1 400	700	280	2 380
教育费附加	600	300	240	1 140
地方教育附加	400	200	160	760
车船税	50 000	40 000	6 000	96 000
房产税	200 000	100 000	150 000	450 000
城镇土地使用税	400 000	150 000	250 000	800 000
合计	652 400	291 200	406 680	1 350 280

根据上述资料编制财务会计分录如下：

借：业务活动费用　　652 400

　　单位管理费用　　291 200

　　经营费用　　406 680

　贷：其他应交税费——应交城市维护建设税　　2 380

　　　　　　　　——应交教育附加　　1 140

　　　　　　　　——应交地方教育附加　　760

　　　　　　　　——应交车船税　　96 000

贷：其他应交税费——应交房产税　450 000

——应交城镇土地使用税　800 000

【例 3-13】接【例 3-12】，该事业单位用银行存款缴纳上述各项税费。

该单位编制的财务会计分录如下：

借：其他应交税费——应交城市维护建设税　2 380

——应交教育费附加　1 140

——应交地方教育附加　760

——应交车船税　96 000

——应交房产税　450 000

——应交城镇土地使用税　800 000

贷：银行存款　1 350 280

同时编制预算会计分录如下：

借：事业支出　943 600

经营支出　406 680

贷：资金结存——货币资金——银行存款　1 350 280

4.开展管理活动发生的预付款项

（1）开展专业业务活动及其辅助活动过程中发生预付账款，支付预付款项时，在财务会计中，借记“预付账款”科目，贷记“财政拨款收入”“银行存款”等科目；同时在预算会计中，借记“事业支出”科目，贷记“财政拨款预算收入”“资金结存”科目。

结算时，在财务会计中，借记“单位管理费用”科目，贷记“预付账款”“财政拨款收入”“银行存款”（补付金额）等科目；同时在预算会计中，按照实际支付的金额，借记“事业支出”科目，贷记“财政拨款预算收入”“资金结存”科目。

【例 3-14】2×23 年 10 月 12 日，某事业单位在开展专业业务活动过程中，需要采购一批办公用品。根据合同约定，单位需预先支付 30% 的款项作为定金。该单位通过财政拨款资金支付了预付款项，具体金额为 12 万元。11 月 12 日，该批办公用品验收入库，通过财政拨款资金支付剩余 70% 的款项，具体金额为 28 万元。

10 月 12 日预付定金时，该单位编制财务会计分录：

借：预付账款　120 000

贷：财政拨款收入　120 000

同时，编制预算会计分录：

借：事业支出　120 000

贷：财政拨款预算收入　120 000

11 月 12 日支付剩余款项时，编制财务会计分录：

借：单位管理费用　400 000

贷：预付账款　120 000

财政拨款收入　280 000

同时，编制预算会计分录：

借：事业支出　280 000

贷：财政拨款预算收入　280 000

（2）对于暂付款项，支付款项时，在财务会计中，借记“其他应收款”科目，贷记“银行存款”等科目；可不作预算会计处理。待结算或报销时，按照结算或报销的金额，在财务会计中，借记“单位管理费用”科目，贷记“其他应收款”科目；同时在预算中，借记“事业支出”科目，贷记“资金结存”科目。

5.其他各项费用和支出

为开展管理活动发生的其他各项费用，按照费用确认金额，在财务会计中，借记“单位管理费用”科目，贷记“财政拨款收入”“银行存款”“其他应付款”“其他应收款”等科目；按照实际支付的金额，在预算会计中，借记“事业支出”科目，贷记“财政拨款预算收入”“资金结存”科目。

【例3-15】2×23年10月18日，某单位发生维修维护行政管理部门办公设备费用600元，采用银行存款支付。

10月18日，支付维修费时，财务会计分录如下：

借：单位管理费用——商品和服务费用——维修（护）费　　600

　贷：银行存款　　600

同时，编制预算会计分录：

借：事业支出——项目支出——商品和服务支出——维修（护）费　　600

　贷：资金结存——货币资金——银行存款　　600

6.当年购货退回业务

发生当年购货退回等业务，对于已计入本年单位管理费用的，按照收回或应收的金额，在财务会计中，借记“财政拨款收入”“银行存款”“其他应收款”等科目，贷记“单位管理费用”等科目；按照收回或更正金额，在预算会计中，借记“财政拨款预算收入”“资金结存”科目，贷记“事业支出”科目。

【例3-16】2×23年10月20日，某单位采购的依法履职或开展专业活动的材料因质量问题予以退回10 000元，该款项属于本年度支付的款项，采用直接支付方式支付。该材料费已计入单位管理费用。收到代理银行转来财政直接支付资金退回入账通知书，退回相关款项10 000元，材料已退回。

材料退回时，编制的财务会计分录如下：

借：财政拨款收入　　10 000

　贷：单位管理费用　　10 000

同时，编制预算会计分录：

借：财政拨款预算收入　　10 000

　贷：事业支出　　10 000

7.期末账务处理

期末，将“单位管理费用”科目本期发生额转入“本期盈余”科目，借记“本期盈余”科目，贷记“单位管理费用”科目。期末结转后，“单位管理费用”科目应无余额。期末结转业务处理见第七章。

年末，将“事业支出”科目本年发生额中的财政拨款支出转入“财政拨款结转”科目，借记“财政拨款结转——本年收支结转”科目，贷记“事业支出”科目下各财政拨款支出明细科目；将“事业支出”科目本年发生额中的非财政专项资金支出转入“非财政拨款结转”科目，借记“非财政拨款结转——本年收支结转”科目，贷记“事业支出”科目下各非财政专项资金支出明细科目；将“事业支出”科目本年发生额中的其他资金支出（非财政非专项资金支出）转入“其他结余”科目，借记“其他结余”科目，贷记“事业支出”科目下其他资金支出明细科目。

单位管理费和事业支出的主要账务处理

年末结转后，“事业支出”科目应无余额。期末结转业务处理见第八章。

二、经营费用与经营支出的核算

经营费用是事业单位在专业业务活动及其辅助活动之外开展非独立核算经营活动发生的各项费用。

经营支出是事业单位在专业业务活动及其辅助活动之外开展非独立核算经营活动实际发生的各项现金流出。

（一）科目设置

事业单位应设置“经营费用”和“经营支出”科目，核算非独立核算经营活动发生的各项费用和实际现金流出。

“经营费用”科目应当按照经营活动类别、项目、支付对象等进行明细核算。为了满足成本核算需要，本科目下还可按照“工资福利费用”“商品和服务费用”“对个人和家庭的补助费用”“固定资产折旧费”“无形资产摊销费”等成本项目设置明细科目，归集能够直接计入单位经营活动或采用一定方法计算后计入单位经营活动的费用。

“经营支出”科目应当按照经营活动类别、项目、《政府收支分类科目》中“支出功能分类科目”的项级科目和“部门预算支出经济分类科目”的款级科目等进行明细核算。

对于预付款项，可通过在“经营支出”科目下设置“待处理”明细科目进行明细核算，待确认具体支出项目后再转入“经营支出”科目下相关明细科目。年末结账前，应将“经营支出”科目“待处理”明细科目余额全部转入本科目下相关明细科目。

（二）主要账务处理

1.经营活动人员薪酬

为经营活动人员计提的薪酬，按照计算确定的金额，在财务会计中，借记“经营费用”科目，贷记“应付职工薪酬”科目。向职工个人支付薪酬时，按照实际的金额，在财务会计中，借记“应付职工薪酬”科目，贷记“银行存款”“财政拨款收入”等科目；同时，在预算会计中，借记“经营支出”科目，贷记“资金结存”“财政拨款预算收入”科目。按照规定代扣代缴个人所得税以及代扣代缴或为职工缴纳职工社会保险费、住房公积金时，按照实际缴纳的金额，在预算会计中，借记“经营支出”科目，贷记“资金结存”科目。

为经营活动支付外部人员劳务费，按照实际支付给外部人员个人的金额，在预算会计中，借记“经营支出”科目，贷记“资金结存”科目。按照规定代扣代缴个人所得税时，按照实际缴纳的金额，在预算会计中，借记“经营支出”科目，贷记“资金结存”科目。

【例3-17】2×23年2月初，某事业单位为经营部门的长期外聘人员计发当月工资薪酬148 000元，在工资中代扣个人应缴的社会保险费8 000元（养老保险5 000元、医疗保险

3 000元)、住房公积金3 500元、个人所得税2 000元。

计提工资时，财务会计分录如下：

借：经营费用——工资福利费用——其他工资福利费用 148 000

贷：应付职工薪酬——基本工资（含离退休费） 134 500

——机关事业单位基本养老保险缴费 5 000

——职工基本医疗保险缴费 3 000

——住房公积金 3 500

其他应交税费——应交个人所得税 2 000

【例3-18】承【例3-17】，2月13日，该单位通过银行发放经营活动职工本月的工资薪酬134 500元。

2月13日，发放工资时，财务会计分录如下：

借：应付职工薪酬——基本工资（含离退休费） 134 500

贷：银行存款——基本账户存款 134 500

同时，编制预算会计分录：

借：经营支出——工资福利支出——其他工资福利支出 134 500

贷：资金结存——货币资金——银行存款 134 500

【例3-19】接【例3-17】，2月16日，该单位通过银行缴纳经营活动职工本月的社保缴费8 000元。

财务会计分录如下：

借：应付职工薪酬——机关事业单位基本养老保险缴费 5 000

——职工基本医疗保险缴费 3 000

贷：银行存款——基本账户存款 8 000

同时，编制预算会计分录：

借：经营支出——工资福利支出——机关事业单位基本养老保险缴费 5 000

——职工基本医疗保险缴费 3 000

贷：资金结存——货币资金——银行存款 8 000

【例3-20】接【例3-17】，2月16日，该单位通过银行缴纳住房公积金7 000元。

财务会计分录如下：

借：应付职工薪酬——住房公积金 3 500

经营费用——工资福利费用——其他工资福利费用 3 500

贷：银行存款——基本账户存款 7 000

同时，编制预算会计分录：

借：经营支出——工资福利支出——住房公积金 3 500

贷：资金结存——货币资金——银行存款 3 500

【例3-21】接【例3-17】，2月16日，该单位通过银行缴纳个人所得税2 000元。

财务会计分录如下：

借：其他应交税费——应交个人所得税 2 000

贷：银行存款——基本账户存款 2 000

同时，编制预算会计分录：

借：经营支出——工资福利支出——其他工资福利支出　　2 000

　贷：资金结存——货币资金——银行存款　　2 000

2.开展经营活动领用或发出库存物品，按照物品实际成本，借记“经营费用”科目，贷记“库存物品”科目。

【例3-22】2×23年3月11日，某单位开展经营活动领用甲材料，实际成本为6 000元。

编制会计分录如下：

借：经营费用　　6 000

　贷：库存物品——甲材料　　6 000

3.为经营活动所使用固定资产、无形资产计提的折旧、摊销，按照应提折旧、摊销额，借记“经营费用”科目，贷记“固定资产累计折旧”“无形资产累计摊销”科目。

【例3-23】经营部门计提本月固定资产折旧20 000元、本月无形资产摊销50 000元。

编制会计分录如下：

借：经营费用　　70 000

　贷：固定资产累计折旧　　20 000

　　　无形资产累计摊销　　50 000

开展经营活动过程中为购买存货、固定资产、无形资产等以及在建工程支付相关款项时，按照实际支付的金额，在财务会计中，借记“库存物品”“固定资产”“无形资产”“在建工程”等科目，贷记“银行存款”等科目；同时在预算会计中，借记“经营支出”科目，贷记“资金结存”科目。具体业务处理见第四章和第五章。

4.开展经营活动发生城市维护建设税、教育费附加、地方教育附加、车船税、房产税、城镇土地使用税等，按照计算确定应交纳的金额，借记“经营费用”科目，贷记“其他应交税费”等科目。实际缴纳时，按照实际支付的金额，在预算会计中，借记“经营支出”科目，贷记“资金结存”科目。

【例3-24】某事业单位月末按规定计算出经营活动中的各项税费如下：城市维护建设税140元，教育附加120元，地方教育附加80元，车船税3 000元，房产税75 000元，城镇土地使用税125 000元，共计203 340元。

根据上述资料编制财务会计分录如下：

借：经营费用　　203 340

　贷：其他应交税费——应交城市维护建设税　　140

　　　　　　　　——应交教育附加　　120

　　　　　　　　——应交地方教育附加　　80

　　　　　　　　——应交车船税　　3 000

　　　　　　　　——应交房产税　　75 000

　　　　　　　　——应交城镇土地使用税　　125 000

【例3-25】接【例3-24】，该事业单位用银行存款缴纳上述各项税费。

该单位编制的财务会计分录如下：

借：其他应交税费——应交城市维护建设税　　140

　　　　　　　——应交教育附加　　120

　　　　　　　——应交地方教育附加　　80

借：其他应交税费——应交车船税 3 000

——应交房产税 75 000

——应交城镇土地使用税 125 000

贷：银行存款 203 340

同时编制预算会计分录如下：

借：经营支出 203 340

贷：资金结存——货币资金——银行存款 203 340

5.发生与经营活动相关的其他各项费用时，按照费用确认金额，在财务会计中，借记“经营费用”科目，贷记“银行存款”“其他应付款”“其他应收款”等科目。

实际缴纳的相关税费以及发生的其他各项支出，按照实际支付的金额，在预算会计中，借记“经营支出”科目，贷记“资金结存”科目。

涉及增值税业务的，相关账务处理参见“应交增值税”科目。

【例3-26】2×23年4月17日，某事业单位经营部门职工王某使用公务卡购买办公用品2 000元，王某办理了报销手续，尚未还公务卡款。

4月17日，报销时，财务会计分录如下：

借：经营费用——商品和服务费用 2 000

贷：其他应付款——待清算报销额度——待清算公务卡报销额度 2 000

6.开展经营活动过程中发生预付账款时，按照实际支付的金额，在预算会计中，借记“经营支出”科目，贷记“资金结存”科目。

对于暂付款项，在支付款项时可不作预算会计处理，待结算或报销时，按照结算或报销的金额，借记“经营支出”科目，贷记“资金结存”科目。

【例3-27】2×23年5月15日，某事业单位经营部门为生产产品需购进乙材料一批，以银行存款预付该材料款10 000元。5月21日收到乙材料，并验收入库。

5月15日，预付款项时，编制财务会计分录如下：

借：预付账款 10 000

贷：银行存款 10 000

同时，编制预算会计分录如下：

借：经营支出 10 000

贷：资金结存——货币资金——银行存款 10 000

5月21日，乙材料验收入库时编制的财务会计分录为：

借：库存物品——乙材料 10 000

贷：预付账款 10 000

7.发生当年购货退回等业务，对于已计入本年经营费用的，按照收回或应收的金额，在财务会计中，借记“银行存款”“其他应收款”等科目，贷记“经营费用”科目；按照收回或更正金额，在预算会计中，借记“资金结存”科目，贷记“经营支出”科目。

【例3-28】2×23年6月20日，某事业单位在经营活动中采购的材料因质量问题予以退回5 000元，该材料已计入本年经营费用，该款项属于本年度支付的款项，采用银行存款方式支付。收到代理银行转来退回入账通知书，退回相关款项5 000元，材料已退回。

材料退回时，编制的财务会计分录如下：

借：银行存款 5 000

　贷：经营费用 5 000

同时，编制预算会计分录：

借：资金结存——货币资金——银行存款 5 000

　贷：经营支出 5 000

8.期末，将本科目本期发生额转入“本期盈余”科目，借记“本期盈余”科目，贷记“经营费用”科目。期末结转后，“经营费用”科目应无余额。期末结转业务处理见第七章。

年末，将“经营支出”科目本年发生额转入“经营结余”科目，借记“经营结余”科目，贷记本科目。年末结转后，“经营支出”科目应无余额。期末结转业务处理见第八章。

经营费用和经营支出的主要账务处理

三、上缴上级费用与上缴上级支出的核算

上缴上级费用是事业单位按照财政部门和主管部门的规定上缴上级单位款项发生的费用。上缴上级支出是事业单位按照财政部门和主管部门的规定上缴上级单位款项发生的现金流出。

（一）科目设置

事业单位应设置“上缴上级费用”和“上缴上级支出”科目，核算按规定上缴上级单位款项发生的费用和现金流出。

“上缴上级费用”科目应当按照收缴款项单位、缴款项目等进行明细核算。

“上缴上级支出”科目应当按照收缴款项单位、缴款项目、《政府收支分类科目》中“支出功能分类科目”的项级科目和“部门预算支出经济分类科目”的款级科目等进行明细核算。

（二）主要账务处理

1.单位发生上缴上级支出的，按照实际上缴的金额或者按照规定计算出应当上缴上级单位的金额，在财务会计中，借记“上缴上级费用”科目，贷记“银行存款”“其他应付款”等科目；按照实际上缴的金额，在预算会计中，借记“上缴上级支出”科目，贷记“资金结存”科目。

上缴上级费用与上缴上级支出的主要账务处理

【例3-29】某事业单位按规定上缴上级单位款项180 000元，以银行存款支付。

编制的财务会计分录如下：

借：上缴上级费用 180 000

　贷：银行存款 180 000

同时，编制预算会计分录：

借：上缴上级支出 180 000

　贷：资金结存——货币资金——银行存款 180 000

2.期末，将“上缴上级费用”科目本期发生额转入“本期盈余”科目，借记“本期盈余”科目，贷记“上缴上级费用”科目。期末结转后，“上缴上级费用”科目应无余额。具体业务处理见第七章。

年末，将“上缴上级支出”科目本年发生额转入“其他结余”科目，借记“其他结

余”科目，贷记“上缴上级支出”科目。年末结转后，“上缴上级支出”科目应无余额。具体业务处理见第八章。

四、对附属单位补助费用与对附属单位补助支出的核算

对附属单位补助费用是事业单位用财政拨款收入之外的收入对附属单位补助发生的费用。

对附属单位补助支出是事业单位用财政拨款预算收入之外的收入对附属单位补助发生的现金流出。

（一）科目设置

事业单位应设置“对附属单位补助费用”和“对附属单位补助支出”科目，核算对附属单位补助发生的费用和现金流出。

“对附属单位补助费用”科目应当按照接受补助单位、补助项目等进行明细核算。

“对附属单位补助支出”科目应当按照接受补助单位、补助项目、《政府收支分类科目》中“支出功能分类科目”的项级科目和“部门预算支出经济分类科目”的款级科目等进行明细核算。

（二）主要账务处理

1.单位发生对附属单位补助支出的，按照实际补助的金额或者按照规定计算出应当对附属单位补助的金额，在财务会计中，借记“对附属单位补助费用”科目，贷记“银行存款”“其他应付款”等科目；按照实际补助的金额，在预算会计中，借记“对附属单位补助支出”科目，贷记“资金结存”科目。

【例3-30】某事业单位用自有经费对附属单位补助120 000元，以银行存款支付。

编制的财务会计分录如下：

借：对附属单位补助费用　　120 000

　贷：银行存款　　120 000

同时，编制预算会计分录：

借：对附属单位补助支出　　120 000

　贷：资金结存——货币资金——银行存款　　120 000

2.期末，将“对附属单位补助费用”科目本期发生额转入“本期盈余”科目，借记“本期盈余”科目，贷记“对附属单位补助费用”科目。期末结转后，“对附属单位补助费用”科目应无余额。具体业务处理见第七章。

年末，将“对附属单位补助支出”科目本年发生额转入“其他结余”科目，借记“其他结余”科目，贷记“对附属单位补助支出”科目。年末结转后，“对附属单位补助支出”科目应无余额。具体业务处理见第八章。

对附属单位补助费用与对附属单位补助支出的主要账务处理

五、所得税费用的核算

所得税费用是有企业所得税缴纳义务的事业单位按规定缴纳企业所得税所形成的费用。

（一）科目设置

事业单位应设置“所得税费用”科目核算按规定应缴纳的所得税费用。

（二）主要账务处理

1.发生企业所得税纳税义务的，按照税法规定计算的应交税费数额，借记“所得税费用”科目，贷记“其他应交税费——单位应交所得税”科目。

实际缴纳时，按照缴纳金额，在财务会计中，借记“其他应交税费——单位应交所得税”科目，贷记“银行存款”科目；同时在预算会计中，借记“非财政拨款结余——累计结余”科目，贷记“资金结存——货币资金”科目。

【例3-31】某事业单位年末按照税法规定计算出本年度应纳税所得额为1 000 000元，使用所得税税率为25%，应缴纳的所得税税额为250 000元。

编制的财务会计分录如下：

借：所得税费用 250 000

　贷：其他应交税费——单位应交所得税 250 000

实际以银行存款缴纳所得税时，编制的财务会计分录为：

借：其他应交税费——单位应交所得税 250 000

　贷：银行存款 250 000

预算会计分录为：

借：非财政拨款结余——累计结余 250 000

　贷：资金结存——货币资金——银行存款 250 000

2.年末，将“所得税费用”科目本年发生额转入“本期盈余”科目，借记“本期盈余”科目，贷记“所得税费用”科目。年末结转后，“所得税费用”科目应无余额。具体业务处理见第七章。

所得税费用的主要账务处理

六、投资支出、债务还本支出的核算

（一）投资支出的核算

投资支出是事业单位以货币资金对外投资发生的现金流出。

1.科目设置

事业单位应设置“投资支出”科目核算对外投资所发生的现金流出。

“投资支出”科目应当按照投资类型、投资对象、《政府收支分类科目》中“支出功能分类科目”的项级科目和“部门预算支出经济分类科目”的款级科目等进行明细核算。

2.主要账务处理

（1）以货币资金对外投资时，按照投资金额和所支付的相关税费金额的合计数，在财务会计中，借记“短期投资”“长期股权投资”“长期债券投资”等科目，贷记“银行存款”等科目；在预算会计中，借记“投资支出”科目，贷记“资金结存”科目。

【例3-32】2×23年6月25日，某事业单位决定利用科技服务结存资金200 000元购买一年期的国债，年利率为4%。

6月25日，购买国债时，财务会计分录如下：

借：短期投资——债券投资——国债 200 000

　贷：银行存款——基本账户存款 200 000

同时，编制预算会计分录：

借：投资支出——债券投资——国债　　200 000

　贷：资金结存——货币资金——银行存款　　200 000

（2）出售、对外转让或到期收回本年度以货币资金取得的对外投资的，如果按规定将投资收益纳入单位预算，在财务会计中，按照实际收到的金额，借记“银行存款”等科目，贷记“短期投资”“长期债券投资”“应收利息”等科目；按照其差额，贷或借记“投资收益”科目。在预算会计中，按照实际收到的金额，借记“资金结存”科目；按照取得投资时“投资支出”科目的发生额，贷记“投资支出”科目；按照其差额，贷记或借记“投资预算收益”科目。如果按规定将投资收益上缴财政，在预算会计中，按照取得投资时“投资支出”科目的发生额，借记“资金结存”科目，贷记“投资支出”科目。

出售、对外转让或到期收回以前年度以货币资金取得的对外投资的，如果按规定将投资收益纳入单位预算，在预算会计中，按照实际收到的金额，借记“资金结存”科目；按照取得投资时“投资支出”科目的发生额，贷记“其他结余”科目；按照其差额，贷记或借记“投资预算收益”科目。如果按规定将投资收益上缴财政，在预算会计中，按照取得投资时“投资支出”科目的发生额，借记“资金结存”科目，贷记“其他结余”科目。

投资支出的主要账务处理

【例3-33】接【例3-32】，2×23年6月25日，某单位购买的国债到期，收回投资本金200 000元和利息8 000元，按国家规定，国债利息留归单位，纳入预算统一管理和使用。

2×23年6月25日，财务会计分录如下：

借：银行存款——基本账户存款　　208 000

　贷：短期投资——债券投资——国债　　200 000

　　　投资收益——国债收益　　8 000

同时，编制预算会计分录：

借：资金结存——货币资金——银行存款　　208 000

　贷：投资支出——其他支出　　200 000

　　　投资预算收益　　8 000

（3）年末，将“投资支出”科目本年发生额转入“其他结余”科目，借记“其他结余”科目，贷记“投资支出”科目。年末结转后，“投资支出”科目应无余额。具体业务处理见第八章。

（二）债务还本支出的核算

债务还本支出是事业单位偿还自身承担的纳入预算管理的从金融机构举借的债务本金的现金流出。

1.科目设置

事业单位应设置“债务还本支出”科目核算所发生的偿还债务本金的现金流出。

“债务还本支出”科目应当按照贷款单位、贷款种类、《政府收支分类科目》中“支出功能分类科目”的项级科目和“部门预算支出经济分类科目”的款级科目等进行明细核算。

2.主要账务处理

（1）偿还各项短期或长期借款时，按照偿还的借款本金，在财务会计中，借记“短期借款”或“长期借款”科目，贷记“银行存款”等科目；在预算会计中，借记“债务还本支出”科目，贷记“资金结存”科目。

【例3-34】2×23年6月30日，某事业单位向银行归还了3年期的长期借款本金2 000 000元及一次还本付息的应计利息360 000元。

2×23年6月30日归还本金，该事业单位财务会计分录如下：

借：长期借款——本金	2 000 000	
——应计利息	360 000	
贷：银行存款——基本账户存款		2 360 000

同时，编制预算会计分录：

借：债务还本支出	2 000 000	
其他支出——利息支出	360 000	
贷：资金结存——货币资金——银行存款		2 360 000

（2）年末，将“债务还本支出”科目本年发生额转入“其他结余”科目，借记“其他结余”科目，贷记“债务还本支出”科目。年末结转后，“债务还本支出”科目应无余额。具体业务处理见第八章。

第三节　行政单位特有预算支出

行政支出是行政单位特有的预算支出项目，本节主要阐述行政支出的核算。

一、行政支出的核算内容

行政支出是行政单位履行其职责实际发生的各项现金流出。

二、行政支出科目设置

行政单位应设置“行政支出”科目核算所发生的各项行政支出。

“行政支出”科目应当分别按照“财政拨款支出”“非财政专项资金支出”和“其他资金支出”，“基本支出”和“项目支出”等进行明细核算，并按照《政府收支分类科目》中“支出功能分类科目”的项级科目进行明细核算；“基本支出”和“项目支出”明细科目下应当按照《政府收支分类科目》中“部门预算支出经济分类科目”的款级科目进行明细核算，同时在“项目支出”明细科目下按照具体项目进行明细核算。

有一般公共预算财政拨款、政府性基金预算财政拨款等两种或两种以上财政拨款的行政单位，还应当在“财政拨款支出”明细科目下按照财政拨款的种类进行明细核算。

对于预付款项，可通过在本科目下设置“待处理”明细科目进行核算，待确认具体支出项目后再转入本科目下相关明细科目。年末结账前，应将本科目“待处理”明细科目余额全部转入本科目下相关明细科目。行政支出明细科目表如表3-4所示。

表3-4

行政支出明细科目表

总账科目	一级明细科目	二级明细科目	三级明细科目	四级明细科目	五级明细科目	六级明细科目	七级明细科目
行政支出	××（业务）支出	财政拨款支出	一般公共预算拨款支出	支出功能分类项级科目	基本支出	部门预算支出经济分类款级科目	
	××（业务）支出					待处理	
	××（业务）支出				项目支出	××项目	部门预算支出经济分类款级科目
							待处理
	××（业务）支出					××项目	同上
	××（业务）支出		政府性基金预算拨款支出	支出功能分类项级科目			
	××（业务）支出	非财政专项资金支出	支出功能分类项级科目	基本支出	部门预算支出经济分类款级科目		
					待处理		
	××（业务）支出	其他资金支出	支出功能分类项级科目	项目支出	××项目	部门预算支出经济分类款级科目	
	××（业务）支出					待处理	
	××（业务）支出				××项目	同上	

三、行政支出的主要账务处理

1.支付单位职工薪酬

向单位职工个人支付薪酬时，在财务会计中，借记“应付职工薪酬”科目，贷记“财政拨款收入”“银行存款”等科目；同时在预算会计中，借记“行政支出”科目，贷记“财政拨款预算收入”“资金结存”科目。

按照规定代扣代缴个人所得税以及代扣代缴或为职工缴纳职工社会保险费、住房公积金等时，在财务会计中，借记“应付职工薪酬”科目，贷记“财政拨款收入”“银行存款”等科目；同时在预算会计中，借记“行政支出”科目，贷记“财政拨款预算收入”“资金结存”科目。

2.支付外部人员劳务费

按照实际支付给外部人员个人的金额，在财务会计中，借记“其他应付款”科目，贷记“财政拨款收入”“银行存款”等科目；同时在预算会计中，借记“行政支出”科目，贷记“财政拨款预算收入”“资金结存”科目。

支付外部人员劳务费，依据规定代扣代缴个人所得税时，按照实际缴纳的金额，在财务会计中，借记“其他应付款”科目，贷记“财政拨款收入”“银行存款”等科目；同时在预算会计中，借记“行政支出”科目，贷记“财政拨款预算收入”“资金结存”科目。

支付职工薪酬和外部人员劳务费的账务处理见【例3-39】和【例3-40】。

3.为购买存货、固定资产、无形资产等以及在建工程支付相关款项时，按照实际支付的金额，在财务会计中，借记“在途物品”“固定资产”“无形资产”“在建工程”等科目，贷记“财政拨款收入”“银行存款”等科目；同时在预算会计中，借记“行政支出”科目，贷记“财政拨款预算收入”“资金结存”科目。

【例3-35】某行政单位购入用于专业活动的甲材料一批，取得的增值税专用发票上注明的材料价款为100 000元，增值税税额为13 000元，材料尚未到达。款项通过预算管理一体化系统支付。另以现金800元支付运费。

该政府单位编制的财务会计分录如下：

借：在途物品——甲材料	100 800	
应交增值税——应交税金（进项税额）	13 000	
贷：财政拨款收入		113 000
库存现金		800

同时，编制预算会计分录如下：

借：行政支出——财政拨款支出——基本支出	113 800	
贷：财政拨款预算收入		113 000
资金结存——货币资金——库存现金		800

4.发生预付账款时，按照实际支付的金额，在财务会计中，借记“预付账款”科目，贷记“财政拨款收入”“银行存款”等科目；同时在预算会计中，借记“行政支出”科目，贷记“财政拨款预算收入”“资金结存”科目。

对于暂付款项，在支付款项时，在财务会计中，借记“其他应收款”科目，贷记“银行存款”等科目。待结算或报销时，按照结算或报销的金额，在财务会计中，借记“业务活动费用”科目，贷记“其他应收款”科目；同时在预算会计中，借记“行政支出”科目，贷记“资金结存”科目。

【例 3-36】2×23 年 6 月 10 日，某行政单位在开展专业业务活动过程中，需要采购一批办公用品。根据合同约定，单位需预先支付20% 的款项作为定金。该单位通过财政拨款资金支付了预付款项，具体金额为 6 万元。

6 月 10 日，预付定金时，该单位编制财务会计分录：

借：预付账款　　60 000

　贷：财政拨款收入　　60 000

同时，编制预算会计分录：

借：行政支出　　60 000

　贷：财政拨款预算收入　　60 000

【例 3-37】接【例 3-36】，7 月 15 日，该批办公用品验收入库，通过财政拨款资金支付剩余 80% 的款项，具体金额为 24 万元。

7 月 15 日支付剩余款项时，编制财务会计分录如下：

借：业务活动费用　　300 000

　贷：预付账款　　60 000

　　财政拨款收入　　240 000

同时，编制预算会计分录：

借：行政支出　　240 000

　贷：财政拨款预算收入　　240 000

5. 发生其他各项支出时，按照实际支付的金额，在财务会计中，借记“业务活动费用”等科目，贷记“财政拨款收入”“银行存款”等科目；同时在预算会计中，借记“行政支出”科目，贷记“财政拨款预算收入”“资金结存”科目。

【例 3-38】2×23 年 6 月 18 日，某行政单位发生维修维护计算机费用 1 800 元，以银行存款支付。

6 月 18 日，支付维修费时，财务会计分录如下：

借：业务活动费用——商品和服务费用——维修（护）费　　1 800

　贷：银行存款　　1 800

同时，编制预算会计分录：

借：行政支出——项目支出——商品和服务支出——维修（护）费　　1 800

　贷：资金结存——货币资金——银行存款　　1 800

6. 因购货退回等发生款项退回，或者发生差错更正的，属于当年支出收回的，按照收回或更正金额，借记“财政拨款预算收入”“资金结存”科目，贷记“行政支出”科目。相关业务举例见【例 3-44】。

7. 年末，将“行政支出”科目本年发生额中的财政拨款支出转入“财政拨款结转”科目，借记“财政拨款结转——本年收支结转”科目，贷记“行政支出”科目下各财政拨款支出明细科目；将“行政支出”科目本年发生额中的非财政专项资金支出转入“非财政拨款结转”科目，借记“非财政拨款结转——本年收支结转”科目，贷记“行政支出”科目下各非财政专项资金支出明细科目；将“行政支出”科目本年发生额中的其他资金支出

（非财政非专项资金支出）转入“其他结余”科目，借记“其他结余”科目，贷记“行政支出”科目下其他资金支出明细科目。年末结转后，“行政支出”科目应无余额。具体业务处理见第八章。

第四节 行政事业单位共有费用与预算支出

一、业务活动费用的核算

业务活动费用是单位为实现其职能目标，依法履职或开展专业业务活动及其辅助活动所发生的各项费用。

（一）科目设置

政府单位应设置“业务活动费用”科目核算所发生的各项业务活动费用。

“业务活动费用”科目应当按照项目、服务或者业务类别、支付对象等进行明细核算。为了满足成本核算需要，本科目下还可按照“工资福利费用”“商品和服务费用”“对个人和家庭的补助费用”“对企业补助费用”“固定资产折旧费”“无形资产摊销费”“公共基础设施折旧（摊销）费”“保障性住房折旧费”“计提专用基金”等成本项目设置明细科目，归集能够直接计入业务活动或采用一定方法计算后计入业务活动的费用。

（二）主要账务处理

1.为履职或开展业务活动人员计提的薪酬，在财务会计中，按照计算确定的金额，借记“业务活动费用”科目，贷记“应付职工薪酬”科目。

2.为履职或开展业务活动发生的外部人员劳务费，在财务会计中，按照计算确定的金额，借记“业务活动费用”科目；按照代扣代缴个人所得税的金额，贷记“其他应交税费——应交个人所得税”科目；按照扣税后应付或实际支付的金额，贷记“其他应付款”“财政拨款收入”“银行存款”等科目。同时，在预算会计中，按照实际支付的金额，借记“行政支出”“事业支出”科目，贷记“财政拨款预算收入”“资金结存”科目。

【例3-39】2×23年7月6日，某行政单位计提当月依法履职或从事专业活动的在编职工薪酬250 000元和外部人员劳务费50 000元，代扣个人所得税5 000元。

编制的财务会计分录为：

借：业务活动费用——工资福利费用	300 000	
贷：应付职工薪酬		250 000
其他应付款		45 000
其他应交税费——应交个人所得税		5 000

【例3-40】接【例3-39】，2×23年7月13日，该单位以财政直接支付方式发放上述工资并代缴个人所得税。

7月13日，发放工资时，财务会计分录如下：

借：应付职工薪酬——工资福利费用	250 000	
其他应付款	45 000	
其他应交税费——应交个人所得税	5 000	
贷：财政拨款收入		300 000

同时，编制预算会计分录：

借：行政支出　300 000

　贷：财政拨款预算收入　300 000

3.为履职或开展业务活动领用库存物品，以及动用发出相关政府储备物资，按照领用库存物品或发出相关政府储备物资的账面余额，借记“业务活动费用”科目，贷记“库存物品”“政府储备物资”科目。

【例3-41】某政府单位依法履职或开展专业活动，领用甲材料，账面余额26 000元；发出政府储备物资——救灾帐篷一批，账面余额50 000元。

该政府单位账务处理如下：

借：业务活动费用——商品和服务费用　76 000

　贷：库存物品　26 000

　　政府储备物资　50 000

4.为履职或开展业务活动所使用的固定资产、无形资产以及为所控制的公共基础设施、保障性住房计提的折旧、摊销，按照计提金额，借记“业务活动费用”科目，贷记“固定资产累计折旧”“无形资产累计摊销”“公共基础设施累计折旧（摊销）”“保障性住房累计折旧”科目。

【例3-42】某行政单位计提本月固定资产折旧150 000元、公共基础设施折旧1 000 000元、保障性住房折旧2 000 000元、无形资产摊销100 000元。

该行政单位账务处理如下：

借：业务活动费用——固定资产折旧费　150 000

　　——公共基础设施折旧（摊销）费　1 000 000

　　——保障性住房折旧费　2 000 000

　　——无形资产累计摊销费　100 000

　贷：固定资产累计折旧　150 000

　　公共基础设施累计折旧（摊销）　1 000 000

　　保障性住房累计折旧　2 000 000

　　无形资产累计摊销　100 000

5.为履职或开展业务活动发生的城市维护建设税、教育费附加、地方教育附加、车船税、房产税、城镇土地使用税等，按照计算确定应交纳的金额，借记“业务活动费用”科目，贷记“其他应交税费”等科目。相关业务举例见【例3-12】。

6.为履职或开展业务活动发生其他各项费用时，在财务会计中，按照费用确认金额，借记“业务活动费用”科目，贷记“财政拨款收入”“银行存款”“应付账款”“其他应付款”“其他应收款”等科目；同时在预算会计中，按照实际支付的金额，借记“行政支出”“事业支出”科目，贷记“财政拨款预算收入”“资金结存”科目。

【例3-43】2×23年7月15日，某政府单位依法履职或开展专业活动购买复印纸一批，通过预算管理一体化系统支付款项2 000元。

7月15日，编制财务会计分录如下：

借：业务活动费用——商品和服务费用　2 000

　贷：财政拨款收入　2 000

同时，编制预算会计分录：

借：行政支出 2 000

  贷：财政拨款预算收入 2 000

7.按照规定从收入中提取专用基金并计入费用的，一般按照预算会计下基于预算收入计算提取的金额，借记“业务活动费用”科目，贷记“专用基金”科目。国家另有规定的，从其规定。具体业务举例见第七章。

8.发生当年购货退回等业务，对于已计入本年业务活动费用的，按照收回或应收的金额，借记“财政拨款收入”“银行存款”“其他应收款”等科目，贷记“业务活动费用”科目。属于当年支出收回的，在预算会计中，按照收回或更正金额，借记“财政拨款预算收入”“资金结存”科目，贷记“行政支出”“事业支出”科目。

业务活动费用与行政支出/事业支出的主要账务处理

【例3-44】2×23年8月5日，某政府单位依法履职或开展专业活动购买的复印纸因质量不合格发生当年退货，退货金额为2 000元，购买时款项通过预算管理一体化系统支付，该款项已经计入本年业务活动费用。退货金额退回预算管理一体化系统。

8月5日，编制财务会计分录如下：

借：财政拨款收入 2 000

  贷：业务活动费用——商品和服务费用 2 000

同时，编制预算会计分录：

借：财政拨款预算收入 2 000

  贷：行政支出 2 000

9.期末，将“业务活动费用”科目本期发生额转入“本期盈余”科目，借记“本期盈余”科目，贷记本科目。期末结转后，“业务活动费用”科目应无余额。具体业务举例见第七章。

二、资产处置费用的核算

（一）核算内容

资产处置费用是单位经批准处置资产时发生的费用，包括转销的被处置资产价值，以及在处置过程中发生的相关费用或者处置收入小于相关费用形成的净支出。资产处置的形式按照规定包括无偿调拨、出售、出让、转让、置换、对外捐赠、报废、毁损以及货币性资产损失核销等。

（二）科目设置

单位应设置“资产处置费用”科目核算处置资产时发生的各项费用。

“资产处置费用”科目应当按照处置资产的类别、资产处置的形式等进行明细核算。

单位在资产清查中查明的资产盘亏、毁损以及资产报废等，应当先通过“待处理财产损溢”科目进行核算，再将处理资产价值和处理净支出记入“资产处置费用”科目。

短期投资、长期股权投资、长期债券投资的处置，按照相关资产科目的规定进行账务处理。

（三）主要账务处理

1.不通过“待处理财产损溢”科目核算的资产处置

（1）按照规定报经批准处置资产时，按照处置资产的账面价值，借记“资产处置费用”科目（处置固定资产、无形资产、公共基础设施、保障性住房的，还应借记“固定资产累计折旧”“无形资产累计摊销”“公共基础设施累计折旧（摊销）”“保障性住房累计折旧”科目）；按照处置资产的账面余额，贷记“库存物品”“固定资产”“无形资产”“公共基础设施”“政府储备物资”“文物资源”“保障性住房”“其他应收款”“在建工程”等科目。

（2）处置资产过程中仅发生相关费用的，按照实际发生金额，借记“资产处置费用”科目，贷记“银行存款”“库存现金”等科目。

（3）处置资产过程中取得收入的，按照取得的价款，借记“库存现金”“银行存款”等科目；按照处置资产过程中发生的相关费用，贷记“银行存款”“库存现金”等科目；按照其差额，借记“资产处置费用”科目或贷记“应缴财政款”等科目。同时，在预算会计中，按照实际支付的相关税费，借记“其他支出”科目，贷记“资金结存”科目。

涉及增值税业务的，相关账务处理参见“应交增值税”科目。

【例3-45】2×23年1月18日，某单位经上级主管部门批准，将账面原值为45 000元的4台台式计算机无偿调拨给另一单位，已知已提折旧15 000元，运输费用1 200元由银行转账支付，经双方协商由调出方负责。

1月18日，无偿调拨时，财务会计分录如下：

借：固定资产累计折旧——通用设备折旧	15 000	
无偿调拨净资产	30 000	
贷：固定资产——通用设备		45 000
借：资产处置费用	1 200	
贷：银行存款		1 200

同时，编制预算会计分录：

借：其他支出——其他	1 200	
贷：资金结存——货币资金——银行存款		1 200

2.通过“待处理财产损溢”科目核算的资产处置

（1）单位账款核对中发现的现金短缺，属于无法查明原因的，报经批准核销时，借记“资产处置费用”科目，贷记“待处理财产损溢”科目。

（2）单位资产清查过程中盘亏或者毁损、报废的存货、固定资产、无形资产、公共基础设施、政府储备物资、文物资源、保障性住房等，报经批准处理时，按照处理资产价值，借记“资产处置费用”科目，贷记“待处理财产损溢——待处理财产价值”科目。处理收支结清时，处理过程中所取得收入小于所发生相关费用的，按照相关费用减去处理收入后的净支出，借记“资产处置费用”科目，贷记“待处理财产损溢——处理净收入”科目。

【例3-46】2×23年8月15日，某事业单位报经上级主管单位批准后，报废2台计算机，账面原值为12 600元，已提折旧6 300元。该单位需要以现金支付报废计算机的运费200元，另取得残值收入150元。

8月15日报废资产时，转销该固定资产的账面价值，财务会计分录如下：

借：待处理财产损溢——固定资产——待处理财产价值	6 300	
固定资产累计折旧——通用设备折旧	6 300	

　　贷：固定资产——通用设备　　12 600

借：资产处置费用　　6 300

　　贷：待处理财产损溢——固定资产——待处理财产价值　　6 300

支付运费时，编制的财务会计分录如下：

借：待处理财产损溢——处理净收入　　200

　　贷：库存现金　　200

取得残值收入时，编制财务会计分录如下：

借：库存现金　　150

　　贷：待处理财产损溢——处理净收入　　150

借：资产处置费用　　50

　　贷：待处理财产损溢——处理净收入　　50

同时，编制预算会计分录：

借：其他支出——其他　　50

　　贷：资金结存——货币资金——库存现金　　50

3.期末，将“资产处置费用”科目本期发生额转入“本期盈余”科目，借记“本期盈余”科目，贷记“资产处置费用”科目。期末结转后，“资产处置费用”科目应无余额。具体业务举例见第七章。

资产处置费用的主要账务处理

三、其他费用与其他支出的核算

其他费用是指单位发生的除业务活动费用、单位管理费用、经营费用、资产处置费用、上缴上级费用、附属单位补助费用、所得税费用以外的各项费用，包括利息费用、坏账损失、罚没支出、现金资产捐赠支出以及相关税费、运输费等。

其他支出是指核算单位除行政支出、事业支出、经营支出、上缴上级支出、对附属单位补助支出、投资支出、债务还本支出以外的各项现金流出，包括利息支出、对外捐赠现金支出、现金盘亏损失、接受捐赠（调入）和对外捐赠（调出）非现金资产发生的税费支出、资产置换过程中发生的相关税费支出、罚没支出等。

（一）科目设置

单位应设置“其他费用”和“其他支出”科目核算所发生的各项其他费用和其他支出。

“其他费用”科目应当按照其他费用的类别等进行明细核算。单位发生的利息费用较多的，可以单独设置“利息费用”科目。

“其他支出”科目应当按照其他支出的类别，“财政拨款支出”、“非财政专项资金支出”和“其他资金支出”，以及《政府收支分类科目》中“支出功能分类科目”的项级科目和“部门预算支出经济分类科目”的款级科目等进行明细核算。其他支出中如有专项资金支出，还应按照具体项目进行明细核算。

有一般公共预算财政拨款、政府性基金预算财政拨款等两种或两种以上财政拨款的事业单位，还应当在“财政拨款支出”明细科目下按照财政拨款的种类进行明细核算。

单位发生利息支出、捐赠支出等其他支出金额较大或业务较多的，可单独设置“利息支出”“捐赠支出”等科目。

（二）主要账务处理

1.利息费用与利息支出

按期计算确认借款利息费用时，按照计算确定的金额，在财务会计中，借记“在建工程”科目或“其他费用”科目，贷记“应付利息”“长期借款——应计利息”科目。

支付银行借款利息时，按照实际支付金额，在财务会计中，借记“其他费用”科目，贷记“银行存款”科目；在预算会计中，借记“其他支出”科目，贷记“资金结存”科目。

【例3-47】某事业单位以银行存款支付本月应承担的长期借款利息5 000元。

财务会计分录如下：

借：其他费用——利息费用　　5 000

　贷：银行存款　　5 000

同时，编制预算会计分录：

借：其他支出　　5 000

　贷：资金结存——货币资金——银行存款　　5 000

2.坏账损失

年末，事业单位按照规定对收回后不需上缴财政的应收账款和其他应收款计提坏账准备时，按照计提金额，借记“其他费用”科目，贷记“坏账准备”科目。

冲减多提的坏账准备时，按照冲减金额，借记“坏账准备”科目，贷记“其他费用”科目。

【例3-48】2×23年12月31日，某事业单位对其他应收款的年末余额和对方单位的情况进行了检查，分析其可收回性，发现1笔共21 000元的应收款，因有证据表明对方单位可能破产，报经批准后计提坏账准备金21 000元（这笔应收款项若收回后均不需要上缴财政，单位规定按个别认定法计提）。

12月31日计提坏账准备时，财务会计分录如下：

借：其他费用——坏账损失　　21 000

　贷：坏账准备　　21 000

【例3-49】接【例3-48】，2×24年1月31日该单位发现上年对其他应收款计提坏账准备金时有误，经核实多提1 000元。

1月31日冲回坏账准备时，编制财务会计分录如下：

借：坏账准备　　1 000

　贷：以前年度盈余调整　　1 000

3.罚没支出

单位发生罚没支出的，按照实际缴纳或应当缴纳的金额，在财务会计中，借记“其他费用”科目，贷记“银行存款”“库存现金”“其他应付款”等科目；在预算会计中，借记“其他支出”科目，贷记“资金结存”科目。

【例3-50】2×23年7月20日，某单位因未及时在网上办理增值税税务申报，经税务机关核实后被处以1 200元的罚款，经单位领导批准后同意以银行存款缴纳罚款。

7月20日缴纳罚款时，财务会计分录如下：

借：其他费用——罚没支出　　1 200

贷：银行存款 1 200

同时，编制预算会计分录：

借：其他支出——罚没支出 1 200

贷：资金结存——货币资金——银行存款 1 200

4.现金资产对外捐赠

单位对外捐赠现金资产的，按照实际捐赠的金额，在财务会计中，借记“其他费用”科目，贷记“银行存款”“库存现金”等科目；在预算会计中，借记“其他支出”科目，贷记“资金结存——货币资金”科目。

【例3-51】2×23年3月5日，某事业单位对外捐赠现金3 000元。

财务会计分录如下：

借：其他费用——捐赠支出 3 000

贷：库存现金 3 000

同时，编制预算会计分录：

借：其他支出——捐赠支出 3 000

贷：资金结存——货币资金——库存现金 3 000

5.现金盘亏损失

每日现金账款核对中如发现现金短缺，按照短缺的现金金额，在财务会计中，借记“待处理财产损溢”科目，贷记“库存现金”科目；在预算会计中，借记“其他支出”科目，贷记“资金结存——货币资金”科目。

经核实，属于应当由有关人员赔偿的，按照收到的赔偿金额，在财务会计中，借记“其他应收款”科目，贷记“待处理财产损溢”科目；在预算会计中，借记“资金结存——货币资金”科目，贷记“其他支出”科目。

【例3-52】2×23年4月5日，某事业单位在每日现金账款核对中发现短缺现金100元，无法查明原因，报领导批准后予以核销。

编制财务会计分录如下：

借：待处理财产损溢 100

贷：库存现金 100

同时，编制预算会计分录：

借：其他支出——现金盘亏损失 100

贷：资金结存——货币资金——库存现金 100

6.其他相关费用

单位接受捐赠（或无偿调入）以名义金额计量的存货、固定资产、无形资产，以及成本无法可靠取得的公共基础设施、文物资源等发生的相关税费、运输费等，按照实际支付的金额，在财务会计中，借记“其他费用”科目，贷记“财政拨款收入”“银行存款”“库存现金”等科目；在预算会计中，借记“其他支出”科目，贷记“财政拨款预算收入”“资金结存”科目。

单位发生的与受托代理资产相关的税费、运输费、保管费等以及资产置换过程中发生的相关税费等，按照实际支付或应付的金额，在财务会计中，借记“其他费用”科目，贷记“银行存款”“库存现金”“其他应付款”等科目；在预算会计中，借记“其他支出”科目，贷记“资金结存”科目。

【例3-53】某事业单位无偿调入设备1台，发生运输设备的费用300元，以现金支付。

编制的财务会计分录如下：

借：其他费用——运费　　300

　贷：库存现金　　300

同时，编制预算会计分录：

借：其他支出　　300

　贷：资金结存——货币资金——库存现金　　300

7.期末结转业务

期末，将“其他费用”科目本期发生额转入“本期盈余”科目，借记“本期盈余”科目，贷记“其他费用”科目。期末结转后，“其他费用”科目应无余额。具体业务处理见第七章。

年末，将“其他支出”科目本年发生额中的财政拨款支出转入“财政拨款结转”科目，借记“财政拨款结转——本年收支结转”科目，贷记“其他支出”科目下各财政拨款支出明细科目；将“其他支出”科目本年发生额中的非财政专项资金支出转入“非财政拨款结转”科目，借记“非财政拨款结转——本年收支结转”科目，贷记“其他支出”科目下各非财政专项资金支出明细科目；将“其他支出”科目本年发生额中的其他资金支出（非财政非专项资金支出）转入“其他结余”科目，借记“其他结余”科目，贷记“其他支出”科目下各其他资金支出明细科目。年末结转后，“其他支出”科目应无余额。具体业务处理见第八章。

其他费用和其他支出的主要账务处理

【学思践悟】

（一）资料

财政支出花在哪？

根据财政部发布的2023年财政收支情况，2023年全国一般公共预算收入是216 784亿元，而全国一般公共预算支出突破了27万亿元，同比增长5.4%，支出规模再创新高。

那么，2023年超过27万亿元的钱，都花到了哪些方面呢？根据最新公布的数据，2023年全年，教育、社会保障和就业支出都在4万亿元上下，卫生健康、农林水、城乡社区支出都超过了2万亿元，粗算一下将近15万亿元，也就是说，民生支出超过了70%。

在我国，民生投入不仅总量大，增速也很可观。比如2023年全年，社会保障和就业支出增长8.9%，教育支出增长4.5%，科学技术支出增长7.9%，农林水支出增长6.5%，城乡社区支出增长5.7%。

就教育支出而言，2023年，支持学前教育发展资金250亿元；改善普通高中学校办学条件补助资金100亿元；支持地方高校改革发展资金404亿元；学生资助补助经费720亿元。不仅如此，中央财政还支持大规模开展职业技能培训，全力以赴确保就业大局稳定。

资料来源：佚名.2023财政支出超27万亿元“花”在哪儿了［EB/OL］.［2024-10-11］.https://baijiahao.baidu.com/s?id=1790033882002223640&wfr=spider&for=pc.

（二）讨论

假设你是某公立学校的会计，用学校收到的财政拨款支付给学生资助补助费，如何进行会计账务处理？

【复习思考题】

1. 什么是政府单位费用和预算支出？如何确认？

2. 行政单位和事业单位的费用、预算支出分别包括哪些内容？

3. 事业单位的业务活动费用、单位管理费用和经营费用有何区别？

4. 行政单位的业务活动费用是什么？

5. 上缴上级费用和对附属单位补助费用、上缴上级支出和对附属单位补助支出有何区别？

6. 政府单位资产处置的方式主要包括哪几种？其费用包括哪些内容？

7. 什么是所得税费用？

8. 什么是行政支出？如何分类？

9. 事业支出和经营支出有何区别？

10. 什么是投资支出和债务还本支出？

11. 其他费用和其他支出如何区别？分别包括哪些内容？

【练习题】

一、单项选择题

1.行政单位购入的随买随用的办公材料，作如下处理（　　）。

A.计入库存材料价格　　B.直接列入有关的费用和支出

C.不作处理，只需登记备查账　　D.只需登记入库单

2.为维护公共基础设施的正常使用而发生的日常修理等后续支出，应当计入当期支出，在财务会计中，借记科目为（　　）。

A.公共基础设施　　B.在建工程

C.业务活动费用　　D.财政拨款收入

3.下列项目中，关于“经营支出”科目说法错误的是（　　）。

A.事业单位的经营支出与经营收入应当配比

B.本科目应当按照经营活动类别、项目、《政府收支分类科目》中“支出功能分类”的项级科目和“部门预算支出经济分类”的款级科目等进行明细核算

C.本科目核算事业单位在专业业务活动及其辅助活动中所开展非独立核算经营活动发生的支出

D.事业单位开展非独立核算经营活动的，应当正确归集开展经营活动发生的各项费用数；无法直接归集的，应当按照规定的标准或比例合理分摊

4.下列项目中，关于“其他支出”科目说法错误的是（　　）。

A.期末结账后，本科目应无余额

B.支付银行借款利息，编制预算会计分录时，借记本科目，贷记“银行存款”账户

C.本科目应当按照其他支出的类别、《政府收支分类科目》中“支出功能分类”相关科目等进行明细核算

D.期末，将本科目本期发生额中的非专项资金支出转入“非财政补助结转”科目，借记“非财政拨款结转——本年收支结转”账户，贷记本账户下各非财政专项资金支出明细科目

5.事业单位以自有资金给附属单位的一次性补助款，应借记（　　）科目。

A.“事业支出”　　B.“对附属单位补助支出”

C.“上缴上级支出”　　D.“其他支出”

二、多项选择题

1.行政单位的费用包括（　　）。

A.业务活动费用　　B.单位管理费用

C.资产处理费用　　D.对附属单位补助费用

2.下列关于业务活动费用的说法正确的有（　　）。

A.业务活动费用是指政府为实现其职能目标，依法履职或开展专业业务活动及其辅助活动所发生的各项费用

B.行政单位的业务活动费用主要包括工资福利费用、商品和服务费用、对个人和家庭的补助费用、固定资产折旧费、无形资产摊销费、公共基础设施折旧（摊销）费、保障性住房折旧费、计提的专用基金等

C.为履职或开展业务活动人员计提的薪酬，按照计算确定的金额，借记“业务活动费用”科目，贷记“应付职工薪酬”科目

D.期末，将“业务活动费用”科目本期发生额转入“累计盈余”科目

3.下列项目中，关于“事业支出”科目说法正确的有（　　）。

A.本科目核算事业单位开展专业业务活动及其辅助活动发生的各项现金流出

B.为从事专业业务活动及其辅助活动人员支付的薪酬等，借记本科目，贷记“财政拨款预算收入”“资金结存”等科目

C.本科目应当按照“财政拨款支出”“非财政专项资金支出”“其他资金支出”，以及“基本支出”“项目支出”等层级进行明细核算

D.开展专业业务活动及其辅助活动中发生的其他各项支出，借记本科目，贷记“库存现金”“银行存款”“财政补助收入”等科目

4.下列关于投资支出的说法正确的有（　　）。

A.投资支出是指事业单位以货币资金对外投资发生的现金流出

B.投资支出属于事业单位的财政专项资金支出

C.“投资支出”科目应当按照投资类型、投资对象、《政府收支分类科目》中“支出功能分类科目”的项级科目和“部门预算支出经济分类科目”的款级科目等进行明细核算

D.年末结转后，“投资支出”科目应无余额

5.“其他支出”科目核算的内容包括（　　）。

A.利息支出　　B.现金盘亏损失　　C.罚没支出　　D.捐赠支出

三、判断题

1.行政单位的支出按照实际支付金额进行计量。（　　）

2.“对附属单位补助支出”科目核算事业单位用财政补助收入对附属单位补助发生的支出，本科目应当按照接受补助单位、补助项目、《政府收支分类科目》中“支出功能分类”相关科目等进行明细核算。（　　）

3.“上缴上级费用”科目核算事业单位按照财政部门和主管部门的规定上缴上级单位的费用，按规定将款项上缴上级单位的，按照实际上缴的金额，在财务会计中，借记“上缴上级费用”科目，贷记“银行存款”等科目。（　　）

4.事业单位购入国债时发生的佣金及手续费计入事业支出。（　　）

5.财政补助收入只能用于事业支出，不得用于经营活动的支出。（　　）

四、业务处理题

资料：某事业单位2×23年7月发生如下业务：

1.购买办公设备一批，价款150 000元，通过预算管理一体化系统支付。办公设备直接交付使用。

2.购买专用材料100千克，每千克20 000元，通过预算管理一体化支付系统支付。材料已验收入库。

3.通过预算管理一体化系统支付采购的专用材料因质量问题予以退货，共计80 000元，其中属于上年度支付的款项50 000元，属于本年度支付的款项30 000元。

4.通过预算管理一体化系统付款，购买办公用品一批，价值50 000元。

5.以银行存款支付职工培训费20 000元。

6.通过预算管理一体化系统支付本月水电费8 000元。

7.用现金购买零星办公用品，花费300元。

8.从银行提取现金28 200元，准备用于工资发放。

9.通过预算管理一体化系统发放工资。应发放在职人员基本工资23 500元，其中，代扣职工水电费1 000元，代扣职工房租1 500元，实发21 000元；应发放离退休人员费用8 000元，其中，应代扣水电费500元，代扣房租300元，实发7 200元。

10.用银行存款支付代扣的职工水电费及房租。

11.根据核定的预算，向所属某单位拨付补助经费300 000元。

12.收到所属该单位缴回多余项目经费5 000元，存入银行。

13.出售A产品，收到价款80 000元、增值税4 800元，款项存入银行。A产品成本为56 000元。

14.开展经营活动，取得应税收入50 000元，适用的增值税税率为6%，收入已存入银行。

要求：根据上述资料编制会计分录。

第四章　流动资产

【学习目标】

了解政府会计中流动资产的概念、分类；掌握流动资产的确认与计量；掌握银行存款、其他货币资金、短期投资、财政应返还额度、应收账款、预付账款、应收股利、应收利息、其他应收款等的账务处理。本章重点为各项流动资产的账务处理，难点为财政应返还额度、预付账款、坏账准备、加工物品、待摊费用的账务处理。

第一节　资产概述

一、资产的定义

资产是指政府会计主体过去的经济业务或者事项形成的，由政府会计主体控制的，预期能够产生服务潜力或者带来经济利益流入的经济资源。其中，服务潜力是指政府会计主体利用资产提供公共产品和服务以履行政府职能的潜在能力。经济利益流入表现为现金及现金等价物的流入，或者现金及现金等价物流出的减少。

二、资产的分类

政府会计主体的资产按照流动性分为流动资产和非流动资产。流动资产是指预计在1年内（含1年）耗用或者可以变现的资产，包括货币资金、短期投资、应收及预付款项、存货等。非流动资产是指流动资产以外的资产，包括固定资产、在建工程、无形资产、长期投资、公共基础设施、政府储备资产、文物资源、保障性住房和自然资源资产等。

三、资产的确认

符合资产定义的经济资源，在同时满足以下条件时，确认为资产：①与该经济资源相关的服务潜力很可能实现或者经济利益很可能流入政府会计主体；②该经济资源的成本或者价值能够可靠地计量。

四、资产的计量

资产的计量属性主要包括历史成本、重置成本、现值、公允价值和名义金额。在历史成本计量下，资产按照取得时支付的现金金额或者支付对价的公允价值计量。在重置成本计量下，资产按照现在购买相同或者相似资产所需支付的现金金额计量。在现值计量下，资产按照预计从其持续使用和最终处置中所产生的未来净现金流入量的折现金额计量。在公允价值计量下，资产按照市场参与者在计量日发生的有序交易中，出售资产所能收到的价格计量。无法采用上述计量属性的，采用名义金额（即人民币1元）计量。政府会计主体在对资产进行计量时，一般应当采用历史成本，采用重置成本、现值、公允价值计量的，应当保证所确定的资产金额能够持续、可靠计量。符合资产定义和资产确认条件的项目，应当列入资产负债表。

行政事业单位资产的管理

第二节　货币资金

在行政事业单位财务会计中，货币资金除了有库存现金、银行存款和其他货币资金三种形态外，还包括视同货币资金的形态，即财政应返还额度，这与我国预算资金的支付方式相关。为了反映单位纳入部门预算管理资金的流入、流出、调整和滚存情况，单位预算会计设置了“资金结存”总账科目，并在总账科目下设置“货币资金”“财政应返还额度”明细科目，以体现不同形态的预算资金，并与财务会计中的货币资金形态相呼应。其中，“资金结存——货币资金”明细科目用来核算单位纳入预算管理的以库存现金、银行存款和其他货币资金形态存在的资金。

一、库存现金的核算

（一）核算内容及明细科目设置

库存现金是指存放在单位财务部门的货币资金，简称现金。

单位应当严格按照国家有关现金管理的规定收支现金，并按照规定核算现金的各项收支业务。随着公务卡的普遍推行和使用，单位的库存现金业务相应减少。

库存现金科目应当设置“受托代理资产”明细科目，核算单位受托代理、代管的现金。库存现金科目期末借方余额反映单位实际持有的库存现金。

（二）主要账务处理

1.收到库存现金

（1）从银行等金融机构提取现金，按照实际提取的金额，在财务会计中，借记“库存现金”科目，贷记“银行存款”科目。

将现金存入银行等金融机构，按照实际存入的金额，借记“银行存款”科目，贷记“库存现金”科目。无须进行预算会计的处理。

【例4-1】某事业单位从开户银行提取现金10 000元备用。

编制的会计分录如下：

借：库存现金	10 000	
贷：银行存款		10 000

【例4-2】某事业单位将现金20 000元存入开户银行。

编制的会计分录如下：

借：银行存款	20 000	

贷：库存现金 20 000

（2）因提供服务、物品或者其他事项收到现金，按照实际收到的金额，在财务会计中，借记“库存现金”科目，贷记“事业收入”“应收账款”等相关科目；在预算会计中，借记“资金结存——货币资金”科目，贷记“事业预算收入”等科目。涉及增值税业务的相关账务处理参见第六章“应交增值税”科目。

【例4-3】某行政单位对外提供有偿服务，收到现金2 200元。

该行政单位会计应编制的会计分录如下：

编制财务会计分录：

借：库存现金 2 200

贷：事业收入 2 200

编制预算会计分录：

借：资金结存——货币资金——库存现金 2 200

贷：事业预算收入 2 200

2. 支付库存现金

（1）因内部职工出差等原因借出的现金，按照实际借出的现金金额，借记“其他应收款”科目，贷记“库存现金”科目。

出差人员报销差旅费时，在财务会计中，按照实际报销的金额，借记“业务活动费用”“单位管理费用”等科目；按照实际借出的现金金额，贷记“其他应收款”科目；按照其差额，借记或贷记“库存现金”科目。同时，在预算会计中，按照实际报销金额，借记“行政支出”“事业支出”等科目，贷记“资金结存——货币资金”科目。

【例4-4】某事业单位职工李某出差，预借差旅费5 000元。

编制财务会计分录：

借：其他应收款——李某 5 000

贷：库存现金 5 000

【例4-5】接【例4-4】，李某出差回来，报销费用4 500元，余款500元交回。

编制财务会计分录：

借：单位管理费用——差旅费 4 500

库存现金 500

贷：其他应收款 5 000

同时，编制预算会计分录：

借：事业支出——商品和服务支出——差旅费 4 500

贷：资金结存——货币资金——库存现金 4 500

（2）因购买服务、物品或者其他事项支付现金，按照实际支付的金额，在财务会计中，借记“业务活动费用”“单位管理费用”“库存物品”等相关科目，贷记“库存现金”科目；同时在预算会计中，借记“行政支出”“事业支出”“经营支出”等相关科目，贷记“资金结存——货币资金”科目。涉及增值税业务的相关账务处理参见第六章“应交增值税”科目。

【例4-6】某事业单位购买办公用打印纸一箱，金额200元，以现金支付，购入后即交付使用。

编制财务会计分录：

借：单位管理费用——办公费 200

贷：库存现金 200

同时，编制预算会计分录：

借：事业支出——商品和服务支出——办公费 200

贷：资金结存——货币资金——库存现金 200

（3）以库存现金对外捐赠，按照实际捐出的金额，在财务会计中，借记“其他费用”科目，贷记“库存现金”科目；同时在预算会计中，借记“其他支出”科目，贷记“资金结存——货币资金”科目。

【例 4-7】事业单位对外捐赠10 000元，以现金支付。

该事业单位会计应编制的会计分录如下：

财务会计分录：

借：其他费用 10 000

贷：库存现金 10 000

预算会计分录：

借：其他支出 10 000

贷：资金结存——货币资金——库存现金 10 000

3.受托代理、代管的现金

（1）收到受托代理、代管的现金，按照实际收到的金额，借记“库存现金——受托代理资产”科目，贷记“受托代理负债”科目。

（2）支付受托代理、代管的现金，按照实际支付的金额，借记“受托代理负债”科目，贷记“库存现金——受托代理资产”科目。

【例 4-8】某事业单位收到一笔受托代理的现金30 000元。根据委托人要求，该笔现金应当转赠给有关的受赠人。之后，该事业单位按照委托人的要求，将受托代理的现金支付给有关的受赠人。

该事业单位在财务会计中应编制的会计分录如下：

①收到受托代理的现金时：

借：库存现金——受托代理资产 30 000

贷：受托代理负债 30 000

②支付受托代理的现金时：

借：受托代理负债 30 000

贷：库存现金——受托代理资产 30 000

4.库存现金的清查

单位应当设置“库存现金日记账”，由出纳人员根据收付款凭证，按照业务发生顺序逐笔登记。每日终了，应当计算当日的现金收入合计数、现金支出合计数和结余数，并将结余数与实际库存数相核对，做到账款相符。

每日账款核对中发现有待查明原因的现金短缺或溢余的，应当通过“待处理财产损溢”科目核算。属于现金溢余的，应当按照实际溢余的金额，在财务会计中，借记“库存现金”科目，贷记“待处理财产损溢”科目；同时在预算会计中，借记“资金结存——货币资金”科目，贷记“其他预算收入”科目。属于现金短缺的，应当按照实际短缺的金额，在财务会计中，借记“待处理财产损溢”科目，贷记“库存现金”科目；同时在预算会计中，借记

“其他支出”科目，贷记“资金结存——货币资金”科目，待查明原因后及时进行账务处理。

库存现金的主要账务处理

现金收入业务繁多、单独设有收款部门的单位，收款部门的收款员应当将每天所收现金连同收款凭据一并交财务部门核收记账，或者将每天所收现金直接送存开户银行后，将收款凭据及向银行送存现金的凭证等一并交财务部门核收记账。单位有外币现金的，应当分别按照人民币、外币种类设置“库存现金日记账”进行明细核算。有关外币现金业务的账务处理参见“银行存款”科目的相关规定。

【例4-9】某事业单位核对现金日记账结余数与实际库存数，发现现金长款300元。

编制财务会计分录：

借：库存现金 300

　贷：待处理财产损溢 300

同时，编制预算会计分录：

借：资金结存——货币资金——库存现金 300

　贷：其他预算收入 300

【例4-10】接【例4-9】，假设查明原因，现金长款300元是应支付给单位职工王某的个人医疗报销款。

编制财务会计分录：

借：待处理财产损溢 300

　贷：其他应付款——王某 300

待实际支付时，编制财务会计分录：

借：其他应付款——王某 300

　贷：库存现金 300

同时，编制预算会计分录：

借：其他预算收入 300

　贷：资金结存——货币资金——库存现金 300

【例4-11】接【例4-9】，现金长款300元的原因无法查明，经批准转作其他收入。

编制的会计分录如下：

借：待处理财产损溢 3000

　贷：其他收入 300

【例4-12】某事业单位在核对现金日记账结余数与实际库存数时，发现短缺现金120元，尚未查明原因。

编制财务会计分录：

借：待处理财产损溢 120

　贷：库存现金 120

同时，编制预算会计分录：

借：其他支出 120

　贷：资金结存——货币资金——库存现金 120

【例4-13】假设【例4-12】中现金短缺是由于出纳员王某错付现金所致，应由王某赔偿，当日收到王某赔偿款。

编制财务会计分录：

借：其他应收款——王某 120

贷：待处理财产损溢 120

实际收到王某赔偿款时：

编制财务会计分录：

借：库存现金 120

贷：其他应收款——王某 120

同时，编制预算会计分录：

借：资金结存——货币资金——库存现金 120

贷：其他支出 120

【例 4-14】假设【例 4-12】中现金短缺原因无法查明，经单位领导批准，予以核销。

编制的会计分录如下：

借：资产处置费用 120

贷：待处理财产损溢 120

二、银行存款的核算

（一）核算内容及明细科目设置

银行存款是单位存入银行或者其他金融机构的各种存款。

“银行存款”科目应当设置“受托代理资产”明细科目，核算单位受托代理、代管的银行存款。银行存款科目期末借方余额反映单位实际存放在银行或其他金融机构的款项。

单位应当严格按照国家有关支付结算办法的规定办理银行存款收支业务，并按规定核算银行存款的各项收支业务。

（二）主要账务处理

1.收到银行存款

单位将款项存入银行或者其他金融机构，按照实际存入的金额，在财务会计中，借记“银行存款”科目，贷记“库存现金”“应收账款”“事业收入”“经营收入”“其他收入”等相关科目；同时在预算会计中，借记“资金结存——货币资金”科目，贷记“事业预算收入”“经营预算收入”“其他预算收入”等相关科目。涉及增值税业务的相关账务处理参见第六章“应交增值税”科目。

收到银行存款利息，按照实际收到的金额，在财务会计中，借记“银行存款”科目，贷记“利息收入”科目；同时在预算会计中，借记“资金结存——货币资金”科目，贷记“其他预算收入”科目。

【例 4-15】某行政单位在完成委托专业业务过程中取得一项事业收入，银行存款账户收到一笔款项 20 000 元。

该行政单位会计应编制的财务会计分录如下：

借：银行存款 20 000

贷：事业收入 20 000

同时编制预算会计分录：

借：资金结存——货币资金——银行存款 20 000

贷：事业预算收入 20 000

2.支付银行存款

从银行等金融机构提取现金，按照实际提取的金额，借记“库存现金”科目，贷记“银行存款”科目。

以银行存款支付相关费用，按照实际支付的金额，在财务会计中，借记“业务活动费用”“单位管理费用”“其他费用”等相关科目，贷记“银行存款”科目；同时在预算会计中，借记“行政支出”“事业支出”“其他支出”等科目，贷记“资金结存——货币资金”科目。涉及增值税业务的相关账务处理参见第六章“应交增值税”科目。

以银行存款对外捐赠，按照实际捐出的金额，在财务会计中，借记“其他费用”科目，贷记“银行存款”科目；同时在预算会计中，借记“其他支出”科目，贷记“资金结存——货币资金”科目。

【例4-16】某事业单位在完成委托专业业务过程中发生的一笔800元的办公费，通过银行存款账户支付。

该事业单位会计应编制的财务会计分录如下：

借：业务活动费用 800

贷：银行存款 800

同时，编制预算会计分录：

借：事业支出 800

贷：资金结存——货币资金——银行存款 800

【例4-17】某事业单位对外捐赠10 000元，通过银行存款账户支付。

该事业单位会计应编制的财务会计分录如下：

借：其他费用 10 000

贷：银行存款 10 000

同时，编制预算会计分录：

借：其他支出 10 000

贷：资金结存——货币资金——银行存款 10 000

3.受托代理、代管的银行存款

收到受托代理、代管的银行存款，按照实际收到的金额，借记“银行存款——受托代理资产”科目，贷记“受托代理负债”科目。

支付受托代理、代管的银行存款，按照实际支付的金额，借记“受托代理负债”科目，贷记“银行存款——受托代理资产”科目。

【例4-18】某事业单位银行账户收到一笔受托代理款30 000元。根据委托人的要求，该笔现金应当转赠给有关的受赠人。之后，该事业单位按照委托人的要求，将受托代理的现金支付给了有关的受赠人。

该事业单位在财务会计中应编制的会计分录如下：

①收到受托代理的现金时：

借：银行存款——受托代理资产 30 000

贷：受托代理负债 30 000

②支付受托代理的现金时：

借：受托代理负债 30 000

贷：银行存款——受托代理资产 30 000

4.外币业务

单位发生外币业务的，应当按照业务发生当日的即期汇率，将外币金额折算为人民币金额记账，并登记外币金额和汇率。期末，各种外币账户的期末余额，应当按照期末的即期汇率折算为人民币，作为外币账户期末人民币余额。调整后的各种外币账户人民币余额与原账面余额的差额，作为汇兑损益计入当期费用。

（1）以外币购买物资、设备等，按照购入当日的即期汇率将支付的外币或应支付的外币折算为人民币金额，在财务会计中，借记“库存物品”等科目，贷记“银行存款”科目、“应付账款”等科目的外币账户；实际支付时，在预算会计中，借记“行政支出”“事业支出”等科目，贷记“资金结存——货币资金”科目。涉及增值税业务的相关账务处理参见第六章“应交增值税”科目。

【例4-19】某事业单位购买进口材料一批，价值10 000美元，以单位的美元存款支付，当日美元对人民币的汇率为1美元=6.53元人民币，材料验收入库。

编制财务会计分录：

借：库存物品 65 300

贷：银行存款——美元户 65 300（10 000美元）

同时，编制预算会计分录：

借：事业支出 65 300

贷：资金结存——货币资金——银行存款 65 300（10 000美元）

（2）销售物品、提供服务以外币收取相关款项等，按照收入确认当日的即期汇率将收取的外币或应收取的外币折算为人民币金额，在财务会计中，借记“银行存款”科目、“应收账款”等科目的外币账户，贷记“事业收入”等相关科目；同时在预算会计中，借记“资金结存——货币资金”科目，贷记“事业预算收入”等相关科目。

【例4-20】某事业单位向外资公司提供事业服务，取得事业收入50 000美元，存入银行，当日美元对人民币的汇率为1美元=6.53元人民币。

编制财务会计分录：

借：银行存款——美元户 326 500（50 000美元）

贷：事业收入 326 500

同时，编制预算会计分录：

借：资金结存——货币资金——银行存款（美元户） 326 500（50 000美元）

贷：事业预算收入 326 500

（3）期末，根据各外币银行存款账户按照期末汇率调整后的人民币余额与原账面人民币余额的差额，作为汇兑损益，在财务会计中，借记或贷记“银行存款”科目，贷记或借记“业务活动费用”“单位管理费用”等科目；同时在预算会计中，借记或贷记“资金结存——货币资金”科目，贷记或借记“行政支出”“事业支出”等科目。

【例4-21】月末，某事业单位的美元账户存款余额30 000元，账面人民币价值为186 615元。月末当日，美元对人民币的汇率为1美元=6.2260元人民币，30 000美元折合人民币应为186 780元，差额165元，调整美元账户余额。

编制财务会计分录：

借：银行存款——美元户 165

贷：业务活动费用 165

同时，编制预算会计分录：

借：资金结存——货币资金——银行存款（汇兑收益） 165

贷：事业支出 165

“应收账款”“应付账款”等科目有关外币账户期末汇率调整业务的账务处理参照“银行存款”科目。

5.银行存款的核对

单位应当按照开户银行或其他金融机构、存款种类及币种等，分别设置“银行存款日记账”，由出纳人员根据收付款凭证，按照业务的发生顺序逐笔登记，每日终了应结出余额。“银行存款日记账”应定期与“银行对账单”核对，至少每月核对一次。月度终了，单位银行存款日记账账面余额与银行对账单余额之间如有差额，应当逐笔查明原因并进行处理，按月编制“银行存款余额调节表”，调节相符。

银行存款的主要账务处理

三、其他货币资金的核算

（一）核算内容及明细科目设置

其他货币资金是单位的外埠存款、银行本票存款、银行汇票存款、信用卡存款等各种其他货币资金。

“其他货币资金”科目应当设置“外埠存款”“银行本票存款”“银行汇票存款”“信用卡存款”等明细科目，进行明细核算。其他货币资金科目期末借方余额反映单位实际持有的其他货币资金。

（二）主要账务处理

1.单位按照有关规定需要在异地开立银行账户，将款项委托本地银行汇往异地开立账户时，借记“其他货币资金”科目，贷记“银行存款”科目。收到采购员交来供应单位发票账单等报销凭证时，在财务会计中，借记“库存物品”等科目，贷记“其他货币资金”科目；同时在预算会计中，按照实际支付的金额，借记“事业支出”科目，贷记“资金结存——货币资金”科目。将多余的外埠存款转回本地银行时，根据银行的收账通知，借记“银行存款”科目，贷记“其他货币资金”科目。

【例4-22】某事业单位4月10日按规定在异地开立银行存款账户，11日委托本地银行汇往异地开立账户10 000元。15日收到采购员交来供应单位发票，金额为7 000元。18日将外埠存款3 000元转回本地银行。

该事业单位应编制的会计分录如下：

①11日委托本地银行汇往异地开立账户10 000元时：

借：其他货币资金 10 000

贷：银行存款 10 000

②收到采购员交来供应单位发票时：

在财务会计中：

借：库存物品　　7 000

　贷：其他货币资金　　7 000

同时，在预算会计中：

借：事业支出　　7 000

　贷：资金结存——货币资金——其他货币资金　　7 000

③转回多余外埠存款时：

在财务会计中：

借：银行存款　　3 000

　贷：其他货币资金　　3 000

2. 将款项交存银行取得银行本票、银行汇票，按照取得的银行本票、银行汇票金额，借记“其他货币资金”科目，贷记“银行存款”科目。使用银行本票、银行汇票购买库存物品等资产时，按照实际支付金额，在财务会计中，借记“库存物品”等科目，贷记“其他货币资金”科目；同时在预算会计中，按照实际支付的金额，借记“事业支出”科目，贷记“资金结存——货币资金”科目。如有余款或因本票、汇票超过付款期等原因而退回款项，按照退款金额，借记“银行存款”科目，贷记“其他货币资金”科目。

3. 将款项交存银行取得信用卡，按照交存金额，借记“其他货币资金”科目，贷记“银行存款”科目。用信用卡购物或支付有关费用，按照实际支付金额，在财务会计中，借记“单位管理费用”“库存物品”等科目，贷记“其他货币资金”科目；同时在预算会计中，借记“事业支出”等科目，贷记“资金结存——货币资金”科目。单位信用卡在使用过程中，需向其账户续存资金的，按照续存金额，借记“其他货币资金”科目，贷记“银行存款”科目。

其他货币资金的主要账务处理

单位应当加强对其他货币资金的管理，及时办理结算，对于逾期尚未办理结算的银行汇票、银行本票等，应当按照规定及时转回，并按照上述规定进行相应账务处理。

四、财政应返还额度的核算

（一）核算内容

财政应返还额度是实行国库集中支付的单位应收财政返还的资金额度。财政应返还额度科目期末借方余额反映单位应收财政返还的资金额度。

（二）主要账务处理

1. 年末，单位根据本年度财政支付预算指标数大于当年财政支付实际发生数的差额，在财务会计中，借记“财政应返还额度”科目，贷记“财政拨款收入”科目；同时在预算会计中，借记“资金结存”科目，贷记“财政拨款预算收入”科目。

【例 4-23】某事业单位的本年度财政支付额度预算指标为 500 000 元，当年财政已经实际完成支付金额 480 000 元，单位收到财政部门的“预算单位年终结余资金数额通知书”，该单位本年度的财政支付预算指标数与当年的财政支付实际支出数的差额为 20 000 元。

编制财务会计分录：

借：财政应返还额度 20 000

　贷：财政拨款收入 20 000

同时，编制预算会计分录：

借：资金结存——财政应返还额度 20 000

　贷：财政拨款预算收入 20 000

2.单位使用以前年度财政支付额度支付款项时，在财务会计中，借记“业务活动费用”“单位管理费用”等科目，贷记“财政应返还额度”科目；同时在预算会计中，借记“行政支出”“事业支出”等科目，贷记“资金结存——财政应返还额度”科目。

【例4-24】根据国库支付执行机构委托代理银行转来的“财政支付入账通知书”及原始凭证，财政部门使用恢复的上年度的用款额度，采用财政支付方式，为事业单位支付了一笔日常活动费用10 000元。

编制财务会计分录：

借：业务活动费用 10 000

　贷：财政应返还额度 10 000

同时，编制预算会计分录：

借：事业支出 10 000

　贷：资金结存——财政应返还额度 10 000

第三节　短期投资

一、核算内容及明细科目设置

短期投资是事业单位按照规定取得的，持有时间不超过1年（含1年）的投资。

“短期投资”科目应当按照投资的种类等进行明细核算。“短期投资”科目期末借方余额反映事业单位持有短期投资的成本。

二、主要账务处理

1.取得短期投资

取得短期投资时，按照确定的投资成本，在财务会计中借记“短期投资”科目，贷记“银行存款”等科目；同时在预算会计中，借记“投资支出”科目，贷记“资金结存——货币资金”科目。

收到取得投资时实际支付价款中包含的已到付息期但尚未领取的利息，按照实际收到的金额，在财务会计中，借记“银行存款”科目，贷记“短期投资”科目；同时在预算会计中，借记“资金结存——货币资金”科目，贷记“投资支出”科目。

【例4-25】某事业单位一次性购买了2种国债券，分别是半年期国债券200 000元，1年期国债券300 000元，票面年利率分别为2.5%和4%，购买时共发生税费500元，按所购国债券的金额比例分摊。

编制财务会计分录：

借：短期投资——半年期国债券　200 200

　　　　　　——1年期国债券　300 300

　贷：银行存款　500 500

同时，编制预算会计分录：

借：投资支出——半年期国债券　200 200

　　　　　　——1年期国债券　300 300

　贷：资金结存——货币资金——银行存款　500 500

2.持有期间的利息

收到短期投资持有期间的利息，按照实际收到的金额，在财务会计中，借记“银行存款”科目，贷记“投资收益”科目；同时在预算会计中，借记“资金结存——货币资金”科目，贷记“投资预算收益”科目。

【例4-26】接【例4-25】，该单位所购的1年期国债券为每半年支付一次利息，现收到利息6 000元，并存入银行。

编制财务会计分录：

借：银行存款　6 000

　贷：投资收益　6 000

同时，编制预算会计分录：

借：资金结存——货币资金——银行存款　6 000

　贷：投资预算收益　6 000

3.出售和到期收回

出售短期投资或到期收回短期投资本息，按照实际收到的金额，在财务会计中，借记“银行存款”科目；按照出售或收回短期投资的账面余额，贷记“短期投资”科目；按照其差额，借记或贷记“投资收益”科目。同时，在预算会计中，借记“资金结存——货币资金”科目，贷记“投资支出”科目，差额记入“投资预算收益”科目。涉及增值税业务的相关账务处理参见第六章“应交增值税”科目。

短期投资的主要账务处理

【例4-27】接【例4-25】，该单位所购的半年期国债券200 000元到期，收到本金和利息共计202 500元，存入银行。

编制财务会计分录：

借：银行存款　202 500

　贷：短期投资——半年期国债券　200 200

　　　投资收益　2 300

同时，编制预算会计分录：

借：资金结存——货币资金——银行存款　202 500

　贷：投资支出　200 200

　　　投资预算收益　2 300

第四节　应收及预付款项

应收及预付款项是指行政事业单位在开展业务活动中形成的各项债权，包括应收票据、应收账款、预付账款、应收股利、应收利息、其他应收款、坏账准备等。

一、应收票据的核算

（一）核算内容及明细科目设置

应收票据是指事业单位因开展经营活动销售产品、提供有偿服务等而收到的商业汇票，包括银行承兑汇票和商业承兑汇票。

“应收票据”科目应当按照开出、承兑商业汇票的单位等进行明细核算。应收票据科目期末借方余额反映事业单位持有的商业汇票票面金额。

（二）主要账务处理

1.因销售产品、提供服务等收到商业汇票，按照商业汇票的票面金额，借记“应收票据”科目；按照确认的收入金额，贷记“经营收入”等科目。

【例4-28】某事业单位（小规模纳税人）向A公司销售产品一批，取得经营收入200 000元，应交增值税6 000元，共计206 000元，对方因资金短缺开出银行承兑汇票，期限3个月，无息。

编制的会计分录如下：

借：应收票据——A公司　206 000

　贷：经营收入　200 000

　　应交税费——应交增值税（销项税额）　6 000

2.持未到期的商业汇票向银行贴现，按照实际收到的金额（即扣除贴现息后的净额），在财务会计中，借记“银行存款”科目；按照贴现息金额，借记“经营费用”等科目；按照商业汇票的票面金额，贷记“应收票据”科目（无追索权）或“短期借款”科目（有追索权）。附追索权的商业汇票到期未发生追索事项的，按照商业汇票的票面金额，借记“短期借款”科目，贷记“应收票据”科目。同时，在预算会计中，借记“资金结存——货币资金”科目，贷记“经营预算收入”等科目。

【例4-29】接【例4-28】，单位将未到期的应收票据向银行贴现，收到资金204 000元，支付贴现息2 000元，票据面值206 000元。

编制财务会计分录：

借：银行存款　204 000

　　经营费用　2 000

　贷：应收票据——A公司　206 000

同时，编制预算会计分录：

借：资金结存——货币资金——银行存款　206 000

　贷：经营预算收入　206 000

3.将持有的商业汇票背书转让以取得所需物资时，按照取得物资的成本，在财务会计中，借记“库存物品”等科目；按照商业汇票的票面金额，贷记“应收票据”科目；如有差额，借记或贷记“银行存款”等科目。涉及增值税业务的，相关账务处理参见“应交增值税”科目。同时，在预算会计中，按支付的金额，借记“经营支出”等科目，贷记“资金结存——货币资金”科目。

【例4-30】接【例4-28】，单位将未到期的应收票据背书转让以购买一批价值250 000元的材料，票据面值206 000元，余款44 000元以银行存款支付。

编制财务会计分录：

借：库存物品　250 000

　贷：应收票据——A公司　206 000

　　银行存款　44 000

同时，编制预算会计分录：

借：经营支出　44 000

　贷：资金结存——货币资金——银行存款　44 000

4.商业汇票到期时，应当分别按以下情况处理：

收回票款时，按照实际收到的商业汇票票面金额，借记“银行存款”科目，贷记“应收票据”科目；同时在预算会计中，借记“资金结存——货币资金”科目，贷记“经营预算收入”等科目。

【例4-31】接【例4-28】，票据到期，事业单位收到对方单位兑付的银行存款。

编制财务会计分录：

借：银行存款　206 000

　贷：应收票据——A公司　206 000

同时，编制预算会计分录：

借：资金结存——货币资金——银行存款　206 000

　贷：经营预算收入　206 000

因付款人无力支付票款，收到银行退回的商业承兑汇票、委托收款凭证、未付票款通知书或拒付款证明等，按照商业汇票的票面金额，借记“应收账款”科目，贷记“应收票据”科目。

【例4-32】接【例4-28】，票据到期，A公司无力支付票款，转为应收账款。

编制的会计分录如下：

借：应收账款——A公司　206 000

　贷：应收票据——A公司　206 000

事业单位应当设置“应收票据备查簿”，逐笔登记每一应收票据的种类、号数、出票日期、到期日、票面金额、交易合同号，以及付款人、承兑人、背书人姓名或单位名称、背书转让日、贴现日期、贴现率和贴现净额、收款日期、收回金额和退票情况等。

应收票据的主要账务处理

应收票据到期结清票款或退票后，应当在备查簿内逐笔注销。

二、应收账款的核算

（一）核算内容及明细科目设置

应收账款是事业单位提供服务、销售产品等应收取的款项，以及单位因出租资产、出售物资等应收取的款项。

“应收账款”科目应当按照债务单位（或个人）进行明细核算。“应收账款”科目期末借方余额反映单位尚未收回的应收账款。

（二）主要账务处理

1.应收账款收回后不需上缴财政

单位发生应收账款时，按照应收未收金额，借记“应收账款”科目，贷记“事业收入”“经营收入”“租金收入”“其他收入”等科目。涉及增值税业务的，相关账务处理参见“应交增值税”科目。

收回应收账款时，按照实际收到的金额，在财务会计中借记“银行存款”等科目，贷记“应收账款”科目；同时在预算会计中，借记“资金结存——货币资金”等科目，贷记“事业预算收入”“经营预算收入”“其他预算收入”等科目。

【例4-33】某事业单位为一般增值税纳税人，开展经营业务（非独立核算）向A公司销售商品一批，不含税价格为10 000元，增值税额为1 300元，货款尚未收到。

编制的会计分录如下：

借：应收账款——A公司　　11 300

　贷：经营收入　　10 000

　　应交税费——应交增值税（销项税额）　　1 300

【例4-34】接例【4-33】，某事业单位收到A单位所欠货款11 300元，存入银行。

编制财务会计分录：

借：银行存款　　11 300

　贷：应收账款——A单位　　11 300

同时，编制预算会计分录：

借：资金结存——货币资金——银行存款　　11 300

　贷：经营预算收入　　11 300

2.应收账款收回后需上缴财政

单位出租资产发生应收未收租金款项时，按照应收未收金额，借记“应收账款”科目，贷记“应缴财政款”科目。

收回应收账款时，按照实际收到的金额，借记“银行存款”等科目，贷记“应收账款”科目。

【例4-35】某事业单位经批准将暂时闲置的房屋出租，租期3年，每年租金60 000元，年末收取。计算确认第一年的租金60 000元，款项尚未收到。收到款项后按规定应上缴财政。

该事业单位财务会计应编制的会计分录如下：

①确认租金时：

借：应收账款　　60 000

　贷：应缴财政款　　60 000

②收到租金时：

借：银行存款　　60 000

　贷：应收账款　　60 000

单位出售物资发生应收未收款项时，按照应收未收金额，借记“应收账款”科目，贷记“应缴财政款”科目。

收回应收账款时，按照实际收到的金额，借记“银行存款”等科目，贷记“应收账款”科目。

【例4-36】某事业单位2×24年1月20日出售一批价值50 000元的物资，款项尚未收到。8月1日收到款项后按规定应上缴财政。

该事业单位财务会计编制的会计分录如下：

①出售物资时：

借：应收账款 50 000

贷：应缴财政款 50 000

②收到款项时：

借：银行存款 50 000

贷：应收账款 50 000

由于应收账款收回后需要上缴财政，收回资金不纳入部门预算管理，故在预算会计中不进行账务处理。涉及增值税业务的相关账务处理参见第六章“应交增值税”科目。

3.对收回后不需上缴财政的应收账款期末计价

事业单位应当于每年年末，对收回后不需上缴财政的应收账款进行全面检查，如发生不能收回的迹象，应当计提坏账准备。

(1) 对于账龄超过规定年限、确认无法收回的应收账款，按照规定报经批准后予以核销。按照核销金额，借记“坏账准备”科目，贷记“应收账款”科目。核销的应收账款应在备查簿中保留登记。

【例4-37】某事业单位对收回后不需上缴财政的应收账款按其期末余额的1%提取坏账准备。2×23年年末收回后不需上缴财政的应收账款余额为100 000元。2×24年4月7日，甲单位应收账款发生了坏账损失2 500元，2×24年年末应收账款为120 000元。假定2×23年年末开始计提坏账准备。

该事业单位应编制的会计分录为：

①2×23年提取坏账准备：

坏账准备余额=100 000×1%=1 000（元）

借：其他费用——计提的坏账准备 1 000

贷：坏账准备 1 000

②2×24年4月7日，冲销坏账：

借：坏账准备 2 500

贷：应收账款——甲单位 2 500

③2×24年年末按应收账款余额计算提取坏账准备：

坏账准备余额=120 000×1%=1 200（元）

应计提的坏账准备=1 200+（2 500−1 000）=2 700（元）

借：其他费用——计提的坏账准备 2 700

贷：坏账准备 2 700

(2) 已核销的应收账款在以后期间又收回的，按照实际收回金额，在财务会计中，借记“应收账款”科目，贷记“坏账准备”科目；同时，借记“银行存款”等科目，贷记

“应收账款”科目。在预算会计中，借记“资金结存——货币资金”科目，贷记“非财政拨款结余”等科目。

【例4-38】接【例4-37】，2×25年2月25日，由于对方单位财务状况好转，于2×24年4月7日已核销的应收账款2 500元又收回。

该单位编制的财务会计分录如下：

借：应收账款 2 500

　贷：坏账准备 2 500

借：银行存款 2 500

　贷：应收账款 2 500

同时，编制预算会计分录：

借：资金结存——货币资金——银行存款 2 500

　贷：非财政拨款结余 2 500

4.对收回后应当上缴财政的应收账款的期末计价

单位应当于每年年末，对收回后应当上缴财政的应收账款进行全面检查。

（1）对于账龄超过规定年限、确认无法收回的应收账款，按照规定报经批准后予以核销。按照核销金额，借记“应缴财政款”科目，贷记“应收账款”科目。核销的应收账款应当在备查簿中保留登记。

【例4-39】某事业单位对应收账款的账龄进行分析，发现有一笔B公司3年以上的欠款120 000元无法收回，报经批准予以核销。该笔应收账款属于应上缴财政款项。

该单位编制的会计分录如下：

借：应缴财政款 120 000

　贷：应收账款——B公司 120 000

（2）已核销的应收账款在以后期间又收回的，按照实际收回金额，借记“银行存款”等科目，贷记“应缴财政款”科目。

应收账款的主要账务处理

【例4-40】接【例4-39】B公司将120 000元转入该事业单位的开户银行，已核销的应收账款收回。

编制的会计分录如下：

借：银行存款 120 000

　贷：应缴财政款 120 000

三、预付账款的核算

（一）核算内容及明细科目设置

预付账款是指单位按照购货、服务合同或协议规定预付给供应单位（或个人）的款项，以及按照合同规定向承包工程的施工企业预付的备料款和工程款。

“预付账款”科目应当按照供应单位（或个人）及具体项目进行明细核算。对于基本建设项目发生的预付账款，还应当在预付账款科目所属基建项目明细科目下设置“预付备料款”“预付工程款”“其他预付款”等明细科目，进行明细核算。“预付账款”科目期末借方余额反映单位实际预付但尚未结算的款项。

（二）主要账务处理

1.根据购货、服务合同或协议规定预付款项时，按照预付金额，在财务会计中，借记“预付账款”科目，贷记“财政拨款收入”“银行存款”等科目；同时在预算会计中，借记“行政支出”“事业支出”等科目，贷记“财政拨款预算收入”“资金结存”科目。

【例4-41】某事业单位5月10日通过银行存款向甲公司预付购入专用物资款项20 000元，暂不考虑增值税。

该事业单位会计编制财务会计分录：

借：预付账款——甲公司　　20 000

　贷：银行存款　　20 000

同时，编制预算会计分录：

借：事业支出　　20 000

贷：资金结存——货币资金——银行存款　　20 000

2.收到所购资产或服务时，按照购入资产或服务的成本，在财务会计中，借记“库存物品”“固定资产”“无形资产”“业务活动费用” 等相关科目；按照相关预付账款的账面余额，贷记“预付账款”科目；按照实际补付的金额，贷记“财政拨款收入”“银行存款”等科目。同时，在预算会计中，按照实际补付的金额，借记“行政支出”“事业支出”等科目，贷记“财政拨款预算收入”“资金结存”科目。涉及增值税业务的，相关账务处理参见第六章“应交增值税”科目。

【例4-42】接【例4-41】，某事业单位于5月30日收到专用物资，其成本为22 000元。该事业单位通过银行存款补付账款2 000元。

该事业单位会计应编制的会计分录如下：

在财务会计中：

借：库存物品　　22 000

　贷：预付账款——甲公司　　20 000

　　　银行存款　　2 000

同时，在预算会计中：

借：事业支出　　2 000

　贷：资金结存——银行存款　　2 000

3.根据工程进度结算工程价款及备料款时，按照结算金额，在财务会计中，借记“在建工程”科目；按照相关预付账款的账面余额，贷记“预付账款”科目；按照实际补付的金额，贷记“财政拨款收入”“银行存款”等科目。同时，在预算会计中，按照实际补付的金额，借记“行政支出”“事业支出”等科目，贷记“财政拨款预算收入”“资金结存”科目。

【例4-43】某事业单位按照工程进度向A公司支付在建工程款200 000元，已预付款项50 000元，余款150 000元通过预算管理一体化系统付款。

编制财务会计分录：

借：在建工程　　200 000

　贷：预付账款——A公司　　50 000

　　　财政拨款收入　　150 000

同时，按照补付金额，编制预算会计分录：

借：事业支出 150 000

　贷：财政拨款预算收入 150 000

4.发生预付账款退回的，按照实际退回金额，借记“财政拨款收入”（本年度支付）、“财政应返还额度”（以前年度支付）、“银行存款”等科目，贷记“预付账款”科目；同时在预算会计中，借记“财政拨款预算收入”“资金结存”等科目，贷记“行政支出”“事业支出”等科目。

【例4-44】接【例4-41】，某事业单位5月30日收到专用物资，其成本为16 000元。该事业单位通过银行存款收到退回的预付账款4 000元。

该事业单位会计应编制的会计分录如下：

①专用物资验收入库时：

在财务会计中：

借：库存物品 16 000

　贷：预付账款——甲公司 16 000

②单位银行存款账户收到退回的当年支付的预付账款时：

在财务会计中：

借：银行存款 4 000

　贷：预付账款——甲公司 4 000

同时，在预算会计中：

借：资金结存——货币资金——银行存款 4 000

　贷：事业支出 4 000

5.期末计价

预付账款的主要账务处理

单位应当于每年年末，对预付账款进行全面检查。如果有确凿证据表明预付账款不再符合预付款项性质，或者因供应单位破产、撤销等原因可能无法收到所购货物、服务的，应当先将其转入其他应收款，再按照规定进行处理。将预付账款账面余额转入其他应收款时，借记“其他应收款”科目，贷记“预付账款”科目。

【例4-45】某事业单位预付C企业50 000元购买专用物资，后C企业经营困难，预计无法收到所购物资，报上级主管部门批准，按规定进行账务处理：

借：其他应收款 50 000

　贷：预付账款——C企业 50 000

四、应收股利的核算

（一）核算内容及明细科目设置

应收股利是指事业单位持有长期股权投资应当收取的现金股利或应当分得的利润。

“应收股利”科目应当按照被投资单位等进行明细核算。“应收股利”科目期末借方余额反映事业单位应当收取但尚未收到的现金股利或利润。

（二）主要账务处理

1.取得长期股权投资，按照支付的价款中所包含的已宣告但尚未发放的现金股利，借记“应收股利”科目；按照确定的长期股权投资成本，借记“长期股权投资”科目；按照实际支付的金额，贷记“银行存款”等科目。

收到取得投资时实际支付价款中所包含的已宣告但尚未发放的现金股利时，按照收到的金额，借记“银行存款”科目，贷记“应收股利”科目。

2.长期股权投资持有期间，被投资单位宣告发放现金股利或利润的，按照应享有的份额，借记“应收股利”科目，贷记“投资收益”（成本法下）或“长期股权投资”（权益法下）科目。

3.实际收到现金股利或利润时，按照收到的金额，借记“银行存款”等科目，贷记“应收股利”科目；同时在预算会计中，借记“资金结存”科目，贷记“投资预算收益”科目。

应收股利的主要账务处理

【例4-46】某事业单位以货币资金对甲公司进行投资，拥有甲公司60%的股权，有权决定甲公司的财务和经营政策，相应的长期股权投资采用权益法核算。2×23年×月×日，甲公司宣告发放现金股利500 000元，该事业单位应享有的份额为300 000元（500 000×60%）。次月，该事业单位收到甲公司发放的现金股利300 000元，款项已存入开户银行。

该事业单位会计应编制的会计分录如下：

①甲公司宣告发放现金股利时：

在财务会计中：

借：应收股利　　300 000

　贷：长期股权投资　　300 000

②收到甲公司发放的现金股利时：

在财务会计中：

借：银行存款　　300 000

　贷：应收股利　　300 000

同时，在预算会计中：

借：资金结存——货币资金——银行存款　　300 000

　贷：投资预算收益　　300 000

五、应收利息的核算

（一）核算内容及明细科目设置

“应收利息”科目核算事业单位长期债券投资应当收取的利息。

事业单位购入的到期一次还本付息的长期债券投资持有期间的利息，应当通过“长期债券投资——应计利息”科目核算，不通过“应收利息”科目核算。

“应收利息”科目应当按照被投资单位等进行明细核算。“应收利息”科目期末借方余额反映事业单位应收未收的长期债券投资利息。

（二）主要账务处理

1.取得长期债券投资，按照确定的投资成本，借记“长期债券投资”科目；按照支付的价款中包含的已到付息期但尚未领取的利息，借记“应收利息”科目；按照实际支付的金额，贷记“银行存款”等科目。

收到取得投资时实际支付价款中所包含的已到付息期但尚未领取的利息时，按照收到的金额，借记“银行存款”等科目，贷记“应收利息”科目。

2.按期计算确认长期债券投资利息收入时，对于分期付息、一次还本的长期债券投资，按照以票面金额和票面利率计算确定的应收未收利息金额，借记“应收利息”科目，贷记“投资收益”科目。

【例4-47】某事业单位于2×24年1月1日取得一项期限为3年的长期债券投资。该事业单位按照债券的票面金额和票面利率计算确定的应收未收利息金额为8 500元。该债券为分期付息、一次还本的债券。

1月31日，该事业单位会计应编制的会计分录如下：

借：应收利息　　8 500

　贷：投资收益　　8 500

3.实际收到应收利息时，按照收到的金额，借记“银行存款”等科目，贷记“应收利息”科目；同时在预算会计中，借记“资金结存”科目，贷记“投资预算收益”科目。

【例4-48】接【例4-47】，2月2日，该事业单位收到相应债券的利息收入8 500元，款项存入开户银行。该事业单位会计应编制的会计分录如下：

在财务会计中：

借：银行存款　　8 500

　贷：应收利息　　8 500

在预算会计中：

借：资金结存——货币资金——银行存款　　8 500

　贷：投资预算收益　　8 500

应收利息的主要账务处理

六、其他应收款的核算

（一）核算内容及明细科目设置

“其他应收款”科目核算单位除财政应返还额度、应收票据、应收账款、预付账款、应收股利、应收利息以外的其他各项应收及暂付款项，如职工预借的差旅费、已经偿还银行尚未报销的本单位公务卡欠款、拨付给内部有关部门的备用金、应向职工收取的各种垫付款项、支付的可以收回的订金或押金、应收的上级补助和附属单位上缴款项等。

“其他应收款”科目应当按照其他应收款的类别以及债务单位（或个人）进行明细核算。其他应收款科目期末借方余额反映单位尚未收回的其他应收款。

（二）主要账务处理

1.发生其他各种应收及暂付款项时，按照实际发生金额，借记“其他应收款”科目，贷记“银行存款”“库存现金”“上级补助收入”“附属单位上缴收入”等科目。涉及增值税业务的，相关账务处理参见“应交增值税”科目。

【例4-49】某事业单位工作人员李某因公出差，预借差旅费5 000元，财务部门以现金支付。

该单位编制的会计分录如下：

借：其他应收款——李某　　5 000

　贷：库存现金　　5 000

2.收回其他各种应收及暂付款项时，按照收回的金额，借记“库存现金”“银行存款”等科目，贷记“其他应收款”科目。

【例 4–50】接【例 4–49】，李某出差归来报销差旅费，根据审核后的差旅费票据，报销金额为4 500元，余额以现金收回。

该单位编制的财务会计分录如下：

借：业务活动费用 4 500

库存现金 500

贷：其他应收款——李某 5 000

同时，编制预算会计分录：

借：事业支出 4 500

贷：资金结存——货币资金——库存现金 4 500

3.单位内部实行备用金制度的，有关部门使用备用金以后应当及时到财务部门报销并补足备用金。

财务部门核定并发放备用金时，按照实际发放金额，借记“其他应收款”科目，贷记“库存现金”等科目。

根据报销金额用现金补足备用金定额时，借记“业务活动费用”“单位管理费用”等科目，贷记“库存现金”等科目，报销数和拨补数都不再通过“其他应收款”科目核算；同时在预算会计中，借记“行政支出”“事业支出”等科目，贷记“资金结存”等科目。

【例 4–51】某事业单位的下属甲部门设立备用金，财务部门核定并发放备用金 30 000元。数日后，甲部门报销购买零星办公用品费用500元。

发放备用金时，编制财务会计分录：

借：其他应收款——甲部门 30 000

贷：库存现金 30 000

甲部门到财务部门报销，财务部门以现金补足备用金时，编制财务会计分录：

借：业务活动费用 500

贷：库存现金 500

同时，编制预算会计分录：

借：行政支出 500

贷：资金结存——货币资金——库存现金 500

4.偿还尚未报销的本单位公务卡欠款时，按照偿还的款项，借记“其他应收款”科目，贷记“财政拨款收入”“银行存款”等科目。

持卡人报销时，按照报销金额，借记“业务活动费用”“单位管理费用”等科目，贷记“其他应收款”科目；同时在预算会计中，借记“行政支出”“事业支出”等科目，贷记“财政拨款收入”“资金结存”科目。

【例 4–52】某行政单位通过预算管理一体化系统支付一笔款项10 500元，具体内容是为尚未报销的单位公务卡偿还款项。数日后，持卡人报销有关款项。

①为尚未报销的公务卡偿还款项时：

编制财务会计分录：

借：其他应收款 10 500

贷：财政拨款收入 10 500

②持卡人报销时：

编制财务会计分录：

借：业务活动费用　10 500

　贷：其他应收款　10 500

同时，编制预算会计分录：

借：行政支出　10 500

　贷：财政拨款预算收入　10 500

5.将预付账款账面余额转入其他应收款时，借记“其他应收款”科目，贷记“预付账款”科目。具体账务处理见【例4-45】。

6.期末计价。

（1）事业单位应当于每年年末，对其他应收款进行全面检查，如发现不能收回的迹象，应当计提坏账准备。

①对于账龄超过规定年限、确认无法收回的其他应收款，按照规定报经批准后予以核销。按照核销金额，借记“坏账准备”科目，贷记“其他应收款”科目。核销的其他应收款应当在备查簿中保留登记。

【例4-53】某事业单位发现一笔超过3年的其他应收款2 000元，预计无法收回，按照规定报经批准后予以核销。

编制财务会计分录：

借：坏账准备　2 000

　贷：其他应收款　2 000

②已核销的其他应收款在以后期间又收回的，事业单位按照实际收回金额，在财务会计中，借记“其他应收款”科目，贷记“坏账准备”科目；同时，借记“银行存款”等科目，贷记“其他应收款”科目。

【例4-54】接【例4-53】，数月后，收到该笔核销的其他应收款。

编制财务会计分录：

借：其他应收款　2 000

　贷：坏账准备　2 000

同时，作会计分录：

借：银行存款　2 000

　贷：其他应收款　2 000

（2）行政单位应当于每年年末，对其他应收款进行全面检查。对于超过规定年限、确认无法收回的其他应收款，应当按照有关规定报经批准后予以核销。核销的其他应收款应在备查簿中保留登记。

①经批准核销其他应收款时，按照核销金额，借记“资产处置费用”科目，贷记“坏账准备”科目。

②已核销的其他应收款在以后期间又收回的，按照收回金额，在财务会计中，借记“银行存款”等科目，贷记“其他收入”科目；同时在预算会计中，借记“资金结存”科目，贷记“其他预算收入”科目。

【例4-55】接【例4-53】，若该单位为行政单位，年末对该笔计提的坏账准备进行核销处理：

借：资产处置费用　　2 000

　贷：坏账准备　　2 000

如果次年收到该笔款项，则编制会计分录：

在财务会计中：

借：银行存款　　2 000

　贷：其他收入　　2 000

同时，在预算会计中：

借：资金结存——货币资金——银行存款　　2 000

　贷：其他预算收入　　2 000

7.款项的收回或者转销。

收回或转销其他各种应收及暂付款项时，借记“库存现金”“银行存款”等科目，贷记“其他应收款”科目。具体账务处理见【例4-50】。

其他应收款的主要账务处理

七、坏账准备的核算

（一）核算内容及明细科目设置

“坏账准备”科目核算事业单位对收回后不需上缴财政的应收账款和其他应收款提取的坏账准备。

“坏账准备”科目应当分别按应收账款和其他应收款进行明细核算。“坏账准备”科目期末贷方余额反映事业单位提取的坏账准备金额。

事业单位应当于每年年末，对收回后不需上缴财政的应收账款和其他应收款进行全面检查，分析其可收回性，对预计可能产生的坏账损失计提坏账准备、确认坏账损失。

事业单位可以采用应收款项余额百分比法、账龄分析法、个别认定法等方法计提坏账准备。坏账准备计提方法一经确定，不得随意变更。如需变更，应当按照规定报经批准，并在财务报表附注中予以说明。

当期应补提或冲减的坏账准备金额的计算公式如下：

当期应补提或冲减的坏账准备 = 按照期末应收账款和其他应收款计算应计提的坏账准备金额 − “坏账准备”科目期末贷方余额（或 + “坏账准备”科目期末借方余额）

（二）主要账务处理

1.计提坏账准备

提取坏账准备时，借记“其他费用”科目，贷记“坏账准备”科目。冲减坏账准备时，借记“坏账准备”科目，贷记“其他费用”科目。

2.核销坏账准备

对于账龄超过规定年限并确认无法收回的应收账款、其他应收款，应当按照有关规定报经批准后，按照无法收回的金额，借记“坏账准备”科目，贷记“应收账款”“其他应收款”科目。

坏账准备具体账务处理见前述“应收账款”“预付账款”“其他应收款”业务举例。

坏账准备的主要账务处理

第五节 存货

一、存货概述

（一）存货的定义

存货是指政府会计主体在开展业务活动及其他活动中为耗用或出售而储存的资产，如材料、产品、包装物和低值易耗品等，以及未达到固定资产标准的用具、装具、动植物等。

（二）存货的确认

存货同时满足下列条件的，应当予以确认：①与该存货相关的服务潜力很可能实现或者经济利益很可能流入政府会计主体；②该存货的成本或者价值能够可靠地计量。

（三）存货的计量

1.存货的初始计量

存货在取得时应当按照成本进行初始计量。

政府会计主体购入的存货，其成本包括购买价款、相关税费、运输费、装卸费、保险费，以及使得存货达到目前场所和状态所发生的归属于存货成本的其他支出。

政府会计主体自行加工的存货，其成本包括耗用的直接材料费用、发生的直接人工费用和按照一定方法分配的与存货加工有关的间接费用。

政府会计主体委托加工的存货，其成本包括委托加工前存货成本、委托加工的成本（如委托加工费及按规定应计入委托加工存货成本的相关税费等），以及使存货达到目前场所和状态所发生的归属于存货成本的其他支出。

下列各项应当在发生时确认为当期费用，不计入存货成本：

（1）非正常消耗的直接材料、直接人工和间接费用；

（2）仓储费用（不包括在加工过程中为达到下一个加工阶段所必需的费用）；

（3）不能归属于使存货达到目前场所和状态所发生的其他支出。

政府会计主体通过置换取得的存货，其成本按照换出资产的评估价值，加上支付的补价或减去收到的补价，加上为换入存货发生的其他相关支出确定。

政府会计主体接受捐赠的存货，其成本按照有关凭据注明的金额加上相关税费、运输费等确定；没有相关凭据可供取得，但按规定经过资产评估的，其成本按照评估价值加上相关税费、运输费等确定；没有相关凭据可供取得，也未经资产评估的，其成本比照同类或类似资产的市场价格加上相关税费、运输费等确定；没有相关凭据且未经资产评估，同类或类似资产的市场价格也无法可靠取得的，按照名义金额入账，相关税费、运输费等计入当期费用。

政府会计主体无偿调入的存货，其成本按照调出方账面价值加上相关税费、运输费等确定。

政府会计主体盘盈的存货，按规定经过资产评估的，其成本按照评估价值确定；未经资产评估的，其成本按照重置成本确定。

2.存货的后续计量

政府会计主体应当根据实际情况采用先进先出法、加权平均法或者个别计价法确定发出存货的实际成本。计价方法一经确定，不得随意变更。

对于性质和用途相似的存货，应当采用相同的成本计价方法确定发出存货的成本。对于不能替代使用的存货、为特定项目专门购入或加工的存货，通常采用个别计价法确定发出存货的成本。

对于已发出的存货，应当将其成本结转为当期费用或者计入相关资产成本。

按规定报经批准对外捐赠、无偿调出的存货，应当将其账面余额予以转销，对外捐赠、无偿调出中发生的归属于捐出方、调出方的相关费用应当计入当期费用。

政府会计主体应当采用一次转销法或者五五摊销法对低值易耗品、包装物进行摊销，将其成本计入当期费用或者相关资产成本。

对于发生的存货毁损，应当将存货账面余额转销计入当期费用，并将毁损存货处置收入扣除相关处置税费后的差额按规定作应缴款项处理（差额为净收益时）或计入当期费用（差额为净损失时）。

存货盘亏造成的损失，按规定报经批准后应当计入当期费用。

（四）存货的披露

政府会计主体应当在附注中披露与存货有关的下列信息：

（1）各类存货的期初和期末账面余额；

（2）确定发出存货成本所采用的方法；

（3）以名义金额计量的存货名称、数量，以及以名义金额计量的理由；

（4）其他有关存货变动的重要信息。

二、在途物品的核算

（一）核算内容及明细科目设置

“在途物品”科目核算单位采购材料等物资时货款已付或已开出商业汇票但尚未验收入库的在途物品的采购成本。

“在途物品”科目可按照供应单位和物品种类进行明细核算。“在途物品”科目期末借方余额反映单位在途物品的采购成本。

（二）主要账务处理

1.单位购入材料等物品，按照确定的物品采购成本的金额，借记“在途物品”科目；按照实际支付的金额，贷记“财政拨款收入”“银行存款”等科目。同时，在预算会计中，借记“行政支出”“事业支出”“经营支出”等科目，贷记“财政拨款预算收入”“资金结存”等科目。涉及增值税业务的相关账务处理参见第六章“应交增值税”科目。

【例4-56】某行政单位2×24年3月25日采用直接支付方式购入一批维修材料，买价为1 600元，运费为200元，暂不考虑增值税，材料尚未验收入库。

该单位编制的财务会计分录如下：

借：在途物品　　1 800

　贷：财政拨款收入　　1 800

同时，编制预算会计分录：

借：行政支出　　1 800

　　贷：财政拨款预算收入　　1 800

在途物品的主要账务处理

2. 所购材料等物品到达验收入库，按照确定的库存物品成本金额，借记“库存物品”科目；按照物品采购成本金额，贷记“在途物品”科目；按照使得入库物品达到目前场所和状态所发生的其他支出，贷记“银行存款”等科目。对发生的其他支出支付款项，还要在预算会计中借记“行政支出”“事业支出”“经营支出”等科目，贷记“资金结存”科目。

【例 4-57】接【例 4-56】，2×24年4月5日，上述材料验收入库，用现金支付100元挑选整理费。

该单位编制的财务会计分录如下：

借：库存物品　　1 900

　　贷：在途物品　　1 800

　　　　库存现金　　100

同时，编制预算会计分录如下：

借：行政支出　　100

　　贷：资金结存——货币资金——库存现金　　100

三、库存物品的核算

（一）核算内容及明细科目设置

“库存物品”科目核算单位在开展业务活动及其他活动中为耗用或出售而储存的各种材料、产品、包装物、低值易耗品，以及达不到固定资产标准的用具、装具、动植物等的成本。已完成的测绘、地质勘察、设计成果等的成本，也通过“库存物品”科目核算。

单位随买随用的零星办公用品，可以在购进时直接列作费用，不通过“库存物品”科目核算；单位控制的政府储备物资，应当通过“政府储备物资”科目核算，不通过“库存物品”科目核算；单位受托存储保管的物资和受托转赠的物资，应当通过“受托代理资产”科目核算，不通过“库存物品”科目核算；单位为在建工程购买和使用的材料物资，应当通过“工程物资”科目核算，不通过“库存物品”科目核算。

“库存物品”科目应当按照库存物品的种类、规格、保管地点等进行明细核算。单位储存的低值易耗品、包装物较多的，可以在“库存物品——低值易耗品/包装物”科目下按照“在库”“在用”“摊销”等进行明细核算。

“库存物品”科目期末借方余额反映单位库存物品的实际成本。

（二）主要账务处理

1. 取得库存物品

（1）外购的库存物品验收入库，按照确定的成本，借记“库存物品”科目，贷记“财政拨款收入”“银行存款”“应付账款”“在途物品”等科目；同时在预算会计中，借记“行政支出”等科目，贷记“财政拨款预算收入”“资金结存”等科目。

【例 4-58】某行政单位购入一批库存物品，其成本为70 200元，款项通过预算管理一体化系统支付，库存物品已验收入库。

该行政单位会计应编制的财务会计分录如下：

借：库存物品 70 200

贷：财政拨款收入 70 200

同时，编制预算会计分录：

借：行政支出 70 200

贷：财政拨款预算收入 70 200

（2）自制的库存物品加工完成并验收入库，按照确定的成本，借记“库存物品”科目，贷记“加工物品——自制物品”科目。具体账务处理见【例4-68】。

（3）委托外单位加工收回的库存物品验收入库，按照确定的成本，借记“库存物品”科目，贷记“加工物品——委托加工物品”等科目。具体账务处理见【例4-69】。

（4）接受捐赠的库存物品验收入库，按照确定的成本，借记“库存物品”科目；按照发生的相关税费、运输费等，贷记“银行存款”等科目；按照其差额，贷记“捐赠收入”科目。同时，在预算会计中，按照发生的相关税费、运输费等，借记“其他支出”科目，贷记“资金结存”科目。

（5）接受捐赠的库存物品按照名义金额入账的，按照名义金额，借记“库存物品”科目，贷记“捐赠收入”科目；按照发生的相关税费、运输费等，借记“其他费用”科目，贷记“银行存款”等科目。同时，在预算会计中，按照发生的相关税费、运输费等，借记“其他支出”科目，贷记“资金结存”科目。

【例4-59】某事业单位接受捐赠实验用材料一批，实验用材料没有证明其价值的凭据，参照市场上类似材料的价格估值为20 000元，发生运输费200元，以现金支付。存货已验收入库。

编制财务会计分录：

借：库存物品 20 200

贷：捐赠收入 20 000

银行存款 200

同时，编制预算会计分录：

借：其他支出 200

贷：资金结存——货币资金——银行存款 200

（6）无偿调入的库存物品验收入库，按照确定的成本，借记“库存物品”科目；按照发生的相关税费、运输费等，贷记“银行存款”等科目；按照其差额，贷记“无偿调拨净资产”科目。同时，在预算会计中，按照发生的相关税费、运输费等，借记“其他支出”科目，贷记“资金结存”科目。

【例4-60】某民政行政单位收到无偿调入救灾物资一批，相关发票单据注明材料买价为2 000 000元，增值税为260 000元。另通过银行存款支付运输费20 000元。

分析：该批库存物品的成本为：

2 000 000+260 000+ 20 000=2 280 000（元）

该行政单位会计应编制的财务会计分录如下：

借：库存物品 2 280 000

贷：银行存款 20 000

无偿调拨净资产 2 260 000

同时，编制预算会计分录：

借：其他支出　20 000

　贷：资金结存——货币资金——银行存款　20 000

（7）置换换入的库存物品验收入库，按照确定的成本，借记“库存物品”科目；按照换出资产的账面余额，贷记相关资产科目（换出资产为固定资产、无形资产的，还应当借记“固定资产累计折旧”“无形资产累计摊销”科目）；按照置换过程中发生的其他相关支出，贷记“银行存款”等科目；按照借贷方差额，借记“资产处置费用”科目或贷记“其他收入”科目。

（8）涉及补价的，分别按以下情况处理：

支付补价的，按照确定的成本，借记“库存物品”科目；按照换出资产的账面余额，贷记相关资产科目（换出资产为固定资产、无形资产的，还应当借记“固定资产累计折旧”“无形资产累计摊销”科目）；按照支付的补价和置换过程中发生的其他相关支出，贷记“银行存款”等科目；按照借贷方差额，借记“资产处置费用”科目或贷记“其他收入”科目。

收到补价的，按照确定的成本，借记“库存物品”科目；按照收到的补价，借记“银行存款”等科目；按照换出资产的账面余额，贷记相关资产科目（换出资产为固定资产、无形资产的，还应当借记“固定资产累计折旧”“无形资产累计摊销”科目）；按照置换过程中发生的其他相关支出，贷记“银行存款”等科目；按照补价扣减其他相关支出后的净收入，贷记“应缴财政款”科目；按照借贷方差额，借记“资产处置费用”科目或贷记“其他收入”科目。

取得库存物品的主要账务处理

【例4-61】某事业单位经批准以某项专用设备与乙事业单位交换一批库存物品，换出的固定资产账面原值为1 000 000元，已计提折旧100 000元。该固定资产经资产评估后确认的价值为800 000元，收到乙单位的补价50 000元，为换入库存物品发生的相关费用为10 000元。

分析：换入库存物品的成本为760 000元（800 000+10 000−50 000），应缴财政款为40 000元（50 000−10 000）。资产处置费用为140 000元（1 050 000−910 000），即为借方差额。

该事业单位财务会计应编制的会计分录如下：

借：库存物品　760 000

　　银行存款　50 000

　　固定资产累计折旧　100 000

　　资产处置费用　140 000

　贷：固定资产　1 000 000

　　　银行存款　10 000

　　　应缴财政款　40 000

2.发出库存物品

（1）单位开展业务活动等领用、按照规定自主出售发出或加工发出库存物品，按照领用、出售等发出物品的实际成本，借记“业务活动费用”“单位管理费用”“经营费用”“加工物品”等科目，贷记“库存物品”科目。

【例4-62】某事业单位的甲部门领用A材料一批，用于事业类业务，按照先进先出法核算，该批材料的价值为20 500元。存货备查账簿登记存货的资金性质为财政性资金。

借：业务活动费用 20 500

　贷：库存物品——A材料 20 500

（2）采用一次转销法摊销低值易耗品、包装物的，在首次领用时将其账面余额一次性摊销计入有关成本费用，借记有关科目，贷记“库存物品”科目。采用五五摊销法摊销低值易耗品、包装物的，首次领用时，将其账面余额的50%摊销计入有关成本费用，借记有关科目，贷记“库存物品”科目；使用完时，将剩余的账面余额转销计入有关成本费用，借记有关科目，贷记“库存物品”科目。

【例4-63】某事业单位的后勤管理部门从存货仓库领用一批低值易耗品，用于日常后勤管理活动，该批低值易耗品的实际成本为2 000元，采用五五摊销法摊销其成本。

该事业单位会计应编制的财务会计分录如下：

借：单位管理费用 1 000

　贷：库存物品——低值易耗品 1 000

该批低值易耗品报废时，再摊销其成本的50%。其会计编制的财务会计分录同上。

（3）经批准对外出售的库存物品（不含可自主出售的库存物品）发出时，按照库存物品的账面余额，借记“资产处置费用”科目，贷记“库存物品”科目；按照收到的价款，借记“银行存款”等科目；按照处置过程中发生的相关费用，贷记“银行存款”等科目；按照其差额，贷记“应缴财政款”科目。

【例4-64】某事业单位经批准对外出售库存物品一批，账面余额为20 000元，收到价税合计22 600元。

编制如下财务会计分录：

借：资产处置费用 20 000

　贷：库存物品 20 000

借：银行存款 22 600

　贷：应缴财政款 20 000

　　应交税费——应交增值税（销项税额） 2 600

（4）经批准对外捐赠的库存物品发出时，按照库存物品的账面余额和对外捐赠过程中发生的归属于捐出方的相关费用合计数，借记“资产处置费用”科目；按照库存物品账面余额，贷记“库存物品”科目；按照对外捐赠过程中发生的归属于捐出方的相关费用，贷记“银行存款”等科目。同时，在预算会计中，按照实际支付的相关费用借记“其他支出”科目，贷记“资金结存”等科目。

【例4-65】某事业单位属于增值税一般纳税人，现对外捐赠一批非自用材料E，按加权平均法计算出该批材料的账面价值是10 000元，支付运费700元，共计10 700元。

转入待处置资产时，编制财务会计分录：

借：资产处置费用 10 700

　贷：库存物品——材料E 10 000

　　银行存款 700

同时，编制预算会计分录：

借：其他支出——捐赠　　11 700

　　贷：资金结存——货币资金——银行存款　　11 700

（5）批准无偿调出的库存物品发出时，在财务会计中，按照库存物品的账面余额，借记“无偿调拨净资产”科目，贷记“库存物品”科目；按照无偿调出过程中发生的归属于调出方的相关费用，借记“资产处置费用”科目，贷记“银行存款”等科目。同时，在预算会计中，借记“其他支出”科目，贷记“资金结存”科目。

【例4-66】某事业单位经批准无偿调出库存物品一批，账面余额为10 000元。

编制财务会计分录：

借：无偿调拨净资产　　10 000

　　贷：库存物品　　10 000

发出库存物品的主要账务处理

（6）经批准置换换出的库存物品，参照“库存物品”科目有关置换换入库存物品的规定进行账务处理。

3.库存物品的盘点及损毁、报废

单位应当定期对库存物品进行清查盘点，每年至少盘点一次。对于发生的库存物品盘盈、盘亏或者报废、毁损，应当先记入“待处理财产损溢”科目，按照规定报经批准后及时进行后续账务处理。

盘盈的库存物品，其成本按照有关凭据注明的金额确定；没有相关凭据，但按照规定经过资产评估的，其成本按照评估价值确定；没有相关凭据，也未经过评估的，其成本按照重置成本确定。无法采用上述方法确定盘盈的库存物品成本的，按照名义金额入账。

（1）盘盈的库存物品，按照确定的入账成本，借记“库存物品”科目，贷记“待处理财产损溢”科目。

（2）盘亏或者毁损、报废的库存物品，按照待处理库存物品的账面余额，借记“待处理财产损溢”科目，贷记“库存物品”科目。

（3）属于增值税一般纳税人的单位，若因非正常原因导致的库存物品盘亏或毁损，还应当将与该库存物品相关的增值税进项税额转出，按照其增值税进项税额，借记“待处理财产损溢”科目，贷记“应交增值税——应交税金——进项税额转出”科目。

【例4-67】某事业单位对库存物资进行期末盘点，盘盈A材料100千克，每千克估价50元，共计5 000元；盘亏对外加工产品所用的B物资20千克，B物资的市场价格为每千克60元，共计1 200元。该单位属于增值税一般纳税人，B物资所承担的增值税税率为13%。

盘盈A材料，编制会计分录如下：

借：库存物品——A材料　　5 000

　　贷：待处理财产损溢　　5 000

盘亏B物资，编制会计分录如下：

借：待处理财产损溢——待处理财产价值　　1 356

　　贷：库存物品——B物资　　1 200

　　　　应交增值税——应交税金——进项税额转出　　156

库存物品盘点及损毁、报废的主要账务处理

四、加工物品的核算

（一）核算内容及明细科目设置

“加工物品”科目核算单位自制或委托外单位加工的各种物品的实际成本。未完成的测绘、地质勘察、设计成果的实际成本，也通过“加工物品”科目核算。

“加工物品”科目应当设置“自制物品”“委托加工物品”两个一级明细科目，并按照物品的类别、品种、项目等设置明细账，进行明细核算。“加工物品”科目的“自制物品”一级明细科目下应当设置“直接材料”“直接人工”“其他直接费用”等二级明细科目归集自制物品发生的直接材料、直接人工（专门从事物品制造人员的人工费）等直接费用；对于自制物品发生的间接费用，应当在“加工物品”科目的“自制物品”一级明细科目下单独设置“间接费用”二级明细科目予以归集，期末，再按照一定的分配标准和方法，分配计入有关物品的成本。“加工物品”科目期末借方余额反映单位自制或委托外单位加工但尚未完工的各种物品的实际成本。

（二）主要账务处理

1.自制物品

（1）为自制物品领用材料等，按照材料成本，借记“加工物品——自制物品——直接材料”科目，贷记“库存物品”科目。

（2）专门从事物品制造的人员发生的直接人工费用，按照实际发生的金额，借记“加工物品——自制物品——直接人工”科目，贷记“应付职工薪酬”科目。

（3）为自制物品发生的其他直接费用，按照实际发生的金额，在财务会计中，借记“加工物品——自制物品——其他直接费用”科目，贷记“财政拨款收入”“银行存款”等科目；同时在预算会计中，借记“事业支出”“经营支出”等科目，贷记“财政拨款预算收入”“资金结存”等科目。

（4）为自制物品发生的间接费用，按照实际发生的金额，在财务会计中，借记“加工物品——自制物品——间接费用”科目，贷记“财政拨款收入”“银行存款”“应付职工薪酬”“固定资产累计折旧”“无形资产累计摊销”等科目。涉及资金支付的，在预算会计中，借记“事业支出”“经营支出”等科目，贷记“财政拨款预算收入”“资金结存”等科目。

间接费用一般按照生产人员工资、生产人员工时、机器工时、耗用材料的数量或成本、直接费用（直接材料和直接人工）或产品产量等进行分配。单位可根据具体情况自行选择间接费用的分配方法。分配方法一经确定，不得随意变更。

（5）已经制造完成并验收入库的物品，按照所发生的实际成本（包括耗用的直接材料费用、直接人工费用、其他直接费用和分配的间接费用），借记“库存物品”科目，贷记“加工物品——自制物品”科目。

【例4-68】事业单位自制一批物品，领用材料价值10 000元，计提制造人员发生的直接人工费用5 000元，以银行存款支付间接费用2 000元，自制完毕验收入库。不考虑增值税。

该事业单位会计应编制的会计分录如下：

①领用加工的材料时，编制财务会计分录：

借：加工物品——自制物品——直接材料　　10 000

贷：库存物品 10 000

②计提直接人员工资时，编制财务会计分录：

借：加工物品——自制物品——直接人工 5 000

贷：应付职工薪酬 5 000

③发生间接费用时，编制财务会计分录：

借：加工物品——自制物品——间接费用 2 000

贷：银行存款 2 000

同时，编制预算会计分录：

借：事业支出 2 000

贷：资金结存——货币资金——银行存款 2 000

④自制完毕验收入库时，编制财务会计分录：

借：库存物品 17 000

贷：加工物品——自制物品 17 000

2.委托加工物品

（1）发给外单位加工的材料等，按照其实际成本，借记“加工物品——委托加工物品”科目，贷记“库存物品”科目。

（2）支付加工费、运输费等费用，按照实际支付的金额，借记“加工物品——委托加工物品”科目，贷记“银行存款”等科目；同时在预算会计中，借记“行政支出”“事业支出”等科目，贷记“资金结存”等科目。涉及增值税业务的，相关账务处理参见“应交增值税”科目。

（3）委托加工完成的材料等验收入库，按照加工前发出材料的成本和加工、运输成本等，借记“库存物品”等科目，贷记“加工物品——委托加工物品”科目。

【例4-69】某事业单位委托外单位加工一批物品，发出一批专用材料，实际成本为20 000元。该事业单位通过银行存款支付加工费用8 000元及材料往返运输费2 000元。委托加工物品加工完毕，验收入库。不考虑增值税。

该事业单位会计应编制的会计分录如下：

①发出加工的材料时，编制财务会计分录：

借：加工物品——委托加工物品 20 000

贷：库存物品 20 000

②支付委托加工费、运输费时，编制财务会计分录：

借：加工物品——委托加工物品 10 000

贷：银行存款 10 000

同时，编制预算会计分录：

借：事业支出 10 000

贷：资金结存——货币资金——银行存款 10 000

③委托加工材料验收入库时，编制财务会计分录：

借：库存物品 30 000

贷：加工物品——委托加工物品 30 000

加工物品的主要账务处理

第六节　待摊费用

一、核算内容及明细科目设置

“待摊费用”科目核算单位已经支付，但应当由本期和以后各期分别负担的分摊期在1年以内（含1年）的各项费用，如预付航空保险费、预付租金等。

摊销期限在1年以上的租入固定资产改良支出和其他费用，应当通过“长期待摊费用”科目核算，不通过“待摊费用”科目核算。

待摊费用应当在其受益期限内分期平均摊销，如预付航空保险费应在保险期的有效期内、预付租金应在租赁期内分期平均摊销，计入当期费用。

“待摊费用”科目应当按照待摊费用种类进行明细核算。“待摊费用”科目期末借方余额反映单位各种已支付但尚未摊销的分摊期在1年以内（含1年）的费用。

二、主要账务处理

1.发生待摊费用时，按照实际预付的金额，在财务会计中，借记“待摊费用”科目，贷记“财政拨款收入”“银行存款”等科目；同时在预算会计中，借记“行政支出”“事业支出”等科目，贷记“财政拨款预算收入”“资金结存”等科目。

2.按照受益期限分期平均摊销时，按照摊销金额，借记“业务活动费用”“单位管理费用”“经营费用”等科目，贷记“待摊费用”科目。

【例4-70】某事业单位通过银行存款账户支付一笔款项18 000元，具体内容为预付不独立核算经营单位的房屋6个月的租赁费，每月平均分摊3 000元。

该事业单位会计应编制的会计分录如下：

①支付房屋租赁费时，编制财务会计分录：

借：待摊费用——租赁费　　18 000

　贷：银行存款　　18 000

同时，编制预算会计分录：

借：经营支出　　18 000

　贷：资金结存——货币资金——银行存款　　18 000

②每月摊销房屋租赁费时，编制财务会计分录：

借：经营费用　　3 000

　贷：待摊费用——租赁费　　3 000

3.如果某项待摊费用已经不能使单位受益，应当将其摊余金额一次全部转入当期费用，按照摊销金额，借记“业务活动费用”“单位管理费用”“经营费用”等科目，贷记“待摊费用”科目。

待摊费用的主要账务处理

【例4-71】接【例4-70】，假如该房屋租赁3个月后，由于房屋质量问题已无法继续租用，出租房屋的公司也被注销破产。

该事业单位应作如下会计处理：

借：经营费用　　9 000

　贷：待摊费用——租赁费　　9 000

【学思践悟】

（一）资料

财政部规范行政事业单位资金往来结算票据使用管理

财政部2023年修订印发《行政事业单位资金往来结算票据使用管理办法》（以下简称《办法》），对行政事业单位资金往来结算票据的内容和适用范围，监（印）制、领用和核发，使用与管理，核销、销毁和监督检查等作出规范，以加强行政事业单位财务监督管理，防治乱收费、乱集资和各种摊派行为，维护财政经济秩序。

该《办法》明确了可以使用资金往来结算票据的几类行为：

一是行政事业单位暂收款项。由行政事业单位暂时收取，在经济活动结束后需退还原付款单位或个人，不构成本单位收入的款项，如押金、定金、保证金及其他暂时收取的各种款项等。

二是行政事业单位代收款项。由行政事业单位代为收取，在经济活动结束后需付给其他收款单位或个人，不构成本单位收入的款项，如代收教材费、体检费、水电费、供暖费、电话费等。

三是行政事业单位内部各部门之间、与个人之间发生的其他资金往来且不构成本单位收入的款项。

四是非同级财政拨款，包括从同级政府其他部门取得的横向转拨财政款、从上级或下级政府财政部门取得的经费拨款等。

五是财政部门认定的其他可以使用资金往来结算票据的行为。

该《办法》要求，行政事业单位应当指定专人负责管理资金往来结算票据，建立使用管理制度，设置管理台账，按规定向财政部门报送资金往来结算票据的申领、使用、作废、结存等情况。行政事业单位必须严格按照财政部门核准的使用范围开具资金往来结算票据，不得超范围使用资金往来结算票据。行政事业单位应当自觉接受财政部门的监督检查，如实反映情况，提供有关资料，不得隐瞒情况、弄虚作假或者拒绝、阻碍监督检查。

资料来源：柴新.财政部规范行政事业单位资金往来结算票据使用管理［EB/OL］.［2024-10-11］. http：//www.mof.gov.cn/zhengwuxinxi/caijingshidian/zgcjb/202312/t20231205_3919758.htm.

（二）讨论

结合上述资料，分析行政事业单位可以使用资金往来结算票据的几类情形该如何进行会计账务处理。

【复习思考题】

1. 政府单位资产的确认条件和内容是什么？行政单位和事业单位在资产内容上有何区别？
2. 政府单位的流动资产包括哪些内容？行政单位和事业单位的流动资有何不同？
3. 政府单位的货币资金包括哪些内容？
4. 什么是财政应返还额度？

5. 政府单位短期投资的核算内容是什么？

6. 政府单位应收及预付款项包括哪些具体的项目？

7. 政府单位存货的核算需要设置哪些会计科目？

8. 政府单位存货如何进行初始计量？

9. 政府单位发出的存货如何计价？

10. 政府单位待摊费用的核算内容是什么？

【练习题】

一、单项选择题

1. 下列有关资产的表述中，错误的是（　　）。

A. 经济利益流入只表现为现金的流入

B. 资产预期能够产生服务潜力或者带来经济利益流入

C. 资产是政府会计主体过去的经济业务或者事项形成的经济资源

D. 资产由政府会计主体控制

2. 在库存现金存取的账务处理中，从银行等金融机构提取现金，应按照实际提取的金额（　　）。

A. 借记“库存现金”科目，贷记“财政拨款收入”科目

B. 借记“库存现金”科目，贷记“银行存款”科目

C. 借记“其他应收款”科目，贷记“库存现金”科目

D. 借记“其他费用”科目，贷记“库存现金”科目

3. 短期投资持有期间收到的利息，其贷方记入（　　）科目。

A. 其他收入　　B. 投资收益　　C. 银行存款　　D. 短期投资

4. 在应收票据的账务处理中，当付款人无力支付票款，收到银行退回的商业承兑汇票、委托收款凭证及拒付款证明等时，按照商业汇票的票面金额应（　　）。

A. 借记“应收票据”科目，贷记“财政拨款收入”科目

B. 借记“应收账款”科目，贷记“应收票据”科目

C. 借记“行政支出”科目，贷记“应收票据”科目

D. 借记“银行存款”科目，贷记“应收票据”科目

5. 按规定报经批准对外捐赠、无偿调出的存货，应当将其账面余额予以转销，对外捐赠、无偿调出过程中发生的归属于捐出方、调出方的相关费用应当计入（　　）。

A. 当期费用　　B. 以前年度损益调整

C. 待处理财产损溢　　D. 在建工程

二、多项选择题

1. 下列关于行政事业单位资产计量属性的表述，正确的是（　　）。

A. 历史成本是指资产按照现在购买相同或者相似资产所需支付的现金金额

B. 现值是指资产按照预计从其持续使用和最终处置中所产生的未来净现金流入量的折现金额

C. 名义金额是指1元

D. 公允价值是指资产按照市场参与者在计量日发生的有序交易中，出售资产所能收到的价格

2. 下列关于“坏账准备”科目的表述中，正确的是（　　）。

A. “坏账准备”科目的借方登记实际发生的坏账损失金额和冲减的坏账准备金额

B. “坏账准备”科目的期末余额一般在借方，反映已转销的坏账准备

C. “坏账准备”科目的贷方登记当期计提的坏账准备金额

D. “坏账准备”科目应当分应收账款和其他应收款进行明细核算

3. 事业单位业务部门人员出差返回，报销差旅费，会计核算中涉及的预算会计科目有（　　）。

A. 单位管理费用　　B. 事业支出　　C. 资金结存　　D. 行政支出

4. “其他货币资金”科目核算的内容包括（　　）。

A. 外埠存款　　B. 银行本票存款

C. 银行汇票存款　　D. 信用卡存款

三、业务处理题

资料：某政府单位（一般纳税人）2×24年12月发生如下经济业务：

1. 从银行账户提取现金50 000元。

2. 依法履职或从事专业活动的职工出差回来报销差旅费，实际支出4 500元，退回现金500元。

3. 收到职工交来的转赠地震灾区的捐款150 000元（现金），银行存款基本户收到A单位转赠贫困地区的捐款300 000元。

4. 以银行存款购买1年期国债，花费30 000元。

5. 上年度购买的1年期国债到期，收回本金50 000元、利息1 500元。

6. 非独立核算部门从事经营活动销售产品而收到不带息的承兑期为2个月的商业承兑汇票一张，该商业承兑汇票的面值为5 000元。

7. 依法履职或开展专业活动购入甲材料一批，取得的增值税专用发票上注明的材料价款为100 000元，增值税税额为13 000元，运费为500元。材料货款已通过预算管理一体化系统支付，材料已验收入库。

8. 经批准出租办公室一间，期限6个月，租金每月5 000元，尚未收到A单位租金。该租金需要上缴财政。

9. 年末，盘点现金，发现短款1 000元，尚未查明原因。

10. 年末，盘点存货，发现专业活动用材料溢余3 000元，尚未入账；经营用材料短缺2 000元。盘点之后的一周内获得批准予以处理。

11. 年末，经核查，确认2年之前出租的资产的租金收入120 000元因承租企业陷入财务困境确实无法收回，按照规定报经批准后予以核销。假设该租金收入收回后应上缴财政。

12. 单位采用应收款项余额百分比法计提坏账准备。本年发生坏账10 000元，其中，应收账款7 000元，其他应收款3 000元。

要求：根据上述经济业务编制财务会计分录。

第五章 非流动资产

【学习目标】

了解政府会计中非流动资产的概念、分类；掌握非流动资产的确认与计量；掌握长期股权投资、长期债券投资、固定资产、固定资产累计折旧、工程物资、在建工程、无形资产累计摊销、公共基础设施、文物资源、保障性住房等的账务处理。本章重点为各项非流动资产的账务处理，难点为长期股权投资、长期债券投资、公共基础设施、政府物资储备、保障性住房、待处理财产损溢的账务处理。

第一节 长期投资

一、长期投资概述

投资，是指政府会计主体按规定以货币资金、实物资产、无形资产等方式形成的债权或股权投资。投资分为短期投资和长期投资。短期投资，是指政府会计主体取得的持有时间不超过1年（含1年）的投资。长期投资，是指政府会计主体取得的除短期投资以外的债权和股权性质的投资。长期投资分为长期债权投资和长期股权投资。

二、长期债券投资的核算

（一）核算内容

“长期债券投资”科目核算事业单位按照规定取得的，持有时间超过1年（不含1年）的债券投资。本科目期末借方余额反映事业单位持有的长期债券投资的价值。

（二）明细科目设置

“长期债券投资”科目应当设置“成本”和“应计利息”明细科目，并按照债券投资的种类进行明细核算。

（三）主要账务处理

1.初始确认

（1）长期债券投资在取得时，应当按照其实际成本作为投资成本。取得的长期债券投资，在财务会计中，按照确定的投资成本，借记“长期债券投资——成本”科目；按照支付的价款中包含的已到付息期但尚未领取的利息，借记“应收利息”科目；按照实际支付的金额，贷记“银行存款”等科目。同时，在预算会计中，按实际支付的价款，借记“投资支出”科目，贷记“资金结存”科目。

【例5-1】2×24年1月1日，某事业单位以货币资金500 000元取得一批4年期债券投资。该批债券的面值为500 000元，票面年利率为4%，每年支付一次利息，到期还本。不考虑其他税费。

该单位会计应编制的财务会计分录如下：

借：长期债券投资——成本　　500 000

　贷：银行存款　　500 000

同时，编制预算会计分录：

借：投资支出　　500 000

　贷：结存资金——货币资金——银行存款　　500 000

（2）实际收到取得债券时所支付价款中包含的已到付息期但尚未领取的利息时，在财务会计中，借记“银行存款”科目，贷记“应收利息”科目；同时，在预算会计中，借记“资金结存”科目，贷记“投资支出”科目。

2.后续计量

（1）长期债券投资持有期间，按期以债券票面金额与票面利率计算确认利息收入时，如为到期一次还本付息的债券投资，借记“长期债券投资——应计利息”科目，贷记“投资收益”科目；如为分期付息、到期一次还本的债券投资，借记“应收利息”科目，贷记“投资收益”科目。收到分期支付的利息时，按照实收的金额，借记“银行存款”等科目，贷记“应收利息”科目；同时在预算会计中，借记“资金结存”科目，贷记“投资预算收益”科目。

【例5-2】接【例5-1】，2×24年12月31日，该事业单位计算本年应收利息为20 000元（500 000×4%×1）。数日后，收到应收利息20 000元，存入开户银行。

该事业单位会计应编制的会计分录如下：

①计算确认应收利息时：

在财务会计中：

借：应收利息　　20 000

　贷：投资收益　　20 000

②实际收到利息时：

在财务会计中：

借：银行存款　　20 000

　贷：应收利息　　20 000

同时，在预算会计中：

借：资金结存——货币资金——银行存款　　20 000

　贷：投资预算收益　　20 000

（2）到期收回长期债券投资，按照实际收到的金额，借记“银行存款”科目；按照长期债券投资的账面余额，贷记“长期债券投资”科目；按照相关应收利息金额，贷记“应收利息”科目；按照其差额，贷记“投资收益”科目。

（3）政府会计主体对外出售长期债券投资，按照实际收到的金额，借记“银行存款”科目；按照长期债券投资的账面余额，贷记“长期债券投资”科目；按照已记入“应收利息”科目但尚未收取的金额，贷记“应收利息”科目；按照其差额，贷记或借记“投资收益”科目。

三、长期股权投资的核算

（一）核算内容

“长期股权投资”科目核算事业单位按照规定取得的持有时间超过1年（不含1年）的股权性质的投资。

（二）明细科目设置

“长期股权投资”科目应当按照被投资单位和长期股权投资取得方式等进行明细核算。长期股权投资采用权益法核算的，还应当按照“成本”“损益调整”“其他权益变动”设置明细科目，进行明细核算。

（三）主要账务处理

1.初始确认

长期股权投资在取得时，应当按照其实际成本作为初始投资成本。

（1）以现金取得的长期股权投资，在财务会计中，按照确定的投资成本，借记“长期股权投资”或“长期股权投资——成本”科目；按照支付的价款中包含的已宣告但尚未发放的现金股利，借记“应收股利”科目；按照实际支付的全部价款，贷记“银行存款”等科目。同时，在预算会计中，按实际支付的价款，借记“投资支出”科目，贷记“资金结存”科目。

实际收到取得投资时所支付价款中包含的已宣告但尚未发放的现金股利时，借记“银行存款”科目，贷记“应收股利”科目；同时在预算会计中，借记“资金结存”科目，贷记“投资支出”科目。

【例5-3】2×24年3月10日，某事业单位对甲公司进行长期股权投资，取得甲公司20%的股份，有权参与甲公司的财务和经营政策，即对甲公司具有控制权。该单位通过银行存款账户支付款项2 020 000元，其中包括已宣告但尚未发放的股利20 000元。4月10日该单位收到未发放的股利。

①3月10日，该单位应编制的会计分录如下：

在财务会计中：

借：长期股权投资——甲公司（成本）	2 000 000	
应收股利	20 000	
贷：银行存款		2 020 000

同时，在预算会计中：

借：投资支出	2 020 000	
贷：资金结存——货币资金——银行存款		2 020 000

②4月10日收到股利时，该单位应编制的会计分录如下：

在财务会计中：

借：银行存款	20 000	
贷：应收股利		20 000

同时，在预算会计中：

借：资金结存——货币资金——银行存款	20 000	
贷：投资支出		20 000

（2）以现金以外的其他资产置换取得的长期股权投资，参照“库存物品”科目中置换取得库存物品的相关规定进行账务处理。

（3）以未入账的无形资产取得的长期股权投资，按照评估价值加相关税费作为投资成本，借记“长期股权投资”；按照发生的相关税费，贷记“银行存款”“其他应交税费”等科目；按其差额，贷记“其他收入”科目。同时，在预算会计中，按实际支付的相关税费，借记“其他支出”科目，贷记“资金结存”科目。

（4）接受捐赠的长期股权投资，按照确定的投资成本，借记“长期股权投资”或“长期股权投资——成本”；按照发生的相关税费，贷记“银行存款”等科目；按照其差额，贷记“捐赠收入”科目。同时，在预算会计中，按实际支付的相关税费，借记“其他支出”科目，贷记“资金结存”科目。

（5）无偿调入的长期股权投资，按照确定的投资成本，借记“长期股权投资”或“长期股权投资——成本”科目；按照发生的相关税费，贷记“银行存款”等科目；按照其差额，贷记“无偿调拨净资产”科目。同时，在预算会计中，按实际支付的相关税费，借记“其他支出”科目，贷记“资金结存”科目。

【例5-4】某事业单位以一项固定资产对外投资，该项固定资产的账面原值为155 000元，已计提累计折旧45 000元，账面净值为110 000元（155 000-45 000）。经评估，该项固定资产的评估价值为150 000元。以银行存款支付置换过程中发生的相关费用5 000元。

分析：该项长期股权投资在取得时确定的成本为155 000元（150 000+5 000）。该事业单位在该项固定资产置换业务中实现其他收入40 000元（150 000-110 000）。该事业单位会计应编制的会计分录如下：

在财务会计中：

借：长期股权投资——成本	155 000	
固定资产累计折旧	45 000	
贷：固定资产		155 000
银行存款		5 000
其他收入		40 000

同时，在预算会计中：

借：其他支出	5 000	
贷：资金结存——货币资金——银行存款		5 000

2.后续计量

长期股权投资在持有期间，通常应当采用权益法进行核算。政府会计主体无权决定被投资单位的财务和经营政策或无权参与被投资单位的财务和经营政策决策的，应当采用成本法进行核算。

（1）成本法

成本法，是指投资按照投资成本计量的方法。在成本法下，长期股权投资的账面余额通常保持不变，但追加或收回投资时，应当相应调整其账面余额。

长期股权投资持有期间，被投资单位宣告分派的现金股利或利润，政府会计主体应当按照宣告分派的现金股利或利润中属于政府会计主体应享有的份额确认投资收益，在财务会计中，借记“应收股利”科目，贷记“投资收益”科目。

收到现金股利或利润时，按照实际收到的金额，在财务会计中，借记“银行存款”等科目，贷记“应收股利”科目；同时在预算会计中，借记“资金结存”科目，贷记“投资预算收益”科目。

【例5-5】某事业单位2×23年1月1日以30 000 000元购入甲公司10%的股权，该事业单位取得该部分股权后，没有权力主导甲公司的相关活动并获得可变回报。2×23年6月30日，甲公司宣告分派现金股利，该事业单位按照其持有比例确定可分回300 000元。2×23年7月30日，该事业单位收到现金股利。

①2×23年1月1日，该事业单位财务会计分录如下：

借：长期股权投资 30 000 000

　贷：银行存款 30 000 000

同时，编制预算会计分录：

借：投资支出 30 000 000

　贷：资金结存——货币资金——银行存款 30 000 000

②2×23年6月30日，财务会计分录如下：

借：应收股利 300 000

　贷：投资收益 300 000

③2×23年7月30日，财务会计分录如下：

借：银行存款 300 000

　贷：应收股利 300 000

同时，编制预算会计分录：

借：资金结存——货币资金——银行存款 300 000

　贷：投资预算收益 300 000

（2）权益法

权益法，是指投资最初以投资成本计量，以后根据政府会计主体在被投资单位所享有的所有者权益份额的变动对投资的账面余额进行调整的方法。

采用权益法的，政府会计主体取得长期股权投资后，对于被投资单位所有者权益的变动，应当按照下列规定进行处理：

① 被投资单位实现净利润的，按照应享有的份额，借记“长期股权投资——损益调整”科目，贷记“投资收益”科目。

② 被投资单位发生净亏损的，按照应分担的份额，借记“投资收益”科目，贷记“长期股权投资——损益调整”科目，但以“长期股权投资”的账面余额减记至零为限。发生亏损的被投资单位以后年度又实现净利润的，按照收益分享额弥补未确认的亏损分担额等后的金额，借记“长期股权投资——损益调整”科目，贷记“投资收益”科目。

③ 被投资单位宣告分派现金股利或利润的，按照应享有的份额，借记“应收股利”科目，贷记“长期股权投资——损益调整”科目。被投资单位发生除净损益和利润分配以外的所有者权益变动的，按照应享有或应分担的份额，借记或贷记“权益法调整”科目，贷记或借记“长期股权投资——其他权益变动”科目。

【例5-6】承【例5-3】，2×24年，甲公司全年实现净利润500 000元。2×25年2月，甲公司宣告分派现金股利300 000元，同年5月收到现金股利。2×25年1月，甲公司发生除净利润和利润分配以外的所有者权益变动，增加数为1 000 000元。

根据上述资料，该单位会计应编制的会计分录如下：

①2×24年12月31日，确认投资收益时：

在财务会计中：

借：长期股权投资——甲公司——损益调整（500 000×20%） 100 000

贷：投资收益 100 000

② 2×25年2月，宣告分派股利时：

在财务会计中：

借：应收股利——甲公司 60 000

贷：长期股权投资——甲公司——损益调整（300 000×20%） 60 000

③ 2×25年5月，收到甲公司分派现金股利时：

在财务会计中：

借：银行存款 60 000

贷：应收股利——甲公司 60 000

同时，在预算会计中：

借：资金结存——货币资金——银行存款 60 000

贷：投资预算收益 60 000

④ 2×25年1月，因被投资单位发生除净损益和利润分配以外的所有者权益变动，该事业单位按照应享有的份额调整“长期股权投资——甲公司”科目账面价值200 000元（1 000 000×20%）。

在财务会计中：

借：长期股权投资——甲公司——其他权益变动 200 000

贷：权益法调整 200 000

至此，该事业单位“长期股权投资——甲公司”账面余额为2 240 000元。其中，成本2 000 000元，损益调整40 000元，其他权益变动200 000元。

（3）成本法与权益法的转换

①政府会计主体因处置部分长期股权投资等原因无权再决定被投资单位的财务和经营政策或者不再参与被投资单位的财务和经营政策决策的，应当对处置后的剩余股权投资改按成本法核算，按照权益法下“长期股权投资”科目账面余额作为成本法下“长期股权投资”科目账面余额（成本）。其后，被投资单位宣告分派现金股利或利润时，属于单位已计入投资账面余额的部分，按照应分得的现金股利或利润份额，借记“应收股利”科目，贷记“长期股权投资”科目。

【例5-7】某事业单位持有乙公司30%的有表决权股份，能够对乙公司的生产经营决策施加重大影响，采用权益法核算。2×23年8月，该事业单位将该项投资中的50%对外出售。出售以后，无法再对乙公司施加重大影响，且该项投资不存在活跃市场，公允价值无法可靠确定，转为采用成本法核算。出售时，该项长期股权投资的账面价值为32 000 000元，其中投资成本26 000 000元，损益调整为4 000 000元，其他权益变动2 000 000元。对于处置后剩余部分的投资作账务处理。

2×23年8月，编制财务会计分录如下：

借：长期股权投资 16 000 000

贷：长期股权投资——成本（乙公司） 13 000 000

——损益调整 2 000 000

——其他权益变动 1 000 000

②政府会计主体因追加投资等原因对长期股权投资的核算从成本法改为权益法的，应当在有权决定被投资单位的财务和经营政策或者参与被投资单位的财务和经营政策决策时，按成本法下长期股权投资的账面余额加上追加投资的成本作为按照权益法核算的初始投资成本。在财务会计中，按照成本法下“长期股权投资”科目账面余额与追加投资成本的合计金额，借记“长期股权投资——成本”科目；按照成本法下“长期股权投资”科目账面余额，贷记“长期股权投资”科目；按照追加投资的成本，贷记“银行存款”等科目。同时，在预算会计中，按照追加投资实际支付的金额，借记“投资支出”科目，贷记“资金结存”科目。

【例5-8】某事业单位2×20年投资下属甲企业2 000 000元，占该企业股权的10%，采用成本法核算。2×23年，该事业单位追加投资2 000 000元，合计占甲企业股权的20%，改用权益法核算。追加投资成本法改为权益法，该事业单位进行账务处理。

编制财务会计分录：

借：长期股权投资——成本 4 000 000

贷：长期股权投资 2 000 000

银行存款 2 000 000

同时，编制预算会计分录：

借：投资支出 2 000 000

贷：资金结存——货币资金——银行存款 2 000 000

（4）长期股权投资的处置

政府会计主体按规定报经批准处置长期股权投资，应当区分不同原因和处置方式进行处理。

① 按照规定报经批准出售转让长期股权投资时，应当区分长期股权投资取得方式分别进行处理：

a.处置以现金取得的长期股权投资，在财务会计中，按照实际取得的价款，借记“银行存款”等科目；按照被处置长期股权投资的账面余额，贷记“长期股权投资”科目；按照尚未领取的现金股利或利润，贷记“应收股利”科目；按照发生的相关税费等支出，贷记“银行存款”等科目；按照借贷方差额，借记或贷记“投资收益”科目。同时，在预算会计中，按照取得价款扣减支付的相关税费后的金额，借记“资金结存”科目；按照投资金额，贷记“投资支出”或“其他结余”科目；按照两者差额，贷记“投资预算收益”科目。

b.事业单位处置以科技成果转化形成的长期股权投资，按规定所取得的收入全部留归本单位的，在财务会计中，应当按照实际取得的价款，借记“银行存款”等科目；按照被处置长期股权投资的账面余额，贷记“长期股权投资”科目；按照尚未领取的现金股利或利润，贷记“应收股利”科目；按照发生的相关税费等支出，贷记“银行存款”等科目；

按照借贷方差额，借记或贷记“投资收益”科目。同时，在预算会计中，按照实际取得的价款，借记“资金结存——货币资金”科目；按照处置时确认的投资收益金额，贷记“投资预算收益”科目；按照贷方差额，贷记“其他预算收入”科目。

c.权益法下，事业单位处置以现金以外的其他资产取得的（不含科技成果转化形成的）长期股权投资时，按规定将取得的投资收益（此处的投资收益，是指长期股权投资处置价款扣除长期股权投资成本和相关税费后的差额）纳入本单位预算管理的，分以下两种情况处理：

长期股权投资的账面余额大于其投资成本的，应当按照被处置长期股权投资的成本，借记“资产处置费用”科目，贷记“长期股权投资——成本”科目；按照实际取得的价款，借记“银行存款”等科目；按照尚未领取的现金股利或利润，贷记“应收股利”科目；按照发生的相关税费等支出，贷记“银行存款”等科目；按照长期股权投资的账面余额减去其投资成本的差额，贷记“长期股权投资——损益调整/其他权益变动”科目（以上明细科目为贷方余额的，借记相关明细科目）；按照实际取得的价款与被处置长期股权投资账面余额、应收股利账面余额和相关税费支出合计数的差额，贷记或借记“投资收益”科目；按照贷方差额，贷记“应缴财政款”科目。同时，在预算会计中，按照取得价款扣减投资账面余额和相关税费后的差额，借记“资金结存”科目，贷记“投资预算收益”科目。

长期股权投资的账面余额小于或等于其投资成本的，应当按照被处置长期股权投资的账面余额，借记“资产处置费用”科目；按照长期股权投资各明细科目的余额，贷记“长期股权投资——成本”科目，贷记或借记“长期股权投资——损益调整/其他权益变动”科目；按照实际取得的价款，借记“银行存款”等科目；按照尚未领取的现金股利或利润，贷记“应收股利”科目；按照发生的相关税费等支出，贷记“银行存款”等科目；按照实际取得的价款大于被处置长期股权投资成本、应收股利账面余额和相关税费支出合计数的差额，贷记“投资收益”科目；按照贷方差额，贷记“应缴财政款”科目。同时，在预算会计中，按照取得价款扣减投资账面余额和相关税费后的差额，借记“资金结存”科目，贷记“投资预算收益”科目。事业单位按规定应将长期股权投资持有期间取得的投资净收益，以及以现金取得的长期股权投资处置时取得的净收入（处置价款扣除投资本金和相关税费后的净额）上缴本级财政并纳入一般公共预算管理的，在应收或收到上述有关款项时不确认投资收益，应通过“应缴财政款”科目核算。

②因被投资单位破产清算等原因，有确凿证据表明长期股权投资发生损失，按照规定报经批准后予以核销时，按照予以核销的长期股权投资的账面余额，借记“资产处置费用”科目，贷记“长期股权投资”科目。

③报经批准置换转出长期股权投资时，参照“库存物品”科目中置换换入库存物品的规定进行账务处理。

④采用权益法核算的长期股权投资的处置，除进行上述账务处理外，还应结转原直接计入净资产的相关金额，借记或贷记“权益法调整”科目，贷记或借记“投资收益”科目。

【例5-9】接【例5-3】【例5-6】，该事业单位于2×25年4月1日将对甲公司的长期股权投资转让给A单位，该长期股权投资账面余额为2 240 000元，转让价款为2 300 000元，款项存入开户银行，在办理完法律手续后，将该长期股权投资转让给A单位（不考虑相关税费）。

该事业单位会计应编制的会计分录如下：

在财务会计中：

借：银行存款　　2 300 000

　贷：长期股权投资——甲公司（投资成本）　　2 000 000

　　　　　　　　——甲公司（损益调整）　　40 000

　　　　　　　　——甲公司（其他权益变动）　　200 000

　　　投资收益　　60 000

同时，编制会计分录：

借：权益法调整　　200 000

　贷：投资收益　　200 000

同时，在预算会计中：

借：资金结存——货币资金——银行存款　　2 300 000

　贷：其他结余　　2 000 000

　　　投资预算收益　　300 000

四、长期投资的披露

政府会计主体应当在附注中披露与长期投资有关的下列信息：

（1）各类长期债券投资和长期股权投资的增减变动及期初、期末账面余额。

（2）长期股权投资的投资对象及核算方法。

（3）当期发生的投资净损益，其中重大的投资净损益项目应当单独披露。

长期投资的主要账务处理

第二节　固定资产和在建工程

一、固定资产的核算

（一）固定资产的内容

固定资产是指使用期限超过1年，单位价值在规定标准以上（一般设备单位价值在1 000元以上，专业设备的单位价值在1 500元以上），并在使用过程中基本保持原有物质形态的资产。单位价值虽未达到规定标准，但是耐用时间在1年以上（不含1年）的大批同类物资，作为固定资产管理。

政府单位的固定资产一般分为六类：房屋及构筑物；专用设备；通用设备；陈列品；图书、档案；家具、用具、装具及动植物。

与固定资产核算有关的其他情况，需说明如下：

（1）对于应用软件，如果其构成相关硬件不可缺少的组成部分，应当将该软件价值包括在所属硬件价值中，一并作为固定资产进行核算；如果其不构成相关硬件不可缺少的组成部分，应当将该软件作为无形资产核算。

（2）政府单位以经营租赁租入的固定资产，不作为固定资产核算，应当另设备查簿进行登记。

(3) 购入需要安装的固定资产，应当先通过“在建工程”科目核算，安装完毕交付使用时再转入“固定资产”科目核算。

（二）科目设置

政府单位设置“固定资产”科目，核算政府单位固定资产的原价。“固定资产”科目的借方登记固定资产的增加数，贷方登记减少数，期末借方余额反映政府单位固定资产的原价。与固定资产相关的核算内容还包括固定资产折旧和在建工程。

政府单位应当根据固定资产的定义，结合本单位的具体情况，制定适合本单位的固定资产目录、具体分类方法，作为进行固定资产核算的依据。政府单位应当设置“固定资产登记簿”和“固定资产卡片”，按照固定资产类别、项目和使用部门等进行明细核算。出租、出借的固定资产，应当设置备查簿进行登记。

（三）主要账务处理

1.固定资产的取得

政府单位的固定资产在取得时进行初始确认。固定资产的取得方式包括购入、自行建造、融资租赁租入、接受捐赠、无偿调入等。固定资产在取得时，应当按照其实际成本入账。

（1）购入的固定资产

购入的固定资产，其成本包括购买价款、相关税费，以及使固定资产达到交付使用状态前所发生的可归属于该项资产的运输费、装卸费、安装调试费和专业人员服务费等。以一笔款项购入多项没有单独标价的固定资产，按照各项固定资产同类或类似资产市场价格的比例对总成本进行分配，分别确定各项固定资产的入账成本。

政府单位购置固定资产所使用的资金，可以是财政补助收入，也可以是上级补助收入、事业收入、经营收入、附属单位上缴收入、其他收入等非财政补助资金，如果政府单位采购固定资产使用的是国家财政资金，需要遵循政府采购规范，分为政府集中采购和单位分散采购两种形式。政府集中采购固定资产的款项，一般由财政直接支付。

购入固定资产的核算方法分以下三种情况：

①购入不需要安装的固定资产，在财务会计中按照确定的固定资产成本，借记“固定资产”科目，贷记“财政拨款收入”“应付账款”“银行存款”等科目；同时，在预算会计中，按实际支付的金额，借记“行政支出”“事业支出”“经营支出”科目，贷记“财政拨款预算收入”“资金结存”科目。

【例5-10】某事业单位购入不需要安装的设备一台，价款为500 000元，相关税费为5 000元，运输费为2 000元，共计507 000元，通过预算管理一体化系统支付。

编制财务会计分录：

借：固定资产——××设备	507 000	
贷：财政拨款收入		507 000

同时，编制预算会计分录：

借：事业支出——其他资金支出——基本支出	507 000	
贷：财政拨款预算收入		507 000

②购入需要安装的固定资产，先通过“在建工程”科目核算。安装完工交付使用时，再转入“固定资产”科目。固定资产取得时涉及增值税业务的，相关账务处理参见“应交

增值税”科目的账务处理，下同。

③购入固定资产扣留质量保证金的，应当在取得固定资产时，在财务会计中，按照确定的固定资产成本，借记“固定资产”科目（不需要安装）或“在建工程”科目（需要安装）；按照实际支付或应付的金额，贷记“财政拨款收入”、“应付账款”（不含质量保证金）、“银行存款”等科目；按照扣留的质量保证金数额，贷记“其他应付款”（扣留期在1年以内（含1年））或“长期应付款”（扣留期超过1年）科目。同时，在预算会计中，按实际支付的金额，借记“行政支出”“事业支出”“经营支出”科目，贷记“财政拨款预算收入”“资金结存”科目。质保期满支付质量保证金时，在财务会计中，借记“其他应付款”“长期应付款”科目，贷记“财政拨款收入”“银行存款”等科目；同时，在预算会计中，按实际支付的金额，借记“行政支出”“事业支出”“经营支出”科目，贷记“财政拨款预算收入”“资金结存”科目。

【例5-11】某事业单位购入不需要安装的通用设备一批，总价款为180 000元，按照合同，单位扣留10%的设备质量保证金，在设备购入满1年时支付，该单位取得了固定资产全款发票，通过预算管理一体化系统支付了总价款的90%。

编制财务会计分录：

借：固定资产——通用设备　　180 000

　贷：财政拨款收入　　162 000

　　　其他应付款　　18 000

同时，编制预算会计分录：

借：事业支出　　162 000

　贷：财政拨款预算收入　　162 000

质保期满支付质量保证金时，支付质量保证金18 000元，由预算管理一体化系统支付。编制财务会计分录：

借：其他应付款　　18 000

　贷：财政拨款收入　　18 000

同时，编制预算会计分录：

借：事业支出　　18 000

　贷：财政拨款预算收入　　18 000

（2）自行建造的固定资产

自行建造的固定资产，其成本包括建造该项资产至交付使用前所发生的全部必要支出。工程完工交付使用时，按自行建造过程中发生的实际支出，借记“固定资产”科目，贷记“在建工程”科目。已交付使用但尚未办理竣工决算手续的固定资产，按照估计价值入账，待办理竣工决算后再按照实际成本调整原来的暂估价值。

（3）融资租赁租入的固定资产

以融资租赁租入的固定资产，其成本按照租赁协议或者合同确定的租赁价款、相关税费，以及固定资产交付使用前所发生的可归属于该项资产的运输费、途中保险费、安装调试费等确定。

融资租入的固定资产，在财务会计中按照确定的成本，借记“固定资产”科目（不需安装）或“在建工程”科目（需安装）；按照租赁协议或者合同确定的租赁付款额，贷记

“长期应付款”科目；按照支付的运输费、途中保险费、安装调试费等金额，贷记“财政拨款收入”“银行存款”等科目。同时，在预算会计中，按上述支付的运输费、途中保险费、安装调试费等金额，借记“行政支出”“事业支出”“经营支出”科目，贷记“财政拨款预算收入”“资金结存”科目。

定期支付租金时，在财务会计中，按照实际支付金额，借记“长期应付款”科目，贷记“财政拨款收入”“银行存款”等科目；同时在预算会计中，借记“行政支出”“事业支出”“经营支出”科目，贷记“财政拨款预算收入”“资金结存”科目。

【例5-12】某事业单位融资租入经营用的不需要安装的设备1台，合同规定的租赁价为120 000元，分10年付清。在支付第一期租金时供应商提供该项设备，该项支出通过预算管理一体化系统支付。另外，设备运达时，该单位以银行存款支付相关税费50 00元和运输费2 000元，共计7 000元。

融资租入固定资产时，编制财务会计分录：

借：固定资产——融资租入固定资产　127 000

　贷：长期应付款——应付融资租入固定资产款　120 000

　　银行存款　7 000

同时，编制预算会计分录：

借：事业支出　7 000

　贷：资金结存——货币资金——银行存款　7 000

每期支付租金时，编制财务会计分录：

借：长期应付款——应付融资租入固定资产款　12 000

　贷：财政拨款收入　12 000

同时，编制预算会计分录：

借：事业支出　12 000

　贷：财政拨款预算收入　12 000

（4）接受捐赠的固定资产

接受捐赠、无偿调入的固定资产，其成本按照有关凭据注明的金额加上相关税费、运输费等确定；没有相关凭据的，其成本比照同类或类似固定资产的市场价格加上相关税费、运输费等确定；没有相关凭据、同类或类似固定资产的市场价格也无法可靠取得的，该固定资产按照名义金额入账。

接受捐赠、无偿调入的固定资产，按照确定的固定资产成本，在财务会计中，借记“固定资产”科目（不需安装）或“在建工程”科目（需要安装）；按照发生的相关税费、运输费等，贷记“银行存款”等科目；按照其差额，贷记“捐赠收入”科目。在预算会计中，按照上述发生的相关税费、运输费等，借记“其他支出”科目，贷记“资金结存”科目。

接受捐赠的固定资产按照名义金额入账的，在财务会计中，按照名义金额，借记“固定资产”科目，贷记“捐赠收入”科目；按照发生的相关税费、运输费等，借记“其他费用”科目，贷记“银行存款”等科目。在预算会计中，按照上述发生的相关税费、运输费等，借记“其他支出”科目，贷记“资金结存”科目。

【例5-13】某事业单位接受捐赠20台电脑，有关凭据注明金额60 000元，发生运输费用500元，以银行存款支付。

编制财务会计分录：

借：固定资产——电脑 60 500

贷：捐赠收入 60 000

银行存款 500

同时，编制预算会计分录：

借：其他支出 500

贷：资金结存——货币资金——银行存款 500

(5) 无偿调入的固定资产

无偿调入的固定资产，在财务会计中，按照确定的固定资产成本，借记“固定资产”科目（不需安装）或“在建工程”科目（需安装）；按照发生的相关税费、运输费等，贷记“银行存款”等科目；按照其差额，贷记“无偿调拨净资产”科目。同时，在预算会计中，按照上述发生的相关税费、运输费等，借记“其他支出”科目，贷记“资金结存”科目。

无偿调入固定资产在调出方的账面价值为零的，在财务会计中，应当按照该项资产在调出方的账面余额，借记“固定资产”科目；按照该项资产在调出方已经计提的折旧（与资产账面余额相等），贷记“固定资产累计折旧”科目；按照支付的相关税费，借记“其他费用”科目，贷记“银行存款”等科目。同时，在预算会计中，按照支付的相关税费，借记“其他支出”科目，贷记“资金结存”科目。

无偿调入固定资产在调出方的账面余额为名义金额的，在财务会计中，应当按照名义金额，借记“固定资产”等科目，贷记“无偿调拨净资产”科目；按照支付的相关税费，借记“其他费用”科目，贷记“银行存款”等科目。同时，在预算会计中，按照支付的相关税费，借记“其他支出”科目，贷记“资金结存”科目。

【例5-14】经有关部门的批准，A事业单位从B事业单位无偿调入一项生产设备，该设备在B事业单位的账面原值为40 000元，已计提折旧10 000元，已提减值准备4 000元。A事业单位在调入该设备时以银行存款支付运杂费、包装费等3 000元。设备不需要安装，直接交付使用。

A事业单位应编制财务会计分录：

借：固定资产（40 000-10 000-4 000+3 000） 29 000

贷：无偿调拨净资产 26 000

银行存款 3 000

同时，编制预算会计分录：

借：其他支出 3 000

贷：资金结存——货币资金——银行存款 3 000

2.固定资产的折旧

固定资产在使用中由于磨损等因素会导致价值贬损，为真实反映固定资产的价值，政府会计主体可建立固定资产折旧制度，对固定资产进行后续计量。折旧是指在固定资产使用年限内，按照确定的方法对应折旧金额进行系统分摊。如果政府会计主体需要准确反映固定资产的价值，提供的会计信息侧重为资产的财务管理服务，应当建立固定资产折旧制度。公共基础设施和保障性住房计提的累计折旧，应当分别通过“公共基础设施累计折旧（摊销）”科目和“保障性住房累计折旧”科目核算，不通过“固定资产累计折旧”科目核算。

（1）科目设置

政府会计主体设置“固定资产累计折旧”科目，核算固定资产计提的累计折旧。本科目借方登记累计折旧的转出数，贷方登记累计折旧的计提数，期末余额在贷方，反映事业单位计提的固定资产折旧累计数。本科目应当按照所对应固定资产的类别、项目等进行明细核算。

（2）计提折旧的范围规定

政府会计主体应当对除下列各项资产以外的其他固定资产计提折旧：陈列品；动植物；图书、档案；单独计价入账的土地；以名义金额计量的固定资产。

政府会计主体一般应按月计提固定资产折旧。当月增加的固定资产，当月开始计提折旧；当月减少的固定资产，当月不再计提折旧。固定资产提足折旧后，无论能否继续使用，均不再计提折旧。提前报废的固定资产，也不再补提折旧。已提足折旧的固定资产，可以继续使用的，应当继续使用，规范实物管理。

（3）计提折旧的方法

政府会计主体一般应采用年限平均法或工作量法计提固定资产折旧。政府会计主体应当根据固定资产的性质和实际使用情况，合理确定其折旧年限，省级以上财政部门、主管部门对事业单位固定资产折旧年限作出规定的从其规定。具体确定固定资产的折旧年限时，应当考虑下列因素：

①固定资产预计实现服务潜力或提供经济利益的期限；

②固定资产预计有形损耗和无形损耗；

③法律或者类似规定对固定资产使用的限制。

政府会计主体固定资产的应折旧金额为其成本，计提固定资产折旧不考虑预计净残值。固定资产因改建、扩建或修缮等原因而延长其使用年限的，应当按照重新确定的固定资产的成本以及重新确定的折旧年限，重新计算折旧额。计提融资租入固定资产折旧时，应当采用与自有固定资产相一致的折旧政策，能够合理确定租赁期届满时将会取得租入固定资产所有权的，应当在租入固定资产尚可使用年限内计提折旧；无法合理确定租赁期届满时能够取得租入固定资产所有权的，应当在租赁期与租入固定资产尚可使用年限两者中较短的期间内计提折旧。

政府固定资产折旧年限表

（4）主要账务处理

按月计提固定资产折旧时，按照应计提折旧金额，借记“业务活动费用”“单位管理费用”“经营费用”“加工物品”“在建工程”等科目，贷记“固定资产累计折旧”科目。

【例5-15】某事业单位月末计提折旧，经营用设备类折旧金额为6 500元，建筑类折旧金额为12 500元，共计19 000元。

编制会计分录如下：

借：经营费用　19 000

　贷：固定资产累计折旧　19 000

3.固定资产的后续支出

固定资产的后续支出是指固定资产在投入使用以后期间发生的与固定资产使用效能、

使用状态直接相关的各种支出，如改建、扩建、修缮、改良、修理、重装等事项发生的支出。与固定资产有关的后续支出，应分以下情况分别处理：

（1）为增加固定资产使用效能或延长其使用年限而发生的改建、扩建或修缮等后续支出，在财务会计中，借记“在建工程”科目，贷记“财政拨款收入”“银行存款”等科目；同时在预算会计中，借记“行政支出”“事业支出”“经营支出”科目，贷记“财政拨款预算收入”“资金结存”科目。固定资产改建、扩建等完成交付使用时，按照在建工程成本，借记“固定资产”科目，贷记“在建工程”科目。

（2）对于不符合固定资产确认条件的后续支出，为维护固定资产的正常使用而发生的日常修理等后续支出，在财务会计中，借记“业务活动费用”“单位管理费用”等科目，贷记“财政拨款收入”“银行存款”等科目；同时在预算会计中，借记“行政支出”“事业支出”“经营支出”科目，贷记“财政拨款预算收入”“资金结存”科目。

【例5-16】某事业单位对信息中心的网络设备进行扩容，网络宽带由原来的20M增加到100M，共支付网络升级费61 200元，款项通过预算管理一体化系统支付。

该事业单位会计应编制的会计分录如下：

在财务会计中：

借：单位管理费用	61 200	
贷：财政拨款收入		61 200

同时，在预算会计中：

借：事业支出	61 200	
贷：财政拨款预算收入		61 200

4.固定资产的处置

政府单位固定资产的处置包括固定资产报经批准出售或转让、对外捐赠、无偿调出等，应当将固定资产账面价值转销计入当期费用，并将处置收入扣除税费后的差额按规定作为应缴款项（差额为净收益时）或计入当期费用（差额为净损失）。按照规定报经批准的固定资产，应当分以下三种情况处理：

（1）出售或转让固定资产

报经批准出售、转让固定资产，按照被出售、转让固定资产的账面价值，借记“资产处置费用”科目；按照固定资产已计提的折旧，借记“固定资产累计折旧”科目；按照固定资产账面余额，贷记“固定资产”科目；按照收到的价款，借记“银行存款”等科目；按照处置过程中发生的相关费用，贷记“银行存款”等科目；按照其差额，贷记“应缴财政款”科目。固定资产处置时涉及增值税业务的，相关账务处理参见“应交增值税”科目的账务处理。

（2）对外捐赠固定资产

报经批准对外捐赠固定资产，在财务会计中按照固定资产已计提的折旧，借记“固定资产累计折旧”科目；按照被处置固定资产的账面余额，贷记“固定资产”科目；按照捐赠过程中发生的归属于捐出方的相关费用，贷记“银行存款”等科目；按照其差额，借记“资产处置费用”科目。同时，在预算会计中，按照上述发生的归属于捐出方的相关费用，借记“其他支出”科目，贷记“资金结存”科目。

【例5-17】某事业单位将一台闲置设备捐赠给希望工程，该设备账面原值为200 000

元，已计提折旧50 000元，账面余额为150 000元，捐赠过程中用银行存款支付归属于该单位的运输费用3 000元。

该事业单位会计应编制财务会计分录如下：

借：资产处置费用　　153 000
　　固定资产累计折旧　　50 000
　贷：固定资产　　200 000
　　　银行存款　　3 000

同时，编制预算会计分录：

借：其他支出　　3 000
　贷：资金结存——货币资金——银行存款　　3 000

（3）无偿调出固定资产

报经批准无偿调出固定资产，在财务会计中，按照固定资产已计提的折旧，借记“固定资产累计折旧”科目；按照被处置固定资产的账面余额，贷记“固定资产”科目；按照其差额，借记“无偿调拨净资产”科目。

按照无偿调出过程中发生的归属于调出方的相关费用，在财务会计中，借记“资产处置费用”科目，贷记“银行存款”等科目；在预算会计中，借记“其他支出”科目，贷记“资金结存”科目。

【例5-18】某单位按照规定报经批准后，无偿调出一部中巴车辆，账面价值为120 000元，已提折旧20 000元，账面净值为100 000元（120 000-20 000），以银行存款支付属于本单位的调出费用800元。

该事业单位会计应编制的会计分录如下：

在财务会计中：

借：无偿调拨净资产　　100 000
　　固定资产累计折旧　　20 000
　　资产处置费用　　800
　贷：固定资产　　120 000
　　　银行存款　　800

同时，在预算会计中：

借：其他支出　　800
　贷：资金结存——货币资金——银行存款　　800

5.固定资产的清查盘点

单位应当定期对固定资产进行清查盘点，每年至少盘点一次。对于发生的固定资产盘盈、盘亏或毁损、报废，应当先记入“待处理财产损溢”科目，按照规定报经批准后及时进行后续账务处理。

（1）盘盈的固定资产，其成本按照有关凭据注明的金额确定；没有相关凭据，但按照规定经过资产评估的，其成本按照评估价值确定；没有相关凭据，也未经过评估的，其成本按照重置成本确定。如无法采用上述方法确定盘盈固定资产成本，按照名义金额（人民币1元）入账。盘盈的固定资产，按照确定的入账成本，借记“固定资产”科目，贷记“待处理财产损溢”科目。

（2）盘亏、毁损或报废的固定资产，按照待处理固定资产的账面价值，借记“待处理财产损溢”科目；按照已计提折旧，借记“固定资产累计折旧”科目；按照固定资产的账面余额，贷记“固定资产”科目。相关业务举例请参阅本章第八节“待处理财产损溢”。

固定资产的主要账务处理

二、在建工程的核算

（一）在建工程的内容

在建工程是指已经发生必要支出，但尚未达到交付使用状态的建设工程。在建工程达到交付使用状态时，应当按照规定办理工程竣工财务决算和资产交付使用。

（二）科目设置

1.政府单位设置“在建工程”科目，核算已经发生必要支出，但尚未完工交付使用的各种建筑（包括新建、改建、扩建、修缮等）和设备安装工程的实际成本。本科目借方登记在建工程费用发生额，贷方登记结转完工工程的成本，期末余额在借方，反映事业单位尚未完工的在建工程发生的实际成本。本科目应当按照工程性质和具体工程项目等进行明细核算。

2.“在建工程”科目应当设置“建筑安装工程投资”“设备投资”“待摊投资”“其他投资”“待核销基建支出”“基建转出投资”等明细科目，并按照具体项目进行明细核算。

（1）“建筑安装工程投资”明细科目，核算单位发生的构成建设项目实际支出的建筑工程和安装工程的实际成本，不包括被安装设备本身的价值以及按照合同规定支付给施工单位的预付备料款和预付工程款。本明细科目应当设置“建筑工程”和“安装工程”两个明细科目进行明细核算。

（2）“设备投资”明细科目，核算单位发生的构成建设项目实际支出的各种设备的实际成本。

（3）“待摊投资”明细科目，核算单位发生的构成建设项目实际支出的、按照规定应当分摊计入有关工程成本和设备成本的各项间接费用和税费支出。本明细科目的具体核算内容包括以下方面：

①勘察费、设计费、研究试验费、可行性研究费及项目其他前期费用。

②土地征用及迁移补偿费、土地复垦及补偿费、森林植被恢复费及其他为取得土地使用权、租用权而发生的费用。

③城镇土地使用税、耕地占用税、契税、车船税、印花税及按照规定缴纳的其他税费。

④项目建设管理费、代建管理费、临时设施费、监理费、招投标费、社会中介审计（审查）费及其他管理性质的费用。项目建设管理费是指项目建设单位从项目筹建之日起至办理竣工财务决算之日止发生的管理性质的支出，包括不在原单位发工资的工作人员工资及相关费用、办公费、办公场地租用费、差旅交通费、劳动保护费、工具用具使用费、固定资产使用费、招募生产工人费、技术图书资料费（含软件）、业务招待费、施工现场津贴、竣工验收费等。

⑤项目建设期间发生的各类专门借款利息支出或融资费用。

⑥工程检测费、设备检验费、负荷联合试车费及其他检验检测类费用。

⑦固定资产损失、器材处理亏损、设备盘亏及毁损、单项工程或单位工程报废毁损形成的净损失及其他损失。

⑧系统集成等信息工程的费用支出。

⑨其他待摊性质支出。本明细科目应当按照上述费用项目进行明细核算。其中有些费用（如项目建设管理费等）还应当按照更为具体的费用项目进行明细核算。

（4）“其他投资”明细科目，核算单位发生的构成建设项目实际支出的房屋购置支出，基本畜禽、林木等购置、饲养、培育支出，办公生活用家具、器具购置支出，软件研发和不能计入设备投资的软件购置等支出。单位为进行可行性研究而购置的固定资产，以及取得土地使用权支付的土地出让金，也通过本明细科目核算。本明细科目应当设置“房屋购置”“基本畜禽支出”“林木支出”“办公生活用家具、器具购置”“可行性研究固定资产购置”“无形资产”等明细科目。

（5）“待核销基建支出”明细科目，核算建设项目发生的江河清障、航道清淤、飞播造林、补助群众造林、水土保持、城市绿化、取消项目的可行性研究费以及项目整体报废等不能形成资产部分的基建投资支出。本明细科目应按照待核销基建支出的类别进行明细核算。

（6）“基建转出投资”明细科目，核算为建设项目配套而建成的、产权不归属本单位的专用设施的实际成本。本明细科目应按照转出投资的类别进行明细核算。

（三）主要账务处理

1.建筑工程

（1）将固定资产等资产转入改建、扩建等时，按照固定资产等资产的账面价值，借记“在建工程——建筑安装工程投资”科目；按照已计提的折旧或摊销，借记“固定资产累计折旧”等科目；按照固定资产等资产的原值，贷记“固定资产”等科目。固定资产等资产改建、扩建过程中涉及替换（或拆除）原资产的某些组成部分的，按照被替换（或拆除）部分的账面价值，借记“待处理财产损溢”科目，贷记“在建工程——建筑安装工程投资”科目。

（2）单位对于发包建筑安装工程，根据建筑安装工程价款结算账单与施工企业结算工程价款时，在财务会计中，按照应承付的工程价款，借记“在建工程——建筑安装工程投资”科目；按照预付工程款余额，贷记“预付账款”科目；按照其差额，贷记“财政拨款收入”“银行存款”“应付账款”等科目。在预算会计中，按照实际支付的金额，借记“行政支出”“事业支出”等科目，贷记“财政拨款预算收入”“资金结存”等科目。

（3）单位自行施工的小型建筑安装工程，按照发生的各项支出金额，在财务会计中，借记“在建工程——建筑安装工程投资”科目，贷记“工程物资”“银行存款”“应付职工薪酬”等科目。在预算会计中，按照实际支付的金额，借记“行政支出”“事业支出”等科目，贷记“资金结存”等科目。

（4）工程竣工，办妥竣工验收交接手续交付使用时，按照建筑安装工程成本（含应分摊的待摊投资），借记“固定资产”等科目，贷记“在建工程——建筑安装工程投资”科目。

2.设备投资

（1）购入设备时，按照购入成本，在财务会计中，借记“在建工程——设备投资”科目，贷记“财政拨款收入”“银行存款”等科目；同时在预算会计中，借记“行政支出”“事业支出”等科目，贷记“财政拨款预算收入”“资金结存”科目。采用预付款方式购入设备的，有关预付款的账务处理参照“在建工程——建筑安装工程投资”明细科目的规定。

（2）设备安装完毕，办妥竣工验收交接手续交付使用时，按照设备投资成本（含设备安装工程成本和分摊的待摊投资），借记“固定资产”等科目，贷记“在建工程——设备投资、建筑安装工程投资——安装工程”科目。将不需要安装的设备和达不到固定资产标准的工具、器具交付使用时，按照相关设备、工具、器具的实际成本，借记“固定资产”“库存物品”科目，贷记“在建工程——设备投资”科目。

3.待摊投资

建设工程发生的构成建设项目实际支出的、按照规定应当分摊计入有关工程成本和设备成本的各项间接费用和税费支出，先在本明细科目中归集；建设工程办妥竣工验收手续交付使用时，按照合理的分配方法，摊入相关工程成本、在安装设备成本等。

（1）单位发生的构成待摊投资的各类费用，在财务会计中，按照实际发生金额，借记“在建工程——待摊投资”科目，贷记“财政拨款收入”“银行存款”“应付利息”“长期借款”“其他应交税费”“固定资产累计折旧”“无形资产累计摊销”等科目；在预算会计中，按照实际支付的金额，借记“行政支出”“事业支出”等科目，贷记“财政拨款预算收入”“资金结存”等科目。

（2）对于建设过程中试生产、设备调试等产生的收入，在财务会计中，按照取得的收入金额，借记“银行存款”等科目；按照依据有关规定应当冲减建设工程成本的部分，贷记“在建工程——待摊投资”科目；按照其差额贷记“应缴财政款”或“其他收入”科目。同时，在预算会计中，借记“资金结存”科目，贷记“其他预算收入”科目。

（3）由于自然灾害、管理不善等原因造成的单项工程或单位工程报废或毁损，扣除残料价值和过失人或保险公司等赔款后的净损失，报经批准后计入继续施工的工程成本的，按照工程成本扣除残料价值和过失人或保险公司等赔款后的净损失，借记“在建工程——待摊投资”科目；按照残料变价收入、过失人或保险公司赔款等，借记“银行存款”“其他应收款”等科目；按照报废或毁损的工程成本，贷记“在建工程——建筑安装工程投资”科目。无须编制预算会计分录。

（4）工程交付使用时，仅在财务会计中，按照合理的分配方法分配待摊投资，借记“在建工程——建筑安装工程投资/设备投资”科目，贷记“在建工程——待摊投资”科目。

待摊投资的分配方法，可按照下列公式计算：

①按照实际分配率分配，适用于建设工期较短、整个项目的所有单项工程一次竣工的建设项目。

$$\text{实际分配率}=\text{“待摊投资”明细科目余额}\div(\text{“建筑工程”明细科目余额}+\text{“安装工程”明细科目余额}+\text{“设备投资”明细科目余额})\times100\%$$

②按照概算分配率分配，适用于建设工期长、单项工程分期分批建成投入使用的建设项目。

$$\text{概算分配率}=\left(\frac{\text{概算中各待摊}}{\text{投资项目的合计数}}-\frac{\text{其中可直接}}{\text{分配部分}}\right)\div\frac{\text{概算中建筑工程、}}{\text{安装工程和设备投资合计}}\times 100\%$$

$$\frac{\text{某项固定资产}}{\text{应分配的待摊投资}}=\frac{\text{该项固定资产的建筑工程成本或该项固定}}{\text{资产（设备）的采购成本和安装成本合计}}\times\text{分配率}$$

4.其他投资

（1）单位为建设工程发生的房屋购置支出，基本畜禽、林木等的购置、饲养、培育支出，办公生活用家具、器具购置支出，软件研发和不能计入设备投资的软件购置等支出，按照实际发生金额，在财务会计中，借记“在建工程——其他投资”科目，贷记“财政拨款收入”“银行存款”等科目；同时在预算会计中，借记“行政支出”“事业支出”等科目，贷记“财政拨款预算收入”“资金结存”科目。

（2）工程完成，将形成的房屋、基本畜禽、林木等各种财产以及无形资产交付使用时，按照其实际成本，借记“固定资产”“无形资产”等科目，贷记“在建工程——其他投资”科目。

5.待核销基建支出

（1）建设项目发生的江河清障、航道清淤、飞播造林、补助群众造林、水土保持、城市绿化等不能形成资产的各类待核销基建支出，按照实际发生金额，在财务会计中，借记“在建工程——待核销基建支出”科目，贷记“财政拨款收入”“银行存款”等科目；同时在预算会计中，借记“行政支出”“事业支出”等科目，贷记“财政拨款预算收入”“资金结存”科目。

（2）取消的建设项目发生的可行性研究费，按照实际发生金额，借记“在建工程——待核销基建支出”科目，贷记“在建工程——待摊投资”科目。

（3）由于自然灾害等原因发生的建设项目整体报废所形成的净损失，报经批准后转入待核销基建支出，按照项目整体报废所形成的净损失，借记“在建工程——待核销基建支出”科目；按照报废工程回收的残料变价收入、保险公司赔款等，借记“银行存款”“其他应收款”等科目；按照报废的工程成本，贷记“在建工程——建筑安装工程投资”等科目。

（4）建设项目竣工验收交付使用时，对发生的待核销基建支出进行冲销，借记“资产处置费用”科目，贷记“在建工程——待核销基建支出”科目。

6.基建转出投资

为建设项目配套而建成的、产权不归属本单位的专用设施，在项目竣工验收交付使用时，按照转出的专用设施的成本，借记“在建工程——基建转出投资”科目，贷记“在建工程——建筑安装工程投资”科目；同时，借记“无偿调拨净资产”科目，贷记“在建工程——基建转出投资”科目。

7.期末余额

“在建工程”期末借方余额反映单位尚未完工的建设项目工程发生的实际成本。

【例5-19】某事业单位对实验楼进行修缮，实验楼的账面余额为4 000 000元，已计提折旧2 400 000元。

编制会计分录如下：

借：在建工程——建筑安装工程投资　1 600 000

　　固定资产累计折旧　2 400 000

　贷：固定资产——实验楼　4 000 000

①通过财政直接支付方式向施工企业预付部分工程建造款项200 000元。

在财务会计中：

借：预付账款　200 000

　贷：财政拨款收入　200 000

同时，在预算会计中：

借：事业支出　200 000

　贷：财政拨款预算收入　200 000

②通过银行存款支付项目建设管理费等间接费用10 000元。

在财务会计中：

借：在建工程——待摊投资　10 000

　贷：银行存款　10 000

同时，在预算会计中：

借：事业支出　10 000

　贷：资金结存——货币资金——银行存款　10 000

③建筑工程完工，根据建筑安装工程价款结算账单与施工企业结算工程价款，确认应承付工程价款700 000元。扣除预付款项200 000元后，剩余款项500 000元（700 000−200 000）通过财政直接支付方式支付。

在财务会计中：

借：在建工程——建筑安装工程投资　700 000

　贷：财政拨款收入　500 000

　　预付账款　200 000

同时，在预算会计中：

借：事业支出　500 000

　贷：财政拨款预算收入　500 000

④分摊待摊投资。

在财务会计中：

借：在建工程——建筑安装工程投资　10 000

　贷：在建工程——待摊投资　10 000

⑤建筑工程验收合格并交付使用，确定的实际成本为2 310 000元（1 600 000+700 000+10 000）。

在财务会计中：

借：固定资产　2 310 000

　贷：在建工程——建筑安装工程投资　2 300 000

　　　　　——待摊投资　10 000

工程物资与在建工程的主要账务处理

第三节　无形资产

一、无形资产的概念与确认

（一）无形资产的定义

无形资产，是指政府会计主体控制的没有实物形态的可辨认非货币性资产，如专利权、商标权、著作权、土地使用权、非专利技术等。非大批量购入、单价小于1 000元的无形资产，可以于购买的当期将其成本直接计入当期费用。

资产满足下列条件之一的，符合无形资产定义中的可辨认性标准：①能够从政府会计主体中分离或者划分出来，并能单独或者与相关合同、资产或负债一起用于出售、转移、授予许可、租赁或者交换；②源自合同性权利或其他法定权利，无论这些权利是否可以从政府会计主体或其他权利和义务中转移或者分离。

（二）无形资产的确认

1.无形资产的一般确认

无形资产同时满足下列条件的，应当予以确认：①与该无形资产相关的服务潜力很可能实现或者经济利益很可能流入政府会计主体；②该无形资产的成本或者价值能够可靠地计量。

政府会计主体在判断无形资产的服务潜力或经济利益是否很可能实现或流入时，应当对无形资产在预计使用年限内可能存在的各种社会、经济、科技因素作出合理估计，并且应当有确凿的证据支持。

政府会计主体购入的不构成相关硬件不可缺少组成部分的软件，应当确认为无形资产。

2.自主研发无形资产的确认

政府会计主体自行研究开发项目的支出，应当区分研究阶段支出与开发阶段支出。

研究是指为获取并理解新的科学或技术知识而进行的独创性的有计划调查。政府会计主体自行研究开发项目研究阶段的支出，应当于发生时计入当期费用。

开发是指在进行生产或使用前，将研究成果或其他知识应用于某项计划或设计，以生产出新的或具有实质性改进的材料、装置、产品等。政府会计主体自行研究开发项目开发阶段的支出，先按合理方法进行归集，如果最终形成无形资产的，应当确认为无形资产；如果最终未形成无形资产的，应当计入当期费用。政府会计主体自行研究开发项目尚未进入开发阶段，或者确实无法区分研究阶段支出和开发阶段支出，但按法律程序已申请取得无形资产的，应当将依法取得时发生的注册费、聘请律师费等费用确认为无形资产。

政府会计主体自创商誉及内部产生的品牌、报刊名等，不应确认为无形资产。

与无形资产有关的后续支出，符合无形资产确认条件的，应当计入无形资产成本；不符合无形资产确认条件的，应当在发生时计入当期费用或者相关资产成本。

二、无形资产的取得

无形资产在取得时，应当按照成本进行初始计量。具体分为外购无形资产、委托软件公司开发软件形成的无形资产、自行研究开发形成的无形资产、接受捐赠的无形资产和置换取得的无形资产。

1.外购无形资产

外购的无形资产，在财务会计中，按照确定的成本，借记“无形资产”科目，贷记“财政拨款收入”“应付账款”“银行存款”等科目；同时，在预算会计中，按实际支付的款项，借记“行政支出”“事业支出”等科目，贷记“财政拨款预算收入”“资金结存”科目。无形资产取得时涉及增值税业务的，相关账务处理参见“应交增值税”科目的账务处理。外购的无形资产，其成本包括购买价款、相关税费以及可归属于该项资产达到预定用途前所发生的其他支出。

【例5-20】某事业单位外购一项无形资产（专利权），实际成本为120 000元，款项通过预算管理一体化系统支付，购入的无形资产已达到预定用途，该专利权为单位履职活动使用的无形资产。

该事业单位会计应编制的财务会计分录如下：

借：无形资产——专利权 120 000

　贷：财政拨款收入 120 000

同时，编制预算会计分录：

借：事业支出 120 000

　贷：财政拨款预算收入 120 000

2.委托软件公司开发软件

委托软件公司开发软件，视同外购无形资产进行处理。合同中约定预付开发费用的，在财务会计中，按照预付金额，借记“预付账款”科目，贷记“财政拨款收入”“银行存款”等科目；同时，在预算会计中，按实际支付的款项，借记“行政支出”“事业支出”等科目，贷记“财政拨款预算收入”“资金结存”科目。

软件开发完成交付使用并支付剩余或全部软件开发费用时，在财务会计中，按照软件开发费用总额，借记“无形资产”科目；按照相关预付账款金额，贷记“预付账款”科目；按照支付的剩余金额，贷记“财政拨款收入”“银行存款”等科目。同时，在预算会计中，按照支付的剩余金额，借记“行政支出”“事业支出”等科目，贷记“财政拨款预算收入”“资金结存”科目。

【例5-21】某行政单位委托A软件公司开发一套办公软件。该行政单位按合同要求向A软件公司预付开发费用50 000元，款项通过预算管理一体化支付系统支付。数日后，办公软件开发完成，交付使用。该行政单位通过预算管理一体化支付系统向软件公司支付剩余合同款项50 000元。

该行政单位会计应编制的会计分录如下：

①向甲公司预付开发费用时：

在财务会计中：

借：预付账款 50 000

贷：财政拨款收入 50 000

同时，在预算会计中：

借：行政支出 50 000

贷：财政拨款预算收入 50 000

②办公软件完成交付使用并支付剩余款项时：

在财务会计中：

借：无形资产 100 000

贷：预付账款 50 000

财政拨款收入 50 000

同时，在预算会计中：

借：行政支出 50 000

贷：财政拨款预算收入 50 000

3.自行研究开发形成的无形资产

自行研究开发形成的无形资产，按照研究开发项目进入开发阶段后至达到预定用途前发生的支出总额，借记“无形资产”科目，贷记“研发支出——开发支出”科目。

自行研究开发项目尚未进入开发阶段，或者确实无法区分研究阶段支出和开发阶段支出但按照法律程序已申请取得无形资产的，按照依法取得时发生的注册费、聘请律师费等费用，在财务会计中，借记“无形资产”科目，贷记“财政拨款收入”“银行存款”等科目；按照从事研究及其辅助活动人员计提的薪酬，研究活动领用的库存物品，发生的与研究活动相关的管理费、间接费和其他各项费用，借记“研发支出——研究支出”科目，贷记“应付职工薪酬”“库存物品”“财政拨款收入”“固定资产累计折旧”“银行存款”等科目。

涉及财政资金支付的，在预算会计中，按照实际支付金额，借记“行政支出”“事业支出”等科目，贷记“财政拨款预算收入”“资金结存”等科目；再按依法取得前所发生的研究开发支出，在财务会计中，借记“业务活动费用”等科目，贷记“研发支出”科目。

【例5-22】某事业单位自行研究开发某项专门技术，研发期间计提研制人员薪酬120 000元，消耗材料费60 000元，共计180 000元。该研究开发确实无法区分研究阶段支出和开发阶段支出，但该专门技术按照法律程序已申请取得国家专利，通过预算管理一体化系统支付申请专利时发生的注册费、聘请律师费计15 000元。

该事业单位会计应编制的会计分录如下：

①计提研发期间的相关费用时：

在财务会计中：

借：研发支出 180 000

贷：应付职工薪酬 120 000

库存物品 60 000

②通过预算管理一体化系统支付申请专利时发生的注册费、聘请律师费时：

在财务会计中：

借：无形资产——专利权 15 000

贷：财政拨款收入 15 000

同时，在预算会计中：

借：事业支出 15 000

贷：财政拨款预算收入 15 000

③将依法取得专利前所发生的研究开发支出结转业务活动费用时：

在财务会计中：

借：业务活动费用 180 000

贷：研发支出 180 000

4.接受捐赠的无形资产

接受捐赠的无形资产，在财务会计中，按照确定的无形资产成本，借记“无形资产”科目；按照发生的相关税费等，贷记“银行存款”等科目；按照其差额，贷记“捐赠收入”科目。同时，在预算会计中，按实际发生的相关税费等，借记“其他支出”等科目，贷记“资金结存”科目。

接受捐赠的无形资产按照名义金额入账的，在财务会计中，按照名义金额，借记“无形资产”科目，贷记“捐赠收入”科目；按照支付的相关税费等，借记“其他费用”科目，贷记“银行存款”等科目。同时，在预算会计中，按实际发生的相关税费等，借记“其他支出”等科目，贷记“资金结存”科目。

接受捐赠的无形资产，其成本按照有关凭据注明的金额加上相关税费确定，没有相关凭据可供取得，但按规定经过资产评估的，其成本按照评估价值加上相关税费确定；没有相关凭据可供取得、也未经资产评估的，其成本比照同类或类似资产的市场价格加上相关税费确定；没有相关凭据且未经资产评估、同类或类似资产的市场价格也无法可靠取得的，按照名义金额入账，相关税费计入当期费用。确定接受捐赠无形资产的初始入账成本时，应当考虑该项资产尚可为单位带来服务潜力或经济利益的能力。

5.无偿调入的无形资产

无偿调入的无形资产，在财务会计中，按照确定的无形资产成本，借记“无形资产”科目；按照发生的相关税费等，贷记“银行存款”等科目；按照其差额，贷记“无偿调拨净资产”科目。同时，在预算会计中，按支付的相关税费等，借记“其他支出”等科目，贷记“资金结存”科目。

无偿调入无形资产在调出方的账面价值为零的，在财务会计中，按照该项资产在调出方的账面余额，借记“无形资产”等科目；按照该项资产在调出方已经摊销的金额（与无形资产账面余额相等），贷记“无形资产累计摊销”等科目；按照支付的相关税费，借记“其他费用”科目，贷记“银行存款”等科目。同时，在预算会计中，按照支付的相关税费，借记“其他支出”科目，贷记“资金结存”科目。

无偿调入无形资产在调出方的账面余额为名义金额的，在财务会计中，按照名义金额，借记“无形资产”等科目，贷记“无偿调拨净资产”科目；按照支付的相关税费，借记“其他费用”科目，贷记“银行存款”等科目。同时，在预算会计中，按照支付的相关税费，借记“其他支出”科目，贷记“资金结存”科目。

无偿调入的无形资产，其成本按照调出方账面价值加上相关税费确定。若无偿调入资产在调出方的账面价值为零（即已经按制度规定提足折旧）或者账面余额为名义金额的，单位应当将调入过程中其承担的相关税费计入当期费用，不计入调入资产的初始入账成本。

6.置换取得的无形资产

置换取得的无形资产，参照“库存物品”科目中置换取得库存物品的相关规定进行账务处理。

7.研发支出

为了核算研发支出，单位财务会计应设置“研发支出”总账科目。本科目核算单位自行研究开发项目研究阶段和开发阶段发生的各项支出。本科目应当按照自行研究开发项目，分别“研究支出”“开发支出”进行明细核算。本科目期末借方余额反映单位预计能达到预定用途的研究开发项目在开发阶段发生的累计支出数。

自行研究开发项目研究阶段的支出，在财务会计中，按照从事研究及其辅助活动人员计提的薪酬，研究活动领用的库存物品，发生的与研究活动相关的管理费、间接费和其他各项费用，借记“研发支出——研究支出”科目，贷记“应付职工薪酬”“库存物品”“财政拨款收入”“固定资产累计折旧”“银行存款”等科目。同时，在预算会计中，按实际支付的金额，借记“行政支出”“事业支出”等科目，贷记“财政拨款预算收入”“资金结存”科目。期（月）末，应当将“研发支出”科目归集的研究阶段的支出金额转入当期费用，在财务会计中，借记“业务活动费用”等科目，贷记“研发支出——研究支出”科目。

自行研究开发项目开发阶段的支出，在财务会计中，按照从事开发及其辅助活动人员计提的薪酬，开发活动领用的库存物品，发生的与开发活动相关的管理费、间接费和其他各项费用，借记“研发支出——开发支出”科目，贷记“应付职工薪酬”“库存物品”“财政拨款收入”“固定资产累计折旧”“银行存款”等科目。同时，在预算会计中，按实际支付的金额，借记“行政支出”“事业支出”等科目，贷记“财政拨款预算收入”“资金结存”科目。

自行研究开发项目完成，达到预定用途形成无形资产的，按照“研发支出”科目归集的开发阶段的支出金额，在财务会计中，借记“无形资产”科目，贷记“研发支出——开发支出”科目。单位应于每年年度终了评估研究开发项目是否能达到预定用途，如预计不能达到预定用途（如无法最终完成开发项目并形成无形资产的），应当将已发生的开发支出金额全部转入期间费用，在财务会计中，借记“业务活动费用”等科目，贷记“研发支出——开发支出”科目。

自行研究开发项目时涉及增值税业务的，相关账务处理参见“应交增值税”科目的账务处理。

【例5-23】某事业单位自行研究开发某项技术。在研究阶段，计提从事研究活动人员的薪酬60 000元，耗用材料5 000元，通过银行存款支付其他费用15 000元。在开发阶段，计提从事开发活动人员的薪酬85 000，耗用材料10 000元。该单位通过预算管理一体化系统支付研发人员的薪酬14 500元。开发项目完成，形成一项无形资产，开发成本计95 000元。

该单位会计应编制的会计分录如下：

①在归集研究阶段发生的各项支出时：

在财务会计中：

借：研发支出——研究支出　　　　80 000

　　贷：应付职工薪酬　　60 000
　　　　银行存款　　15 000
　　　　库存物品——材料　　5 000
同时，在预算会计中：
借：事业支出　　15 000
　　贷：资金结存——货币资金——银行存款　　15 000
②在结转研究阶段发生的支出时：
在财务会计中：
借：业务活动费用　　80 000
　　贷：研发支出——研究支出　　80 000
③归集开发阶段各项支出时：
在财务会计中：
借：研发支出——开发支出　　95 000
　　贷：应付职工薪酬　　85 000
　　　　库存物品　　10 000
④通过预算管理一体化系统支付研发人员的薪酬时：
在财务会计中：
借：应付职工薪酬　　145 000
　　贷：财政拨款收入　　145 000
在预算会计中：
借：事业支出　　145 000
　　贷：财政拨款预算收入　　145 000
⑤开发项目完成并形成一项无形资产时：
在财务会计中：
借：无形资产——专利权　　95 000
　　贷：研发支出——开发支出　　95 000

三、无形资产的摊销

（一）无形资产摊销的年限和方法

政府会计主体应当于取得或形成无形资产时，合理确定其使用年限。无形资产的使用年限为有限的，应当估计该使用年限。无法预见无形资产为政府会计主体提供服务潜力或者带来经济利益期限的，应当视为使用年限不确定的无形资产。

政府会计主体应当对使用年限有限的无形资产进行摊销，但已摊销完毕仍继续使用的无形资产和以名义金额计量的无形资产除外。摊销是指在无形资产使用年限内，按照确定的方法对应摊销金额进行系统分摊。

对于使用年限有限的无形资产，政府会计主体应当按照以下原则确定无形资产的摊销年限：

（1）法律规定了有效年限的，按照法律规定的有效年限作为摊销年限；

（2）法律没有规定有效年限的，按照相关合同或单位申请书中的受益年限作为摊销年限；

（3）法律没有规定有效年限、相关合同或单位申请书也没有规定受益年限的，应当根据无形资产为政府会计主体带来服务潜力或经济利益的实际情况，预计其使用年限；

（4）非大批量购入、单价小于1 000元的无形资产，可以于购买的当期将其成本一次性全部转销。

政府会计主体应当按月对使用年限有限的无形资产进行摊销，并根据用途计入当期费用或者相关资产成本。政府会计主体应当采用年限平均法或者工作量法对无形资产进行摊销，应摊销金额为其成本，不考虑预计残值。

因发生后续支出而增加无形资产成本的，对于使用年限有限的无形资产，应当按照重新确定的无形资产成本以及重新确定的摊销年限计算摊销额。使用年限不确定的无形资产不应摊销。

（二）无形资产累计摊销的主要账务处理

按月对无形资产进行摊销时，按照应摊销金额，借记“业务活动费用”“单位管理费用”“加工物品”“在建工程”等科目，贷记“无形资产累计摊销”科目。

经批准处置无形资产时，按照所处置无形资产的账面价值，借记“资产处置费用”“无偿调拨净资产”“待处理财产损溢”等科目；按照已计提摊销，借记“无形资产累计摊销”科目；按照无形资产的账面余额，贷记“无形资产”科目。

“无形资产累计摊销”科目期末贷方余额反映单位计提的无形资产摊销累计数。

【例5-24】某事业单位拥一项专利技术，无形资产账面原值为120 000元，该项专利权的使用年限为5年，每月摊销计入单位业务活动费用。

每月摊销时，该单位会计应编制的财务会计分录如下：

借：业务活动费用	2 000	
贷：无形资产累计摊销		2 000

四、无形资产的处置

按照规定报经批准处置无形资产，应当分以下五种情况处理。

（一）出售或转让无形资产

单位报经批准出售、转让无形资产，在财务会计中，按照被出售、转让无形资产的账面价值，借记“资产处置费用”科目；按照无形资产已计提的摊销，借记“无形资产累计摊销”科目；按照无形资产账面余额，贷记“无形资产”科目；按照收到的价款，借记“银行存款”等科目；按照处置过程中发生的相关费用，贷记“银行存款”等科目；按照其差额，贷记“应缴财政款”科目（按照规定应上缴无形资产转让净收入的）或“其他收入”科目（按照规定将无形资产转让收入纳入本单位预算管理的）。对于按照规定将无形资产转让收入纳入本单位预算管理的，在预算会计中借记“资金结存”等科目，贷记“其他预算收入”科目。

【例5-25】2×24年5月31日，某事业单位转让一项专利权，其账面价值为200 000元，已计提摊销120 000元，转让时取得价款100 000元，以银行存款支付发生的相关税费5 000元，按要求，该项收入应上缴财政。

5月31日，编制财务会计分录如下：

借：资产处置费用 80 000

　　无形资产累计摊销专利权 120 000

　贷：无形资产——专利权 200 000

借：银行存款 100 000

　贷：其他收入 95 000

　　　银行存款 5 000

（二）对外捐赠无形资产

报经批准对外捐赠无形资产，在财务会计中，按照无形资产已计提的摊销，借记“无形资产累计摊销”科目；按照被处置无形资产账面余额，贷记“无形资产”科目；按照捐赠过程中发生的属于捐出方的相关费用，贷记“银行存款”等科目；按照其差额，借记“资产处置费用”科目。同时，在预算会计中，按上述发生的归属于捐出方的相关费用，借记“其他支出”等科目，贷记“资金结存”科目。

【例5-26】某事业单位将自行开发并按法律程序申请的专利权捐赠给某慈善机构，该专利的账面余额50 000元，已计提摊销5 000元。捐赠时，发生专利权过户手续费500元。

编制财务会计分录：

借：无形资产累计摊销 5 000

　　资产处置费用 45 500

　贷：无形资产——××专利权 50 000

　　　银行存款 500

编制预算会计分录：

借：其他支出 500

　贷：资金结存——货币资金——银行存款 500

（三）无偿调出无形资产

报经批准无偿调出无形资产，在财务会计中，按照无形资产已计提的摊销，借记“无形资产累计摊销”科目；按照被处置无形资产账面余额，贷记“无形资产”科目；按照其差额，借记“无偿调拨净资产”科目。同时，按照无偿调出过程中发生的归属于调出方的相关费用，借记“资产处置费用”科目，贷记“银行存款”等科目。在预算会计中，按调出过程中发生的归属于调出方的相关费用，借记“其他支出”等科目，贷记“资金结存”科目。

【例5-27】2×24年6月30日，某事业单位无偿调出一项专利技术，其账面价值为200 000元，已累计摊销120 000元，发生相关税费5 000元，用银行存款支付。

6月30日，编制财务会计分录如下：

借：无偿调拨净资产 80 000

　　无形资产累计摊销——专利技术 120 000

　贷：无形资产——专利技术 200 000

借：资产处置费用 5 000

　贷：银行存款 5 000

同时，编制预算会计分录：

借：其他支出——相关税费 5 000

贷：资金结存——货币资金——银行存款 5 000

（四）置换换出无形资产

报经批准置换换出无形资产，参照“库存物品”科目中置换换入库存物品的规定进行账务处理。

（五）核销无形资产

无形资产预期不能为单位带来服务潜力或经济利益的，按照规定报经批准核销时，在财务会计中，按照待核销无形资产的账面价值，借记“资产处置费用”科目；按照已计提摊销，借记“无形资产累计摊销”科目；按照无形资产的账面余额，贷记“无形资产”科目。

【例5-28】2×24年7月31日，某事业单位将一批不能再为事业单位带来经济利益的著作专利权予以核销，该专利权账面余额为100 000元，已计提摊销90 000元。

7月31日，编制财务会计分录如下：

借：资产处置费用 10 000

　　无形资产累计摊销 90 000

　贷：无形资产——专利权 100 000

五、无形资产的披露

政府会计主体应当按照无形资产的类别在附注中披露与无形资产有关的下列信息：

（1）无形资产账面余额、累计摊销额、账面价值的期初、期末及其本期变动情况。

（2）自行开发无形资产的名称、数量，以及账面余额和累计摊销额的变动情况。

（3）以名义金额计量的无形资产名称、数量，以及以名义金额计量的理由。

（4）接受捐赠、无偿调入无形资产的名称、数量等情况。

（5）使用年限有限的无形资产，其使用年限的估计情况；使用年限不确定的无形资产，其使用年限不确定的依据。

（6）无形资产出售、对外投资等重要资产处置的情况。

无形资产的主要账务处理

第四节　公共基础设施与政府储备物资

一、公共基础设施的核算

（一）公共基础设施的定义与确认

1.公共基础设施的定义

公共基础设施是指政府会计主体为满足社会公共需求而控制的，同时具有以下特征的有形资产：①是一个有形资产系统或网络的组成部分；②具有特定用途；③一般不可移动。

公共基础设施主要包括市政基础设施（如城市道路、桥梁、隧道、公交场站、路灯、广场、公园绿地、室外公共健身器材，以及环卫、排水、供水、供电、供气、供热、污水处理、垃圾处理系统等）、交通基础设施（如公路、航道、港口等）、水利基础设施（如大坝、堤防、水闸、泵站、渠道等）和其他公共基础设施。

下列各项不属于公共基础设施：

（1）独立于公共基础设施、不构成公共基础设施使用不可缺少组成部分的管理维护用房屋建筑物、设备、车辆等，在固定资产中进行核算；

（2）属于文物资源的公共基础设施，在文物资源中核算；

（3）采用政府和社会资本合作模式（即PPP模式）形成的公共基础设施的确认和初始计量，不在公共基础设施中核算。

2.公共基础设施的确认

（1）确认主体

通常情况下，符合公共基础设施确认条件的，应当由按规定对其负有管理维护职责的政府会计主体予以确认。多个政府会计主体共同管理维护的公共基础设施，应当由对该资产负有主要管理维护职责或者承担后续主要支出责任的政府会计主体予以确认。分为多个组成部分由不同政府会计主体分别管理维护的公共基础设施，应当由各个政府会计主体分别对其负责管理维护的公共基础设施的相应部分予以确认。负有管理维护公共基础设施职责的政府会计主体通过政府购买服务方式委托企业或其他会计主体代为管理维护公共基础设施的，该公共基础设施应当由委托方予以确认。

（2）确认条件及方法

公共基础设施同时满足下列条件的，应当予以确认：

①与该公共基础设施相关的服务潜力很可能实现或者经济利益很可能流入政府会计主体；

②该公共基础设施的成本或者价值能够可靠地计量。

通常情况下，对于自建或外购的公共基础设施，政府会计主体应当在该项公共基础设施验收合格并交付使用时确认；对于无偿调入、接受捐赠的公共基础设施，政府会计主体应当在开始承担该项公共基础设施管理维护职责时确认。

政府会计主体应当根据公共基础设施提供公共产品或服务的性质或功能特征对其进行分类确认。公共基础设施的各组成部分具有不同使用年限或者以不同方式提供公共产品或服务，适用不同折旧率或折旧方法且可以分别确定各自原价的，应当分别将各组成部分确认为该类公共基础设施的一个单项公共基础设施。

政府会计主体在购建公共基础设施时，能够分清购建成本中的构筑物部分与土地使用权部分的，应当将其中的构筑物部分和土地使用权部分分别确认为公共基础设施；不能分清购建成本中的构筑物部分与土地使用权部分的，应当整体确认为公共基础设施。

（二）公共基础设施的计量

1.公共基础设施的初始计量

公共基础设施在取得时应当按照成本进行初始计量。

（1）自行建造的公共基础设施

自行建造的公共基础设施完工交付使用时，按照在建工程的成本，借记“公共基础设施”科目，贷记“在建工程”科目。已交付使用但尚未办理竣工决算手续的公共基础设施，按照估计价值入账，待办理竣工决算后再按照实际成本调整原来的暂估价值。

政府会计主体自行建造的公共基础设施，其成本包括完成批准的建设内容所发生的全部必要支出，包括建筑安装工程投资支出、设备投资支出、待摊投资支出和其他投资支出。

在原有公共基础设施基础上进行改建、扩建等建造活动后的公共基础设施，其成本按照原公共基础设施账面价值加上改建、扩建等建造活动发生的支出，再扣除公共基础设施被替换部分的账面价值后的金额确定。

为建造公共基础设施借入的专门借款的利息，属于建设期间发生的，计入该公共基础设施在建工程成本；不属于建设期间发生的，计入当期费用。

【例5-29】某行政单位根据市政规划自行建造一项公共基础设施。该公共基础设施自建设至交付使用前所发生的全部必要支出是800 000元。

该行政单位会计应编制的财务会计分录如下：

借：公共基础设施	800 000	
贷：在建工程		800 000

（2）无偿调入的公共基础设施

接受其他单位无偿调入的公共基础设施，按照确定的成本，借记“公共基础设施”科目；按照发生的归属于调入方的相关费用，贷记“财政拨款收入”“银行存款”等科目；按照其差额，贷记“无偿调拨净资产”科目。

无偿调入的公共基础设施成本无法可靠取得的，按照发生的相关税费、运输费等金额，借记“其他费用”科目，贷记“财政拨款收入”“银行存款”等科目。

在预算会计中，按照发生的归属于调入方的相关费用，借记“其他支出”科目，贷记“财政拨款预算收入”“资金结存”科目。

【例5-30】某行政单位根据市政府的统一规划，经批准无偿调入一项公共基础设施。该项公共基础设施在调出方的账面价值是300 000元。在调入过程中，该行政单位发生相关费用3 000元，款项通过预算管理一体化系统支付。

该行政单位会计应编制的会计分录如下：

在财务会计中：

借：公共基础设	3 003 000	
贷：无偿调拨净资产——公共基础设施		3 000 000
财政拨款收入		3 000

同时，在预算会计中：

借：其他支出	3 000	
贷：财政拨款预算收入		3 000

（3）接受捐赠的公共基础设施

接受捐赠的公共基础设施，在财务会计中，按照确定的成本，借记“公共基础设施”科目；按照发生的相关费用，贷记“财政拨款收入”“银行存款”等科目；按照其差额，贷记“捐赠收入”科目。

接受捐赠的公共基础设施成本无法可靠取得的，按照发生的相关税费等金额，在财务会计中，借记“其他费用”科目，贷记“财政拨款收入”“银行存款”等科目；同时在预算会计中，借记“其他支出”科目，贷记“财政拨款预算收入”“资金结存”科目。

接受捐赠的公共基础设施，其成本按照有关凭据注明的金额加上相关费用确定；没有相关凭据可供取得，但按规定经过资产评估的，其成本按照评估价值加上相关费用确定；没有相关凭据可供取得、也未经资产评估的，其成本比照同类或类似资产的市场价格加上相关费用确定。如受赠的系旧的公共基础设施，在确定其初始入账成本时应当考虑该项资产的新旧程度。

此外，对于成本无法可靠取得的公共基础设施，单位应当设置备查簿进行登记，待成本能够可靠确定后按照规定及时入账。

其他方式取得的公共基础设施的核算可参照固定资产相关核算的内容。

（4）外购的公共基础设施

政府会计主体外购的公共基础设施，其成本包括购买价款、相关税费以及公共基础设施交付使用前所发生的可归属于该项资产的运输费、装卸费、安装费和专业人员服务费等。外购的公共基础设施，在财务会计中，按照确定的成本，借记“公共基础设施”科目，贷记“财政拨款收入”“银行存款”等科目。在预算会计中，按照实际支付的金额，借记“行政支出”“事业支出”科目，贷记“财政拨款预算收入”“资金结存”科目。

（5）包括不同组成部分的公共基础设施

对于包括不同组成部分的公共基础设施，其只有总成本、没有单项组成部分成本的，政府会计主体可以按照各单项组成部分同类或类似资产的成本或市场价格比例对总成本进行分配，分别确定公共基础设施中各单项组成部分的成本。

2.公共基础设施的后续计量

（1）公共基础设施的折旧或摊销

政府会计主体应当对公共基础设施计提折旧，但政府会计主体持续进行良好的维护使得其性能得到永久维持的公共基础设施和确认为公共基础设施的单独计价入账的土地使用权除外。对于确认为公共基础设施的单独计价入账的土地使用权，政府会计主体应当按照无形资产的相关规定进行摊销。

公共基础设施应计提的折旧总额为其成本，计提公共基础设施折旧时不考虑预计净残值。

政府会计主体应当对暂估入账的公共基础设施计提折旧，实际成本确定后不需调整原已计提的折旧额。政府会计主体应当根据公共基础设施的性质和使用情况，合理确定公共基础设施的折旧年限。

政府会计主体确定公共基础设施折旧年限，应当考虑下列因素：

①设计使用年限或设计基准期；

②预计实现服务潜力或提供经济利益的期限；

③预计有形损耗和无形损耗；

④法律或者类似规定对资产使用的限制。

公共基础设施的折旧年限一经确定，不得随意变更。对于政府会计主体接受无偿调入、捐赠的公共基础设施，应当考虑该项资产的新旧程度，按照其尚可使用的年限计提折旧。

政府会计主体一般应当采用年限平均法或者工作量法计提公共基础设施折旧。在确定公共基础设施的折旧方法时，应当考虑与公共基础设施相关的服务潜力或经济利益的预期实现方式。公共基础设施折旧方法一经确定，不得随意变更。

公共基础设施应当按月计提折旧，并计入当期费用。当月增加的公共基础设施，当月开始计提折旧；当月减少的公共基础设施，当月不再计提折旧。处于改建、扩建等建造活动期间的公共基础设施，应当暂停计提折旧。因改建、扩建等原因而延长公共基础设施使用年限的，应当按照重新确定的公共基础设施的成本和重新确定的折旧年限计算折旧额，不需调整原已计提的折旧额。公共基础设施提足折旧后，无论能否继续使用，均不再计提折旧；已提足折旧的公共基础设施，可以继续使用的，应当继续使用，并规范实物管理。提前报废的公共基础设施，不再补提折旧。

单位按月计提公共基础设施折旧时，按照应计提的折旧额，借记“业务活动费用”科目，贷记“基础设施累计折旧（摊销）”科目。单位按月对确认为公共基础设施的单独计价入账的土地使用权进行摊销时，按照应计提的摊销额，借记“业务活动费用”科目，贷记“基础设施累计折旧（摊销）”科目。

【例 5-31】某行政单位对一项公共基础设施计提折旧 250 000 元。

该行政单位会计应编制的会计分录如下：

借：业务活动费用　　250 000

　贷：公共基础设施累计折旧（摊销）　　250 000

（2）公共基础设施的后续支出

按照规定，公共基础设施在使用过程中发生的后续支出，符合规定的确认条件的，应当计入公共基础设施成本；不符合规定的确认条件的，应当在发生时计入当期费用。通常情况下，为增加公共基础设施使用效能或延长其使用年限而发生的改建、扩建等后续支出，应当计入公共基础设施成本；为维护公共基础设施的正常使用而发生的日常维修、养护等后续支出，应当计入当期费用。

将公共基础设施转入改建、扩建时，在财务会计中，按照公共基础设施的账面价值，借记“在建工程”科目；按照公共基础设施已计提的折旧，借记“公共基础设施累计折旧（摊销）”科目；按照公共基础设施的账面余额，贷记“公共基础设施”科目。

为增加公共基础设施使用效能或延长其使用年限而发生的改建、扩建等后续支出，在财务会计中，借记“在建工程”科目，贷记“财政拨款收入”“银行存款”等科目；同时，在预算会计中，借记“行政支出”“事业支出”科目，贷记“财政拨款预算收入”“资金结存”科目。

公共基础设施改建、扩建完成，验收交付使用时，在财务会计中，按照在建工程成本，借记“公共基础设施”科目，贷记“在建工程”科目。

为保证公共基础设施正常使用发生的日常维修等支出，在财务会计中，借记“业务活动费用”“单位管理费用”等科目，贷记“财政拨款收入”“银行存款”等科目；同时，在预算会计中，按照支付的相关费用，借记“行政支出”“事业支出”科目，贷记“财政拨款预算收入”“资金结存”科目。

【例 5-32】某行政单位对由其占有并直接负责维护管理的一项公共基础设施进行日常修理，以维护其正常使用，共发生日常修理支出 25 000 元，款项通过预算管理一体化系统支付。

该行政单位会计应编制财务会计分录：

借：业务活动费用　　25 000

贷：财政拨款收入　　25 000

同时，编制预算会计分录：

借：行政支出　　25 000

贷：财政拨款预算收入　　25 000

（三）公共基础设施的处置

按照规定报经批准处置公共基础设施，分以下两种情况处理：

公共基础设施的主要账务处理

1.对外捐赠公共基础设施

报经批准对外捐赠公共基础设施，在财务会计中，按照公共基础设施已计提的折旧或摊销，借记“公共基础设施累计折旧（摊销）”科目；按照被处置公共基础设施的账面余额，贷记“公共基础设施”科目；按照捐赠过程中发生的归属于捐出方的相关费用，贷记“银行存款”等科目；按照其差额，借记“资产处置费用”科目。同时，在预算会计中，按照捐赠过程中发生的归属于捐出方的相关费用，借记“其他支出”科目，贷记“资金结存”科目。

2.无偿调出公共基础设施

报经批准无偿调出公共基础设施，在财务会计中，按照公共基础设施已计提的折旧或摊销，借记“公共基础设施累计折旧（摊销）”科目；按照被处置公共基础设施的账面余额，贷记“公共基础设施”科目；按照其差额，借记“无偿调拨净资产”科目。同时，按照无偿调出过程中发生的归属于调出方的相关费用，借记“资产处置费用”科目，贷记“银行存款”等科目。在预算会计中，按照无偿调出过程中发生的归属于调出方的相关费用，借记“其他支出”科目，贷记“资金结存”科目。

【例5-33】某建设事业单位根据市政府的统一规划，经批准将公共基础设施休闲广场移交市体育局。该公共基础设施的原值是5 000 000元，已提折旧500 000元。

该事业单位会计应编制的财务会计分录如下：

借：无偿调拨净资产——公共基础设施　　4 500 000

　　公共基础设施累计折旧（摊销）　　500 000

贷：公共基础设施——休闲广场　　5 000 000

二、政府储备物资的核算

（一）政府储备物资的定义与确认

1.政府储备物资的定义

政府储备物资是指行政事业单位为满足实施国家安全与发展战略、进行抗灾救灾、应对公共突发事件等特定公共需求而控制的，同时具有下列特征的有形资产：①在应对可能发生的特定事件或情形时动用；②其购入、存储保管、更新（轮换）、动用等由政府及相关部门发布的专门管理制度规范。

政府储备物资包括战略及能源物资、抢险抗灾救灾物资、农产品、医药物资和其他重要商品物资，通常情况下由单位委托承储单位存储。

2.政府储备物资的确认

按照《政府会计准则第6号——政府储备物资》的规定，政府储备物资同时满足下列条件的，应当予以确认：①与该政府储备物资相关的服务潜力很可能实现或者经济利益很可能流入政府会计主体；②该政府储备物资的成本或者价值能够可靠地计量。

通常情况下，符合上述规定的政府储备物资，应当由按规定对其负有管理职责的政府会计主体予以确认。其中，管理职责主要指提出或拟定收储计划、更新（轮换）计划、动用方案等相关管理职责。由不同政府会计主体行使相关行政管理职责的政府储备物资，由负责提出收储计划的政府会计主体予以确认。对政府储备物资不负有管理职责，但接受委托具体负责执行其存储保管等工作的政府会计主体，应当将受托代储的政府储备物资作为受托代理资产核算。

（二）政府储备物资的计量

1.政府储备物资取得的计量

（1）购入的政府储备物资

购入的政府储备物资验收入库，按照确定的成本，在财务会计中，借记“政府储备物资”科目，贷记“财政拨款收入”“银行存款”等科目；同时在预算会计中，借记“行政支出”“事业支出”等科目，贷记“财政拨款预算收入”“资金结存”科目。

单位购入的政府储备物资，其成本包括购买价款和政府会计主体承担的相关税费、运输费、装卸费、保险费、检测费，以及使政府储备物资达到目前场所和状态所发生的归属于政府储备物资成本的其他支出。

【例5-34】某行政单位购入一批防洪救灾储备物资，购买价款为60 000元，相关税费为7 800元，装卸及保险费为10 000元，购入的政府储备物资验收入库。该款项通过预算管理一体化系统支付。

该行政单位会计应编制的财务会计分录如下：

借：政府储备物资 77 800

　贷：财政拨款收入 77 800

同时，在预算会计中：

借：行政支出 77 800

　贷：财政拨款预算收入 77 800

（2）委托加工的政府储备物资

涉及委托加工政府储备物资业务的，相关账务处理参照“加工物品”科目的账务处理。单位委托加工的政府储备物资，其成本包括委托加工前物料成本、委托加工的成本（如委托加工费以及按规定应计入委托加工政府储备物资成本的相关税费等）以及政府会计主体承担的使政府储备物资达到目前场所和状态所发生的归属于政府储备物资成本的其他支出。

（3）接受捐赠的政府储备物资

接受捐赠的政府储备物资验收入库，在财务会计中，按照确定的成本，借记“政府储备物资”科目；按照单位承担的相关税费、运输费等，贷记“银行存款”等科目；按照其差额，贷记“捐赠收入”科目。同时，在预算会计中，按照单位承担的相关税费、运输费等，借记“其他支出”科目，贷记“资金结存”科目。

【例5-35】2×24年5月21日，某单位接受外单位A公司捐赠的一批防汛物资，资产评估价值为70 000元，运杂费为600元，以银行存款支付。

5月21日，接受捐赠时，财务会计分录如下：

借：政府储备物资 70 600

　贷：银行存款——基本账户存款 600

贷：捐赠收入 70 000

同时，编制预算会计分录：

借：其他支出——运杂费 600

贷：资金结存——货币资金——银行存款 600

（4）接受无偿调入的政府储备物资

接受无偿调入的政府储备物资验收入库，在财务会计中，按照确定的成本，借记“政府储备物资”科目；按照单位承担的相关税费、运输费等，贷记“银行存款”等科目；按照其差额，贷记“无偿调拨净资产”科目。同时，在预算会计中，按照单位承担的相关税费、运输费等，借记“其他支出”科目，贷记“资金结存”科目。

【例5-36】2×24年7月10日，某单位从外单位无偿调入一批农产品储备物资，已经验收入库，市场上同类物资价格为40 000元，并使用银行存款支付相关运输费、保管费500元。

7月10日收到物资时，财务会计分录如下：

借：政府储备物资——农产品 40 500

贷：银行存款 500

无偿调拨净资产 40 000

同时，编制预算会计分录：

借：其他支出——运杂费 500

贷：资金结存——货币资金——银行存款 500

2.政府储备物资发出的账务处理

政府会计主体应当根据实际情况采用先进先出法、加权平均法或者个别计价法确定政府储备物资发出的成本。计价方法一经确定，不得随意变更。对于性质和用途相似的政府储备物资，政府会计主体应当采用相同的成本计价方法确定发出物资的成本。对于不能替代使用的政府储备物资、为特定项目专门购入或加工的政府储备物资，政府会计主体通常采用个别计价法确定发出物资的成本。

政府储备物资发出时，分别按以下情况处理：

（1）因动用而发出无须收回的政府储备物资的，按照发出物资的账面余额，借记“业务活动费用”科目，贷记“政府储备物资”科目。

（2）因动用而发出需要收回或者预期可能收回的政府储备物资的，在发出物资时，按照发出物资的账面余额，借记“政府储备物资——发出”科目，贷记“政府储备物资——在库”科目。按照规定的质量验收标准收回物资时，按照收回物资的原账面余额，借记“政府储备物资——在库”科目；按照未收回物资的原账面余额，借记“业务活动费用”科目；按照物资发出时登记在“政府储备物资”科目所属“发出”明细科目中的余额，贷记“政府储备物资——发出”科目。

【例5-37】2×24年3月10日，某单位因紧急救灾需要，发出一批储备医药品物资，价值100 000元，预计救灾结束后能收回部分物资，2×24年3月30日收回50%的物资。

（1）3月10日，发出物资时，财务会计分录如下：

借：政府储备物资——发出——救灾物资 100 000

贷：政府储备物资——在库——救灾物资 100 000

（2）3月30日，收回部分物资时，财务会计分录如下：

借：政府储备物资——在库——救灾物资 50 000

　　业务活动费用——商品和服务费用 50 000

　贷：政府储备物资——发出——救灾物资 100 000

不编制预算会计分录。

（3）因行政管理主体变动等原因而将政府储备物资调拨给其他主体的，按照无偿调出政府储备物资的账面余额，借记“无偿调拨净资产”科目，贷记“政府储备物资”科目。

【例5-38】2×24年8月10日，因A事业单位主体发生变动，现向B事业单位无偿调出一批农产品储备物资，市场上同类物资的价格为3 000元，未发生相关税费。

财务会计分录如下：

借：无偿调拨净资产 3 000

　贷：政府储备物资 3 000

（4）对外销售政府储备物资并将销售收入纳入单位预算统一管理的，发出物资时，按照发出物资的账面余额，借记“业务活动费用”科目，贷记“政府储备物资”科目。实现销售收入时，在财务会计中，按照确认的收入金额，借记“银行存款”“应收账款”等科目，贷记“事业收入”等科目；同时在预算会计中，借记“资金结存”科目，贷记“事业预算收入”科目。发生相关税费时，按照发生的相关税费，在财务会计中，借记“业务活动费用”科目，贷记“银行存款”等科目；同时在预算会计中，借记“事业支出”“行政支出”科目，贷记“资金结存”科目。

对外销售政府储备物资并按照规定将销售净收入上缴财政的，发出物资时，在财务会计中，按照发出物资的账面余额，借记“资产处置费用”科目，贷记“政府储备物资”科目。取得销售价款时，在财务会计中，按照实际收到的款项金额，借记“银行存款”等科目；按照发生的相关税费，贷记“银行存款”等科目；按照销售价款大于所承担的相关税费后的差额，贷记“应缴财政款”科目。在预算会计中不进行账务处理。

【例5-39】2×24年7月28日，某单位销售一批储备医药品，价值50 000元，取得收入50 000元，统一上缴财政。销售时，发生其他税费2 000元，用银行存款支付。

7月28日，销售储备物资时，财务会计分录如下：

借：资产处置费用 50 000

　贷：政府储备物资——医药品 50 000

借：银行存款——基本账户存款 50 000

　贷：银行存款——基本账户存款 2 000

　　　应缴财政款——应缴国库款 48 000

（三）政府储备物资的清查盘点

政府储备物资的主要账务处理

单位应当定期对政府储备物资进行清查盘点，每年至少盘点一次。对于发生的政府储备物资盘盈、盘亏或者报废、毁损，应当先记入“待处理财产损溢”科目，按照规定报经批准后及时进行后续账务处理。

1. 盘盈的政府储备物资，按照确定的成本入账，借记“政府储备物资”科目，贷记“待处理财产损溢”科目。

2. 盘亏或者毁损、报废的政府储备物资，按照待处理政府储备物资的账面余额，借记“待处理财产损溢”科目，贷记“政府储备物资”科目。

“政府储备物资”科目期末借方余额反映政府储备物资的成本。

【例5-40】某事业单位年末对储备物资进行清查盘点，发现储备医疗防护物资多出10件，参考市价每件100元，共计1 000元。

借：政府储备物资 1 000

　贷：待处理财产损溢 1 000

第五节 保障性住房

保障性住房是指行政事业单位为满足社会公共需求而控制的用于居住保障目的的住房，如廉租住房、公共租赁住房、人才公寓等。根据《政府会计准则制度解释第1号》的规定，此处的保障性住房，主要指地方政府住房保障主管部门持有全部或部分产权份额、纳入城镇住房保障规划和年度计划、向符合条件的保障对象提供的住房。

为了核算保障性住房业务，单位应设置“保障性住房”总账科目。“保障性住房”科目用来核算单位为满足社会公共需求而控制的保障性住房的原值。本科目应当按照保障性住房的类别、项目等进行明细核算，本科目期末借方余额反映保障性住房的原值。

一、保障性住房的取得

保障性住房取得时，分为外购的保障性住房、自行建造的保障性住房、无偿调入的保障性住房和接受捐赠的保障性住房。

1.外购的保障性住房

外购的保障性住房，按照购买价款、相关税费以及可归属于该项资产达到预定用途前所发生的其他支出确定其成本。按照确定的成本，在财务会计中，借记“保障性住房”科目，贷记“财政拨款收入”“银行存款”等科目；同时在预算会计中，借记“行政支出”“事业支出”科目，贷记“财政拨款预算收入”“资金结存”科目。

【例5-41】2×24年3月17日，某单位购买200套保障性住房，每套价款150 000元，通过预算管理一体化系统支付。

购买保障性住房时，编制财务会计分录：

借：保障性住房 30 000 000

　贷：财政拨款收入 30 000 000

同时，编制预算会计分录：

借：事业支出——项目支出——资本性支出 30 000 000

　贷：财政拨款预算收入 30 000 000

2.自行建造的保障性住房

自行建造的保障性住房交付使用时，在财务会计中，按照在建工程成本，借记“保障性住房”科目，贷记“在建工程”科目。已交付使用但尚未办理竣工决算手续的保障性住房，按照估计价值入账，待办理竣工决算后再按照实际成本调整原来的暂估价值。

3.无偿调入的保障性住房

无偿调入的保障性住房，在财务会计中，按照确定的成本，借记“保障性住房”科目；按照发生的归属于调入方的相关费用，贷记“银行存款”等科目；按照其差额，贷记“无偿调拨净资产”科目。同时，在预算会计中，按照上述发生的归属于调入方的相关费用，借记“其他支出”科目，贷记“资金结存”科目。

接受其他单位无偿调入的保障性住房，其成本按照该项资产在调出方的账面价值加上归属于调入方的相关费用确定。

4.接受捐赠和融资租赁的保障性住房

接受捐赠、融资租赁取得的保障性住房，参照“固定资产”科目的相关规定进行处理。

二、与保障性住房有关的后续支出

与保障性住房有关的后续支出，参照“固定资产”科目的相关规定进行处理。

三、保障性住房的出租

按照规定出租保障性住房并将出租收入上缴同级财政，在财务会计中，按照收取的租金金额，借记“银行存款”等科目，贷记“应缴财政款”科目。此时，在预算会计中不进行会计处理。

【例5-42】某行政单位经批准出租一幢保障性住房，于3月31日收到租金250 000元，存入银行。根据规定，收到的租金应当上缴财政。该行政单位于4月5日通过开户银行上缴财政款项。

该行政单位会计应编制的财务会计分录如下：

①3月31日收到租金时：

借：银行存款	250 000	
贷：应缴财政款		250 000

②4月5日上缴财政款项时：

借：应缴财政款	250 000	
贷：银行存款		250 000

四、保障性住房的折旧

为了核算保障性住房累计折旧业务，单位应设置“保障性住房累计折旧”总账科目。本科目用以核算单位计提的保障性住房的累计折旧。本科目应当按照所对应保障性住房的类别进行明细核算。本科目期末贷方余额反映单位计提的保障性住房折旧累计数。

单位应当参照《政府会计准则第3号——固定资产》及其应用指南的相关规定，按月对其控制的保障性住房计提折旧。按月计提保障性住房折旧时，按照应计提的折旧额，借记“业务活动费用”科目，贷记“保障性住房累计折旧”科目。

【例5-43】接【例5-41】，某单位每月对购入的200套保障性住房按照50年计提折旧。每月按50 000元计提折旧时。

财务会计分录如下：

借：业务活动费用——保障性住房折旧	50 000	
贷：保障性住房累计折旧		50 000

五、保障性住房的处置

按照规定报经批准处置保障性住房，应当分两种情况处理。

1.无偿调出保障性住房

报经批准无偿调出保障性住房，在财务会计中，按照保障性住房已计提的折旧，借记“保障性住房累计折旧”科目；按照被处置保障性住房的账面余额，贷记“保障性住房”科目；按照其差额，借记“无偿调拨净资产”科目。同时，按照无偿调出过程中发生的归属于调出方的相关费用，借记“资产处置费用”科目，贷记“银行存款”等科目。在预算会计中，按照上述调出过程中发生的归属于调出方的相关费用，借记“其他支出”科目，贷记“资金结存”科目。

2.报经批准出售保障性住房

报经批准出售保障性住房，在财务会计中，按照被出售保障性住房的账面价值，借记“资产处置费用”科目；按照保障性住房已计提的折旧，借记“保障性住房累计折旧”科目；按照保障性住房的账面余额，贷记“保障性住房”科目。同时，按照收到的价款，借记“银行存款”等科目；按照出售过程中发生的相关费用，贷记“银行存款”等科目；按照其差额，贷记“应缴财政款”科目。

保障性住房的主要账务处理

【例5-44】接【例5-41】【例5-43】，2×24年12月28日，某单位将其中100套保障性住房以每套200 000元的价格出售，另支付相关税费80 000元（假设该房屋购入时，未作进项税抵扣）。

在财务会计中：

借：资产处置费用	1275 000	
保障性住房累计折旧	225 000	
贷：保障性住房		15 000 000
借：银行存款（20 000 000-80 000）	19 920 000	
贷：应缴财政款		19 920 000

六、保障性住房的清查盘点

单位应当定期对保障性住房进行清查盘点。对于发生的保障性住房盘盈、盘亏、毁损或报废等，参照“固定资产”科目的相关规定进行账务处理。

第六节 文物资源

一、文物资源的概念

文物资源是指行政事业单位为满足社会公共需求而控制的历史文物、艺术品，以及其他具有历史或文化价值并作长期或永久保存的典藏资产等。

二、文物资源的科目设置

为了核算由政府会计主体承担管理收藏职责的文物资源，政府单位应设置“文物资源”总账科目。

“文物资源”科目应当按照文物资源的类型、计量属性等进行明细核算。政府会计主体应当根据文物资源的类型设置“可移动文物”“不可移动文物”“其他藏品”一级明细科目；根据文物资源的计量属性设置“成本”“名义金额”二级明细科目；对于可移动文物和其他藏品，根据文物资源的入藏状态，设置“待入藏”“馆藏”“借出”三级明细科目。对于认定为不可移动文物的公共基础设施，其三级及以下明细科目设置可参照公共基础设施有关规定执行。

政府会计主体可以根据实际情况在本科目下自行增设明细科目。

“文物资源”科目下“成本”明细科目的期末借方余额，反映以成本计量的文物资源成本，“名义金额”明细科目的期末借方余额，反映以名义金额计量的文物资源数量。

三、文物资源的主要账务处理

（一）文物资源的取得

文物资源在取得时，应当按照其成本入账。

1.外购的文物资源

外购的文物资源，按照确定的成本，在财务会计中，借记“文物资源”科目，贷记“财政拨款收入”“银行存款”科目；同时在预算会计中，借记“行政支出”“事业支出”科目，贷记“财政拨款预算收入”“资金结存”科目。

外购的文物资源，其成本包括购买价款、相关税费以及可归属于该项资产达到预定用途前所发生的其他支出（如运输费、安装费、装卸费等）。

2.无偿调入、依法接收、指定保管的文物资源

无偿调入、依法接收、指定保管的文物资源，在财务会计中，按照确定的成本，借记“文物资源”科目；按照发生的归属于调入方的相关费用，贷记“银行存款”等科目；按照其差额，贷记“无偿调拨净资产”科目。

无偿调入的文物资源成本无法可靠取得的，按照发生的归属于调入方的相关费用，在财务会计中，借记“其他费用”科目，贷记“银行存款”等科目；同时在预算会计中，借记“其他支出”科目，贷记“资金结存”科目

接受其他单位无偿调入的文物资源，其成本按照该项资产在调出方的账面价值加上归属于调入方的相关费用确定。

3.考古发掘、接受捐赠的文物资源

考古发掘、接受捐赠的文物资源，在财务会计中按照确定的成本，借记“文物资源”科目；按照发生的相关税费、运输费等金额，贷记“银行存款”等科目；按照其差额，贷记“捐赠收入”科目。

接受捐赠的文物资源成本无法可靠取得的，按照发生的相关税费、运输费等金额，在财务会计中，借记“其他费用”科目，贷记“银行存款”等科目。同时，在预算会计中，按照上述发生的相关税费、运输费等金额，借记“其他支出”科目，贷记“资金结存”科目。

接受捐赠的文物资源，其成本按照有关凭据注明的金额加上相关费用确定；没有相关

凭据可供取得，但按照规定经过资产评估的，其成本按照评估价值加上相关费用确定；没有相关凭据可供取得、也未经评估的，其成本比照同类或类似资产的市场价格加上相关费用确定。

此外，对于成本无法可靠取得的文物资源，单位应当设置备查簿进行登记，待成本能够可靠确定后按照规定及时入账。

【例5-45】某事业单位接收一项捐赠的文物资源，经过资产评估，其评估价值为150 000元。

该事业单位会计应编制的财务会计分录如下：

借：文物资源 150 000

贷：捐赠收入 150 000

4.其他资产重分类为文物资源

其他资产重分类为文物资源的，政府会计主体应当在财务会计中，按照该资产的账面价值，借记“文物资源”科目；按照相关资产科目余额，借记“固定资产累计折旧”等科目（如有），贷记“固定资产”等科目；资产原账面价值为零的，在转销原资产相关科目余额的同时，按照名义金额，借记“文物资源”科目，贷记“累计盈余”科目。

【例5-46】某博物馆有一项其他资产需要重分类为文物资源，该资产的账面价值为80 000元，且该资产已经计提累计折旧20 000元。

该博物馆会计应编制的财务会计分录如下：

借：文物资源 60 000

固定资产累计折旧 20 000

贷：固定资产 80 000

（二）与文物资源有关的后续支出

与文物资源有关的后续支出，参照“公共基础设施”科目相关规定进行处理。

（三）文物资源的处置

按照规定报经批准处置文物资源，应当分两种情况处理。

1.对外捐赠的文物资源

报经批准对外捐赠文物资源，在财务会计中，按照被处置文物资源的账面余额和捐赠过程中发生的归属于捐出方的相关费用合计数，借记“资产处置费用”科目；按照被处置文物资源的账面余额，贷记“文物资源”科目；按照捐赠过程中发生的归属于捐出方的相关费用，贷记“银行存款”等科目。同时，在预算会计中，按照上述发生的归属于捐出方的相关费用，借记“其他支出”科目，贷记“资金结存”科目。

2.无偿调出、撤销退出的文物资源

（1）报经批准无偿调出的文物资源，在财务会计中，按照被处置文物资源的账面余额，借记“无偿调拨净资产”科目，贷记“文物资源”科目；同时，按照无偿调出过程中发生的归属于调出方的相关费用，借记“资产处置费用”科目，贷记“银行存款”等科目。在预算会计中，按照上述发生的归属于调出方的相关费用，借记“其他支出”科目，贷记“资金结存”科目。

【例5-47】2×24年7月10日，某省博物馆无偿调出一批文化资产给外单位，账面记载价值100 000元，运杂费为1 000元，以银行存款支付。

编制财务会计分录：

借：无偿调拨净资产　100 000

　贷：文物资源　100 000

借：资产处置费用　1 000

　贷：银行存款　1 000

同时，编制预算会计分录：

借：其他支出　1 000

　贷：资金结存——货币资金——银行存款　1 000

（2）文物资源报经文物行政部门批准被依法拆除或者因不可抗力等因素毁损、丢失的，政府会计主体应当在按照规定程序核查处理后确认文物资源灭失时，按照该文物资源的账面价值，在财务会计中，借记“待处理财产损溢”科目，贷记“文物资源”科目。

文物资源报经批准予以核销时，政府会计主体应当在财务会计中，借记“资产处置费用”科目，贷记“待处理财产损溢”科目。

政府会计主体在按照规定程序核查处理过程中依法取得净收入的，应当在财务会计中，按照收到的金额，借记“银行存款”等科目，贷记“其他收入”科目；同时在预算会计中，借记“资金结存”等科目，贷记“其他预算收入”科目。政府会计主体发生净支出的，按照实际支出净额，在财务会计中，借记“资产处置费用”科目，贷记“银行存款”等科目；同时在预算会计中，借记“其他支出”科目，贷记“资金结存”等科目。

【例5-48】某博物馆有一项文物资源，账面价值为200 000元，因不可抗力等因素毁损，经过文物行政部门批准后，需要进行会计处理。

发现毁损时的会计处理如下：

借：待处理财产损溢　200 000

　贷：文物资源　200 000

报经批准后的会计处理如下：

借：资产处置费用　200 000

　贷：待处理财产损溢　200 000

3.文物资源的保护、利用

（1）文物资源本体修复修缮支出的账务处理

对于文物资源本体的修复修缮等相关保护支出，政府会计主体应当在财务会计中，按照实际发生的费用，借记“业务活动费用”科目，贷记“财政拨款收入”“银行存款”“库存物品”等科目；在预算会计中，按照实际支付的金额，借记“行政支出”“事业支出”等科目，贷记“财政拨款预算收入”“资金结存”等科目。

【例5-49】某博物馆为文物资源的修复修缮实际发生了50 000元的费用，其中，30 000元来自财政拨款收入，20 000元使用银行存款支付。该单位进行会计账务处理。

财务会计分录为：

借：业务活动费用　50 000

　贷：财政拨款收入　30 000

　　　银行存款　20 000

同时，编制预算会计分录：

借：行政支出/事业支出　50 000

贷：财政拨款预算收入 30 000

资金结存 20 000

（2）文物资源借出和借入的账务处理

①政府会计主体将已入藏的文物资源借给外单位的，应当至少在每年年末核查尚未收回的文物资源，按照账面价值，在财务会计中，借记“文物资源”科目下的“借出”明细科目，贷记“文物资源”科目下的“馆藏”明细科目。在借出的文物资源收回时作相反的会计分录。

【例5-50】某博物馆在年末核查时发现借给外单位的一件文物资源尚未收回，其账面价值为300 000元。会计账务处理如下：

借：文物资源——借出 300 000

贷：文物资源——馆藏 300 000

②政府会计主体从外单位借入文物资源的，应当至少在每年年末核查尚未归还的文物资源，按照该文物资源在借出方的账面价值，在财务会计中，借记“受托代理资产”科目，贷记“受托代理负债”科目。在归还借入的文物资源时，作相反的会计分录。

【例5-51】某博物馆在年末核查时发现有一件从外单位借入的文物资源尚未归还，该文物资源在借出方的账面价值为200 000元。

会计账务处理如下：

借：受托代理资产 200 000

贷：受托代理负债 200 000

（四）文物资源的清查盘点

单位应当定期对文物资源进行清查盘点，每年至少盘点一次。对于发生的文物资源盘盈、盘亏、毁损或报废等，参照“公共基础设施”科目相关规定进行账务处理，具体见本章第八节“待处理财产损溢”。

文物资源的主要账务处理

第七节 受托代理资产与长期待摊费用

一、受托代理资产

（一）受托代理资产的概念

受托代理资产是指单位接受委托方委托管理的各项资产，包括受托指定转赠的物资、受托储存管理的物资、罚没物资等。单位收到的受托代理资产为现金和银行存款的，不属于受托代理资产。

受托代理资产应当在单位收到受托代理的资产时确认。接受委托人委托需要转赠给受赠人的物资，其成本按照有关凭据注明的金额确定；没有相关凭据可供取得的，其成本比照同类或类似物资的市场价格确定。接受委托人委托储存管理的物资，其成本按照有关凭据注明的金额确定。

（二）受托代理资产的核算

为了核算受托代理资产，单位应当设置“受托代理资产”科目，本科目应当按照资产的种类和委托人进行明细核算；属于转赠资产的，还应当按照受赠人进行明细核算。

“受托代理资产”科目期末借方余额反映单位受托代理资产中实物资产的价值。

单位收到受托代理资产为现金和银行存款的，不通过“受托代理资产”科目核算，应当通过“库存现金”“银行存款”科目进行核算。

（三）受托转赠物资

接受委托人委托需要转赠给受赠人的物资，其成本按照有关凭据注明的金额确定。接受委托转赠的物资验收入库，按照确定的成本，借记“受托代理资产”科目，贷记“受托代理负债”科目。

受托协议约定由受托方承担相关税费、运输费等的，还应当按照实际支付的相关税费、运输费等金额，在财务会计中，借记“其他费用”科目，贷记“银行存款”等科目；同时在预算会计中，借记“其他支出”科目，贷记“资金结存”科目。

将受托转赠物资交付受赠人时，按照转赠物资的成本，借记“受托代理负债”科目，贷记“受托代理资产”科目。

转赠物资的委托人取消了对捐赠物资的转赠要求，且不再收回捐赠物资的，应当将转赠物资转为单位的存货、固定资产等，按照转赠物资的成本，借记“受托代理负债”科目，贷记“受托代理资产”科目；同时，借记“库存物品”“固定资产”等科目，贷记“其他收入”科目。

【例5-52】某行政单位接受甲公司委托转赠物资一批，按照有关凭据注明的金额，实际成本为500 000元。接受委托的转赠物资已验收入库。根据受托协议，该单位通过银行存款账户支付相关运输费25 000元。数日后，按照委托人的要求，该行政单位将该批物资转赠给了受赠人。

该单位会计应编制的会计分录如下：

①收到受托转赠的物资时，在财务会计中：

借：受托代理资产　　500 000

　贷：受托代理负债　　500 000

②根据受托协议承担相关运输费时：

在财务会计中：

借：其他费用　　25 000

　贷：银行存款　　25 000

同时，在预算会计中：

借：其他支出　　25 000

　贷：资金结存——货币资金——银行存款　　25 000

③将受托转赠物资交付受赠人时，在财务会计中：

借：受托代理负债　　500 000

　贷：受托代理资产　　500 000

（四）受托储存管理物资

单位接受委托人委托存储保管的物资，其成本按照有关凭据注明的金额确定。接受委托储存的物资验收入库，按照确定的成本，借记“受托代理资产”科目，贷记“受托代理负债”科目。

单位发生由受托单位承担的与受托存储保管的物资相关的运输费、保管费等费用时，按照实际发生的费用金额，借记“其他费用”等科目，贷记“银行存款”等科目。

单位根据委托人要求交付或发出受托存储保管的物资时，按照发出物资的成本，借记

"受托代理负债"科目，贷记"受托代理资产"科目。

【例5-53】某事业单位接受委托，保管一批价值10 000 000元的文物，发生运输和保管费50 000元，以银行存款支付。

该事业单位财务人员应编制如下会计分录：

借：受托代理资产　　10 000 000

　贷：受托代理负债　　10 000 000

借：其他费用　　50 000

　贷：银行存款　　50 000

（五）罚没物资

单位取得罚没物资时，其成本按照有关凭据注明的金额确定。罚没物资验收（入库），按照确定的成本，借记"受托代理资产"科目，贷记"受托代理负债"科目。罚没物资成本无法可靠确定的，单位应当设置备查簿进行登记。

单位按照规定处置或移交罚没物资时，按照罚没物资的成本，借记"受托代理负债"科目，贷记"受托代理资产"科目。处置时取得款项的，按照实际取得的款项金额，借记"银行存款"等科目，贷记"应缴财政款"等科目。

单位受托代理的其他实物资产，参照有关受托转赠物资、受托存储保管物资的规定进行账务处理。

【例5-54】某事业单位2×24年4月10日取得罚没物资50 000元，6月10日按规定予以处置，获得罚没物资款50 000元。

该单位会计应编制的会计分录如下：

①4月10日取得罚没物资时：

借：受托代理资产　　50 000

　贷：受托代理负债　　50 000

②6月10日处置罚没物资时：

借：受托代理负债　　50 000

　贷：受托代理资产　　50 000

借：银行存款　　50 000

　贷：应缴财政款　　50 000

受托代理资产的主要账务处理

二、长期待摊费用

（一）长期待摊费用的概念

长期待摊费用是指单位已经支出，但应由本期和以后各期负担的分摊期限在1年以上（不含1年）的各项费用，如以经营租赁方式租入的固定资产发生的改良支出等。

（二）长期待摊费用的核算

为了核算长期待摊费用，单位应设置"长期待摊费用"总账科目。本科目应当按照费用项目进行明细核算。"长期待摊费用"科目的期末借方余额反映单位尚未摊销完毕的长期待摊费用。

（二）长期待摊费用的账务处理

发生长期待摊费用时，按照实际预付的金额，在财务会计中，借记"长期待摊费用"

科目，贷记“财政拨款收入”“银行存款”等科目；同时在预算会计中，借记“行政支出”“事业支出”等科目，贷记“财政拨款预算收入”“资金结存”等科目。

按照受益期限分期平均摊销时，按照摊销金额，借记“业务活动费用”“单位管理费用”“经营费用”等科目，贷记“长期待摊费用”科目。如果某项长期待摊费用已经不能使单位受益，应当将其摊余金额一次全部转入当期费用，按照摊销金额，借记“业务活动费用”“单位管理费用”“经营费用”等科目，贷记“长期待摊费用”科目。

【例5-55】某事业单位以经营租赁方式租入一项固定资产，在租赁期内通过预算管理一体化系统支付该项固定资产改良支出60 000元，该设备改良完工后的剩余受益年限为5年，则每月应摊销的改良费用为1 000元（60 000÷5÷12）。

应编制的会计分录如下：

①发生改良支出时：

在财务会计中：

借：长期待摊费用——经营租入固定资产改良支出　　60 000

　贷：财政拨款收入　　60 000

同时，在预算会计中：

借：事业支出　　60 000

　贷：财政拨款预算收入　　60 000

②改良完工后按剩余受益年限在相应会计年度进行摊销时：

在财务会计中：

借：业务活动费用　　1 000

　贷：长期待摊费用——经营租入固定资产改良支出　　1 000

在摊销改良支出时没有发生现金流出，因此在预算会计中不需要进行核算。

长期待摊费用的主要账务处理

第八节　待处理财产损溢

一、待处理财产损溢的概念

待处理财产是指单位在资产清查过程中查明的各种资产盘盈、盘亏和报废、毁损的资产（这里应注意的是其范围明显不同于以往行政事业单位会计制度的规定）。单位资产清查中查明的资产盘盈、盘亏、报废和毁损，应按照规定报经批准后及时进行账务处理。年末结账前一般应处理完毕。

二、核算科目设置

为了核算待处理财产损溢业务，单位财务会计应当设置“待处理财产损溢”总账科目，本科目用来核算单位在资产清查过程中查明的各种资产盘盈、盘亏和报废、毁损的价值。本科目应当按照待处理的资产项目进行明细核算，对于在资产处理过程中取得收入或发生相关费用的项目，还应当设置“待处理财产价值”“处理净收入”明细科目，进行明细核算。

“待处理财产损溢”科目期末借方余额反映尚未处理完毕的各种资产的净损失；期末贷方余额反映尚未处理完毕的各种资产净溢余。年末，经批准处理后，本科目一般应无余额。

三、库存现金短缺或溢余的核算

（一）发现库存现金短缺或溢余

每日账款核对发现有待查明原因的现金短缺或溢余时，属于现金短缺的，应当按照实际短缺的金额，在财务会计中，借记“待处理财产损溢”科目，贷记“库存现金”科目；同时在预算会计中，借记“其他支出”科目，贷记“资金结存”科目。

属于现金溢余的，应当按照实际溢余的金额，在财务会计中，借记“库存现金”科目，贷记“待处理财产损溢”科目；同时在预算会计中，借记“资金结存”科目，贷记“其他预算收入”科目。

（二）查明原因报批后的处理

（1）如为现金短缺，属于应由责任人赔偿或向有关人员追回的，借记“其他应收款”科目，贷记“待处理财产损溢”科目。实际收到责任人赔偿时，在财务会计中，借记“库存现金”科目，贷记“其他应收款”科目；在预算会计中，借记“资金结存”科目，贷记“其他支出”科目。属于无法查明原因的，报经批准核销时，借记“资产处置费用”科目，贷记“待处理财产损溢”科目。

（2）如为现金溢余，属于应支付给有关人员或单位的，借记“待处理财产损溢”科目，贷记“其他应付款”科目。实际支付给有关人员或单位时，在财务会计中，借记“其他应付款”科目，贷记“库存现金”科目；在预算会计中，借记“其他预算收入”科目，贷记“资金结存”科目。属于无法查明原因的，报经批准后，借记“待处理财产损溢”科目，贷记“其他收入”科目。

库存现金短缺或溢余的业务处理举例见第四章相关例题。

四、非货币性资产的盘盈、盘亏或报废、毁损

（一）盘盈的各类资产

（1）转入待处理资产时，按照确定的成本，借记“库存物品”“固定资产”“无形资产”“公共基础设施”“政府储备物资”“文物资源”“保障性住房”等科目，贷记“待处理财产损溢”科目。

（2）按照规定报经批准后处理时，对于盘盈的流动资产，借记“待处理财产损溢”科目，贷记“单位管理费用”科目（事业单位）或“业务活动费用”科目（行政单位）。对于盘盈的非流动资产，属于本年度取得的，按照当年新取得相关资产进行账务处理；属于以前年度取得的，按照前期差错处理，借记“待处理财产损溢”科目，贷记“以前年度盈余调整”科目。此类业务在预算会计中不进行账务处理。

【例5-56】某行政单位于2×24年年终财产清查盘点中，盘盈笔记本电脑一台，评估价值6 200元。经查该笔记本电脑系以前年度接受的捐赠，未有入账。

该单位财务会计应编制的会计分录如下：

（1）将盘盈的电脑转入待处理资产时：

借：固定资产——办公设备	6 200	
贷：待处理财产损溢——待处理财产价值		6 200

（2）按规定程序批准后准予以处理时：

借：待处理财产损溢——待处理财产价值　　6 200

　贷：以前年度盈余调整　　6 200

（二）盘亏或者毁损、报废的各类资产

（1）转入待处理资产时，借记“待处理财产损溢——待处理财产价值”科目（盘亏、毁损、报废固定资产、无形资产、公共基础设施、保障性住房的还应借记“固定资产累计折旧”“无形资产累计摊销”“公共基础设施累计折旧（摊销）”“保障性住房累计折旧”科目），贷记“库存物品”“固定资产”“无形资产”“公共基础设施”“政府储备物资”“文物资源”“保障性住房”“在建工程”等科目。涉及增值税业务的，相关账务处理参见“应交增值税”科目的账务处理。报经批准处理时，借记“资产处置费用”科目，贷记“待处理财产损溢——待处理财产价值”科目。

（2）处理毁损、报废实物资产过程中取得的残值或残值变价收入、保险理赔和过失人赔偿等，借记“库存现金”“银行存款”“库存物品”“其他应收款”等科目，贷记“待处理财产损溢——处理净收入”科目；处理毁损、报废实物资产过程中发生的相关费用，借记“待处理财产损溢——处理净收入”科目，贷记“库存现金”“银行存款”等科目。

待处理财产损溢的主要账务处理

（3）处理收支结清，如果处理收入大于相关费用，按照处理收入减去相关费用后的净收入，借记“待处理财产损溢——处理净收入”科目，贷记“应缴财政款”等科目；如果处理收入小于相关费用，按照相关费用减去处理收入后的净支出，借记“资产处置费用”科目，贷记“待处理财产损溢——处理净收入”科目。

【例5-57】某事业单位年终财产清查盘点盘亏扫描仪一台，原价1 500元，已提折旧1 000元。此类业务预算会计不进行会计处理。

该单位会计应编制的财务会计分录如下：

（1）将盘亏扫描仪转入待处理资产时：

借：待处理财产损溢——待处理财产价值　　500

　　固定资产累计折旧　　1 000

　贷：固定资产——办公设备　　1 500

（2）报经批准予以处理时：

借：资产处理费用　　500

　贷：待处理财产损溢——待处理财产价值　　500

【例5-58】某事业单位在资产清查中报废一批不需要的办公设备，该批设备原价150 000元，已计提累计折旧140 000元，账面余额为10 000元（150 000-140 000）。该事业单位将其转入待处理财产。处理该批设备取得变价收入8 080元，发生清理费用2 000元，处置净收入为6 080元（8 080-2 000），款项均以银行存款收付。按规定，该批设备的处理净收入应当上缴财政。

该事业单位会计应编制的会计分录如下：

①将该固定资产转入待处理财产时：

借：待处理财产损溢——待处理财产价值　　10 000

　　固定资产累计折旧　　140 000

　贷：固定资产　　150 000

②将待处理财产价值转入资产处置费用时：

借：资产处置费用　10 000

　贷：待处理财产损溢——待处理财产价值　10 000

③取得变价收入时：

借：银行存款　8 080

　贷：待处理财产损溢——处理净收入　8 080

④用银行存款支付清理费用时：

借：待处理财产损溢——处理净收入　2 000

　贷：银行存款　2 000

⑤结转处理净收入时：

借：待处理财产损溢——处理净收入　6 080

　贷：应缴财政款　6 080

【学思践悟】

（一）资料

在保护中发展 在发展中保护 ——学习习近平总书记关于文化遗产保护传承的重要论述

党的十八大以来，习近平总书记对中华优秀传统文化保护传承工作作出一系列战略性部署，多次对文化遗产保护作出重要指示批示，提出了一系列内涵深刻的新思想、新观点、新论断，在实践中解决了许多长期想解决而没有解决的难题，在创新中办成了许多过去想办而没有办成的大事，形成了习近平总书记关于文化遗产保护传承的重要论述。如今，在习近平总书记关于文化遗产保护传承的重要论述指引下，将包括文物古迹、地下文物、红色资源、历史街区、传统村落、中华文化标识等类型的文化遗产列为保护对象，进一步加大城乡历史文化遗产系统性保护力度，一切有价值的历史文化遗存都被纳入了保护范围。

文物古迹保护：尽可能保留历史原貌。

2016年4月，习近平总书记对文物工作作出重要指示，强调“各级党委和政府要增强对历史文物的敬畏之心，树立保护文物也是政绩的科学理念，统筹好文物保护与经济社会发展，全面贯彻‘保护为主、抢救第一、合理利用、加强管理’的工作方针，切实加大文物保护力度，推进文物合理适度利用，使文物保护成果更多惠及人民群众”。2020年习近平总书记在山西大同云冈石窟考察时提出，“发展旅游要以保护为前提，不能过度商业化，让旅游成为人们感悟中华文化、增强文化自信的过程”。2022年习近平总书记在山西平遥古城考察时要求，“统筹好旅游发展、特色经营、古城保护，筑牢文物安全底线，守护好前人留给我们的宝贵财富”。

地下文物保护：加强古代遗址的有效保护。

2016年6月，习近平总书记作出重要指示：“要加强古代遗址的有效保护，有重点地进行系统考古发掘，不断加深对中华文明悠久历史和宝贵价值的认识。”2020年9月，习近平总书记指出，“考古遗迹和历史文物是历史的见证，必须保护好、利用好”。他特别强调，“要制定‘先考古、后出让’的制度设计和配套政策，对可能存在历史文化遗存的土地，在依法完成考古调查、勘探、发掘前不得使用”。

红色资源保护：用心用情用力保护好、管理好、运用好。

2021年3月，习近平总书记对革命文物工作作出重要指示，强调“切实把革命文物保护好、管理好、运用好，发挥好革命文物在党史学习教育、革命传统教育、爱国主义教育等方面的重要作用，激发广大干部群众的精神力量，信心百倍为全面建设社会主义现代化国家、实现中华民族伟大复兴中国梦而奋斗”。2021年6月，习近平总书记在中央政治局集体学习时强调，“要用心用情用力保护好、管理好、运用好红色资源”，“要深入开展红色资源专项调查，加强科学保护”。

传统村落保护：留得住青山绿水，记得住乡愁。

2015年1月习近平总书记在云南大理考察时指出，“新农村建设一定要走符合农村实际的路子，遵循乡村自身发展规律，充分体现农村特点，注意乡土味道，保留乡村风貌，留得住青山绿水，记得住乡愁”。

中华文化标识保护：增强对中华文化的认同。

习近平总书记高度重视中华民族的代表性符号、中华文明标志性象征的保护传承，要求建好用好国家文化公园。2015年2月习近平总书记在陕西考察时指出，“黄帝陵、兵马俑、延安宝塔、秦岭、华山等，是中华文明、中国革命、中华地理的精神标识和自然标识”。2019年9月习近平总书记在全国民族团结进步表彰大会上强调，要“树立和突出各民族共享的中华文化符号和中华民族形象，增强各族群众对中华文化的认同”。

重点加强历史文化名城整体保护。

党的十八大以来，习近平总书记一以贯之地倡导加强历史文化名城保护，一再就古城保护作出重要指示。2013年12月，习近平总书记在中央城镇化工作会议上指出，“要融入现代元素，更要保护和弘扬传统优秀文化，延续城市历史文脉”，“我们的城市有许多历史记忆，特别是一些历史悠久的老城区，是最宝贵的东西，不能因为浮躁、无知而破坏掉”。2014年2月，习近平总书记在北京考察时发表重要讲话，作出了“要像爱惜自己的生命一样保护好城市历史文化遗产”的重要论断。2015年12月，习近平总书记在中央城市工作会议上要求，“要保护好前人留下的文化遗产，包括文物古迹，历史文化名城、名镇、名村，历史街区、历史建筑、工业遗产，以及非物质文化遗产，不能搞‘拆真古迹、建假古董’那样的蠢事”。

资料来源：姚远. 在保护中发展 在发展中保护——学习习近平总书记关于文化遗产保护传承的重要论述 [N]. 学习时报，2023-06-26.

（二）讨论

学习习近平总书记关于文化遗产保护传承的重要论述，结合所学的政府会计知识谈谈如何加强文物资源的管理。

【复习思考题】

1. 事业单位的长期股权投资成本法和权益法有何区别？

2. 事业单位长期债券投资的应收利息因还本付息方式不同在核算方法上有何区别？
3. 什么是政府单位的固定资产？其确认条件是什么？包括哪几类？
4. 政府单位在核算上如何区分公共基础设施和固定资产？
5. 什么是政府单位的无形资产？其确认条件是什么？包括哪些内容？
6. 什么是折旧和摊销？政府单位需要计提折旧和摊销的资产各有哪些？
7. 什么是政府储备物资？其确认条件是什么？包括哪些内容？
8. 什么是保障性住房？不同方式下取得的保障性住房如何进行会计核算？
9. 什么是文物资源？不同方式下取得的文物资源的成本如何确定？
10. 政府单位的财产处理包括哪些内容？
11. “待处理财产损溢”科目核算哪些内容？
12. 什么是受托代理资产？如何进行会计核算？

【练习题】

一、单项选择题

1. 对于分期付息、一次还本的长期债券投资，应当将计算确定的应收未收利息贷记（　　）科目。

A. 应收利息　B. 投资收益　C. 应计利息　D. 长期债券投资

2. 某事业单位2×24年7月12日将一台使用过的机器设备用于对外投资，双方协商作价900 000元，购入被投资单位70%的股权。该机器设备为2×23年7月购入，原始价值为1 000 000元，预计使用年限为5年。同时该机器的运费20 000元由该事业单位承担，用银行存款支付。那么，应记入“长期股权投资——成本”科目的金额为（　　）元。

A. 900 000　B. 1 000 000

C. 1 020 000　D. 920 000

3. 采用权益法进行后续计量时，在长期股权投资持有期间，收到利润等投资收益时，按照实际收到的金额，借记“长期股权投资——损益调整”科目，贷记（　　）科目。

A. 经营收入　B. 其他收入　C. 投资收益　D. 权益法调整

4. 因被投资单位破产清算等原因，有确凿证据表明长期股权投资发生损失，按照规定报经批准后予以核销时，借记（　　）科目。

A. 资产处置费用　B. 其他费用　C. 经营费用　D. 单位管理费用

5. 下列对固定资产核算方法的描述错误的是（　　）。

A. 采用融资租入方式取得的固定资产不通过“固定资产”科目核算

B. 以借入、经营租赁租入方式取得的固定资产，不通过“固定资产”科目核算，应当设置备查簿进行登记

C. 购入需要安装的固定资产，应当先通过“在建工程”科目核算

D. 经批准在境外购买具有所有权的土地，作为固定资产，通过“固定资产”科目核算

6. 核算单位为在建工程准备的各种物资的成本，包括工程用材料、设备等的账户

是（ ）。

A.在建工程 B.工程物资 C.政府储备物资 D.库存物品

7.政府单位在建的信息系统项目工程、公共基础设施项目工程、保障性住房项目工程的实际成本，通过（ ）科目核算。

A.固定资产 B.工程物资 C.无形资产 D.在建工程

8.无形资产预期不能为事业单位带来服务潜力或经济利益，按照规定报经批准核销时，按照待核销无形资产的账面价值，借记（ ）科目。

A.无形资产累计摊销 B.待处理财产损溢

C.资产处置费用 D.无偿调拨净资产

9.下列选项中不属于公共基础设施的是（ ）。

A.城市道路 B.办公大楼 C.港口 D.室外公共健身器材

10.下列选项中不能作为盘盈的政府储备物资成本确认方式的是（ ）。

A.按照有关凭据注明的金额确定 B.按照资产评估价值确定

C.按照会议决议金额确定 D.按照重置成本确定

11.各种资产盘亏或者毁损、报废，处理收支结清时，如果处理收入大于相关费用的，按照处理收入减费用后的净收入，借记“待处理财产损溢”科目，贷记（ ）科目。

A.营业外收入 B.资产处置费用 C.其他收入 D.应缴财政款

二、多项选择题

1.按规定事业单位不得使用（ ）进行对外投资。

A.财政拨款 B.财政补助结余 C.事业结余 D.经营结余

2.下列固定资产不需要计提折旧的有（ ）。

A.单独计价入账的土地 B.融资租入固定资产

C.陈列品 D.图书、档案

3.事业单位计提固定资产的折旧，应记入的科目有（ ）。

A.固定资产累计折旧 B.事业支出

C.经营支出 D.业务活动费用

4.有关固定资产的处置，表述正确的是（ ）。

A.无偿调出的固定资产，应按评估价值予以转销，相关费用应当计入当期费用

B.对外捐赠的固定资产，应按账面价值予以转销，相关费用应当计入当期费用

C.固定资产盘亏造成的损失，应当计入当期费用

D.对外投资的固定资产，应按账面价值予以转销，并将评估价值与其账面价值的差额计入当期收入或费用

5.无形资产的种类包括（ ）。

A.专利权 B.土地使用权 C.非专利技术 D.商标权

6.政府单位按月对无形资产进行摊销时，按照应摊销金额，借记（ ）等科目，贷记“无形资产累计摊销”科目。

A.业务活动费用 B.单位管理费用 C.加工物品 D.在建工程

7.下列选项中符合公共基础设施特征的有（ ）。

A.为满足企业自身需求而控制 B.有形资产

C.具有特定用途　　　　　　　　　　D.一般不可移动

8.下列各项中，可以计入政府储备物资成本的有（　　）。

A.仓储费用　　C.购买价款　　B.运输费　　D.日常维护费用

9.下列关于文物资源的表述中，正确的是（　　）。

A.文物资源是指用于展览、教育或研究等目的的历史文物、艺术品，以及其他具有文化或历史价值并作长期或永久保存的典藏等

B.外购文物资源的成本包括购买价款、相关税费，以及可归属于该项资产达到预定用途前所发生的其他支出（如运输费、安装费、装卸费等）

C.可将文物资源作为存货、固定资产、金融资产、无形资产等进行核算

D.单位为满足自身开展业务活动或其他活动需要而控制的陈列品，应当通过“固定资产”科目核算

10.政府部门，在现金短缺的财务会计处理中，会涉及的科目有（　　）。

A.待处理财产损溢　　　　　　　　B.其他支出

C.其他应收款　　　　　　　　　　D.资产处置费用

三、业务处理题

资料：某政府单位2×24年12月发生下列业务：

1.购入5年期、票面利率为5%的国库券，实际支付价款600 000元。分别以分年付息到期一次还本和到期一次还本付息两种方式确认上述5年期国库券的每年利息。

2.将3年前购买的国库券出售，取得价款160 000元，该国库券账面余额140 000元，应收利息10 000元。假设不考虑相关税费。

3.购入某有限责任公司5%的股权，支付价款500 000元（含尚未支付股利5 000元），支付相关税费5 000元。

4.经批准以账面余额为800 000元、评估价值为400 000元、累计折旧为160 000元的专用设备置换取得一家有限责任公司10%的股权，并向该公司支付补价款50 000元。假设不考虑相关税费。

5.以未入账的非专利技术对一家有限责任公司进行投资。该非专利技术的评估价值为300 000元。假设不考虑相关税费。

6.接受某有限责任公司捐赠的2%的股权，该股权的市场价值为500 000元。假设不考虑相关税费。

7.经批准将2年前拥有某有限责任公司6%的股权转让，实际取得价款600 000元，发生相关税费6 000元，长期股权投资的账面余额为400 000元。假定该股权投资以现金取得，采用成本法核算。

8.收到采购的办公用计算机设备，且通过银行存款补付其余50%的货款200 000元。收到计算机之前已预付50%的货款，计算机直接交付使用。

9.以账面价值100 000元、已计提折旧10 000元的汽车置换甲单位的专用材料。汽车的评估价值为80 000元，通过银行存款支付补价款40 000元。材料已验收入库。假设不考虑相关税费。

10.收到无偿调入的医药物资一批，调出方账面价值为100 000元，通过银行存款支付运输费2 000元。

11. 将3年前购买的一项专利权出售，该专利权的购入成本为120 000元，规定的摊销期限为10年。将其转入待处置资产后的一周内获得批准出售，获得价款50 600元，款项已存入银行。该款项纳入本单位预算管理。

12. 计提本月公共基础设施折旧和确认为公共基础设施的单独计价入账的土地使用权摊销各80 000元。

13. 年末盘点固定资产，发现一台电脑没有入账（上年购入），该电脑的市场价格为4 500元。盘点之后的一周内获得批准予以处理。

要求：根据上述经济业务编制相应会计分录。

第六章　负　债

【学习目标】

了解政府会计中负债的概念、分类；掌握负债的确认与计量；掌握短期负债、应交增值税、应缴财政款、应付职工薪酬、应付票据、应付账款、长期应付款等的账务处理。本章重点为各项流动负债的账务处理，难点为非流动负债的账务处理。

第一节　负债概述

一、负债的定义

负债是指政府会计主体过去的经济业务或者事项形成的，预期会导致经济资源流出政府会计主体的现时义务。

现时义务是指政府会计主体在现行条件下已承担的义务。未来发生的经济业务或者事项形成的义务不属于现时义务，不应当确认为负债。

二、负债的分类

政府会计主体的负债按照流动性，分为流动负债和非流动负债。

流动负债是指预计在1年内（含1年）偿还的负债，包括应付及预收款项、应付职工薪酬、应缴款项等。流动负债具体包括：短期借款、应交增值税、其他应交税费、应缴财政款、应付职工薪酬、应付票据、应付账款、应付政府补贴款、应付利息、预收账款、其他应付款、预提费用等。

非流动负债是指流动负债以外的负债，包括长期应付款、应付政府债券和政府依法担保形成的债务等。非流动负债具体包括：长期借款、长期应付款、预计负债等。

三、负债的确认与计量

（一）负债的确认

符合负债定义的义务，在同时满足以下条件时，确认为负债：①履行该义务很可能导致含有服务潜力或者经济利益的经济资源流出政府会计主体；②该义务的金额能够可靠地计量。

（二）负债的计量

负债的计量属性主要包括历史成本、现值和公允价值。

在历史成本计量下，负债按照因承担现时义务而实际收到的款项或者资产的金额，或者承担现时义务的合同金额，或者按照为偿还负债预期需要支付的现金计量。

在现值计量下，负债按照预计期限内需要偿还的未来净现金流出量的折现金额计量。

在公允价值计量下，负债按照市场参与者在计量日发生的有序交易中，转移负债所需支付的价格计量。

政府会计主体在对负债进行计量时，一般应当采用历史成本。采用现值、公允价值计量的，应当保证所确定的负债金额能够持续、可靠计量。

负债的管理

符合负债定义和负债确认条件的项目，应当列入资产负债表。

第二节 流动负债

一、短期借款的核算

（一）核算内容

"短期借款"科目核算事业单位经批准向银行或其他金融机构等借入的期限在1年内（含1年）的各种借款。

（二）明细科目设置

"短期借款"科目应当按照债权人和借款种类进行明细核算。

（三）主要账务处理

1.借入各种短期借款时，按照实际借入的金额，在财务会计中，借记"银行存款"科目，贷记"短期借款"科目；同时在预算会计中，借记"资金结存"科目，贷记"债务预算收入"科目。

【例6-1】A事业单位为1月1日开展的经营活动临时向B银行借入款项100 000元。借款期限6个月，月利率为0.4%，到期还本付息。

1月1日取得短期借款时该单位会计分别编制会计分录如下：

在财务会计中：

借：银行存款　　100 000

　贷：短期借款——B银行　　100 000

同时，在预算会计中：

借：资金结存——货币资金——银行存款　　100 000

　贷：债务预算收入　　100 000

2.银行承兑汇票到期，本单位无力支付票款的，按照应付票据的账面余额，在财务会计中，借记"应付票据"科目，贷记"短期借款"科目；同时在预算会计中，借记"经营支出"等科目，贷记"债务预算收入"科目。

【例6-2】1月1日银行承兑汇票到期，某事业单位因资金周转困难无力支付票款，汇票金额40 000元。

编制会计分录如下：

在财务会计中：

借：应付票据——A单位　　40 000

　贷：短期借款——B银行　　40 000

同时，在预算会计中：

借：经营支出 40 000

　贷：债务预算收入 40 000

3.按期计提利息费用时，按照计算确定的金额，在财务会计中，借记“其他费用”科目，贷记“应付利息”科目。

实际支付应付利息时，按照支付的金额，在财务会计中，借记“应付利息”科目，贷记“银行存款”科目；同时在预算会计中，借记“其他支出”等科目，贷记“资金结存”科目。

【例6-3】接【例6-1】和【例6-2】，1月31日，计算本月上述两项短期借款的应付利息为560元，用银行存款支付。

①在财务会计中，编制如下会计分录：

借：其他费用——利息费用 560

　贷：应付利息——B银行 560

②支付上项计提的短期借款利息时，在财务会计中编制如下会计分录：

借：应付利息——B银行 560

　贷：银行存款 560

同时，在预算会计中：

借：其他支出 560

　贷：资金结存——货币资金——银行存款 560

4.归还短期借款时，在财务会计中，借记“短期借款”科目，贷记“银行存款”科目；同时在预算会计中，借记“债务还本支出”科目，贷记“资金结存”科目。

【例6-4】接【例6-1】和【例6-2】，6月30日到期归还上述两项短期借款本金。

在财务会计中，编制会计分录：

借：短期借款——B银行 140 000

　贷：银行存款 140 000

同时，在预算会计中，编制会计分录：

借：债务还本支出 140 000

　贷：资金结存——货币资金——银行存款 140 000

短期借款的主要账务处理

二、应交增值税的核算

（一）核算内容

“应交增值税”科目核算单位按照税法规定计算应交纳的增值税。

（二）明细科目设置

属于增值税一般纳税人的单位，应当在“应交增值税”科目下设置“应交税金”“未交税金”“预交税金”“待抵扣进项税额”“待认证进项税额”“待转销项税额”“简易计税”“转让金融商品应交增值税”“代扣代交增值税”等明细科目。

1.“应交税金”明细账内应当设置“进项税额”“已交税金”“转出未交增值税”“减免税款”“销项税额”“进项税额转出”“转出多交增值税”等专栏。

（1）“进项税额”专栏，记录单位购进货物、加工修理修配劳务、服务、无形资产或不动产而支付或负担的、准予从当期销项税额中抵扣的增值税额；

（2）“已交税金”专栏，记录单位当月已交纳的应交增值税额；

（3）“转出未交增值税”和“转出多交增值税”专栏，分别记录一般纳税人月度终了转出当月应交未交或多交的增值税额；

（4）“减免税款”专栏，记录单位按照现行增值税制度规定准予减免的增值税额；

（5）“销项税额”专栏，记录单位销售货物、加工修理修配劳务、服务、无形资产或不动产应收取的增值税额；

（6）“进项税额转出”专栏，记录单位购进货物、加工修理修配劳务、服务、无形资产或不动产等发生非正常损失以及其他原因而不应从销项税额中抵扣、按照规定转出的进项税额。

2.“未交税金”明细科目，核算单位月度终了从“应交税金”或“预交税金”明细科目转入当月应交未交、多交或预缴的增值税额，以及当月交纳以前期间未交的增值税额。

3.“预交税金”明细科目，核算单位转让不动产、提供不动产经营租赁服务等，以及其他按照现行增值税制度规定应预缴的增值税额。

4.“待抵扣进项税额”明细科目，核算单位已取得增值税扣税凭证并经税务机关认证，按照现行增值税制度规定准予以后期间从销项税额中抵扣的进项税额。

5.“待认证进项税额”明细科目，核算单位由于未经税务机关认证而不得从当期销项税额中抵扣的进项税额，包括：一般纳税人已取得增值税扣税凭证并按规定准予从销项税额中抵扣，但尚未经税务机关认证的进项税额；一般纳税人已申请稽核但尚未取得稽核相符结果的海关缴款书进项税额。

6.“待转销项税额”明细科目，核算单位销售货物、加工修理修配劳务、服务、无形资产或不动产，已确认相关收入（或利得）但尚未发生增值税纳税义务而需于以后期间确认为销项税额的增值税额。

7.“简易计税”明细科目，核算单位采用简易计税方法发生的增值税计提、扣减、预缴、缴纳等业务。

8.“转让金融商品应交增值税”明细科目，核算单位转让金融商品发生的增值税额。

9.“代扣代交增值税”明细科目，核算单位购进在境内未设经营机构的境外单位或个人在境内的应税行为代扣代缴的增值税。

属于增值税小规模纳税人的单位只需在本科目下设置“转让金融商品应交增值税”“代扣代交增值税”明细科目。

（三）主要账务处理

1.单位[①]取得资产或接受劳务等业务

（1）采购等业务进项税额允许抵扣

单位购买用于增值税应税项目的资产或服务等时，在财务会计中，按照应计入相关成本费用或资产的金额，借记“业务活动费用”“在途物品”“库存物品”“工程物资”“在建工程”“固定资产”“无形资产”等科目；按照当月已认证的可抵扣增值税额，借记“应交增值税——应交税金——进项税额”科目；按照当月未认证的可抵扣增值税额，借记“应交增值税——待认证进项税额”科目；按照应付或实际支付的金额，贷记“应付账款”

① 如不特别说明，本部分内容中的“单位”指增值税一般纳税人政府单位。

“应付票据”“银行存款”等科目。同时，在预算会计中，按照实际支付的价款金额，借记“事业支出”“经营支出”等科目，贷记“资金结存”科目。

发生退货的，如原增值税专用发票已做认证，应根据税务机关开具的红字增值税专用发票编制相反的会计分录；如原增值税专用发票未做认证，应将发票退回并编制相反的会计分录。

小规模纳税人购买资产或服务等时不能抵扣增值税，发生的增值税计入资产成本或相关成本费用。

【例6-5】B事业单位为一般纳税人，为开展经营活动收购A农产品，实际支付的买价为30 000元，用银行存款支付，收购的农产品已经验收入库。该农产品适用的增值税税率为9%，经认证按规定计算的增值税进项税额可以抵扣。

进项税额=30 000×9% = 2 700（元）

在财务会计中，编制会计分录：

借：库存物品——A农产品	27 300	
应交增值税——应交税金——进项税额	2 700	
贷：银行存款		30 000

同时在预算会计中，按照实际支付的价款金额，编制会计分录：

借：经营支出	30 000	
贷：资金结存——货币资金——银行存款		30 000

（2）采购等业务进项税额不得抵扣

单位购进资产或服务等，用于简易计税方法计税项目、免征增值税项目、集体福利或个人消费等，其进项税额按照现行增值税制度规定不得从销项税额中抵扣的，取得增值税专用发票时，应按照增值税发票注明的金额，在财务会计中，借记相关成本费用或资产科目；按照待认证的增值税进项税额，借记“应交增值税——待认证进项税额”科目；按照实际支付或应付的金额，贷记“银行存款”“财政拨款收入”“应付账款”等科目。同时，在预算会计中，按照实际支付的金额，借记“事业支出”“经营支出”等科目，贷记“财政拨款预算收入”“资金结存”科目。

经税务机关认证为不可抵扣进项税时，借记“应交增值税——应交税金——进项税额”科目，贷记“应交增值税——待认证进项税额”科目。同时，将进项税额转出，借记相关成本费用科目，贷记“应交增值税——应交税金——进项税额转出”科目。

【例6-6】A事业单位为一般纳税人，本月为开展业务活动购入甲材料一批，已入库，买价为60 000元，增值税专用发票上注明的进项税额为7 800元，经税务机关认证可以全部抵扣本月的销项税额。该单位同时购入专利技术一项，买价为40 000元，增值税专用发票注明的进项税额为2 400元，暂时未经税务机关认证。全部购入款由预算管理一体化系统支付。

① 购入甲材料时：

在财务会计中，编制如下会计分录：

借：库存物品——甲材料	60 000	
无形资产——专利技术	40 000	
应交增值税——应交税金——进项税额	7 800	
——待认证进项税额	2 400	

贷：财政拨款收入 110 200

同时在预算会计中，按照实际支付的金额，编制会计分录：

借：事业支出 110 200

贷：财政拨款预算收入 110 200

② 待认证进项税额经税务机关认证为不可抵扣进项税额时：

在财务会计中，编制如下会计分录：

借：应交增值税——应交税金——进项税额 2 400

贷：应交增值税——待认证进项税额 2 400

借：无形资产——专利技术 2 400

贷：应交增值税——应交税金——进项税额转出 2 400

注：如经认证为可抵扣的进项税额，只需作第一组会计分录即可。

（3）购进不动产或不动产在建工程按照规定抵扣进项税额

单位取得应税项目为不动产或者不动产在建工程，其进项税额按照现行增值税制度规定（2019年4月1日后，取得不动产或者不动产在建工程的进项税额不再分2年抵扣，可以一次性在购入当期抵扣），应当按照取得成本，在财务会计中，借记“固定资产”“在建工程”等科目；按照当期可抵扣的增值税额，借记“应交增值税——应交税金——进项税额”科目；按照应付或实际支付的金额，贷记“应付账款”“应付票据”“银行存款”等科目。同时，在预算会计中，按照实际支付的金额，借记“事业支出”“经营支出”等科目，贷记“资金结存”科目。

【例6-7】C事业单位为一般纳税人，2×23年2月15日，为开展业务活动购入一项不动产，作为固定资产核算，买价为600 000元，增值税专用发票注明进项税额78 000元。购入款项以商业汇票支付。

①购入应税不动产时：

在财务会计中，编制会计分录：

借：固定资产——房屋及构筑物 600 000

应交增值税——应交税金——进项税额 78 000

贷：应付票据——C单位 678 000

②实际支付汇票款（银行存款）时：

在财务会计中，编制会计分录：

借：应付票据——C单位 678 000

贷：银行存款 678 000

同时，在预算会计中，编制会计分录：

借：事业支出 678 000

贷：资金结存——货币资金——银行存款 678 000

（4）进项税额抵扣情况发生改变

单位因发生非正常损失或改变用途等，原已计入进项税额、待抵扣进项税额或待认证进项税额，但按照现行增值税制度规定不得从销项税额中抵扣的，借记“待处理财产损溢”“固定资产”“无形资产”等科目，贷记“应交增值税——应交税金——进项税额转出”科目、“应交增值税——待抵扣进项税额”科目或“应交增值税——待认证进项税额”科目。

原不得抵扣且未抵扣进项税额的固定资产、无形资产等，因改变用途等用于允许抵扣进项税额的应税项目的，应按照允许抵扣的进项税额，借记“应交增值税——应交税金——进项税额”科目，贷记“固定资产”“无形资产”等科目。

固定资产、无形资产等经上述调整后，应按照调整后的账面价值在剩余尚可使用年限内计提折旧或摊销。

单位购进时已全额计入进项税额的货物或服务等转用于不动产在建工程的，对于结转以后期间的进项税额，应借记“应交增值税——待抵扣进项税额”科目，贷记“应交增值税——应交税金——进项税额转出”科目。

【例6-8】D事业单位为一般纳税人，原为开展业务活动购买M材料一批，购买成本为75 000元，进项税额为9 750元，现将该批材料转作在建的S集体福利工程项目使用。同时将原业务活动用的通用设备转作在建的S集体福利工程项目使用，该部分机器设备的原值为120 000元，进项税额为15 600元，已计提折旧30 000元。

①转出M材料的进项税额时：

在财务会计中，编制会计分录：

借：在建工程——S福利工程项目	84 750	
贷：库存物品——M材料		75 000
应交增值税——应交税金——进项税额转出		9 750

②转出机器设备的进项税额时：

转出的进项税额=（120 000-30 000）×13% = 11 700（元）

在财务会计中，编制会计分录：

借：在建工程——M福利工程项目	101 700	
累计折旧	30 000	
贷：固定资产——通用设备		120 000
应交增值税——应交税金（进项税额转出）		11 700

【例6-9】E事业单位为一般纳税人，其一项不动产在建工程已发生建造成本2 800 000元，抵扣的进项税额为168 000元，现因违规被依法拆除。

在财务会计中，编制如下会计分录：

借：待处理财产损溢——待处理财产价值	2 968 000	
贷：在建工程		2 800 000
应交增值税——应交税金——进项税额转出		168 000

【例6-10】F事业单位为一般纳税人，原购入用于职工福利项目用的专用设备改为经营活动使用，该专用设备的原始成本为400 000元，增值税进项税额为32 000元，已计提折旧80 000元。

因改变用途计算准予抵扣的进项税额=（400 000-80 000）×13% = 41 600（元）

在财务会计中，编制如下会计分录：

借：应交增值税——应交税金——进项税额	41 600	
贷：固定资产——专用设备		41 600

（5）购买方作为扣缴义务人

按照现行增值税制度规定，境外单位或个人在境内发生应税行为，在境内未设有经营机构的，以购买方为增值税扣缴义务人。

境内一般纳税人购进服务或资产时，按照应计入相关成本费用或资产的金额，借记“业务活动费用”“在途物品”“库存物品”“工程物资”“在建工程”“固定资产”“无形资产”等科目；按照可抵扣的增值税额，借记“应交增值税——应交税金——进项税额”科目（小规模纳税人应借记相关成本费用或资产科目）；按照应付或实际支付的金额，贷记“银行存款”“应付账款”等科目；按照应代扣代缴的增值税额，贷记“应交增值税——代扣代交增值税”科目。

实际缴纳代扣代缴增值税时，按照代扣代缴的增值税额，在财务会计中，借记“应交增值税——代扣代交增值税”科目，贷记“银行存款”等科目；同时在预算会计中，借记“事业支出”“经营支出”等科目，贷记“资金结存”科目。

【例6-11】G事业单位为一般纳税人，本月从境外甲公司购入经营活动用专用设备一台，买价为240 000元，增值税进项税额为31 200元，经认证可抵扣。专用设备已验收使用，全部价款以银行存款支付。甲公司在境内未设有经营机构，G事业单位为其增值税的扣缴义务人。

①购入专用设备发生代扣代缴增值税税款时：

在财务会计中，编制会计分录：

借：固定资产——专用设备	240 000	
应交增值税——应交税金——进项税额	31 200	
贷：银行存款		240 000
应交增值税——代扣代交增值税		31 200

同时，在预算会计中，按实际支付的价款金额，编制会计分录：

借：经营支出	240 000	
贷：资金结存——货币资金——银行存款		240 000

②实际缴纳代扣代缴的增值税税额时：

在财务会计中，编制会计分录：

借：应交增值税——代扣代交增值税	31 200	
贷：银行存款		31 200

同时，在预算会计中，按实际支付的代扣代交增值税金额，编制会计分录：

借：经营支出	31 200	
贷：资金结存——货币资金——银行存款		31 200

【例6-12】H事业单位为小规模纳税人，本月为开展业务活动购入N材料一批，验收入库，买价为40 000元，增值税专用发票注明进项税额5 200元。H事业单位支付Y运输公司材料运输费用1 000元，增值税专用发票注明增值税进项税额90元，全部款项以银行存款付清。

应支付款项总额=40 000+5 200+1 000+90=46 290（元）

在财务会计中，编制会计分录：

借：库存物品——N材料	46 290	

贷：银行存款 46 290

同时，在预算会计中，按实际支付的全部价款金额，编制会计分录：

借：事业支出 46 290

贷：资金结存——货币资金——银行存款 46 290

2.单位销售资产或提供服务等业务

（1）销售资产或提供服务业务

单位销售货物或提供服务，应当按照应收或已收的金额，借记"应收账款""应收票据""银行存款"等科目；按照确认的收入金额，贷记"经营收入""事业收入"等科目；按照现行增值税制度规定计算的销项税额（或采用简易计税方法计算的应纳增值税额），贷记"应交增值税——应交税金——销项税额"科目或"应交增值税——简易计税"科目（小规模纳税人应贷记本科目）。发生销售退回的，应根据按照规定开具的红字增值税专用发票编制相反的会计分录。借方涉及"银行存款"科目时，还应同时编制预算会计分录，借记"资金结存"科目，贷记"事业预算收入""经营预算收入"科目。

按照政府会计制度及相关政府会计准则确认收入的时点早于按照增值税制度确认增值税纳税义务发生时点的，应将相关销项税额记入"应交增值税——待转销项税额"科目，待实际发生纳税义务时再转入"应交增值税——应交税金——销项税额"科目或"应交增值税——简易计税"科目。

按照增值税制度确认增值税纳税义务发生时点早于按照政府会计制度及相关政府会计准则确认收入的时点的，应按照应纳增值税额，借记"应收账款"科目，贷记"应交增值税——应交税金——销项税额"科目或"应交增值税——简易计税"科目。

【例 6-13】A 事业单位为一般纳税人，本期共发生事业活动收入 50 000 元（不含税），适用的增值税税率为 6%，计算应交增值税税额为 3 000 元，收到款项全部存入银行存款账户。

在财务会计中，编制会计分录：

借：银行存款 53 000

贷：事业收入 50 000

应交增值税——应交税金——销项税额 3 000

同时在预算会计中，按实际收到的价款金额，编制会计分录：

借：资金结存——货币资金——银行存款 53 000

贷：事业预算收入 53 000

【例 6-14】B 单位为一般纳税人，本期经营活动收入为 82 400 元，按规定采用简易计税法计算缴纳增值税，适用的征收率为 3%，款项收到存入银行。

销售额=82 400÷（1+3%）= 80 000（元）

销项税额= 80 000×3% = 2 400（元）

在财务会计中，编制会计分录：

借：银行存款 82 400

贷：经营收入 80 000

应交增值税——简易计税 2 400

同时在预算会计中，按实际收到的价款金额，编制会计分录：

借：资金结存——货币资金——银行存款 82 400

　贷：经营预算收入 82 400

【例6-15】C事业单位为一般纳税人，本月发生一项事业收入（不含税）32 000元，增值税销项税额为1 920元，款项收到存入银行。按规定增值税纳税义务发生时点为下个月。

① 发生服务收入时：

在财务会计中，编制会计分录：

借：银行存款 33 920

　贷：事业收入 32 000

　　应交增值税——待转销项税额 1 920

同时在预算会计中，按实际收到的价款金额，编制会计分录：

借：资金结存——货币资金——银行存款 33 920

　贷：事业预算收入 33 920

② 纳税义务发生时：

在财务会计中，编制会计分录：

借：应交增值税——待转销项税额 1 920

　贷：应交增值税——应交税金——销项税额 1 920

【例6-16】D事业单位为一般纳税人，本月经营活动收入（不含税）100 000元，增值税税额为13 000元。按有关规定下月收款确认收入，按税法规定该业务纳税义务发生时点为本月收入发生时。

① 发生纳税义务时：

在财务会计中，编制会计分录：

借：应收账款——应收增值税 13 000

　贷：应交增值税——应交税金——销项税额 13 000

②确认销售收入时：

在财务会计中，编制会计分录：

借：银行存款 113 000

　贷：经营收入 100 000

　　应收账款——应收增值税 13 000

同时在预算会计中，按实际收到的价款金额，编制会计分录：

借：资金结存——货币资金——银行存款 113 000

　贷：经营预算收入 113 000

【例6-17】E事业单位为小规模纳税人，本月事业收入500 000元，按3%的征收率计算，应交增值税15 000元。收到的价税款存入银行。

在财务会计中，编制会计分录：

借：银行存款 515 000

　贷：事业收入 500 000

　　应交增值税 15 000

同时在预算会计中，按实际收到的价款金额，编制会计分录：

借：资金结存——货币资金——银行存款 515 000

贷：事业预算收入 515 000

（2）金融商品转让按照规定以盈亏相抵后的余额作为销售额

金融商品实际转让月末，如产生转让收益，则按照应纳税额，借记“投资收益”科目，贷记“应交增值税——转让金融商品应交增值税”科目；如产生转让损失，则按照可结转下月抵扣税额，借记“应交增值税——转让金融商品应交增值税”科目，贷记“投资收益”科目。

交纳增值税时，在财务会计中，借记“应交增值税——转让金融商品应交增值税”科目，贷记“银行存款”等科目；同时在预算会计中，借记“投资预算收益”科目，贷记“资金结存”科目。

年末，“应交增值税——转让金融商品应交增值税”科目如有借方余额，则借记“投资收益”科目，贷记“应交增值税——转让金融商品应交增值税”科目。

【例6-18】某事业单位属于增值税一般纳税人，适用增值税税率为6%，2×24年10月30日在公开市场购入甲公司股票200 000股，每股成本价为10元，12月31日全部销售，售价为每股12元，假设不考虑其他因素及其他税种。

①转让金融商品应交增值税时：

应交增值税额=（2 400 000−2 000 000）÷（1+6%）×6%=22 642（元）

财务会计账务处理如下：

借：投资收益 22 642

贷：应交增值税——转让金融商品应交增值税 22 642

不涉及预算会计账务处理。

②缴纳增值税时：

财务会计账务处理如下：

借：应交增值税——转让金融商品应交增值税 22 642

贷：银行存款 22 642

预算会计账务处理如下：

借：投资预算收益 22 642

贷：资金结存——货币资金——银行存款 22 642

3.月末转出多交增值税和未交增值税

月度终了，单位应当将当月应交未交或多交的增值税自“应交税金”明细科目转入“未交税金”明细科目。对于当月应交未交的增值税，借记“应交增值税——应交税金——转出未交增值税”科目，贷记“应交增值税——未交税金”科目；对于当月多交的增值税，借记“应交增值税——未交税金”科目，贷记“应交增值税——应交税金——转出多交增值税”科目。

4.交纳增值税

（1）交纳当月应交增值税

单位交纳当月应交的增值税，在财务会计中，借记“应交增值税——应交税金——已交税金”科目（小规模纳税人借记本科目），贷记“银行存款”等科目；同时在预算会计中，借记“事业支出”“经营支出”等科目，贷记“资金结存”科目。

（2）交纳以前期间未交增值税

单位交纳以前期间未交的增值税，在财务会计中，借记“应交增值税——未交税金”科目（小规模纳税人借记本科目），贷记“银行存款”等科目；同时在预算会计中，借记“事业支出”“经营支出”等科目，贷记“资金结存”科目。

（3）预交增值税

单位预交增值税时，在财务会计中，借记“应交增值税——预交税金”科目，贷记“银行存款”等科目；同时在预算会计中，借记“事业支出”“经营支出”等科目，贷记“资金结存”科目。

月末，单位应将“预交税金”明细科目余额转入“未交税金”明细科目，借记“应交增值税——未交税金”科目，贷记“应交增值税——预交税金”科目。

（4）减免增值税

对于当期直接减免的增值税，借记“应交增值税——应交税金——减免税”科目，贷记“业务活动费用”“经营费用”等科目。

应交增值税的主要账务处理

按照现行增值税制度规定，单位初次购买增值税税控系统专用设备支付的费用及缴纳的技术维护费允许在增值税应纳税额中全额抵减的，按照规定抵减的增值税应纳税额，借记“应交增值税——应交税金——减免税款”科目（小规模纳税人借记“应交增值税”科目），贷记“业务活动费用”“经营费用”等科目。

【例6-19】某事业单位为一般纳税人，本月事业活动中发生的增值税进项税额、销项税额、进项税额转出等均已记入“应交增值税——应交税金”明细账户的相应专栏内，现又发生如下应交增值税缴纳、转出、预交等业务，分别编制会计分录。

①按规定缴纳本月增值税60 000元。

在财务会计中，编制如下会计分录：

借：应交增值税——应交税金——已交税金　　60 000

　贷：银行存款　　60 000

同时在预算会计中，按实际缴纳的增值税金额，编制会计分录：

借：事业支出　　60 000

　贷：资金结存——货币资金——银行存款　　60 000

②按照规定本月直接减免增值税税额24 000元。

在财务会计中，编制会计分录：

借：应交增值税——应交税金——减免税款　　24 000

　贷：业务活动费用　　24 000

③月末，记录的“应交增值税——应交税金”明细账户各专栏的数额如表6-1所示。

表6-1 应交增值税明细账户各专栏数额 单位：元

借方各专栏数额		贷方各专栏数额	
进项税额	160 000	销项税额	260 000
已交税金	60 000	进项税额转出	20 000
减免税款	24 000	转出多交增值税	
转出未交增值税			
合计	244 000	合计	280 000

结转本月应交未交增值税= 280 000-244 000 = 36 000（元）

在财务会计中，编制会计分录：

借：应交增值税——应交税金——转出未交增值税 36 000

  贷：应交增值税——未交税金 36 000

④如上述借方专栏的已交税金数额为100 000元。

月末应结转本月多交增值税= 284 000 - 280 000 = 4 000（元）

在财务会计中，编制会计分录：

借：应交增值税——未交税金 4 000

  贷：应交增值税——应交税金——转出多交增值税 4 000

⑤下月，用银行存款缴纳未交增值税。

在财务会计中，编制会计分录：

借：应交增值税——未交税金 36 000

  贷：银行存款 36 000

同时在预算会计中，按实际缴纳的增值税金额，编制会计分录：

借：事业支出 36 000

  贷：资金结存——货币资金——银行存款 36 000

⑥以银行存款预交增值税30 000元。

在财务会计中，编制如下会计分录：

借：应交增值税——预交税金 30 000

  贷：银行存款 30 000

同时在预算会计中，按照实际预交的增值税金额，编制会计分录：

借：事业支出 30 000

  贷：资金结存——货币资金——银行存款 30 000

⑦月末，转销预交的增值税。

在财务会计中，编制会计分录：

借：应交增值税——未交税金 30 000

  贷：应交增值税——预交税金 30 000

“应交增值税”科目期末如有贷方余额，反映单位应交未交的增值税；期末如有借方余额，反映单位尚未抵扣或多交的增值税。

三、其他应交税费的核算

（一）核算内容

“其他应交税费”科目核算单位按照税法等规定计算应交纳的除增值税以外的各种税费，包括城市维护建设税、教育费附加、地方教育附加、车船税、房产税、城镇土地使用税和企业所得税等。

单位代扣代缴的个人所得税，也通过本科目核算。单位应交纳的印花税不需要预提应交税费，直接通过“业务活动费用”“单位管理费用”“经营费用”等科目核算，不通过“其他应交税费”科目核算。

（二）明细科目设置

“其他应交税费”科目应当按照应交纳的税费种类进行明细核算。

（三）主要账务处理

1.发生城市维护建设税、教育费附加、地方教育附加、车船税、房产税、城镇土地使用税等纳税义务的，按照税法规定计算的应交税费金额，借记“业务活动费用”“单位管理费用”“经营费用”等科目，贷记“其他应交税费——应交城市维护建设税/应交教育费附加/应交地方教育附加/应交车船税/应交房产税/应交城镇土地使用税”等科目。

【例6-20】某事业单位本月开展事业活动，应交增值税税额为200 000元，计算其应交的城市维护建设税和教育费附加（分别按应交增值税税额的7%和3%计算），并编制会计分录。

应交城市维护建设税= 200 000×7% =14 000（元）

应交教育费附加= 200 000×3% = 6 000（元）

在财务会计中，编制会计分录：

借：业务活动费用	20 000	
贷：其他应交税费——应交城市维护建设税		14 000
——应交教育费附加		6 000

2.按照税法规定计算应代扣代缴职工（含长期聘用人员）的个人所得税，借记“应付职工薪酬”科目，贷记“其他应交税费——应交个人所得税”科目。

按照税法规定计算应代扣代缴支付给职工（含长期聘用人员）以外人员劳务费的个人所得税，借记“业务活动费用”“单位管理费用” 等科目，贷记“其他应交税费——应交个人所得税”科目。

【例6-21】某事业单位按规定计算代扣代缴单位职工和长期聘用人员的个人所得税46 000元，其他业务活动人员劳务费的个人所得税4 000元。

在财务会计中，编制会计分录：

借：应付职工薪酬	46 000	
业务活动费用	4 000	
贷：其他应交税费——应交个人所得税		50 000

3.发生企业所得税纳税义务的，按照税法规定计算的应交所得税额，借记“所得税费用”科目，贷记“其他应交税费——单位应交所得税”科目。

【例6-22】某事业单位按规定计算，应缴纳企业所得税60 000元。

在财务会计中，编制会计分录：

借：所得税费用	60 000	
贷：其他应交税费——单位应交所得税		60 000

其他应交税费的主要账务处理

4.单位实际交纳上述各种税费时，在财务会计中，借记“其他应交税费——应交城市维护建设税/应交教育费附加/应交地方教育附加/应交车船税/应交房产税/应交城镇土地使用税/应交个人所得税/单位应交所得税”等科目，贷记“财政拨款收入”“银行存款”等科目；同时在预算会计中，借记“事业支出”“非财政拨款结余”等科目，贷记“财政拨款预算收入”“资金结存”等科目。

【例6-23】接【例6-20】【例6-21】【例6-22】，该事业单位以银行存款缴纳上述各项应交其他税费。

在财务会计中，编制会计分录：

借：其他应交税费——应交城市维护建设税　　14 000
　　　　　　　　——应交教育费附加　　6 000
　　　　　　　　——应交个人所得税　　50 000
　　　　　　　　——单位应交所得税　　60 000
　贷：银行存款　　130 000

同时在预算会计中，按实际支付的其他税费金额，编制会计分录：

借：事业支出　　70 000
　　非财政拨款结余　　60 000
　贷：资金结存——货币资金——银行存款　　130 000

“其他应交税费”科目期末贷方余额，反映单位应交未交的除增值税以外的税费金额；期末借方余额，反映单位多交纳的除增值税以外的税费金额。

四、应缴财政款的核算

（一）核算内容

“应缴财政款”科目核算单位取得或应收的按照规定应当上缴财政的款项，包括应缴国库的款项和应缴财政专户的款项。

单位按照国家税法等有关规定应当缴纳的各种税费，通过“应交增值税”“其他应交税费”科目核算，不通过“应缴财政款”科目核算。

（二）明细科目设置

“应缴财政款”科目应当按照应缴财政款项的类别进行明细核算。

（三）主要账务处理

1.单位取得或应收按照规定应缴财政的款项时，在财务会计中，借记“银行存款”“应收账款”等科目，贷记“应缴财政款”科目。无须编制预算会计分录。

【例6-24】某单位按规定取得政府性基金收入201 000元，款项存入银行。

借：银行存款　　201 000
　贷：应缴财政款——政府性基金收入　　201 000

【例6-25】某单位按规定取得行政事业性收费120 000元、交通罚款收入40 000元。

借：银行存款　　160 000
　贷：应缴财政款——行政事业性收费　　120 000
　　　　　　　　——罚没收入　　40 000

【例6-26】某单位收到应缴财政专户的各种教育收费100 000元。

借：银行存款　　100 000
　贷：应缴财政款——教育收费　　100 000

2.单位处置资产取得的应上缴财政的处置净收入的账务处理，参见“待处理财产损溢”等科目。

3.单位上缴应缴财政的款项时，按照实际上缴的金额，在财务会计中，借记“应缴财政款”科目，贷记“银行存款”科目。无须编制预算会计分录。

应缴财政款的
主要账务处理

【例6-27】接【例6-24】【例6-25】【例6-26】，某单位按规定将上述应缴财政款461 000元上缴财政国库。

编制会计分录：

借：应缴财政款　　461 000

　贷：银行存款　　461 000

“应缴财政款”科目期末贷方余额，反映单位应当上缴财政但尚未缴纳的款项。年终清缴后，“应缴财政款”科目一般应无余额。

五、应付职工薪酬的核算

（一）核算内容

“应付职工薪酬”科目核算单位按照有关规定应付给职工（含长期聘用人员）及为职工支付的各种薪酬，包括基本工资、国家统一规定的津贴补贴、规范津贴补贴（绩效工资）、改革性补贴、社会保险费（如职工基本养老保险费、职业年金、基本医疗保险费等）、住房公积金等。

（二）明细科目设置

本科目应当根据国家有关规定按照“基本工资（含离退休费）”“国家统一规定的津贴补贴”“规范津贴补贴（绩效工资）”“改革性补贴”“社会保险费”“住房公积金”“其他个人收入”等进行明细核算。其中，“社会保险费”“住房公积金”明细科目的核算内容包括单位从职工工资中代扣代缴的社会保险费、住房公积金，以及单位为职工计算缴纳的社会保险费、住房公积金。

（三）主要账务处理

1.计算确认当期应付职工薪酬（含单位为职工计算缴纳的社会保险费、住房公积金）

计提从事专业及其辅助活动人员的职工薪酬，借记“业务活动费用”“单位管理费用”科目，贷记“应付职工薪酬”科目。

计提应由在建工程、加工物品、自行研发无形资产负担的职工薪酬，借记“在建工程”“加工物品”“研发支出”等科目，贷记“应付职工薪酬”科目。

计提从事专业及其辅助活动之外的经营活动人员的职工薪酬，借记“经营费用”科目，贷记“应付职工薪酬”科目。

因解除与职工的劳动关系而给予的补偿，借记“单位管理费用”等科目，贷记“应付职工薪酬”科目。

2.向职工支付工资、津贴补贴等薪酬

向职工支付工资、津贴补贴等薪酬时，按照实际支付的金额，在财务会计中，借记“应付职工薪酬”科目，贷记“财政拨款收入”“银行存款”等科目；同时在预算会计中，借记“行政支出”“事业支出”“经营支出”等科目，贷记“财政拨款预算收入”“资金结存”科目。

3.代扣代缴相关税费

按照税法规定代扣职工个人所得税时，借记“应付职工薪酬——基本工资”科目，贷记“其他应交税费——应交个人所得税”科目。

从应付职工薪酬中代扣为职工垫付的水电费、房租等费用时，按照实际扣除的金额，借记“应付职工薪酬——基本工资”科目，贷记“其他应收款”等科目。

从应付职工薪酬中代扣社会保险费和住房公积金，按照代扣的金额，借记“应付职工薪酬——基本工资”科目，贷记“应付职工薪酬——社会保险费/住房公积金”科目。

4.缴纳职工社会保险费和住房公积金

按照国家有关规定缴纳职工社会保险费和住房公积金时，按照实际支付的金额，在财务会计中，借记“应付职工薪酬——社会保险费/住房公积金”科目，贷记“财政拨款收入”“银行存款”等科目；同时在预算会计中，借记“行政支出”“事业支出”“经营支出”等科目，贷记“财政拨款预算收入”“资金结存”科目。

5.支付的其他款项

从应付职工薪酬中支付的其他款项，在财务会计中，借记“应付职工薪酬”科目，贷记“银行存款”等科目；同时在预算会计中，借记“行政支出”“事业支出”“经营支出”等科目，贷记“资金结存”科目。

【例6-28】某行政单位本月应付职工薪酬总额为2 600 000元，其中：基本工资1 860 000元、离退休费140 000元、国家统一规定的津贴补贴120 000元、规范性津贴补贴（绩效工资）280 000元、改革性补贴200 000元；单位为职工缴存的社会保险费400 000元、住房公积金140 000元；代扣代缴职工个人缴存的社会保险费160 000元、住房公积金100 000元、个人所得税32 000元；代扣为职工垫付的水电费6 000元。

①计提应付职工薪酬时，在财务会计中，编制会计分录：

借：业务活动用	3 140 000	
贷：应付职工薪酬——基本工资（含离退休费）		2 000 000
——国家统一规定的津贴补贴		120 000
——规范性津贴补贴（绩效工资）		280 000
——改革性补贴		200 000
——社会保险费		400 000
——住房公积金		140 000

②为职工垫付水电费，代扣社会保险费、住房公积金和个人所得税时，在财务会计中，编制会计分录：

借：应付职工薪酬——基本工资（含离退休费）	298 000	
贷：应付职工薪酬——社会保险费		160 000
——住房公积金		100 000
其他应交税费——应交个人所得税		32 000
其他应收款——应收垫付水电费		6 000

③通过预算管理一体化系统支付职工工资、各种津贴补贴时，在财务会计中，编制会计分录：

借：应付职工薪酬——基本工资（含离退休费）	1 702 000	
——国家统一规定的津贴补贴	120 000	
——规范性津贴补贴（绩效工资）	280 000	
——改革性补贴	200 000	
贷：财政拨款收入		2 302 000

同时在预算会计中，按实际支付的职工工资和津贴补贴金额，编制会计分录：

借：行政支出 2 302 000

贷：财政拨款预算收入 2 302 000

④通过预算管理一体化系统支付社会保险费、住房公积金和个人所得税税款时，在财务会计中，编制会计分录：

借：应付职工薪酬——社会保险费 560 000

——住房公积金 240 000

——应交个人所得税 32 000

贷：财政拨款收入 832 000

同时在预算会计中，按实际支付的社会保险费、住房公积金和个人所得税金额，编制会计分录：

借：行政支出 832 000

贷：财政拨款预算收入 832 000

应付职工薪酬的主要账务处理

“应付职工薪酬”科目期末贷方余额反映单位应付未付的职工薪酬。

六、应付票据的核算

（一）核算内容

“应付票据”科目核算事业单位因购买材料、物资等而开出、承兑的商业汇票，包括银行承兑汇票和商业承兑汇票。

（二）明细科目设置

“应付票据”科目应当按照债权人进行明细核算。

（三）主要账务处理

1.开出、承兑商业汇票

开出、承兑商业汇票时，借记“库存物品”“固定资产”等科目，贷记“应付票据”科目。涉及增值税业务的，相关账务处理参见“应交增值税”科目。

以商业汇票抵付应付账款时，借记“应付账款”科目，贷记“应付票据”科目。

2.支付银行承兑汇票的手续费

支付银行承兑汇票的手续费时，在财务会计中，借记“业务活动费用”“经营费用”等科目，贷记“银行存款”等科目；同时在预算会计中，借记“事业支出”“经营支出”科目，贷记“资金结存”科目。

3.商业汇票到期

收到银行支付到期票据的付款通知时，在财务会计中，借记“应付票据”科目，贷记“银行存款”科目；同时在预算会计中，借记“事业支出”“经营支出”科目，贷记“资金结存”科目。

银行承兑汇票到期，单位无力支付票款的，按照应付票据账面余额，在财务会计中，借记“应付票据”科目，贷记“短期借款”科目；同时在预算会计中，借记“事业支出”“经营支出”科目，贷记“债务预算收入”科目。

商业承兑汇票到期，单位无力支付票款的，按照应付票据账面余额，借记“应付票据”科目，贷记“应付账款”科目。

【例6-29】某事业单位为开展经营活动从甲公司购入A物资一批，买价400 000元，增值税税额为52 000元，经认证当期准予抵扣。开出为期5个月的银行无息承兑汇票一张。另以银行存款支付运输费400元、银行承兑手续费200元。

①开出银行承兑汇票时：

在财务会计中，编制会计分录：

借：库存物品——A物资　　400 400

　　应交增值税——应交税金——进项税额　　52 000

　　经营费用　　200

　贷：应付票据——甲公司　　452 000

　　　银行存款　　600

同时在预算会计中，按实际支付的运费和承兑手续费金额，编制会计分录：

借：经营支出　　600

　贷：资金结存——货币资金——银行存款　　600

②银行承兑汇票到期兑付票款时：

在财务会计中，编制会计分录：

借：应付票据——甲公司　　452 000

　贷：银行存款　　452 000

同时在预算会计中，按实际兑付的票款金额，编制会计分录：

借：经营支出　　452 000

　贷：资金结存——货币资金——银行存款　　452 000

③如银行承兑汇票到期无款支付，银行将其作逾期借款处理时：

在财务会计中，编制会计分录：

借：应付票据——甲公司　　452 000

　贷：短期借款　　452 000

同时在预算会计中，按实际短期借款金额，编制会计分录：

借：经营支出　　452 000

　贷：债务预算收入　　452 000

【例6-30】某事业单位为开展事业活动从丁公司购入业务活动用B材料一批，买价为60 000元，增值税为7 800元，经认证当期准予抵扣，开出4个月期的商业承兑汇票一张，面值67 800元。

①开出商业承兑汇票时：

在财务会计中，编制会计分录：

借：库存物品——B材料　　60 000

　　应交增值税——应交税金——进项税额　　7 800

　贷：应付票据——丁公司　　67 800

②上述商业承兑汇票到期，收到银行支付汇票款通知时：

在财务会计中，编制会计分录：

借：应付票据——丁公司　　67 800

　贷：银行存款　　67 800

同时在预算会计中，按实际承兑的票款金额，编制会计分录：

借：经营支出　67 800

　贷：资金结存——货币资金——银行存款　67 800

③如商业承兑汇票到期无款支付，转作应付账款时：

在财务会计中，编制会计分录：

借：应付票据——丁公司　67 800

　贷：应付账款——丁公司　67 800

“应付票据科”目期末贷方余额，反映事业单位开出、承兑的尚未到期的应付票据金额。

应付票据的主要账务处理

单位应当设置“应付票据备查簿”，详细登记每一应付票据的种类、号数、出票日期、到期日、票面金额、交易合同号、收款人姓名或单位名称，以及付款日期和金额等。应付票据到期结清票款后，应当在备查簿内逐笔注销。

七、应付账款的核算

（一）核算内容

“应付账款”科目核算单位因购买物资、接受服务、开展工程建设等而应付的偿还期限在1年以内（含1年）的款项。

（二）明细科目设置

“应付账款”科目应当按照债权人进行明细核算。对于建设项目，还应设置“应付器材款”“应付工程款”等明细科目，并按照具体项目进行明细核算。

（三）主要账务处理

1.收到所购材料、物资、设备或服务以及确认完成工程进度但尚未付款时，根据发票及账单等有关凭证，按照应付未付款项的金额，借记“库存物品”“固定资产”“在建工程”等科目，贷记“应付账款”科目。涉及增值税业务的，相关账务处理参见“应交增值税”科目。

【例6-31】某行政单位从甲公司加工定做的一批工作服验收入库，总价款为100 000元，增值税为13 000元，经认证当期准予抵扣，价税款暂欠。

在财务会计中，编制如下会计分录：

借：库存物品——工作服　100 000

　　应交增值税——应交税金——进项税额　13 000

　贷：应付账款——甲公司　113 000

2.偿付应付账款时，按照实际支付的金额，在财务会计中，借记“应付账款”科目，贷记“财政拨款收入”“银行存款”等科目；同时在预算会计中，借记“行政支出”“事业支出”“经营支出”科目，贷记“财政拨款预算收入”“资金结存”科目。

【例6-32】接【例6-31】，通过预算管理一体化系统支付上述业务的欠款。

在财务会计中，编制如下会计分录：

借：应付账款——甲公司　113 000

　贷：财政拨款收入　113 000

同时在预算会计中，按实际支付的工作服价款金额，编制会计分录：

借：行政支出　　113 000

　贷：财政拨款预算收入　　113 000

3. 开出、承兑商业汇票抵付应付账款时，借记“应付账款”科目，贷记“应付票据”科目。

【例 6-33】某行政单位开出一张商业承兑汇票抵付前暂欠乙公司的设备价税款合计 45 200 元。

编制会计分录如下：

借：应付账款——乙公司　　45 200

　贷：应付票据　　45 200

4. 无法偿付或债权人豁免偿还的应付账款，应当按照规定报经批准后进行账务处理。经批准核销时，借记“应付账款”科目，贷记“其他收入”科目。

【例 6-34】某行政单位前暂欠丙公司的工程施工款 8 000 元，现予以豁免，经批准核销。

在财务会计中，编制如下会计分录：

借：应付账款——丙公司　　8 000

　贷：其他收入　　8 000

核销的应付账款应在备查簿中保留登记。

“应付账款”科目期末贷方余额反映单位尚未支付的应付账款金额。

应付账款的主要账务处理

八、应付政府补贴款的核算

（一）核算内容

“应付政府补贴款”科目核算负责发放政府补贴的行政单位按照规定应当支付给政府补贴接受者的各种政府补贴款。

（二）明细科目设置

“应付政府补贴款”科目应当按照应支付的政府补贴种类进行明细核算。单位还应当根据需要按照补贴接受者进行明细核算，或者建立备查簿对补贴接受者予以登记。

（三）主要账务处理

1. 发生应付政府补贴款时，按照依规定计算确定的应付政府补贴金额，借记“业务活动费用”科目，贷记“应付政府补贴款”科目。

2. 支付应付政府补贴款时，按照支付金额，在财务会计中，借记“应付政府补贴款”科目，贷记“银行存款”等科目；同时在预算会计中，借记“行政支出”科目，贷记“资金结存”等科目。

【例 6-35】某行政单位负责发放政府补贴款，其中，助学金 30 000 元、采暖补贴金 50 000 元。分别编制会计分录。

①计算确认应发补贴款时：

在财务会计中，编制如下会计分录：

借：业务活动费用　　80 000

　贷：应付政府补贴款——助学金　　30 000

　　　　　　　　　　——采暖补贴　　50 000

②以银行存款实际支付政府补贴款时：

在财务会计中，编制如下会计分录：

借：应付政府补贴款——助学金 30 000

——采暖补贴 50 000

贷：银行存款 80 000

同时在预算会计中，按实际支付的全部补贴款金额，编制会计分录：

借：行政支出 80 000

贷：资金结存——货币资金——银行存款 80 000

应付政府补贴款的主要账务处理

应付政府补贴款科目期末贷方余额反映行政单位应付未付的政府补贴金额。

九、应付利息的核算

（一）核算内容

"应付利息"科目核算事业单位按照合同约定应支付的借款利息，包括短期借款、分期付息到期还本的长期借款等应支付的利息。

（二）明细科目设置

"应付利息"科目应当按照债权人等进行明细核算。

（三）主要账务处理

1. 为建造固定资产、公共基础设施等借入的专门借款的利息，属于建设期间发生的，按期计提利息费用时，按照计算确定的金额，借记"在建工程"科目，贷记"应付利息"科目；不属于建设期间发生的，按期计提利息费用时，按照计算确定的金额，借记"其他费用"科目，贷记"应付利息"科目。

2. 对于其他借款，按期计提利息费用时，按照计算确定的金额，借记"其他费用"科目，贷记"应付利息"科目。

3. 实际支付应付利息时，按照支付的金额，在财务会计中，借记"应付利息"科目，贷记"银行存款"等科目；同时在预算会计中，借记"其他支出"科目，贷记"资金结存"科目。

应付利息的主要账务处理

【例 6-36】某事业单位为建设开展事业活动用工程项目，向甲银行借款 250 000 元，期限 10 个月，年利息率为 6%。工程建设项目周期为 8 个月。

该单位账务处理如下：

①取得借款时：

在财务会计中，编制会计分录：

借：银行存款 250 000

贷：短期借款——甲银行 250 000

同时，按实际借入的短期借款金额，编制会计分录：

借：资金结存——货币资金——银行存款 250 000

贷：债务预算收入 250 000

②前 8 个月每月计提借款利息时：

在财务会计中，编制会计分录：

借：在建工程——建筑安装工程投资（建筑工程） 1 250

贷：应付利息——甲银行 1 250

③最后2个月每月计提借款利息时：

在财务会计中，编制会计分录：

借：其他费用 1 250

贷：应付利息——甲银行 1 250

④按月支付银行借款利息时：

在财务会计中，编制会计分录：

借：应付利息——甲银行 1 250

贷：银行存款 1 250

同时，按每月实际支付的借款利息金额，编制预算会计分录：

借：其他支出 1 250

贷：资金结存——货币资金——银行存款 1 250

“应付利息”科目期末贷方余额反映事业单位应付未付的利息金额。

十、预收账款的核算

(一) 核算内容

“预收账款”科目核算事业单位预先收取但尚未结算的款项。

(二) 明细科目设置

“预收账款”科目应当按照债权人进行明细核算。

(三) 主要账务处理

1.从付款方预收款项时，按照实际预收的金额，在财务会计中，借记“银行存款”等科目，贷记“预收账款”科目；同时在预算会计中，借记“资金结存”科目，贷记“事业预算收入”“经营预算收入”等科目。

【例6-37】某事业单位在开展事业活动中预收甲单位款项12 000元，存入银行。

在财务会计中，编制会计分录：

借：银行存款 12 000

贷：预收账款——甲单位 12 000

同时，按实际收到的款项金额，编制预算会计分录：

借：资金结存——货币资金——银行存款 12 000

贷：事业预算收入 12 000

2.确认有关收入时，按照预收账款账面余额，在财务会计中，借记“预收账款”科目；按照应确认的收入金额，贷记“事业收入”“经营收入”等科目；按照付款方补付或退回付款方的金额，借记或贷记“银行存款”等科目。同时，在预算会计中，按照实际收到的补付或退回付款方的金额，借记或贷记“资金结存”科目，贷记或借记“事业预算收入”“经营预算收入”等科目。

【例6-38】接【例6-37】，某事业单位向甲单位提供劳务应收款项16 000元，增值税税额为960元，补收账款4 960元，存入银行。

在财务会计中，编制会计分录：

借：预收账款——甲单位 12 000

借：银行存款　4 960

　贷：事业收入　16 000

　　　应交增值税——应交税金——销项税额　960

同时，按实际补收的款项金额，编制预算会计分录：

借：资金结存——货币资金——银行存款　4 960

　贷：事业预算收入　4 960

涉及增值税业务的，相关账务处理参见“应交增值税”科目。

3.无法偿付或债权人豁免偿还的预收账款，应当按照规定报经批准后进行账务处理。经批准核销时，借记“预收账款”科目，贷记“其他收入”科目。

【例6-39】某事业单位上年提供专业服务费，向乙公司预收款项3 000元，由于乙公司注销，经批准核销。

在财务会计中，编制会计分录：

借：预收账款——乙公司　3 000

　贷：其他收入　3 000

核销的预收账款应在备查簿中保留登记。

预收账款的主要账务处理

“预收账款”科目期末贷方余额反映事业单位预收但尚未结算的款项金额。

十一、其他应付款的核算

（一）核算内容

“其他应付款”科目核算单位除应交增值税、其他应交税费、应缴财政款、应付职工薪酬、应付票据、应付账款、应付政府补贴款、应付利息、预收账款以外，其他各项偿还期限在1年内（含1年）的应付及暂收款项，如收取的押金、存入保证金、已经报销但尚未偿还银行的本单位公务卡欠款等。

同级政府财政部门预拨的下期预算款和没有纳入预算的暂付款项，以及采用实拨资金方式通过本单位转拨给下属单位的财政拨款，也通过“其他应付款”科目核算。

（二）明细科目设置

“其他应付款”科目应当按照其他应付款的类别及债权人等进行明细核算。

（三）主要账务处理

1.发生其他应付及暂收款项时，借记“银行存款”等科目，贷记“其他应付款”科目。支付（或退回）其他应付及暂收款项时，借记“其他应付款”科目，贷记“银行存款”等科目。

将暂收款项转为收入时，在财务会计中，借记“其他应付款”科目，贷记“事业收入”等科目；同时在预算会计中，借记“资金结存”科目，贷记“事业预算收入”等科目。

【例6-40】某事业单位收到甲单位租用专用设备的保证金20 000元，款项存入银行。

在财务会计中，编制如下会计分录：

借：银行存款　20 000

　贷：其他应付款——甲单位保证金　20 000

【例 6-41】接【例 6-40】，上项保证金转作专用设备租金 14 000 元，增值税税额为 1 260 元。

编制财务会计分录：

借：其他应付款——甲单位保证金 15 260

贷：租金收入 14 000

应交增值税——应交税金——销项税额 1 260

同时，按实际确认的租金金额，编制预算会计分录：

借：资金结存——货币资金——银行存款 15 260

贷：其他预算收入 15 260

2.收到同级政府财政部门预拨的下期预算款和没有纳入预算的暂付款项，按照实际收到的金额，借记“银行存款”等科目，贷记“其他应付款”科目。待到下一预算期或批准纳入预算时，在财务会计中，借记“其他应付款”科目，贷记“财政拨款收入”科目；同时在预算会计中，借记“资金结存”科目，贷记“财政拨款预算收入”科目。

采用实拨资金方式通过本单位转拨给下属单位的财政拨款，按照实际收到的金额，借记“银行存款”科目，贷记“其他应付款”科目。向下属单位转拨财政拨款时，按照转拨的金额，借记“其他应付款”科目，贷记“银行存款”科目。

【例 6-42】某政府单位收到财政部门预拨下年度预算经费 140 000 元。

在财务会计中，编制会计分录：

借：银行存款 140 000

贷：其他应付款——预拨经费 140 000

【例 6-43】接【例 6-42】，下一年度上项预拨经费批准纳入年度预算。

编制财务会计分录：

借：其他应付款——预拨经费 140 000

贷：财政拨款收入 140 000

同时，按实际确定的预算拨款金额，编制预算会计分录：

借：资金结存——货币资金——银行存款 140 000

贷：财政拨款预算收入 140 000

【例 6-44】某行政单位尚未实行国库集中支付，在实拨资金方式下，收到银行存款进账单，财政部门拨入人员经费 500 000 元，其中 100 000 元为下属单位的人员经费。

①对属于本单位人员经费的 400 000 元，该单位的账务处理如下：

编制财务会计分录：

借：银行存款 400 000

贷：财政拨款收入 400 000

同时，编制预算会计分录：

借：资金结存——货币资金——银行存款 400 000

贷：财政拨款预算收入 400 000

②对属于下属单位的人员经费 100 000 元，该单位的账务处理如下：

借：银行存款 100 000

贷：其他应付款 100 000

将上述100 000元转拨给下属单位时：

借：其他应付款 100 000

　贷：银行存款 100 000

3.本单位公务卡持卡人报销时，按照审核报销的金额，借记“业务活动费用”“单位管理费用”等科目，贷记“其他应付款”科目。

偿还公务卡欠款时，在财务会计中，借记“其他应付款”科目，贷记“银行存款”等科目；同时在预算会计中，借记“行政支出”“事业支出”等科目，贷记“资金结存”科目。

【例6-45】本单位业务工作人员持有公务卡，现报销相关业务活动费用2 400元。

编制财务会计分录：

借：业务活动费用 2 400

　贷：其他应付款——某公务卡 2 400

【例6-46】接【例6-45】，用银行存款偿还公务卡欠款2 400元。

编制财务会计分录：

借：其他应付款——某公务卡 2 400

　贷：银行存款 2 400

同时，按实际偿还的公务卡金额，编制预算会计分录：

借：事业支出 2 400

　贷：资金结存——货币资金——银行存款 2 400

4.涉及质保金形成其他应付款的，相关账务处理参见“固定资产”科目。

5.无法偿付或债权人豁免偿还的其他应付款项，应当按照规定报经批准后进行账务处理。经批准核销时，借记“其他应付款”科目，贷记“其他收入”科目。

【例6-47】接【例6-40】【例6-41】，用银行存款退还上述剩余的保证金。

剩余保证金=20 000−15 260=4 740（元）

编制财务会计分录：

借：其他应付款——甲单位保证金 4 740

　贷：银行存款 4 740

【例6-48】接【例6-40】，假设甲单位违反合同规定，上述保证金全额不再退还。

编制财务会计分录：

借：其他应付款——甲单位保证金 20 000

　贷：其他收入 20 000

核销的其他应付款应在备查簿中保留登记。

“其他应付款”科目期末贷方余额反映单位尚未支付的其他应付款金额。

其他应付款的主要账务处理

十二、预提费用的核算

（一）核算内容

“预提费用”科目核算单位预先提取的已经发生但尚未支付的费用，如预提租金费用等。

事业单位按规定从科研项目收入中提取的项目间接费用或管理费，也通过“预提费用”科目核算。

事业单位计提的借款利息费用，通过“应付利息”“长期借款”科目核算，不通过“预提费用”科目核算。

（二）明细科目设置

“预提费用”科目应当按照预提费用的种类进行明细核算。对于提取的项目间接费用或管理费，应当在本科目下设置“项目间接费用或管理费”明细科目，并按项目进行明细核算。

（三）主要账务处理

1.项目间接费用或管理费

（1）按规定从科研项目收入中提取项目间接费用或管理费时，按照提取的金额，在财务会计中，借记“单位管理费用”科目，贷记“预提费用——项目间接费用或管理费”科目；同时在预算会计中，借记“非财政拨款结转——项目间接费用或管理费”科目，贷记“非财政拨款结余——项目间接费用或管理费”科目。

【例6-49】某事业单位从单位科研经费收入中按规定提取项目间接费用32 000元。

编制财务会计分录：

借：单位管理费用 32 000

　贷：预提费用——项目间接费用或管理费 32 000

同时，编制预算会计分录：

借：非财政拨款结转——项目间接费用或管理费 32 000

　贷：非财政拨款结余——项目间接费用或管理费 32 000

（2）实际使用计提的项目间接费用或管理费时，按照实际支付的金额，在财务会计中，借记“预提费用——项目间接费用或管理费”科目，贷记“银行存款”“库存现金”等科目；同时在预算会计中，借记“事业支出”等科目，贷记“资金结存”科目。

【例6-50】接【例6-49】，用银行存款支付上项提取的项目间接费用22 000元。

编制财务会计分录：

借：预提费用——项目间接费用或管理费 22 000

　贷：银行存款 22 000

同时，编制预算会计分录：

借：事业支出 22 000

　贷：资金结存——货币资金——银行存款 22 000

2.其他预提费用

（1）按期预提租金等费用时，按照预提的金额，借记“业务活动费用”“单位管理费用”“经营费用”等科目，贷记“预提费用”科目。

【例6-51】某事业单位预提为开展事业活动租用的专用设备租金6 400元。

在财务会计中，编制如下会计分录：

借：业务活动费用 6 400

　贷：预提费用——专用设备租金 6 400

（2）实际支付款项时，按照支付金额，在财务会计中，借记“预提费用”科目，贷记

"银行存款""财政拨款收入"等科目；同时在预算会计中，借记"行政支出""事业支出""经营支出"等科目，贷记"资金结存""财政拨款预算收入"科目。

【例 6-52】接【例 6-51】，通过预算管理一体化系统结清上项预提的专用设备租金 6 400元。

编制财务会计分录：

借：预提费用——专用设备租金　　6 400

　　贷：财政拨款收入　　6 400

同时，编制预算会计分录：

借：事业支出　　6 400

　　贷：财政拨款预算收入　　6 400

预提费用的主要账务处理

"预提费用"科目期末贷方余额反映单位已预提但尚未支付的各项费用。

第三节　非流动负债

一、长期借款的核算

（一）核算内容

"长期借款"科目核算事业单位经批准向银行或其他金融机构等借入的期限超过1年（不含1年）的各种借款本息。

（二）明细科目设置

"长期借款"科目应当设置"本金"和"应计利息"明细科目，并按照贷款单位和贷款种类进行明细核算。对于建设项目借款，还应按照具体项目进行明细核算。

（三）主要账务处理

1.借入各项长期借款时，按照实际借入的金额，在财务会计中，借记"银行存款"科目，贷记"长期借款——本金"科目；同时在预算会计中，借记"资金结存——货币资金"科目，贷记"债务预算收入——本金"科目。

2.为建造固定资产、公共基础设施等应支付的专门借款利息，按期计提利息时，分别按以下情况处理：

（1）属于工程项目建设期间发生的利息，计入工程成本，按照计算确定的应支付的利息金额，借记"在建工程"科目，贷记"应付利息"科目。

（2）属于工程项目完工交付使用后发生的利息，计入当期费用，按照计算确定的应支付的利息金额，借记"其他费用"科目，贷记"应付利息"科目。

3.按期计提其他长期借款的利息时，按照计算确定的应支付的利息金额，借记"其他费用"科目，贷记"应付利息"科目（分期付息、到期还本借款的利息）或"长期借款——应计利息"科目（到期一次还本付息借款的利息）。

4.到期归还长期借款本金、利息时，在财务会计中，借记"长期借款——本金/应计利息"科目，贷记"银行存款"科目；同时在预算会计中，借记"债务还本支出"（支付的本金）、"其他支出"（支付的利息）等科目，贷记"资金结存"科目。

【例6-53】某事业单位为建设事业活动用房屋一栋取得长期专门借款10 000 000元，年利息率为6%，期限2年，每半年分期付息，到期一次还本。房屋建设时间为1年6个月。

该单位的账务处理如下：

①取得借款时：

编制财务会计分录：

借：银行存款 10 000 000

贷：长期借款——本金（专门借款） 10 000 000

同时，按实际取得的长期借款金额，编制预算会计分录：

借：资金结存——货币资金——银行存款 10 000 000

贷：债务预算收入 10 000 000

②房屋工程建设期间分期计提利息时：

编制财务会计分录：

借：在建工程 300 000

贷：应付利息——专门借款利息 300 000

③房屋建设工程完工后分期计提利息时：

编制财务会计分录：

借：其他费用 300 000

贷：应付利息——专门借款利息 300 000

④分期支付借款利息时：

编制财务会计分录：

借：应付利息——专门借款利息 300 000

贷：银行存款 300 000

同时，按实际支付的借款利息金额，编制预算会计分录：

借：其他支出 300 000

贷：资金结存——货币资金——银行存款 300 000

⑤到期归还本金时：

编制财务会计分录：

借：长期借款——本金（专门借款） 10 000 000

贷：银行存款 10 000 000

同时，按实际归还的长期借款本金金额，编制预算会计分录：

借：债务还本支出 10 000 000

贷：资金结存——货币资金——银行存款 10 000 000

【例6-54】某事业单位为开展事业活动取得长期借款2 000 000元，期限3年，年利息率为5%，到期一次还本付息。

该单位的账务处理如下：

①取得借款时：

编制财务会计分录：

借：银行存款 2 000 000

贷：长期借款——本金（其他长期借款） 2 000 000

同时，按实际取得的长期借款金额，编制预算会计分录：

借：资金结存——货币资金——银行存款　2 000 000

　贷：债务预算收入　2 000 000

②按年分期计提利息时：

编制财务会计分录：

借：其他费用　100 000

　贷：长期借款——应计利息（其他长期借款）　100 000

③到期还本付息时：

编制财务会计分录：

借：长期借款——本金（其他长期借款）　2 000 000

　　　　——应计利息（其他长期借款）　300 000

　贷：银行存款　2 300 000

长期借款的主要账务处理

同时，按实际归还的借款本息金额，编制预算会计分录：

借：债务还本支出　2 000 000

　　其他支出　300 000

　贷：资金结存——货币资金——银行存款　2 300 000

长期借款科目期末贷方余额反映事业单位尚未偿还的长期借款本息金额。

二、长期应付款的核算

（一）核算内容

“长期应付款”科目核算单位发生的偿还期限超过1年（不含1年）的应付款项，如以融资租赁方式取得固定资产应付的租赁费等。

（二）明细科目设置

“长期应付款”科目应当按照长期应付款的类别以及债权人进行明细核算。

（三）主要账务处理

1. 发生长期应付款时，借记“固定资产”“在建工程”等科目，贷记“长期应付款”科目。

2. 支付长期应付款时，按照实际支付的金额，在财务会计中，借记“长期应付款”科目，贷记“财政拨款收入”“银行存款”等科目；同时在预算会计中，借记“行政支出”“事业支出”“经营支出”等科目，贷记“财政拨款预算收入”“资金结存”等科目。涉及增值税业务的，相关账务处理参见“应交增值税”科目。

【例6-55】某行政单位用分期付款方式从甲公司购入通用设备一台，全部价款为720 000元，分3年平均支付，每年支付240 000元。

该单位的账务处理如下：

①购入通用设备时：

编制财务会计分录：

借：固定资产——通用设备　720 000

　贷：长期应付款——甲公司　720 000

②通过预算管理一体化系统支付第1年应付价款240 000元时：

编制财务会计分录：

借：长期应付款——甲公司 240 000

贷：财政拨款收入 240 000

同时，按实际支付的价款金额，编制预算会计分录：

借：行政支出 240 000

贷：财政拨款预算收入 240 000

3.无法偿付或债权人豁免偿还的长期应付款，应当按照规定报经批准后进行账务处理。经批准核销时，借记“长期应付款”科目，贷记“其他收入”科目。

【例6-56】某行政单位原欠A单位的长期应付款160 000元按规定被豁免。

编制财务会计分录：

借：长期应付款——A单位 160 000

贷：其他收入 160 000

核销的长期应付款应在备查簿中保留登记。

4.涉及质保金形成长期应付款的，相关账务处理参见“固定资产”科目。

长期应付款科目期末贷方余额反映单位尚未支付的长期应付款金额。

长期应付款的主要账务处理

三、预计负债的核算

（一）核算内容

“预计负债”科目核算单位对因或有事项所产生的现时义务而确认的负债，如对未决诉讼等确认的负债。

（二）明细科目设置

“预计负债”科目应当按照预计负债的项目进行明细核算。

（三）主要账务处理

1.确认预计负债时，按照预计的金额，借记“业务活动费用”“经营费用”“其他费用”等科目，贷记“预计负债”科目。

【例6-57】某事业单位因开展经营活动前期购进材料，发生业务纠纷而被供应方起诉，预计相关的诉讼赔款为160 000元，相关诉讼费用为12 000元。

编制财务会计分录：

借：经营费用 160 000

单位管理费用 12 000

贷：预计负债——未决诉讼费 172 000

2.实际偿付预计负债时，按照偿付的金额，在财务会计中，借记“预计负债”科目，贷记“银行存款”等科目；同时在预算会计中，借记“事业支出”“经营支出”“其他支出”等科目，贷记“资金结存”科目。

【例6-58】接【例6-57】，上述被诉讼事项败诉，用银行存款支付诉讼费用12 000元，支付诉讼赔款180 000元。

在财务会计中，编制如下会计分录：

借：经营费用 20 000

预计负债——未决诉讼费 172 000

贷：银行存款 192 000

同时，按实际支付的诉讼赔款和诉讼费用金额，编制预算会计分录：

借：经营支出 180 000

其他支出 12 000

贷：资金结存——货币资金——银行存款 192 000

预计负债的主要账务处理

3. 根据确凿证据需要对已确认的预计负债账面余额进行调整的，按照调整增加的金额，借记有关科目，贷记“预计负债”科目；按照调整减少的金额，借记“预计负债”科目，贷记有关科目。

预计负债科目期末贷方余额反映单位已确认但尚未支付的预计负债金额。

四、受托代理负债的核算

“受托代理负债”科目核算单位接受委托取得受托代理资产时形成的负债。

受托代理负债的账务处理参见“受托代理资产”“库存现金”“银行存款”等科目。

受托代理负债科目期末贷方余额反映单位尚未交付或发出受托代理资产形成的受托代理负债金额。

【例 6-59】某民政局收到某民营企业捐赠的 200 000 元资金和 300 000 元的医疗设备，该企业指定将其捐赠给受灾地区的××卫生院，民政局将转赠的资金和医疗设备交付该卫生院。

该民政局账务处理如下：

①收到指定捐赠的资金和设备时，编制财务会计分录：

借：银行存款——受托代理资产 200 000

受托代理资产——转赠物资 300 000

贷：受托代理负债——××卫生院 500 000

②转赠资金和设备时，编制财务会计分录：

借：受托代理负债——××卫生院 500 000

贷：银行存款——受托代理资产 200 000

受托代理资产——转赠物资 300 000

【学思践悟】

（一）资料

个税专项附加扣除标准提高 减轻“一老一小”抚养赡养负担

国务院 2023 年印发通知，提高 3 岁以下婴幼儿照护、子女教育、赡养老人个人所得税专项附加扣除标准。自 2023 年 1 月 1 日起，3 岁以下婴幼儿照护专项附加扣除标准，由每个婴幼儿每月 1 000 元提高到 2 000 元。子女教育专项附加扣除标准，由每个子女每月 1 000 元提高到 2 000 元。赡养老人专项附加扣除标准，由每月 2 000 元提高到 3 000 元，其中，独生子女按照每月 3 000 元的标准定额扣除，非独生子女与兄弟姐妹分摊每月 3 000 元的扣除额度，每人分摊的额度不能超过每月 1 500 元。

3岁以下婴幼儿照护、子女教育、赡养老人3项专项附加扣除与“一老一小”直接相关，提高相关专项附加扣除标准有利于进一步减轻家庭抚养赡养负担，更好保障和改善民生，也有利于提高居民消费意愿和能力。

资料来源：王观，曲哲涵.提高三项个税专项附加扣除标准 进一步减轻家庭抚养赡养负担［EB/OL］.［2024-10-10］.https：//www.gov.cn/zhengce/202309/content_6901376.htm.

（二）讨论

行政事业单位代扣职工个人所得税如何进行会计账务处理？

【复习思考题】

1. 如何对单位的负债进行确认和计量？
2. 短期借款有哪些管理要求？
3. 单位的应缴财政款具体包括哪些项目？
4. 什么是增值税，如何确认增值税的纳税人？
5. 增值税税率是如何规定的？
6. 如何设置“应交增值税”科目的明细科目？
7. 应付与暂收款包括哪些具体项目，有什么管理要求？
8. 应付职工薪酬具体包括哪些项目？
9. 应付票据与应付账款的主要区别是什么？
10. 其他应收款有什么管理要求？
11. 什么是长期借款？其与长期应付款有哪些主要区别？
12. 简述预计负债的概念与主要特点。

【练习题】

一、单项选择题

1.单位依法查处的罚没收入应计入（　　）。

A.其他收入　B.应缴财政款　C.应付财政补贴款　D.其他应交税费

2.下列各项中，作为“其他应付款”核算的是（　　）。

A.罚没收入　B.代扣代缴的职工社会保险费

C.代管资金　D.行政事业性收费

3.下列各项中，属于应付政府补贴款核算内容的是（　　）。

A.地方津贴补贴　B.代扣代缴的职工住房公积金

C.生活补贴　D.出租资产收取的押金

4.下列各项中，不属于应付职工薪酬的是（　　）。

A.基本工资　B.国家规定的津贴补贴

C.社会保险费　D.职工出差伙食补助

5.无法支付或被债权人豁免的应付账款计入（　　）。

A.应缴财政款　　B.其他收入

C.冲减当期费用　　D.不进行账务处理

二、多项选择题

1.应缴财政款的内容主要包括（　　）。

A.政府性基金收入　　B.国有资产出租收入

C.罚没收入　　D.行政事业性收费

2.下列各项中，属于“应交增值税”科目设置的明细科目的有（　　）。

A.进项税额转出　　B.应交税金　　C.预交税金

D.销项税额　　E.进项税额

3.单位的应付及暂收款一般包括（　　）。

A.应付账款　　B.其他应付款

C.应付政府补贴款　　D.受托代理负债

4.政府单位“应付职工薪酬”科目下设置的明细科目有（　　）。

A.基本工资　　B.规范津贴补贴　　C.改革性补贴

D.社会保险费　　E.住房公积金

5.受托代理负债的具体内容包括（　　）。

A.受托代管现金产生的负债　　B.代管银行存款产生的负债

C.代管受托转赠物资产生的负债　　D.代扣代缴的增值税税款

三、业务处理题

资料：某事业单位2×24年12月发生下列经济业务：

1.依法履职过程中收取工本费15 000元，该款项以集中汇缴方式上缴国库。

2.上交本月应交纳增值税390 000元。

3.采购办公用计算机一批，取得的增值税专用发票上注明计算机的价款为60 000元，增值税税额为7 800元，款项在两个月后支付。计算机直接交付使用。

4.收到同级政府财政部门拨付的本月预算款200 000元。

5.购入办公楼一栋，价值90 000 000元，其中，土地使用权价款为30 000 000元。办公楼直接投入使用。款项采用财政预算一体化支付系统分期支付，购入时支付50%，另外50%于两年后支付。

6.因开展非独立核算经营活动向银行借款360 000元，期限10个月，借款利率为6%。

7.按月计提短期借款利息18 000元。

8.购买专业活动用材料一批，发票标明的价款为30 000元，增值税为3 900元，单位开出一张33 900元的银行承兑汇票。材料已验收入库。

9.按照合同预收科研项目经费80 000元，款项已存入银行。

10.按照科研项目收入300 000元的3%提取项目管理费。

要求：根据上述资料编制会计分录。

第七章　净资产

【学习目标】

熟悉政府单位净资产的概念与分类；理解和掌握各项净资产的账务处理。

第一节　盈余及盈余分配

净资产是指政府会计主体资产扣除负债后的净额。政府单位净资产包括累计盈余、专用基金、权益法调整、本期盈余、本年盈余分配、无偿调拨净资产、以前年度盈余调整等。净资产金额取决于资产和负债的计量。净资产项目应当列入资产负债表。

一、本期盈余的核算

（一）核算内容

“本期盈余”科目核算单位本期各项收入、费用相抵后的余额。

（二）主要账务处理

1. 期末，将各类收入科目的本期发生额转入本期盈余，借记“财政拨款收入”“事业收入”“上级补助收入”“附属单位上缴收入”“经营收入”“非同级财政拨款收入”“投资收益”“捐赠收入”“利息收入”“租金收入”“其他收入”科目，贷记“本期盈余”科目；将各类费用科目本期发生额转入本期盈余，借记“本期盈余”科目，贷记“业务活动费用”“单位管理费用”“经营费用”“所得税费用”“资产处置费用”“上缴上级费用”“对附属单位补助费用”“其他费用”科目。

2. 年末，完成上述结转后，将“本期盈余”科目余额转入“本年盈余分配”科目，借记或贷记“本期盈余”科目，贷记或借记“本年盈余分配”科目。

3. “本期盈余”科目期末如为贷方余额，反映单位自年初至当期期末累计实现的盈余；如为借方余额，反映单位自年初至当期期末累计发生的亏损。年末结账后，“本期盈余”科目应无余额。

【例 7-1】 某事业单位 2×23 年 12 月各项收入和费用发生额如表 7-1 所示。

表 7-1　　某事业单位 2×23 年 12 月各项收入和费用发生额　　单位：万元

收入科目名称	贷方	费用科目名称	借方
财政拨款收入	426	业务活动费用	135
事业收入	480	单位管理费用	225

续表

收入科目名称	贷方	费用科目名称	借方
经营收入	600	资产处置费用	4.5
非同级财政拨款收入	45	经营费用	300
投资收益	30	所得税费用	75
捐赠收入	75	其他费用	3
利息收入	5		
租金收入	9.6		
其他收入	7		

根据上述资料，将该单位12月各项收入和费用结转至“本期盈余”账户。

将各类收入科目的本期发生额转入“本期盈余”科目，编制会计分录(单位:元):

借：财政拨款收入　　4 260 000
　　事业收入　　4 800 000
　　经营收入　　6 000 000
　　非同级财政拨款收入　　450 000
　　投资收益　　300 000
　　捐赠收入　　750 000
　　利息收入　　50 000
　　租金收入　　96 000
　　其他收入　　70 000
　贷：本期盈余　　16 776 000

将各类费用科目的本期发生额转入“本期盈余”科目，编制会计分录：

借：本期盈余　　7 425 000
　贷：业务活动费用　　1 350 000
　　　单位管理费用　　2 250 000
　　　经营费用　　3 000 000
　　　资产处置费用　　45 000
　　　所得税费用　　750 000
　　　其他费用　　30 000

在前述结转后，年末，将“本期盈余”科目的余额，结转到“本年盈余分配”科目。

“本期盈余”科目的余额为9 351 000元（16 776 000−7 425 000），编制的会计分录如下：

借：本期盈余　　9 351 000
　贷：本年盈余分配　　9 351 000

本期盈余的主要账务处理

二、本年盈余分配的核算

（一）核算内容

“本年盈余分配”科目核算单位本年度盈余分配的情况和结果。

（二）主要账务处理

1. 年末，将“本期盈余”科目余额转入“本年盈余分配”科目，借记或贷记“本期盈余”科目，贷记或借记“本年盈余分配”科目。

2. 年末，根据有关规定从本年度非财政拨款结余或经营结余中提取专用基金的，按照预算会计下计算的提取金额，在财务会计中，借记“本年盈余分配”科目，贷记“专用基金”科目；同时在预算会计中，借记“非财政拨款结余分配”科目，贷记“专用结余”科目。

3. 年末，按照规定完成上述处理后，将“本年盈余分配”科目余额转入“累计盈余”科目，借记或贷记“本年盈余分配”科目，贷记或借记“累计盈余”科目。年末结账后，“本年盈余分配”科目应无余额。

【例 7-2】年末，按照本单位预算会计下经营结余 300 000 元和其他结余 930 000 元的 40% 计提职工福利基金，共计 492 000 元。

编制财务会计分录：

借：本年盈余分配　　492 000

　贷：专用基金　　492 000

同时，编制预算会计分录：

借：非财政拨款结余分配　　492 000

　贷：专用结余　　492 000

【例 7-3】接【例 7-1】【例 7-2】，年末，结转“本年盈余分配”科目余额。

本年盈余分配余额为=9 351 000−492 000=8 859 000（元）

编制的会计分录如下：

借：本年盈余分配　　8 859 000

　贷：累计盈余　　8 859 000

本年盈余分配的主要账务处理

三、专用基金的核算

（一）核算内容及明细科目设置

“专用基金”科目核算事业单位按照规定提取或设置的具有专门用途的净资产，主要包括职工福利基金、科技成果转化基金等。

“专用基金”科目应当按照专用基金的类别进行明细核算。

（二）主要账务处理

1. 年末，根据有关规定从本年度非财政拨款结余或经营结余中提取专用基金的，按照预算会计下计算的提取金额，在财务会计中，借记“本年盈余分配”科目，贷记“专用基金”科目；同时在预算会计中，借记“非财政拨款结余分配”科目，贷记“专用结余”科目。

2. 根据有关规定从收入中提取专用基金并计入费用的，一般按照预算会计下基于预算收入计算提取的金额，在财务会计中，借记“业务活动费用”等科目，贷记“专用基金”科目。国家另有规定的，从其规定。

3.根据有关规定设置的其他专用基金，在财务会计中，按照实际收到的基金金额，借记“银行存款”等科目，贷记“专用基金”科目。

4.按照规定使用提取的专用基金时，在财务会计中，借记“专用基金”科目，贷记“银行存款”等科目。

使用提取的专用基金购置固定资产、无形资产的，在财务会计中，按照固定资产、无形资产成本金额，借记“固定资产”“无形资产”科目，贷记“银行存款”等科目；同时，按照专用基金使用金额，借记“专用基金”科目，贷记“累计盈余”科目。

在预算会计中，使用从收入中提取并列入费用的专用基金，借记“事业支出”等科目，贷记“资金结存”科目；使用从非财政拨款结余或经营结余中提取的专用基金，借记“专用结余”科目，贷记“资金结存”科目。

“专用基金”科目期末贷方余额反映事业单位累计提取或设置的尚未使用的专用基金。

【例 7-4】某事业单位本年度实现事业预算收入10 000 000元，按照有关规定，年末按8%的比例从事业预算收入中提取科技成果转化基金。

编制的会计分录如下：

借：业务活动费用　　800 000

　贷：专用基金——科技成果转化基金　　800 000

【例 7-5】接【例 7-4】，该事业单位为增值税一般纳税人，使用以前年度提取的科技成果转化基金购买科研所用的专用技术设备一台，取得的增值税专用发票注明的设备价款为300 000元，增值税为39 000元。

假设不考虑其他相关费用，该事业单位的账务处理如下：

编制财务会计分录：

借：固定资产　　300 000

　　应交增值税——应交税金——进项税额　　39 000

　贷：银行存款　　339 000

借：专用基金　　339 000

　贷：累计盈余　　339 000

同时，编制预算会计分录：

借：事业支出　　339 000

　贷：资金结存——货币资金——银行存款　　339 000

专用基金的主要账务处理

四、累计盈余的核算

（一）核算内容

“累计盈余”科目核算单位历年实现的盈余扣除盈余分配后滚存的金额，以及因无偿调入调出资产产生的净资产变动额。

按照规定上缴、缴回、单位间调剂结转结余资金产生的净资产变动额，以及对以前年度盈余的调整金额，也通过“累计盈余”科目核算。

（二）主要账务处理

1.年末，将“本年盈余分配”科目的余额转入“累计盈余”科目，借记或贷记“本年盈余分配”科目，贷记或借记“累计盈余”科目。具体账务处理见【例7-1】。

2.年末，将“无偿调拨净资产”科目的余额转入“累计盈余”科目，借记或贷记“无偿调拨净资产”科目，贷记或借记“累计盈余”科目。

【例7-6】2×24年12月31日，某行政单位将“无偿调拨净资产”科目的年末贷方余额2 800 000元（其中：固定资产2 000 000元、在建工程800 000元）转入“累计盈余”科目。

2×24年12月31日，编制财务会计分录：

借：无偿调拨净资产——固定资产　　2 000 000

——在建工程　　800 000

贷：累计盈余　　2 800 000

3.按照规定上缴财政拨款结转结余、缴回非财政拨款结转资金、向其他单位调出财政拨款结转资金时，按照实际上缴、缴回、调出金额，在财务会计中，借记“累计盈余”科目，贷记“财政应返还额度”“银行存款”等科目；在预算会计中，借记“财政拨款结转——归集上缴”“财政拨款结余——归集上缴”“非财政拨款结转——缴回资金”等科目，贷记“资金结存——财政应返还额度/银行存款”科目。

【例7-7】某事业单位2×22年财政拨款实验室设备购置项目，因政府采购公开招标确定的采购中标价格低于财政拨款预算金额，形成结余资金300 000元，直挂账未使用，也未编入第二年预算，该项目资金通过预算管理一体化系统支付，2×24年3月12日按照审计整改要求上缴该项财政拨款结余资金。

2×24年3月12日，编制财务会计分录：

借：累计盈余——财政拨款结余　　300 000

贷：财政拨款收入　　300 000

同时，编制预算会计分录：

借：财政拨款结余——归集上缴　　300 000

贷：财政拨款预算收入　　300 000

按照规定从其他单位调入财政拨款结转资金时，按照实际调入金额，在财务会计中，借记“银行存款”等科目，贷记“累计盈余”科目；同时在预算会计中，借记“资金结存”科目，贷记“财政拨款结转——归集调入”科目。

【例7-8】2×24年某事业单位按规定从其他单位调入财政拨款结转资金100 000元。

编制财务会计分录：

借：银行存款　　100 000

贷：累计盈余　　100 000

同时，编制预算会计分录：

借：资金结存——货币资金——银行存款　　100 000

贷：财政拨款结转——归集调入　　100 000

4.将“以前年度盈余调整”科目的余额转入“累计盈余”科目，借记或贷记“以前年度盈余调整”科目，贷记或借记“累计盈余”科目。

【例7-9】2×24年年末，某事业单位“以前年度盈余调整”借方余额50 000元全部为

2×23年财政拨款项目增加的支出，年末结转入“累计盈余”科目。

2×24年年末，编制财务会计分录：

借：累计盈余——财政拨款结转　　50 000

　贷：以前年度盈余调整　　50 000

无须编制预算会计分录。

5.按照规定使用专用基金购置固定资产、无形资产的，按照固定资产、无形资产成本金额，在财务会计中，借记“固定资产”“无形资产”科目，贷记“银行存款”等科目；按照专用基金使用金额，借记“专用基金”科目，贷记“累计盈余”科目。同时，在预算会计中，按照专用基金使用金额，借记“事业支出”科目，贷记“资金结存”科目。具体账务处理见【例7-5】。

“累计盈余”科目期末余额，反映单位未分配盈余（或未弥补亏损）的累计数及截至上年末无偿调拨净资产变动的累计数。“累计盈余”科目年末余额，反映单位未分配盈余（或未弥补亏损）及无偿调拨净资产变动的累计数。

累计盈余的主要账务处理

第二节　净资产的调整

一、权益法调整的核算

（一）核算内容及明细科目设置

“权益法调整”科目核算事业单位持有的长期股权投资采用权益法核算时，按照被投资单位除净损益和利润分配以外的所有者权益变动份额调整长期股权投资账面余额而计入净资产的金额。

“权益法调整”科目应当按照被投资单位进行明细核算。

（二）主要账务处理

1.年末，按照被投资单位除净损益和利润分配以外的所有者权益变动应享有（或应分担）的份额，借记或贷记“长期股权投资——其他权益变动”科目，贷记或借记“权益法调整”科目。

【例7-10】某事业单位在2×22年1月，以一项固定资产对外投资，并持有该被投资单位70%的股权，采用权益法进行后续核算，2×24年12月31日该被投资单位实现净利润300 000元，所有者权益变动为20 000元。

2×24年12月31日，财务会计分录如下：

借：长期股权投资——损益调整　　210 000

　　　　　　　　——其他权益变动　　14 000

　贷：投资收益　　210 000

　　　权益法调整　　14 000

2.采用权益法核算的长期股权投资，因被投资单位除净损益和利润分配以外的所有者权益变动而将应享有（或应分担）的份额计入单位净资产的，处置该项投资时，按照原计入净资产的相应部分金额，借记或贷记“权益法调整”科目，贷记或借记“投资收益”科目。

【例7-11】2×24年7月某事业单位处置长期股权投资时，与所处置投资对应部分的权益法调整科目借方余额为50 000元。

编制财务会计分录：

借：投资收益 50 000

　贷：权益法调整 50 000

无须编制预算会计分录。

“权益法调整”科目期末余额，反映事业单位在被投资单位除净损益和利润分配以外的所有者权益变动中累积享有（或分担）的份额。

权益法调整的主要账务处理

二、无偿调拨净资产的核算

（一）核算内容

“无偿调拨净资产”科目核算单位无偿调入或调出非现金资产所引起的净资产变动金额。

（二）主要账务处理

1.按照规定取得无偿调入的存货、长期股权投资、固定资产、无形资产、公共基础设施、政府储备物资、文物资源、保障性住房等，按照确定的成本，借记“库存物品”“长期股权投资”“固定资产”“无形资产”“公共基础设施”“政府储备物资”“文物资源”“保障性住房”等科目；按照调入过程中发生的归属于调入方的相关费用，贷记“银行存款”等科目；按照其差额，贷记“无偿调拨净资产”科目。同时，在预算会计中，按照实际支付的归属于调入方的相关费用，借记“其他支出”科目，贷记“资金结存”等科目。

【例7-12】某事业单位取得无偿调入的固定资产（公共基础设施），价值100 000元，发生安装费用10 000元，发生的相关费用均通过银行存款支付。

编制财务会计分录：

借：固定资产 110 000

　贷：无偿调拨净资产 100 000

　　　银行存款 10 000

按照支付的安装费，编制预算会计分录：

借：其他支出 10 000

　贷：资金结存——货币资金——银行存款 10 000

2.按照规定经批准无偿调出存货、长期股权投资、固定资产、无形资产、公共基础设施、政府储备物资、文物资源、保障性住房等，按照调出资产的账面余额或账面价值，借记“无偿调拨净资产”科目；按照固定资产累计折旧、无形资产累计摊销、公共基础设施累计折旧或摊销、保障性住房累计折旧的金额，借记“固定资产累计折旧”“无形资产累计摊销”“公共基础设施累计折旧（摊销）”“保障性住房累计折旧”科目；按照调出资产的账面余额，贷记“库存物品”“长期股权投资”“固定资产”“无形资产”“公共基础设施”“政府储备物资”“文物资源”“保障性住房”等科目；按照调出过程中发生的归属于调出方的相关费用，借记“资产处置费用”科目，贷记“银行存款”等科目。同时，在预算会计中，按照实际支付的归属于调出方的相关费用，借记“其他支出”科目，贷记“资金结存”等科目。

【例 7-13】某政府单位经上级单位批准无偿调出固定资产（笔记本电脑4台）20 000元，发生拆卸费1 000元，该资产已提取折旧10 000元，发生的相关费用均通过银行存款支付。

编制财务会计分录：

借：无偿调拨净资产　　10 000

　　固定资产累计折旧　　10 000

　贷：固定资产　　20 000

借：资产处置费用　　1 000

　贷：银行存款　　1 000

按照支付的拆卸费，编制预算会计分录：

借：其他支出　　1 000

　贷：资金结存——货币资金——银行存款　　1 000

3.年末，将“无偿调拨净资产”科目余额转入“累计盈余”科目，借记或贷记“无偿调拨净资产”科目，贷记或借记“累计盈余”科目。年末结账后，“无偿调拨净资产”科目应无余额。

【例 7-14】某事业单位年末将“无偿调拨净资产”科目余额30 000元转入“累计盈余”科目。

①如果“无偿调拨净资产”科目余额在贷方：

编制财务会计分录：

借：无偿调拨净资产　　30 000

　贷：累计盈余　　30 000

无须编制预算会计分录。

无偿调拨净资产的主要账务处理

②如果无偿调拨净资产科目余额在借方：

编制财务会计分录：

借：累计盈余　　30 000

　贷：无偿调拨净资产　　30 000

无须编制预算会计分录。

三、以前年度盈余调整

（一）核算内容

“以前年度盈余调整”科目核算单位本年度发生的调整以前年度盈余的事项，包括本年度发生的重要前期差错更正涉及调整以前年度盈余的事项。

（二）主要账务处理

1.调整增加以前年度收入时，按照调整增加的金额，借记有关科目，贷记“以前年度盈余调整”科目。同时，在预算会计中，按照实际收到的金额，借记“资金结存”等科目，贷记“财政拨款结转——年初余额调整”“财政拨款结余——年初余额调整”“非财政拨款结转——年初余额调整”“非财政拨款结余——年初余额调整”科目。调整减少的，编制相反的会计分录。

【例 7-15】2×24年4月15日，某事业单位进行当年一季度的纳税申报时，发现2×23

年度经营活动中存在一笔未入账的收入200 000元，于是该单位进行调账并进行纳税调整，同时以银行存款补交增值税12 000元（增值税税率为6%，为计算简便不考虑附加），补交企业所得税50 000元（所得税税率为25%，为计算简便假设不考虑相关的费用）。

2×24年4月15日，调整有关账务时，编制财务会计分录：

借：应收账款——×××　　200 000
　贷：以前年度盈余调整　　200 000
借：以前年度盈余调整　　62 000
　贷：应交增值税　　12 000
　　其他应交税费——应交企业所得税　　50 000

补交增值税和所得税时，编制财务会计分录：

借：应交增值税　　12 000
　其他应交税费——应交企业所得税　　50 000
　贷：银行存款——基本账户存款　　62 000

同时，编制预算会计分录：

借：非财政拨款结余——年初余额调整　　62 000
　贷：资金结存——货币资金——银行存款　　62 000

【例7-16】2×24年4月20日，某事业单位以银行存款退回一笔以前年度的财政拨款结余收入100 000元。

4月20日，编制财务会计分录：

借：以前年度盈余调整　　100 000
　贷：银行存款　　100 000

同时，编制预算会计分录：

借：财政拨款结余——年初余额调整　　100 000
　贷：资金结存——货币资金——银行存款　　100 000

2.调整增加以前年度费用时，按照调整增加的金额，借记“以前年度盈余调整”科目，贷记有关科目。调整减少的，编制相反的会计分录。

【例7-17】2×24年4月25日，某事业单位发现上年一笔费用记录错误，将预付的软件定金60 000元误记为业务活动费用，因此对会计账面进行调整。

4月25日，编制财务会计分录：

借：预付账款　　60 000
　贷：以前年度盈余调整　　60 000

3.盘盈的各种非流动资产，报经批准后处理时，借记“待处理财产损溢”科目，贷记“以前年度盈余调整”科目。

【例7-18】2×23年年末，某事业单位年终结算前进行资产盘点，盘盈台式计算机2台，2×24年5月1日，按照重置成本确认资产价值10 000元，盘盈资产经批准入账。

2×24年5月1日，编制财务会计分录：

借：待处理财产损溢——固定资产　　10 000
　贷：以前年度盈余调整　　10 000
借：固定资产——通用设备　　10 000

贷：待处理财产损溢——固定资产 10 000

4.经上述调整后，应将“以前年度盈余调整”科目的余额转入“累计盈余”科目，借记或贷记“累计盈余”科目，贷记或借记“以前年度盈余调整”科目。“以前年度盈余调整”科目结转后应无余额。

【例 7-19】某事业单位经【例 7-15】至【例 7-18】的业务调整后，将以前年度盈余调整科目的余额转入“累计盈余”科目。

以前年度盈余调整的主要账务处理

以前年度盈余调整科目借方发生额=62 000+100 000=162 000（元）

以前年度盈余调整科目贷方发生额=200 000+60 000+10 000=270 000（元）

以前年度盈余调整科目贷方余额=270 000−162 000=108 000（元）

据上编制财务会计分录：

借：以前年度盈余调整 108 000

贷：累计盈余 108 000

【学思践悟】

（一）资料

财政优化资源支持科技创新

2024年，财政部门将在政策取向上注重强化企业创新主体地位、发挥需求牵引作用、提升产业链供应链韧性和安全水平、激发科研人员活力，同时着力深化财政科技经费分配使用机制改革，大力发展新质生产力。

在政策取向上，做到四个“注重”。

一是注重强化企业创新主体地位。落实好结构性减税降费政策，重点支持科技创新和制造业发展。充分发挥好财政资金“四两拨千斤”的撬动作用，推动金融资源和社会资本更多投向科技创新，促进各类创新资源向企业聚集。二是注重发挥需求牵引作用。用好国内超大规模市场优势，以更大力度推动创新成果应用迭代，落实完善首台（套）重大技术装备、新材料首批次应用保险补偿政策，以市场化方式破解初期应用瓶颈。三是注重提升产业链供应链韧性和安全水平。整合优化相关财政专项，聚焦重点产业链，支持攻关突破一批短板弱项技术，带动更多企业专注细分市场、走好“专精特新”之路。四是注重激发科研人员活力，支持推进高校和科研院所薪酬制度改革试点，加快推进职务科技成果所有权或长期使用权改革试点，充分调动科研人员的积极性、创造力。

在经费使用上，着力深化财政科技经费分配使用机制改革，做到“四强”。

一是强基础。加大基础研究、应用基础研究和前沿研究的投入力度，支持提升原始创新能力。二是强攻关。大力支持保障打赢关键核心技术攻坚战，支持布局一批国家科技重大项目，加快抢占科技制高点。三是强力量。以国家实验室、国家科研机构、高水平研究型大学、科技领军企业为重点，支持强化国家战略科技力量。四是强效能。加强项目、资金、人才、基地创新资源的统筹，全面加强绩效管理，着力提升科技资金的使用效果。

资料来源：曾金华.财政优化资源支持科技创新［EB/OL］.［2024-11-10］.https://www.gov.cn/zhengce/202402/content_6931906.htm.

（二）讨论

结合上述资料，运用所学的会计知识谈谈如何对事业单位的科研经费和科技成果转化基金进行管理。

【复习思考题】

1. 什么是政府单位的净资产？行政单位和事业单位的净资产各包括哪些内容？
2. 政府单位核算盈余应设置哪些会计科目？
3. 政府单位累计盈余形成的主要来源有哪些？
4. 什么是本年盈余？如何计算？
5. 什么是专用基金？主要包括哪些项目？其各自的来源是什么？
6. 政府单位本年盈余的分配项目主要是什么？
7. “以前年度盈余调整”科目核算的内容是什么？

【练习题】

一、单项选择题

1. 下列有关净资产的表述中，错误的是（　　）。

A. 净资产金额取决于资产和负债的计量

B. 净资产是指单位所有的可以自由支配的资产

C. 行政事业单位净资产是指行政事业单位资产扣除负债后的余额，反映国家和行政事业单位的资产所有权

D. 净资产的总额为本期盈余、专用基金和权益法调整余额汇总数

2. 下列关于净资产期末结转的表述错误的是（　　）。

A. 提取的专用基金应先转入“本年盈余分配”科目，再将无偿调拨净资产、以前年度盈余调整、本年盈余分配转到“累计盈余”科目

B. “本期盈余”“本年盈余分配”“无偿调拨净资产”“以前年度盈余调整”科目年末无余额

C. 收入和费用类科目余额应先转到“本年盈余分配”科目

D. 收入和费用类科目余额年末由“本期盈余”科目转到“本年盈余分配”科目

3. 在本期盈余的期末账务处理中，将各类收入科目的本期发生额转入“本期盈余应”科目，应（　　）。

A. 借记“财政拨款收入”科目，贷记“本年盈余分配”科目

B. 借记“本期盈余”科目，贷记“业务活动费用”“单位管理费用”等科目

C. 借记“财政拨款收入”“事业收入”科目，贷记“本期盈余”科目

D. 借记“本期盈余”科目，贷记“本年盈余分配”科目

4.在本年盈余分配的账务处理中，年末根据有关规定从本年度非财政拨款结余或经营结余中提取专用基金的，按照预算会计下计算的提取金额（　　）。

A.借记“累计盈余”科目，贷记“本年盈余分配”科目

B.借记或贷记“本期盈余”科目，贷记或借记“本年盈余分配”科目

C.借记“本年盈余分配”科目，贷记“专用基金”科目

D.借记“财政拨款收入”科目，贷记“本年盈余分配”科目

5.在“累计盈余”的账务处理中，按照规定上缴财政拨款结转结余、缴回非财政拨款结转资金、向其他单位调出财政拨款结转资金时，按照实际上缴、缴回、调出金额应（　　）。

A.借记或贷记“无偿调拨净资产”科目，贷记或借记“累计盈余”科目

B.借记或贷记“以前年度盈余调整”科目，贷记或借记“累计盈余”科目

C.借记“累计盈余”科目，贷记“财政应返还额度”“银行存款”等科目

D.借记“专用基金”科目，贷记“累计盈余”科目

6.在有关专用基金的提取或设置的账务处理中，根据有关规定设置的其他专用基金，按照实际收到的基金金额应（　　）。

A.借记或贷记“以前年度盈余调整”科目，贷记或借记“专用基金”科目

B.借记“银行存款”等科目，贷记“专用基金”科目

C.借记“业务活动费用”等科目，贷记“专用基金”科目

D.借记“本年盈余分配”科目，贷记“专用基金”科目

7.在“权益法调整”科目的账务处理中，采用权益法核算的长期股权投资，因被投资单位除净损益和利润分配以外的所有者权益变动而将应享有（或应分担）的份额计入单位净资产的，处置该项投资时，按照原计入净资产的相应部分金额（　　）。

A.借记或贷记本科目，贷记或借记“投资收益”科目

B.借记或贷记“长期股权投资——其他权益变动”科目，贷记或借记本科目

C.借记或贷记“以前年度盈余调整”科目，贷记或借记本科目

D.借记本科目，贷记“银行存款”等科目

8.在经批准无偿调入净资产的账务处理中，按照调入过程中发生的归属于调入方的相关费用应贷记（　　）科目。

A.“无偿调拨净资产”

B.“文物资源”“保障性住房”等

C.“银行存款”等

D.“投资收益”

9.在经批准无偿调出净资产的账务处理中，按照调出过程中发生的归属于调出方的相关费用（　　）。

A.借记“无偿调拨净资产”科目，贷记“银行存款”等科目

B.借记或贷记“以前年度盈余调整”科目，贷记或借记“资产处置费用”科目

C.借记“资产处置费用”科目，贷记“银行存款”等科目

D.借记或贷记“长期股权投资——其他权益变动”科目，贷记或借记“无偿调拨净资产”科目

10.在“以前年度盈余调整”科目的账务处理中，盘盈的各种非流动资产，报经批准后处理时应（　　）。

A.借记“待处理财产损溢”科目，贷记本科目

B.借记或贷记“累计盈余”科目，贷记或借记本科目

C.借记或贷记“以前年度盈余调整”科目，贷记或借记本科目

D.借记“业务活动费用”等科目，贷记本科目

二、多项选择题

1.下列属于净资产的项目是（　　）。

A.以前年度盈余调整　　B.累计盈余

C.本年盈余分配　　D.本期盈余

2.下列有关“本期盈余”科目的表述中，正确的是（　　）。

A.年末结账后本科目有余额

B.“本期盈余”科目期末借方余额，反映单位自年初至当期期末累计发生的亏损

C.“本期盈余”科目期末贷方余额，反映单位自年初至当期期末累计实现的盈余

D.行政事业单位应当设置“本期盈余”科目，核算单位本期各项收入、费用相抵后的余额

3.下列有关“累计盈余”科目的表述中，正确的是（　　）。

A.按照规定上缴、缴回、单位间调剂结转结余资金产生的净资产变动额，以及对以前年度盈余的调整金额，不通过“累计盈余”科目核算

B.“累计盈余”科目核算单位历年实现的盈余扣除盈余分配后滚存的金额

C.因无偿调入、调出资产产生的净资产变动额属于“累计盈余”科目核算范围

D.“累计盈余”科目年末余额，仅反映单位未分配盈余的累计数

4.下列选项中，符合使用提取的专用基金购置固定资产、无形资产的账务处理方式的是（　　）。

A.按照专用基金使用金额，借记“专用基金”科目，贷记“累计盈余”科目

B.按照固定资产、无形资产成本金额，借记“固定资产”“无形资产”科目，贷记“银行存款”等科目

C.按照预算会计下计算的提取金额，借记“本年盈余分配”科目，贷记“专用基金”科目

D.按照预算会计下基于预算收入计算提取的金额，借记“本年盈余”等科目，贷记“专用基金”科目

5.下列有关“无偿调拨净资产”科目的表述中，正确的是（　　）。

A.本科目按照被投资单位进行明细核算

B.“无偿调拨净资产”科目年末余额结转到“累计盈余”科目

C.“无偿调拨净资产”科目核算单位无偿调入或调出非现金资产所引起的净资产变动金额

D.年末结账后，本科目仍有余额

三、业务处理题

1.某政府单位2×24年12月各项收入类科目贷方发生额如下：财政拨款收入1 420 000

元，非同级财政拨款收入300 000元，捐赠收入500 000元，利息收入30 000元，租金收入20 000元，其他收入80 000元；费用类科目借方发生额如下：业务活动费用900 000元，资产处置费用30 000元，其他费用10 000元。

要求：

（1）结转12月各项收入和费用。

（2）年末，结转“本期盈余”科目余额。

（3）年末，结转“本年盈余分配”科目余额。

2.某事业单位2×24年发生下列业务，请编制会计分录。

（1）6月7日，盘盈发电机一台，为上一年未入账的发电机，其账面价值为170 000元。

（2）6月10日，取得无偿调入的实验设备4套，共计240 000元，并以银行存款支付运杂费、搬运费合计4 000元。

（3）6月15日，动用从事业收入中提取的专用基金50 000元购入设备一台，通过银行存款付款，已验收入库。

（4）6月30日，根据该月取得的经营收入250 000元，按4%的比例提取专用基金。

（5）6月30日，按照被投资单位除净损益和利润分配以外的所有者权益变动取得增加份额300 000元。

第八章　预算结余

【学习目标】

熟悉预算结余的概念、分类；理解和掌握预算结余各项目的账务处理。

预算结余是指政府会计主体预算年度内预算收入扣除预算支出后的资金余额，以及历年滚存的资金余额。

预算结余包括结余资金和结转资金。结余资金是指年度预算执行终了，预算收入实际完成数扣除预算支出和结转资金后剩余的资金。结转资金是指预算安排项目的支出年终尚未执行完毕或者因故未执行，且下年需要按原用途继续使用的资金。预算结余具体包括资金结存、财政拨款结转、财政拨款结余、非财政拨款结转、非财政拨款结余、专用结余、经营结余、其他结余、非财政拨款结余分配。

第一节　资金结存

一、核算内容

“资金结存”科目核算单位纳入部门预算管理的资金的流入、流出、调整和滚存等情况。

二、明细科目设置

（一）“货币资金”科目

“货币资金”明细科目核算单位以库存现金、银行存款、其他货币资金形态存在的资金。本明细科目年末借方余额反映单位尚未使用的货币资金。

（二）“财政应返还额度”科目

“财政应返还额度”明细科目核算实行国库集中支付的单位可以使用的以前年度财政直接支付资金额度。本科目年末借方余额反映单位应收财政返还的资金额度。

三、主要账务处理

1.以国库集中支付以外的其他支付方式取得预算收入时，按照实际收到的金额，在财务会计中，借记“银行存款”等科目，贷记“财政拨款收入”“事业收入”“经营收入”等科目；同时在预算会计中，借记“资金结存——货币资金”科目，贷记“财政拨款预算收入”“事业预算收入”“经营预算收入”等科目。

【例 8-1】某事业单位承接某企业污水处理项目，研究项目总经费为600 000元，需要三年完成，按照合同规定，该企业在合同签订时先预付项目研究经费50%，项目结项时再支付50%，首付的50%款项已存入银行。

该事业单位收到企业首付款300 000元时，编制财务会计分录：

借：银行存款　　300 000

　贷：事业收入　　300 000

同时，编制预算会计分录：

借：资金结存——货币资金——银行存款　　300 000

　贷：事业预算收入　　300 000

2.使用以前年度财政直接支付额度发生支出时，按照实际支付金额，在财务会计中，借记“业务活动费用”“单位管理费用”“库存物品”“固定资产”等科目，贷记“财政应返还额度”科目；同时在预算会计中，借记“行政支出”“事业支出”等科目，贷记“资金结存——财政应返还额度”科目。

【例 8-2】某行政单位使用以前年度财政直接支付额度支付管理部门员工社会保险费20 000元。

编制财务会计分录：

借：业务活动费用　　20 000

　贷：财政应返还额度　　20 000

同时，编制预算会计分录：

借：行政支出　　20 000

　贷：资金结存——财政应返还额度　　20 000

在国库集中支付以外的其他支付方式下，发生相关支出时，按照实际支付的金额，在财务会计中，借记“业务活动费用”“单位管理费用”“库存物品”“固定资产”等科目，贷记“银行存款”“库存现金”科目；同时在预算会计中，借记“事业支出”“经营支出”等科目，贷记“资金结存——货币资金”科目。

【例 8-3】某行政单位使用银行存款支付购买办公用品费用2 000元。

编制财务会计分录：

借：业务活动费用　　2 000

　贷：银行存款　　2 000

同时，编制预算会计分录：

借：行政支出　　2 000

　贷：资金结存——货币资金——银行存款　　2 000

【例 8-4】某事业单位购买科研项目所需原材料一批，价值30 000元，使用银行存款支付，材料已验收入库。

编制财务会计分录：

借：库存物品　　30 000

　贷：银行存款　　30 000

同时，编制预算会计分录：

借：事业支出——其他资金支出——××项目支出　　30 000

贷：资金结存——货币资金——银行存款 30 000

3.按照规定上缴财政拨款结转结余资金或注销财政拨款结转结余资金额度的，按照实际上缴资金数额或注销的资金额度数额，在财务会计中，借记“累计盈余”科目，贷记“财政应返还额度”“银行存款”等科目；同时在预算会计中，借记“财政拨款结转——归集上缴”或“财政拨款结余——归集上缴”科目，贷记“资金结存——财政应返还额度/货币资金”科目。

按规定向原资金拨入单位缴回非财政拨款结转资金的，按照实际缴回资金数额，在财务会计中，借记“累计盈余”科目，贷记“银行存款”科目；同时在预算会计中，借记“非财政拨款结转——缴回资金”科目，贷记“资金结存——货币资金”科目。

收到从其他单位调入的财政拨款结转资金的，按照实际调入的资金数额，在财务会计中，借记“财政应返还额度”“银行存款”等科目，贷记“累计盈余”科目；同时在预算会计中，借记“资金结存——财政应返还额度/货币资金”科目，贷记“财政拨款结转——归集调入”科目。

【例8-5】某事业单位2×24年当年预算项目已完工，年末该项目预算资金结余为20 000元，按规定上缴财政。年末，该单位按规定注销财政拨款结转额度50 000元。

①上缴项目预算资金结余时：

编制财务会计分录：

借：累计盈余 20 000

贷：银行存款 20 000

同时，编制预算会计分录：

借：财政拨款结余——归集上缴 20 000

贷：资金结存——货币资金——银行存款 20 000

②年末注销财政拨款结转资金额度时：

编制财务会计分录：

借：累计盈余 50 000

贷：财政应返还额度 50 000

同时，编制预算会计分录：

借：财政拨款结转——归集上缴 50 000

贷：资金结存——财政应返还额度 50 000

③下年初实际缴纳时：

编制财务会计分录：

借：财政应返还额度 50 000

贷：银行存款 50 000

同时，编制预算会计分录：

借：资金结存——财政应返还额度 50 000

贷：资金结存——货币资金——银行存款 50 000

【例8-6】某事业单位2×24年收到上级主管部门拨入的科研项目经费60 000元，项目周期为2年，2×24年度使用该项目资金50 000元。由于特殊原因，主管部门决定收回尚未使用的该项目资金10 000元。

①收到拨入的科研项目经费时：

编制财务会计分录：

借：银行存款　60 000

　贷：非同级财政拨款收入　60 000

同时，编制预算会计分录：

借：资金结存——货币资金——银行存款　60 000

　贷：非同级财政拨款预算收入　60 000

②使用项目资金时：

编制财务会计分录：

借：业务活动费用　50 000

　贷：银行存款　50 000

同时，编制预算会计分录：

借：事业支出　50 000

　贷：资金结存——货币资金——银行存款　50 000

③缴回项目剩余资金时：

编制财务会计分录：

借：累计盈余　10 000

　贷：银行存款　10 000

同时，编制预算会计分录：

借：非财政拨款结转——缴回资金　10 000

　贷：资金结存——货币资金——银行存款　10 000

【例 8-7】2×24 年财政部门调整项目支出计划，某事业单位收到从别的单位调出项目资金 30 000 元。

该单位编制财务会计分录：

借：银行存款　30 000

　贷：累计盈余　30 000

同时，编制预算会计分录：

借：资金结存——货币资金——银行存款　30 000

　贷：财政拨款结转——归集调入　30 000

4.按照规定使用专用基金时，按照实际支付金额，在财务会计中，借记"专用基金"科目，贷记"银行存款"科目；同时在预算会计中，借记"专用结余"科目（从非财政拨款结余中提取的专用基金）或"事业支出"等科目（从预算收入中计提的专用基金），贷记"资金结存——货币资金"科目。

【例 8-8】2×24 年 2 月，某事业单位使用从非财政拨款结余中提取的专用基金支付职工福利费 30 000 元。

编制财务会计分录：

借：专用基金　30 000

　贷：银行存款　30 000

同时，编制预算会计分录：

借：专用结余 30 000

　贷：资金结存——货币资金——银行存款 30 000

【例8-9】2×24年10月，某事业单位使用上月从预算收入中提取的专用基金购买职工福利用品20 000元

该事业单位编制财务会计分录：

借：专用基金 20 000

　贷：银行存款 20 000

同时，编制预算会计分录：

借：事业支出 20 000

　贷：资金结存——货币资金——银行存款 20 000

5.因购货退回、发生差错更正等退回国库支付款项，或者收回货币资金的，属于本年度支付的，在财务会计中，借记“财政拨款收入”“银行存款”等科目，贷记“业务活动费用”“库存物品”等科目；同时在预算会计中，借记“财政拨款预算收入”科目或“资金结存——货币资金”科目，贷记相关支出科目。

【例8-10】某事业单位使用当年财政预算资金购买材料一批，款项通过银行存款支付。由于质量问题，该单位将此批原料退回商家，商家退回材料款4 500元。经查，此事项属于当年购货退回。

该单位编制财务会计分录：

借：银行存款 4 500

　贷：库存物品 4 500

编制预算会计分录：

借：资金结存——货币资金——银行存款 4 500

　贷：事业支出 4 500

属于以前年度支付的，在财务会计中，借记“财政应返还额度”“银行存款”等科目，贷记“以前年度盈余调整”科目；同时在预算会计中，借记“资金结存——财政应返还额度/货币资金”科目，贷记“财政拨款结转”“财政拨款结余”“非财政拨款结转”“非财政拨款结余”科目。

【例8-11】2×23年11月19日，某行政单位用财政预算资金购买设备，款项通过预算管理一体化系统支付。由于质量问题，2×24年2月20日将此设备退回商家，商家退回设备款5 850元。假设该设备原值为6 000元，已计提折旧150元。

2×24年2月20日，该单位编制财务会计分录：

借：以前年度盈余调整 5 850

　　固定资产累计折旧 150

　贷：固定资产 6 000

借：财政应返还额度 5 850

　贷：以前年度盈余调整 5 850

编制预算会计分录：

借：资金结存——财政应返还额度 5 850

　贷：财政拨款结转 5 850

6.有企业所得税缴纳义务的事业单位缴纳所得税时，按照实际缴纳金额，在财务会计中，借记“其他应交税费——单位应交所得税”科目，贷记“银行存款”科目；同时在预算会计中，借记“非财政拨款结余——累计结余”科目，贷记“资金结存——货币资金”科目。

【例 8-12】2×24 年 10 月，某事业单位计算本年应缴纳的企业所得税共 42 000 元，以银行转账方式支付给相关部门。

相关账务处理如下：

①计提税金时：

借：所得税费用　　42 000

　贷：其他应交税费——单位应交所得税　　42 000

不涉及预算会计账务处理。

②待实际缴纳税金时：

编制财务会计分录：

借：其他应交税费——单位应交所得税　　42 000

　贷：银行存款　　42 000

同时，编制预算会计分录：

借：非财政拨款结余　　42 000

　贷：资金结存——货币资金——银行存款　　42 000

7.年末，根据本年度财政支付预算指标数与当年财政支付实际支出数的差额，在财务会计中，借记“财政应返还额度”科目，贷记“财政拨款收入”科目；同时在预算会计中，借记“资金结存——财政应返还额度”科目，贷记“财政拨款预算收入”科目。

【例 8-13】2×24 年年末某行政单位本年度财政支付预算指标数为 3 000 000 元，当年财政支付实际支出数为 2 800 000 元，年末确认未下达的财政用款额度 200 000 元。

该单位编制财务会计分录：

借：财政应返还额度——财政直接支付　　200 000

　贷：财政拨款收入　　200 000

同时，编制预算会计分录：

借：资金结存——财政应返还额度　　200 000

　贷：财政拨款预算收入　　200 000

资金结存的主要账务处理

“资金结存”科目的借方余额反映单位预算资金的累计滚存情况。

第二节　财政拨款结转结余

一、财政拨款结转的核算

（一）核算内容

“财政拨款结转”科目核算单位取得的同级财政拨款结转资金的调整、结转和滚存情况。

（二）明细科目设置

1. 与会计差错更正、以前年度支出收回相关的明细科目

“年初余额调整”：本明细科目核算因发生会计差错更正、以前年度支出收回等原因，需要调整财政拨款结转的金额。年末结账后，本明细科目应无余额。

2. 与财政拨款调拨业务相关的明细科目

（1）“归集调入”：本明细科目核算按照规定从其他单位调入财政拨款结转资金时，实际调增的额度数额或调入的资金数额。年末结账后，本明细科目应无余额。

（2）“归集调出”：本明细科目核算按照规定向其他单位调出财政拨款结转资金时，实际调减的额度数额或调出的资金数额。年末结账后，本明细科目应无余额。

（3）“归集上缴”：本明细科目核算按照规定上缴财政拨款结转资金时，实际核销的额度数额或上缴的资金数额。年末结账后，本明细科目应无余额。

（4）“单位内部调剂”：本明细科目核算经财政部门批准对财政拨款结余资金改变用途，调整用于本单位其他未完成项目等的调整金额。年末结账后，本明细科目应无余额。

3. 与年末财政拨款结转业务相关的明细科目

（1）“本年收支结转”：本明细科目核算单位本年度财政拨款收支相抵后的余额。年末结账后，本明细科目应无余额。

（2）“累计结转”：本明细科目核算单位滚存的财政拨款结转资金。本明细科目年末贷方余额反映单位财政拨款滚存的结转资金数额。

4. 其他明细科目

（1）“财政拨款结转”科目还应当设置“基本支出结转”“项目支出结转”两个明细科目，并在“基本支出结转”明细科目下按照“人员经费”“日常公用经费”进行明细核算，在“项目支出结转”明细科目下按照具体项目进行明细核算。同时，“财政拨款结转”科目还应按照《政府收支分类科目》中“支出功能分类科目”的相关科目进行明细核算。

（2）有一般公共预算财政拨款、政府性基金预算财政拨款等两种或两种以上财政拨款的，还应当在“财政拨款结转”科目下按照财政拨款的种类进行明细核算。

财政拨款结转明细科目设置如表8-1所示。

表8-1 财政拨款结转明细科目表

<table>
<tr><th>总账科目</th><th>一级明细科目</th><th>二级明细科目</th><th>三级明细科目</th><th>四级明细科目</th><th>五级明细科目</th></tr>
<tr><td rowspan="4">财政拨款结转</td><td rowspan="4">年初余额调整
归集调入
归集调出
归集上缴
单位内部调剂
本年收支结转
累计结转</td><td rowspan="3">一般公共预算财政拨款</td><td rowspan="4">支出功能分类</td><td rowspan="2">基本支出结转</td><td>人员经费</td></tr>
<tr><td>日常公用经费</td></tr>
<tr><td>项目支出结转</td><td>××项目</td></tr>
<tr><td>政府性基金预算财政拨款</td><td>项目支出结转</td><td>××项目</td></tr>
</table>

（三）主要账务处理

1.与会计差错更正、以前年度支出收回相关的账务处理

（1）因发生会计差错更正退回以前年度国库直接支付、授权支付款项或财政性货币资金，或者因发生会计差错更正增加以前年度国库直接支付、授权支付支出或财政性货币资金支出，属于以前年度财政拨款结转资金的，在财务会计中，借记或贷记“财政应返还额度”“银行存款”等科目，贷记或借记“以前年度盈余调整”科目；同时在预算会计中，借记或贷记“资金结存——财政应返还额度/货币资金”科目，贷记或借记“财政拨款结转——年初余额调整”科目。

【例8-14】某行政单位以前年度支付给物业公司的保安服务费重复缴纳，物业公司退回60 000元，已收到银行存款账户，经分析此事项属于会计差错。

编制财务会计分录：

借：银行存款　　60 000

　贷：以前年度盈余调整　　60 000

编制预算会计分录：

借：资金结存——货币资金——银行存款　　60 000

　贷：财政拨款结转——年初余额调整　　60 000

（2）因购货退回、预付款项收回等发生以前年度支出又收回国库支付款项或收回财政性货币资金，属于以前年度财政拨款结转资金的，在财务会计中，借记“财政应返还额度”“银行存款”等科目，贷记“以前年度盈余调整”科目；同时在预算会计中，借记“资金结存——财政应返还额度/货币资金”科目，贷记“财政拨款结转——年初余额调整”科目。

【例8-15】某事业单位2×23年10月购买实验材料一批，通过银行存款支付款项，2×24年1月发现其质量有问题，经协商，将尚未使用的材料退回商家，商家退回材料款30 000元。经查，该笔资金属于以前年度财政拨款结转资金。

编制财务会计分录：

借：银行存款　　30 000

　贷：以前年度盈余调整　　30 000

同时，编制预算会计分录：

借：资金结存——货币资金——银行存款　　30 000

　贷：财政拨款结转——年初余额调整　　30 000

2.与财政拨款结转结余资金调整业务相关的账务处理

（1）按照规定从其他单位调入财政拨款结转资金的，按照实际调增的额度数额或调入的资金数额，在财务会计中，借记“财政应返还额度”“银行存款”等科目，贷记“累计盈余”科目；同时在预算会计中，借记“资金结存——财政应返还额度/货币资金”科目，贷记“财政拨款结转——归集调入”科目。

【例8-16】2×24年财政部门调整项目支出计划，某行政单位收到从其他单位调出的资金80 000元。

编制财务会计分录：

借：银行存款　　80 000

贷：累计盈余 80 000

同时，编制预算会计分录：

借：资金结存——货币资金——银行存款 80 000

贷：财政拨款结转——归集调入 80 000

（2）按照规定向其他单位调出财政拨款结转资金的，按照实际调减的额度数额或调出的资金数额，在财务会计中，借记“累计盈余”科目，贷记“财政应返还额度”“银行存款”等科目；同时在预算会计中，借记“财政拨款结转——归集调出”科目，贷记“资金结存——财政应返还额度/货币资金”科目。

【例8-17】某行政单位某项目实施周期为1年，年度财政预算为200 000元，当年已使用预算资金170 000元。因实施计划调整，经财政部门批准，将剩余资金拨付给其他预算单位。

该行政单位编制财务会计分录：

借：累计盈余 30 000

贷：银行存款 30 000

同时，编制预算会计分录：

借：财政拨款结转——归集调出 30 000

贷：资金结存——货币资金——银行存款 30 000

（3）按照规定上缴财政拨款结转资金或注销财政拨款结转资金额度的，按照实际上缴资金数额或注销的资金额度数额，在财务会计中，借记“累计盈余”科目，贷记“财政应返还额度”“银行存款”等科目；同时在预算会计中，借记“财政拨款结转——归集上缴”科目，贷记“资金结存——财政应返还额度/货币资金”科目。

【例8-18】2×24年3月，某事业单位收到河流防洪技术改造项目的业务预算经费800 000元，项目实施周期为2年。2×24年年末项目未完工，该单位当年已使用预算资金560 000元，结余资金240 000元，经批准，将此结转资金上缴财政，并核销相应的财政应返还额度。

编制财务会计分录：

借：累计盈余 240 000

贷：财政应返还额度 240 000

同时，编制预算会计分录：

借：财政拨款结转——归集上缴——政府性基金预算财政拨款结转——水利建设基金——项目支出结转——河流防洪技术改造工程 240 000

贷：资金结存——财政应返还额度 240 000

（4）经财政部门批准对财政拨款结余资金改变用途，调整用于本单位基本支出或其他未完成项目支出的，在预算会计中，按照批准调剂的金额，借记“财政拨款结余——单位内部调剂”科目，贷记“财政拨款结转——单位内部调剂”科目。

【例8-19】2×24年某事业单位经财政部门批准，将完工的河流防洪技术改造工程项目结余资金30 000元转入湖泊生态修复工程。

该事业单位编制预算会计分录：

借：财政拨款结余——单位内部调剂——政府性基金预算财政拨款结余——水利建设基金——项目支出结余——河流防洪技术改造工程 30 000

贷：财政拨款结转——单位内部调剂——政府性基金预算财政拨款结转

——水利建设基金——项目支出结转——湖泊生态修复工程 30 000

3.与年末财政拨款结转和结余业务相关的账务处理

（1）年末，将财政拨款预算收入本年发生额转入“财政拨款结转”科目，在预算会计中，借记“财政拨款预算收入”科目，贷记“财政拨款结转——本年收支结转”科目。

将各项支出中财政拨款支出本年发生额转入“财政拨款结转”科目，借记“财政拨款结转——本年收支结转”科目，贷记各项支出（“行政支出——财政拨款支出”“事业支出——财政拨款支出”）科目。

【例8-20】某事业单位2×24年12月31日财政拨款预算收入明细科目金额如表8-2所示。

表8-2　**某事业单位2×24年12月31日财政拨款预算收入明细表**　单位：元

一级明细科目	二级明细科目	三级明细科目	四级明细科目	本年发生额
一般公共预算财政拨款	行政运行	基本支出	人员经费	6 500 000
			公用经费	1 700 000
	一般行政管理事务	项目支出	办公楼修缮	200 000
政府性基金预算财政拨款	水利建设基金	项目支出	河流防洪技术改造工程	240 000
			湖泊生态修复工程	70 000
			设备购置	200 000

年末结转时，该事业单位的账务处理如下：

借：财政拨款预算收入——一般公共预算财政拨款——行政运行

——基本支出——人员经费 6 500 000

财政拨款预算收入——一般公共预算财政拨款——行政运行

——基本支出——公用经费 1 700 000

财政拨款预算收入——一般公共预算财政拨款——一般行政管理事务

——项目支出——办公楼修缮 200 000

财政拨款预算收入——政府性基金预算财政拨款——水利建设基金

——项目支出——河流防洪技术改造工程 240 000

财政拨款预算收入——政府性基金预算财政拨款——水利建设基金

——项目支出——湖泊生态修复工程 70 000

财政拨款预算收入——政府性基金预算财政拨款——水利建设基金

——项目支出——设备购置 200 000

贷：财政拨款结转——本年收支结转——一般公共预算财政拨款

——行政运行——基本支出——人员经费 6 500 000

贷：财政拨款结转——本年收支结转——一般公共预算财政拨款

——行政运行——基本支出——公用经费 1 700 000

财政拨款结转——本年收支结转——一般公共预算财政拨款

——一般行政管理事务——项目支出——办公楼修缮 200 000

财政拨款结转——本年收支结转——政府性基金预算财政拨款

——水利建设基金——项目支出——河流防洪技术改造工程 240 000

财政拨款结转——本年收支结转——政府性基金预算财政拨款

——水利建设基金——项目支出——湖泊生态修复工程 70 000

财政拨款结转——本年收支结转——政府性基金预算财政拨款

——水利建设基金——项目支出——设备购置 200 000

【例 8-21】某事业单位2×24年12月31日财政拨款预算支出明细科目金额如表8-3所示。

表 8-3 **某事业单位2×24年12月31日财政拨款预算支出明细表** 单位：元

一级明细科目	二级明细科目	三级明细科目	四级明细科目	本年发生额
一般公共预算财政拨款	行政运行	基本支出	人员经费	6 450 000
			公用经费	1 680 000
	一般行政管理事务	项目支出	办公楼修缮	180 000
政府性基金预算财政拨款	水利建设基金	项目支出	河流防洪技术改造工程	210 000
			湖泊生态修复工程	50 000
			设备购置	200 000

年末结转时，该事业单位的账务处理如下：

借：财政拨款结转——本年收支结转——一般公共预算财政拨款——行政运行

——基本支出——人员经费 6 450 000

财政拨款结转——本年收支结转——一般公共预算财政拨款——行政运行

——基本支出——公用经费 1 680 000

财政拨款结转——本年收支结转——一般公共预算财政拨款——一般行政管理事务

——项目支出——办公楼修缮 180 000

财政拨款结转——本年收支结转——政府性基金预算财政拨款——水利建设基金

——项目支出——河流防洪技术改造工程 210 000

财政拨款结转——本年收支结转——政府性基金预算财政拨款——水利建设基金

——项目支出——湖泊生态修复工程 50 000

财政拨款结转——本年收支结转——政府性基金预算财政拨款——水利建设基金

——项目支出——设备购置 200 000

贷：事业支出——财政拨款支出——一般公共预算财政拨款——行政运行——基本支出
——人员经费 6 450 000
事业支出——财政拨款支出——一般公共预算财政拨款——行政运行——基本支出
——公用经费 1 680 000
事业支出——财政拨款支出——一般公共预算财政拨款——一般行政管理事务
——项目支出——办公楼修缮 180 000
事业支出——财政拨款支出——政府性基金预算财政拨款——水利建设基金
——项目支出——河流防洪技术改造工程 210 000
事业支出——财政拨款支出——政府性基金预算财政拨款——水利建设基金
——项目支出——湖泊生态修复工程 50 000
事业支出——财政拨款支出——政府性基金预算财政拨款——水利建设基金
——项目支出——设备购置 200 000

（2）年末冲销有关明细科目余额。在预算会计中，将“财政拨款结转——本年收支结转/年初余额调整/归集调入/归集调出/归集上缴/单位内部调剂”科目余额转入“财政拨款结转——累计结转”科目。结转后，本科目除“累计结转”明细科目外，其他明细科目应无余额。

【例 8-22】接【例 8-20】【例 8-21】，将财政拨款结转下本年收支结转的余额 140 000 元转入财政拨款结转的明细科目“累计结转账”户中。

借：财政拨款结转——本年收支结转——一般公共预算财政拨款——行政运行
——基本支出——人员经费 50 000
财政拨款结转——本年收支结转——一般公共预算财政拨款——行政运行
——基本支出——公用经费 20 000
财政拨款结转——本年收支结转——一般公共预算财政拨款——一般行政管理事务
——项目支出——办公楼修缮 20 000
财政拨款结转——本年收支结转——政府性基金预算财政拨款——水利建设基金
——项目支出——河流防洪技术改造工程 30 000
财政拨款结转——本年收支结转——政府性基金预算财政拨款——水利建设基金
——项目支出——湖泊生态修复工程 20 000
贷：财政拨款结转——累计结转——一般公共预算财政拨款——行政运行——基本支出
——人员经费 50 000
财政拨款结转——累计结转——一般公共预算财政拨款——行政运行——基本支出
——公用经费 20 000
财政拨款结转——累计结转——一般公共预算财政拨款——一般行政管理事务
——项目支出——办公楼修缮 20 000
财政拨款结转——累计结转——政府性基金预算财政拨款——水利建设基金
——项目支出——河流防洪技术改造工程 30 000
财政拨款结转——累计结转——政府性基金预算财政拨款——水利建设基金
——项目支出——湖泊生态修复工程 20 000

【例 8-23】年末，某事业单位“财政拨款结转”科目除了本年收支结转之外，其他一级明细科目余额（其他级明细科目余额略）如表8-4所示。

表8-4 **年末财政拨款结转科目一级明细科目余额** 单位：元

一级明细科目名称	借方余额	贷方余额
年初余额调整		30 000
归集调入		70 000
归集调出	40 000	
归集上缴	80 000	
单位内部调剂		50 000

该事业单位编制的会计分录如下：

借：财政拨款结转——年初余额调整 30 000

——归集调入 70 000

——单位内部调剂 50 000

贷：财政拨款结转——累计结转 30 000

——归集调出 40 000

——归集上缴 80 000

（3）年末完成上述结转后，应当对“财政拨款结转”科目各明细科目执行情况进行分析，按照有关规定将符合财政拨款结余性质的科目余额转入“财政拨款结余”科目，在预算会计中，借记“财政拨款结转——累计结转”科目，贷记“财政拨款结余——结转转入”科目。

财政拨款结转的主要账务处理

【例8-24】接【例8-22】，河流防洪技术改造工程项目和湖泊生态修复工程项目都已完成，将结余的资金30 000元和20 000元转入财政拨款结余账户。

编制会计分录：

借：财政拨款结转——累计结转——政府性基金预算财政拨款——水利建设基金——项目支出——河流防洪技术改造工程 30 000

财政拨款结转——累计结转——政府性基金预算财政拨款——水利建设基金——项目支出——湖泊生态修复工程 20 000

贷：财政拨款结余——结转转入——政府性基金预算财政拨款——水利建设基金——项目支出——河流防洪技术改造工程 30 000

财政拨款结余——结转转入——政府性基金预算财政拨款——水利建设基金——项目支出——湖泊生态修复工程 20 000

“财政拨款结转”科目年末贷方余额反映单位滚存的财政拨款结转资金数额。

二、财政拨款结余的核算

（一）核算内容

“财政拨款结余”科目核算单位取得的同级财政拨款项目支出结余资金的调整、结转和滚存情况。

（二）明细科目设置

1.与会计差错更正、以前年度支出收回相关的明细科目

“年初余额调整”：本明细科目核算因发生会计差错更正、以前年度支出收回等原因，需要调整财政拨款结余的金额。年末结账后，本明细科目应无余额。

2.与财政拨款结余资金调整业务相关的明细科目

（1）“归集上缴”：本明细科目核算按照规定上缴财政拨款结余资金时，实际核销的额度数额或上缴的资金数额。年末结账后，本明细科目应无余额。

（2）“单位内部调剂”：本明细科目核算经财政部门批准对财政拨款结余资金改变用途，调整用于本单位其他未完成项目等的调整金额。年末结账后，本明细科目应无余额。

3.与年末财政拨款结余业务相关的明细科目

（1）“结转转入”：本明细科目核算单位按照规定转入财政拨款结余的财政拨款结转资金。年末结账后，本明细科目应无余额。

（2）“累计结余”：本明细科目核算单位滚存的财政拨款结余资金。本明细科目年末贷方余额反映单位财政拨款滚存的结余资金数额。

4.其他

“财政拨款结余”科目还应当按照具体项目、《政府收支分类科目》中“支出功能分类科目”的相关科目等进行明细核算。

有一般公共预算财政拨款、政府性基金预算财政拨款等两种或两种以上财政拨款的，还应当在“财政拨款结余”科目下按照财政拨款的种类进行明细核算。

财政拨款结余明细科目设置如表8-5所示。

表8-5 **财政拨款结余明细科目表**

<table>
<tr><th>一级明细科目</th><th>二级明细科目</th><th>三级明细科目</th><th>四级明细科目</th><th>五级明细科目</th></tr>
<tr><td rowspan="4">年初余额调整
归集上缴
单位内部调剂
结转转入
累计结余</td><td rowspan="3">一般公共预算财政拨款</td><td rowspan="4">支出功能分类</td><td rowspan="2">基本支出</td><td>人员经费</td></tr>
<tr><td>日常公用经费</td></tr>
<tr><td>项目支出</td><td>××项目</td></tr>
<tr><td>政府性基金预算财政拨款</td><td>项目支出</td><td>××项目</td></tr>
</table>

（三）主要账务处理

1.与会计差错更正、以前年度支出收回相关的账务处理

（1）因发生会计差错更正退回以前年度国库直接支付、授权支付款项或财政性货币资金，或者因发生会计差错更正增加以前年度国库直接支付、授权支付支出或财政性货币资金支出，属于以前年度财政拨款结余资金的，在财务会计中，借记或贷记“财政应返还额度”“银行存款”等科目，贷记或借记“以前年度盈余调整”科目；同时在预算会计中，借记或贷记“资金结存——财政应返还额度/货币资金”科目，贷记或借记“财政拨款结余——年初余额调整”科目。

【例8-25】某行政单位年底进行财政资金审计，发现以前年度发生的某项目支出有不当，要求相关人员将该笔资金57 000元退回至银行存款。

该单位编制财务会计分录：

借：银行存款 57 000

贷：以前年度盈余调整 57 000

同时，编制预算会计分录：

借：资金结存——货币资金——银行存款 57 000

贷：财政拨款结余——年初余额调整 57 000

(2) 因购货退回、预付款项收回等发生以前年度支出又收回国库直接支付、授权支付款项或收回财政性货币资金，属于以前年度财政拨款结余资金的，在财务会计中，借记或贷记“财政应返还额度”“银行存款”等科目，贷记或借记“以前年度盈余调整”科目；同时在预算会计中，借记“资金结存——财政应返还额度/货币资金”科目，贷记“财政拨款结余——年初余额调整”科目。

【例8-26】某事业单位2×23年10月为科研项目购买材料一批，通过银行存款支付款项，2×24年2月发现该材料质量有问题，经协商，将尚未使用的材料退回商家，商家退回材料款20 000元。经查，该笔资金属于以前年度财政拨款结余资金。

编制财务会计分录：

借：银行存款 20 000

贷：以前年度盈余调整 20 000

同时，编制预算会计分录：

借：资金结存——货币资金——银行存款 20 000

贷：财政拨款结余——年初余额调整 20 000

2. 与财政拨款结余资金调整业务相关的账务处理

(1) 经财政部门批准对财政拨款结余资金改变用途，调整用于本单位基本支出或其他未完成项目支出的，按照批准调剂的金额，借记“财政拨款结余——单位内部调剂”科目，贷记“财政拨款结转——单位内部调剂”科目。

【例8-27】某事业单位2×24年完成卫星项目的建设，结余资金85 000元，经批准调剂至航天飞船项目继续使用。

此笔业务编制会计分录：

借：财政拨款结余——单位内部调剂 85 000

贷：财政拨款结转——单位内部调剂 85 000

(2) 按照规定上缴财政拨款结余资金或注销财政拨款结余资金额度的，按照实际上缴资金数额或注销的资金额度数额，在财务会计中，借记“累计盈余”科目，贷记“财政应返还额度”“银行存款”等科目；同时在预算会计中，借记“财政拨款结余——归集上缴”科目，贷记“资金结存——财政应返还额度/货币资金”科目。

【例8-28】某行政单位2年前对办公楼进行修整，当年申请的项目基金为120 000元，项目周期为2年，已于2×24年年底完工，结余资金10 000元，经批准上缴财政。

该单位编制财务会计分录：

借：累计盈余 10 000

贷：财政应返还额度 10 000

同时，编制预算会计分录：

借：财政拨款结余——归集上缴　10 000

　贷：资金结存——财政应返还额度　10 000

3.与年末财政拨款结转和结余业务相关的账务处理

（1）年末，对财政拨款结转各明细项目执行情况进行分析，按照有关规定将符合财政拨款结余性质的项目余额转入“财政拨款结余”科目，在预算会计中，借记“财政拨款结转——累计结转”科目，贷记“财政拨款结余——结转转入”科目。具体账务处理见【例8-24】。

（2）年末冲销有关明细科目余额。在预算会计中，将“财政拨款结余——年初余额调整/归集上缴/单位内部调剂/结转转入”科目余额转入“财政拨款结余——累计结余”科目。结转后，“财政拨款结余”科目除“累计结余”明细科目外，其他明细科目应无余额。

【例8-29】年末，某行政事业单位“财政拨款结余”科目的一级明细科目余额如表8-6所示。

表8-6　**某事业单位财政拨款结余科目一级明细科目余额表**　单位：元

一级明细科目	借方余额	贷方余额
年初余额调整		450 000
归集上缴	65 000	
单位内部调剂	50 000	
结转转入		300 000

年末结转时，该事业单位的账务处理如下：

①将上述有贷方余额的明细科目的金额转入“财政拨款结余——累计结余”科目的贷方：

借：财政拨款结余——年初余额调整　450 000

　　　　　　　　——结转转入　300 000

　贷：财政拨款结余——累计结余　750 000

②将上述有借方余额的明细科目的金额转入“财政拨款结余——累计结余”科目的借方：

借：财政拨款结余——累计结余　115 000

　贷：财政拨款结余——单位内部调剂　50 000

　　　　　　　　　——归集上缴　65 000

或者，编制如下会计分录：

借：财政拨款结余——年初余额调整　450 000

　　　　　　　　——结转转入　300 000

　贷：财政拨款结余——累计结余　635 000

　　　　　　　　　——单位内部调剂　50 000

　　　　　　　　　——归集上缴　65 000

财政拨款结余的主要账务处理

“财政拨款结余”科目年末贷方余额反映单位滚存的财政拨款结余资金数额。

第三节 非财政拨款结转结余

一、非财政拨款结转的核算

（一）核算内容

“非财政拨款结转”科目核算单位除财政拨款收支、经营收支以外各非同级财政拨款专项资金的调整、结转和滚存情况。

（二）明细科目设置

1.“年初余额调整”：本明细科目核算因发生会计差错更正、以前年度支出收回等原因，需要调整非财政拨款结转的资金。年末结账后，本明细科目应无余额。

2.“缴回资金”：本明细科目核算按照规定缴回非财政拨款结转资金时，实际缴回的资金数额。年末结账后，本明细科目应无余额。

3.“项目间接费用或管理费”：本明细科目核算单位取得的科研项目预算收入中，按照规定计提项目间接费用或管理费的数额。年末结账后，本明细科目应无余额。

4.“本年收支结转”：本明细科目核算单位本年度非同级财政拨款专项收支相抵后的余额。年末结账后，本明细科目应无余额。

5.“累计结转”：本明细科目核算单位滚存的非同级财政拨款专项结转资金。本明细科目年末贷方余额反映单位非同级财政拨款滚存的专项结转资金数额。

非财政拨款结转科目还应当按照具体项目、《政府收支分类科目》中“支出功能分类科目”的相关科目等进行明细核算。

非财政拨款结转明细科目设置如表8-7所示。

表8-7 非财政拨款结转明细科目表

总账科目	一级明细科目	二级明细科目	三级明细科目	四级明细科目
非财政拨款结转	年初余额调整 缴回资金 项目间接费用或管理费 本年收支结转 累计结转	支出功能分类	××项目	……
			××项目	……
			××项目	……
			××项目	……

（三）主要账务处理

1.按照规定从科研项目预算收入中提取项目管理费或间接费时，按照提取金额，在财务会计中，借记“单位管理费用”科目，贷记“预提费用——项目间接费用或者管理费”科目；同时，在预算会计中，借记“非财政拨款结转——项目间接费用或管理费”科目，贷记“非财政拨款结余——项目间接费用或管理费”科目。

【例8-30】某事业单位事业预算收入中含有科研项目预算收入300 000元，按规定从科研项目预算收入中提取5%的项目管理费。

该事业单位编制财务会计分录：

借：单位管理费用——项目间接费用或管理费　　15 000

　贷：预提费用——项目间接费用或管理费　　15 000

同时，编制预算会计分录：

借：非财政拨款结转——项目间接费用或管理费 15 000

贷：非财政拨款结余——项目间接费用或管理费 15 000

2.因会计差错更正收到或支出非同级财政拨款货币资金，属于非财政拨款结转资金的，按照收到或支出的金额，在财务会计中，借记或贷记“银行存款”等科目，贷记或借记“以前年度盈余调整”科目；同时在预算会计中，借记或贷记“资金结存——货币资金”科目，贷记或借记“非财政拨款结转——年初余额调整”科目。

【例8-31】某事业单位2×24年进行财务检查时发现，上年使用科研项目资金支付劳务费2 200元，而该事项劳务费单据上的金额为2 500元，该项目尚未完工。对上述会计差错进行分析之后，需补付资金300元。

该事业单位编制财务会计分录：

借：以前年度盈余调整 300

贷：库存现金 300

同时，编制预算会计分录：

借：非财政拨款结转——年初余额调整 300

贷：资金结存——货币资金——库存现金 300

因收回以前年度支出等收到非同级财政拨款货币资金，属于非财政拨款结转资金的，按照收到的金额，在财务会计中，借记“银行存款”等科目，贷记“以前年度盈余调整”科目；同时在预算会计中，借记“资金结存——货币资金”科目，贷记“非财政拨款结转——年初余额调整”科目。

【例8-32】某事业单位年末进行内部审计时发现，上年度单位利用虚假发票套取项目资金20 000元，该项目尚未完工。内部审计机构对上述会计差错进行分析后，确认该会计差错属于有意为之，已经向相关责任人追回相关资金20 000元。

编制财务会计分录：

借：银行存款 20 000

贷：以前年度盈余调整 20 000

同时，编制预算会计分录：

借：资金结存——货币资金——银行存款 20 000

贷：非财政拨款结转——年初余额调整 20 000

3.按照规定缴回非财政拨款结转资金的，按照实际缴回资金数额，在财务会计中，借记“累计盈余”科目，贷记“银行存款”科目；同时在预算会计中，借记“非财政拨款结转——缴回资金”科目，贷记“资金结存——货币资金”科目。

【例8-33】某事业单位某科研项目的资金来源于非财政拨款专项预算收入，该项目已完工，年末收支结转后，该项目非财政补助结转科目贷方余额为13 000元，经批准需要上缴。

该事业单位编制财务会计分录：

借：累计盈余 13 000

贷：银行存款 13 000

同时，编制预算会计分录：

借：非财政拨款结转——缴回资金　　13 000

　　贷：资金结存——货币资金——银行存款　　13 000

4.年末，在预算会计中，将事业预算收入、上级补助预算收入、附属单位上缴预算收入、非同级财政拨款预算收入、债务预算收入、其他预算收入本年发生额中的专项资金收入转入“非财政拨款结转”科目，借记“事业预算收入”“上级补助预算收入”“附属单位上缴预算收入”“非同级财政拨款预算收入”“债务预算收入”“其他预算收入”科目下各专项资金收入明细科目，贷记“非财政拨款结转——本年收支结转”科目；将行政支出、事业支出、其他支出本年发生额中的非财政拨款专项资金支出转入“非财政拨款结转”科目，借记“非财政拨款结转——本年收支结转”科目，贷记“行政支出”“事业支出”“其他支出”科目各非财政拨款专项资金支出明细科目。

【例8-34】年末，某事业单位除了财政拨款预算收入外的各项预算收入和预算支出本年发生额如表8-8所示。

表8-8　**某事业单位年末各项预算收入和预算支出本年发生额**　单位：万元

预算收入科目名称	贷方发生额	预算支出科目名称	借方发生额
事业预算收入	1 773	事业支出	1 405
其中：专项资金收入——办公楼扩建	75	其中：财政拨款支出	840
上级补助预算收入	75	非财政专项资金支出——办公楼扩建	203
其中：专项资金收入——办公楼扩建	15	其他资金支出	362
附属单位上缴预算收入	30	经营支出	24
其中：专项资金收入——办公楼扩建	30	上缴上级支出	3
经营预算收入	60	对附属单位补助支出	69
债务预算收入	75	投资支出	150
其中：专项资金收入——办公楼扩建	45	债务还本支出	375
非同级财政拨款预算收入	45	其他支出	189
其中：专项资金收入——办公楼扩建	30	其中：财政拨款支出	8
投资预算收益	8	非财政专项资金支出——办公楼扩建	53
其他预算收入	306	——新技术引进	90
其中：专项资金收入——办公楼扩建	75	其他资金支出	38
——新技术引进	120		

该事业单位年末的账务处理如下：

①将上述各项预算收入本年发生额中的专项资金收入转入“非财政拨款结转”科目：

借：事业预算收入——专项资金收入——办公楼扩建　　750 000

　　上级补助预算收入——专项资金收入——办公楼扩建　　150 000

　　附属单位上缴预算收入——专项资金收入——办公楼扩建　　300 000

借：非同级财政拨款预算收入——专项资金收入——办公楼扩建　　300 000
　　债务预算收入——专项资金收入——办公楼扩建　　450 000
　　其他预算收入——专项资金收入——办公楼扩建　　750 000
　　　　　　　　　　　　　　　　——新技术引进　　1 200 000
　贷：非财政拨款结转——本年收支结转　　3 900 000

②将行政支出、事业支出、其他支出本年发生额中的非财政拨款专项资金支出转入“非财政拨款结转”科目：

借：非财政拨款结转——本年收支结转　　3 460 000
　贷：事业支出——非财政专项资金支出——办公楼扩建　　2 030 000
　　　其他支出——非财政专项资金支出——办公楼扩建　　530 000
　　　　　　　　　　　　　　　　　　——新技术引进　　900 000

5.年末冲销有关明细科目余额。在预算会计中，将“非财政拨款结转——年初余额调整/项目间接费用或管理费/缴回资金/本年收支结转”科目余额转入“非财政拨款结转——累计结转”科目。结转后，本科目除“累计结转”明细科目外，其他明细科目应无余额。

【例8-35】接【例8-34】，年末某事业单位非财政拨款结转除“本年收支结转”科目余额之外，其他的一级明细科目余额如表8-9所示。

表8-9　**某事业单位非财政拨款结转科目一级明细科目余额表**　单位：元

一级明细科目	借方余额	贷方余额
年初余额调整		30 000
项目间接费用或管理费	15 000	
缴回资金	13 000	

该事业单位年末的账务处理如下：

借：非财政拨款结转——年初余额调整　　30 000
　　　　　　　　　——本年收支结转（3 900 000−3 460 000）　　440 000
　贷：非财政拨款结转——缴回资金　　13 000
　　　　　　　　　　——项目间接费用或管理费　　15 000
　　　　　　　　　　——累计结转　　442 000

6.年末完成上述结转后，应当对非财政拨款专项结转资金各项目情况进行分析，将留归本单位使用的非财政拨款专项（项目已完成）的剩余资金转入“非财政拨款结余”科目，在预算会计中，借记“非财政拨款结转——累计结转”科目，贷记“非财政拨款结余——结转转入”科目。

【例8-36】某事业单位办公楼当年扩建，年初开工，年底完成，其结余资金140 000元留归本单位。

编制会计分录如下：

借：非财政拨款结转——累计结转　　140 000
　贷：非财政拨款结余——结转转入　　140 000

非财政拨款结转的主要账务处理

“非财政拨款结转”科目年末贷方余额反映单位滚存的非同级财政拨款专项结转资金数额。

二、非财政拨款结余的核算

（一）核算内容

“非财政拨款结余”科目核算单位历年滚存的非限定用途的非同级财政拨款结余资金，主要为非财政拨款结余扣除结余分配后滚存的金额。

（二）明细科目设置

1.“年初余额调整”：本明细科目核算因发生会计差错更正、以前年度支出收回等原因，需要调整非财政拨款结余的资金。年末结账后，本明细科目应无余额。

2.“项目间接费用或管理费”：本明细科目核算单位取得的科研项目预算收入中，按照规定计提的项目间接费用或管理费数额。年末结账后，本明细科目应无余额。

3.“结转转入”：本明细科目核算按照规定留归单位使用，由单位统筹调配，纳入单位非财政拨款结余的非同级财政拨款专项剩余资金。年末结账后，本明细科目应无余额。

4.“累计结余”：本明细科目核算单位历年滚存的非同级财政拨款、非专项结余资金。本明细科目年末贷方余额反映单位非同级财政拨款滚存的非专项结余资金数额。

非财政拨款结余科目还应当按照《政府收支分类科目》中“支出功能分类科目”的相关科目进行明细核算。

非财政拨款结余明细科目设置如表8-10所示。

表8-10 **非财政拨款结余明细科目表**

总账科目	一级明细科目	二级明细科目	三级明细科目	四级明细科目
非财政拨款结余	年初余额调整 项目间接费用或管理费 结转转入 累计结余	支出功能分类	××项目	……

（三）主要账务处理

1.按照规定从科研项目预算收入中提取项目管理费或间接费时，在财务会计中，借记“单位管理费用”科目，贷记“预提费用——项目间接费用或管理费”科目；同时在预算会计中，借记“非财政拨款结转——项目间接费用或管理费”科目，贷记“非财政拨款结余——项目间接费用或管理费”科目。

【例8-37】某事业单位事业预算收入中含有科研项目预算收入200 000元，按规定从科研项目预算收入中提取5%的项目管理费。

该事业单位编制财务会计分录：

借：单位管理费用——项目间接费用或管理费 10 000

　贷：预提费用——项目间接费用或管理费 10 000

同时，编制预算会计分录：

借：非财政拨款结转——项目间接费用或管理费 10 000

　贷：非财政拨款结余——项目间接费用或管理费 10 000

2.有企业所得税缴纳义务的事业单位实际缴纳企业所得税时，按照缴纳金额，在财务会计中，借记“其他应交税费——单位应交所得税”科目，贷记“银行存款”科目；同时在预算会计中，借记“非财政拨款结余——累计结余”科目，贷记“资金结存——货币资金”科目。

【例8-38】2×24年12月，某事业单位本年度实际缴纳所得税96 000元。

该单位编制财务会计分录：

借：其他应交税费——单位应交所得税 96 000

贷：银行存款 96 000

同时，编制预算会计分录：

借：非财政拨款结余——累计结余 96 000

贷：资金结存——货币资金——银行存款 96 000

3.因会计差错更正收到或支出非同级财政拨款货币资金，属于非财政拨款结余资金的，按照收到或支出的金额，在财务会计中，借记或贷记“银行存款”科目，贷记或借记“以前年度盈余调整”科目；同时在预算会计中，借记或贷记“资金结存——货币资金”科目，贷记或借记“非财政拨款结余——年初余额调整”科目。

【例8-39】某事业单位发现上年度已完工项目少计算缴纳个人所得税5 000元。该事项属于会计差错更正事项。

该单位补缴个人所得税时，编制财务会计分录如下：

借：以前年度盈余调整 5 000

贷：银行存款 5 000

同时，编制预算会计分录：

借：非财政拨款结余——年初余额调整 5 000

贷：资金结存——货币资金——银行存款 5 000

因收回以前年度支出等收到非同级财政拨款货币资金，属于非财政拨款结余资金的，按照收到的金额，在财务会计中，借记“银行存款”等科目，贷记“以前年度盈余调整”科目；同时在预算会计中，借记“资金结存——货币资金”科目，贷记“非财政拨款结余——年初余额调整”科目。

【例8-40】某事业单位在财务检查时发现上年已完成项目中用项目资金支付劳务10 800元，该事项劳务费单据上列明的金额为10 000元，对上述会计差错进行分析后，需要回收资金800元。

该单位编制财务会计分录：

借：银行存款 800

贷：以前年度盈余调整 800

同时，编制预算会计分录：

借：资金结存——货币资金——银行存款 800

贷：非财政拨款结余——年初余额调整 800

4.年末，将留归本单位使用的非财政拨款专项（项目已完成）剩余资金转入“非财政拨款结余”科目，在预算会计中，借记“非财政拨款结转——累计结转”科目，贷记“非财政拨款结余——结转转入”科目。

【例8-41】某事业单位实验设备技术改造项目已完成，年末收支结转后，该项目非财政补助结转科目贷方余额为8 000元，按照规定留归本单位使用。

该单位编制预算会计分录：

借：非财政拨款结转——累计结转 8 000

　贷：非财政拨款结余——结转转入 8 000

5.年末冲销有关明细科目余额。在预算会计中，将“非财政拨款结余——年初余额调整/项目间接费用或管理费/结转转入”科目余额结转入“非财政拨款结余——累计结余”科目。结转后，“非财政拨款结余”科目除“累计结余”明细科目外，其他明细科目应无余额。

【例8-42】年末某事业单位非财政拨款结余各明细科目余额如表8-11所示。

表8-11 **某事业单位非财政拨款结余科目各明细科目余额表** 单位：元

一级明细科目	借方余额	贷方余额
年初余额调整	4 200	
项目间接费用或管理费		10 000
缴回资金	3 000	
结转转入		70 000

该事业单位年末的账务处理如下：

借：非财政拨款结余——项目间接费用或管理费 10 000

　　　　　　　　——结转转入 70 000

　贷：非财政拨款结余——缴回资金 3 000

　　　　　　　　　——年初余额调整 4 200

　　　　　　　　　——累计结余 72 800

6.年末，事业单位在预算会计中，将“非财政拨款结余分配”科目余额转入“非财政拨款结余”科目。“非财政拨款结余分配”科目为借方余额的，借记“非财政拨款结余——累计结余”科目，贷记“非财政拨款结余分配”科目；“非财政拨款结余分配”科目为贷方余额的，借记“非财政拨款结余分配”科目，贷记“非财政拨款结余——累计结余”科目。

非财政拨款结余的主要账务处理

年末，行政单位将“其他结余”科目余额转入“非财政拨款结余”科目。“其他结余”科目为借方余额的，借记“非财政拨款结余——累计结余”科目，贷记“其他结余”科目；“其他结余”科目为贷方余额的，借记“其他结余”科目，贷记“非财政拨款结余——累计结余”科目。

【例8-43】某事业单位2×24年年末“非财政拨款结余分配”科目贷方余额为670 000元，“其他结余”科目贷方余额为90 000元，年底进行结转。

该单位的账务处理如下：

借：非财政拨款结余分配 670 000

　　其他结余 90 000

　贷：非财政拨款结余——累计结余 760 000

“非财政拨款结余”科目年末贷方余额反映单位非同级财政拨款结余资金的累计滚存数额。

【例 8-44】某行政单位2×24年年末其他预算收入为85 900元，其他支出为41 600元，年底进行收支结转。

该行政单位的账务处理如下：

借：其他预算收入　85 900

　贷：其他结余　85 900

借：其他结余　41 600

　贷：其他支出　41 600

“其他结余”科目年度余额=85 900−41 600=44 300（元）

借：其他结余　44 300

　贷：非财政拨款结余——累计结余　44 300

三、专用结余的核算

（一）核算内容

“专用结余”科目核算事业单位按照规定从非财政拨款结余中提取的具有专门用途的资金的变动和滚存情况。

（二）明细科目设置

“专用结余”科目应当按照专用结余的类别进行明细核算。

（三）主要账务处理

1.根据有关规定从本年度非财政拨款结余或经营结余中提取基金的，按照提取金额，在财务会计中，借记“本年盈余分配”科目，贷记“专用基金”科目；同时在预算会计中，借记“非财政拨款结余分配”科目，贷记“专用结余”科目。

【例 8-45】某事业单位当年“非财政拨款结余”科目的贷方金额为180 000元，“经营结余”科目的贷方余额为150 000元。年末按照规定计提职工福利基金，该单位职工福利基金提取比例为40%。

提取的职工福利基金金额=（180 000+150 000）×40%=132 000（元）

该单位编制的财务会计分录如下：

借：本年盈余分配——提取专用基金　132 000

　贷：专用基金——职工福利基金　132 000

同时，编制预算会计分录：

借：非财政拨款结余分配　132 000

　贷：专用结余　132 000

2.根据规定使用从非财政拨款结余或经营结余中提取的专用基金时，按照使用金额，借记“专用基金”科目，贷记“银行存款”科目；同时在预算会计中，借记“专用结余”科目，贷记“资金结存——货币资金”科目。

专用结余的主要账务处理

使用提取的专用基金购置固定资产、无形资产的，按照固定资产、无形资产成本金额，在财务会计中，借记“固定资产”“无形资产”科目，贷记“银行存款”等科目；按照专用基金使用金额，借记“专用基金”科目，贷记“累计盈余”科目；同时，按照专用基金使用金额，在预算会计中，借记“专用结余”科目，贷记“资金结存——货币资金”科目。

【例 8-46】某事业单位使用从非财政拨款结余中提取的专用基金支付职工福利费28 000元。

该单位编制的财务会计分录如下：

借：专用基金　　28 000

　贷：银行存款　　28 000

同时，编制预算会计分录：

借：专用结余　　28 000

　贷：资金结存——货币资金——银行存款　　28 000

“专用结余”科目年末贷方余额，反映事业单位从非同级财政拨款结余中提取的专用基金的累计滚存数额。

四、经营结余的核算

（一）核算内容

“经营结余”科目核算事业单位本年度经营活动收支相抵后余额弥补以前年度经营亏损后的余额。

（二）明细科目设置

“经营结余”科目可以按照经营活动类别进行明细核算。

（三）主要账务处理

1.年末，在预算会计中，将经营预算收入本年发生额转入“经营结余”科目，借记“经营预算收入”科目，贷记“经营结余”科目；将经营支出本年发生额转入“经营结余”科目，借记“经营结余”科目，贷记“经营支出”科目。

【例 8-47】某事业单位2×24年年末“经营预算收入”科目的贷方发生额为500 000元，“经营支出”科目的借方发生额为300 000元，年底进行收支结转。

该单位的账务处理如下：

借：经营预算收入　　500 000

　贷：经营结余　　500 000

借：经营结余　　300 000

　贷：经营支出　　300 000

2.年末，在预算会计中，完成上述结转后，如“经营结余”科目为贷方余额，将“经营结余”科目贷方余额转入“非财政拨款结余分配”科目，借记“经营结余”科目，贷记“非财政拨款结余分配”科目；如“经营结余”科目为借方余额，为经营亏损，不予结转。

经营结余的主要账务处理

【例 8-48】接【例 8-47】，将“经营结余”科目的贷方余额200 000元结转到“非财政拨款结余分配”科目。

该单位的账务处理如下：

借：经营结余　　200 000

　贷：非财政拨款结余分配　　200 000

年末结账后，“经营结余”科目一般无余额，如为借方余额，反映事业单位累计发生的经营亏损。

五、其他结余的核算

（一）核算内容

“其他结余”科目核算单位本年度除财政拨款收支、非同级财政专项资金收支和经营收支以外各项收支相抵后的余额。

（二）主要账务处理

1.年末，将事业预算收入、上级补助预算收入、附属单位上缴预算收入、非同级财政拨款预算收入、债务预算收入、其他预算收入本年发生额中的非专项资金收入以及投资预算收益本年发生额转入“其他结余”科目，借记“事业预算收入”“上级补助预算收入”“附属单位上缴预算收入”“非同级财政拨款预算收入”“债务预算收入”“其他预算收入”科目下各非专项资金收入明细科目和“投资预算收益”科目，贷记“其他结余”科目（“投资预算收益”科目本年发生额为借方净额时，借记“其他结余”科目，贷记“投资预算收益”科目）；将行政支出、事业支出、其他支出本年发生额中的非同级财政、非专项资金支出，以及上缴上级支出、对附属单位补助支出、投资支出、债务还本支出本年发生额转入“其他结余”科目，借记“其他结余”科目，贷记“行政支出”“事业支出”“其他支出”科目下各非同级财政、非专项资金支出明细科目和“上缴上级支出”“对附属单位补助支出”“投资支出”“债务还本支出”科目。

其他结余的主要账务处理

【例 8-49】年末，某事业单位除了财政拨款预算收入外的各项预算收入和预算支出本年发生额如表8-12所示，请将有关科目中的非专项资金和投资预算收益科目进行年末结转。

表8-12 某事业单位年末各项预算收入和预算支出本年发生额 单位：万元

预算收入科目名称	贷方发生额	预算支出科目名称	借方发生额
事业预算收入	1 773	事业支出	1 405
其中：专项资金收入——办公楼扩建	75	其中：财政拨款支出	840
上级补助预算收入	75	非财政专项资金支出——办公楼扩建	203
其中：专项资金收入——办公楼扩建	15	其他资金支出	362
附属单位上缴预算收入	30	经营支出	24
其中：专项资金收入——办公楼扩建	30	上缴上级支出	3
经营预算收入	60	对附属单位补助支出	69
债务预算收入	75	投资支出	150
其中：专项资金收入——办公楼扩建	45	债务还本支出	375
非同级财政拨款预算收入	45	其他支出	189
其中：专项资金收入——办公楼扩建	30	其中：财政拨款支出	8
投资预算收益	8	非财政专项资金支出——办公楼扩建	53
其他预算收入	306	——新技术引进	90
其中：专项资金收入——办公楼扩建	75	其他资金支出	38
——新技术引进	120		

该事业单位年末的账务处理如下：

①将上述各项预算收入本年发生额中的非专项资金收入转入“其他结余”科目：

借：事业预算收入——非专项资金收入　16 980 000

上级补助预算收入——非专项资金收入　600 000

非同级财政拨款预算收入——非专项资金收入　150 000

债务预算收入——非专项资金收入　300 000

其他预算收入——非专项资金收入　1 110 000

投资预算收益　80 000

贷：其他结余　19 220 000

②将“行政支出”“事业支出”“其他支出”等科目本年发生额中的非财政拨款非专项资金支出转入“其他结余”科目：

借：其他结余　9 970 000

贷：事业支出——其他资金支出　3 620 000

其他支出——其他资金支出　380 000

上缴上级支出　30 000

对附属单位补助支出　690 000

投资支出（当年投资支出）　1 500 000

债务还本支出　3 750 000

2.年末，完成上述结转后，行政单位将“其他结余”科目余额转入“非财政拨款结余——累计结余”科目；事业单位将“其他结余”科目余额转入“非财政拨款结余分配”科目。

当“其他结余”科目为贷方余额时，借记“其他结余”科目，贷记“非财政拨款结余——累计结余”或“非财政拨款结余分配”科目；当“其他结余”科目为借方余额时，借记“非财政拨款结余——累计结余”或“非财政拨款结余分配”科目，贷记“其他结余”科目。

非财政拨款结余分配的主要账务处理

年末结账后，其他结余科目应无余额。

【例8-50】接【例8-49】，将其他结余科目的余额结转到“非财政拨款结余分配”科目。

该单位的账务处理如下：

借：其他结余　9 250 000

贷：非财政拨款结余分配　9 250 000

【例8-51】接【例8-45】【例8-48】【例8-50】，结转非财政拨款结余分配科目余额。

经过上述处理，非财政拨款结余分配科目为贷方余额计算如下：

9 250 000+200 000−132 000=9 318 000（元）

编制会计分录：

借：非财政拨款结余分配　9 318 000

贷：非财政拨款结余——累计结余　9 318 000

【学思践悟】

（一）资料

盘存量，切实把“紧日子”过实过细

党的二十大报告强调“实施全面节约战略，推进各类资源节约集约利用”。“过紧日子”是全面节约战略的具体实践，是旗帜鲜明讲政治的必然要求。财政部山东监管局积极探索开展中央驻鲁预算单位落实“过紧日子”要求评估工作，结合评估情况，建议从强意识、建机制、盘存量、节支出、提效益五个方面推动各单位将“紧日子”过成习惯、过出实效。

在“过紧日子”的同时保障好职能需要和正常运转，关键在于“开源节流”。财政收支紧平衡状态下，有效盘活存量资源既是“开源”，也能“节流”。

一是加强存量资金盘活利用。评估发现个别单位因政策不明、预算执行慢，结转结余资金规模较大。各单位应当逐笔分析存在的堵点问题并推动解决，避免“钱等项目”和“项目等钱”现象，积极为主管部门完善政策提供依据。考虑定期开展结转结余资金专项清理行动，财政部门、上级主管部门对预算执行不力或未执行的项目进行函询、约谈或通报，超过规定期限不执行的，予以调整或收回，多从本单位、本系统找“财力”，防止资金沉淀闲置。

二是推动资产管理提质增效。严控资产配置计划和标准，把好资产“入口关”。严格资产登记，规范资产全生命周期管理，抓好资产“过程关”。推动资产共享共用和调剂使用，加快实体公物仓和虚拟公物仓建设，防止未达使用年限提前报废资产，守好资产“出口关”。

三是强化各类资源成本管理。探索参照《机关事务管理术语》国家标准（GB/T 41568-2022）摸清机关运行成本，全面推广机关运行成本统计制度，注重成本控制，扎实推进节约型机关建设。加强对各类资源的整合利用，提高资源配置效率和使用效益。

资料来源：山东监管局.抓好五个重点 将“过紧日子”要求落到实处［EB/OL］.［2024-10-25］. https：//sd.mof.gov.cn/gzdt/caizhengjiancha/202301/t20230128_3864073.htm.

（二）讨论

如何加强预算结余管理、建设节约型政府？

【复习思考题】

1. 什么是资金结存？其核算的内容包括哪些？
2. 什么是预算结余？包括哪些内容？行政单位和事业单位的结转结余科目有何不同？
3. 什么是专用结余和经营结余？
4. 事业单位财政拨款结转和非财政拨款结转、财政拨款结余和非财政拨款结余各有何不同？

5. 其他结余的核算内容包括哪些？

6. 事业单位非财政拨款结余分配的项目是什么？

【练习题】

一、单项选择题

1. 下列有关“资金结存”科目的说法中，错误的是（　　）。

A.“资金结存”科目核算预算会计流入、流出、调整、滚存的“资金”

B.“资金结存”与财务会计的货币资金和财政应返还额度相对应

C. 库存现金、银行存款等需要纳入“资金结存”科目核算

D.“资金结存”科目有货币资金类科目的内涵

2. 下列有关预算结余的说法中，错误的是（　　）。

A. 实际业务中要分清行政单位和事业单位在预算结余会计核算中的区别

B.“财政拨款结转”“财政拨款结余”科目用于核算不同级别财政核拨的资金

C.“经营结余”“非财政拨款结余分配”科目是事业单位的专用科目

D. 财政应返还额度等属于财务会计科目的范畴

3. 下列关于“财政拨款结余”科目的说法中，错误的是（　　）。

A. 按照同级财政部门的要求将结余资金归集上缴，需设置“归集上缴”明细科目

B.“财政拨款结余”科目核算单位（包括行政单位和事业单位）取得的同级财政拨款项目支出结余资金的调整、结转和滚存情况

C. 如果产生因发生会计差错更正、以前年度支出收回等原因，需要调整财政拨款结余，需要设置“年初余额调整”明细科目，年末结账后该科目可以有余额

D. 年末完成同级财政拨款资金的结转后，应将符合财政拨款结余性质的项目余额转入“财政拨款结余”科目

4. 在与年末财政拨款结转结余业务相关的账务处理中，年末对财政拨款结转各明细科目执行情况进行分析，按照有关规定将符合财政拨款结余性质的科目余额转入“财政拨款结余”科目，应编制如下会计分录（　　）。

A. 借：财政拨款结余——归集上缴

　　贷：资金结存——财政应返还额度/货币资金

B. 借：财政拨款结余——单位内部调剂

　　贷：财政拨款结转——单位内部调剂

C. 借：财政拨款结余——年初余额调整

　　贷：资金结存——财政应返还额度/货币资金

D. 借：财政拨款结转——累计结转

　　贷：财政拨款结余——结转转入

5. 在事业单位其他资金来源结转结余的核算中，按照规定从科研项目预算收入中提取项目间接费用或管理费时，按照提取金额应编制如下会计分录（　　）。

A. 借：非财政拨款结转——缴回资金

贷：资金结存——货币资金

B.借：非财政拨款结转——项目间接费用或管理费

贷：非财政拨款结余——项目间接费用或管理费

C.借：经营预算收入

贷：经营结余

D.借：财政拨款结余——单位内部调剂

贷：财政拨款结转——单位内部调剂

二、多项选择题

1.下列属于“财政拨款结余”明细科目的是（　　）。

A.单位内部调剂　　B.年初余额调整　　C.货币资金　　D.累计结余

2.下列表述中，正确的是（　　）。

A.“财政拨款结转”科目在预算收支结转时，应分别进行“基本支出结转”科目和“项目支出结转”科目的结转

B.要将符合财政拨款结余性质的科目余额转入“财政拨款结余”科目

C.“财政拨款结转”科目用于核算同级财政安排的预算未全部执行或未执行，且下年需要按原用途继续使用的资金

D.“财政拨款结余”科目用于核算同级财政拨款项目支出（即专项资金）结余资金的调整、结转和滚存情况

3.下列关于“投资预算收益”科目本年发生额的表述中，正确的是（　　）。

A.出现投资亏损，表现为借方净额，结转时贷记“投资预算收益”，借记“其他支出”

B.出现投资亏损，表现为借方净额，结转时贷记“投资预算收益”，借记“其他结余”

C.实现投资收益，表现为贷方净额，结转时借记“投资预算收益”，贷记“其他结余”

D.实现投资收益，表现为贷方净额，结转时借记“投资预算收益”，贷记“行政支出”

4.下列对行政单位其他资金来源的预算收支进行期末结转的表述中，正确的是（　　）。

A.把其他预算收入的非财政拨款专项资金结转转入“财政拨款结转”科目

B.把行政支出/事业支出/其他支出的非财政拨款专项资金结转转入“财政拨款结转”科目

C.年末，将本年度除财政拨款收支以外非同级财政拨款专项资金的各项收支本年发生额结转转入“非财政拨款结转”科目的贷方或借方

D.年末，将本年度除财政拨款收支以外非同级财政非专项资金的各项收支本年发生额结转转入“其他结余”科目的贷方或借方

5.下列对事业单位其他资金来源的收支进行期末结转的表述中，正确的是（　　）。

A.先将本年度经营活动收支本年发生额结转转入“经营结余”科目

B.年末，将除财政拨款收支、经营收支以外，非同级财政拨款专项资金的各项收支本年发生额，结转转入“非财政拨款结转”科目的贷方或借方

C. 将事业预算收入/上级补助预算收入/附属单位上缴预算收入/非同级财政拨款预算收入/债务预算收入/其他预算收入的财政拨款专项资金转入“非财政拨款结转”科目

D. 经营支出结转转入“经营结余”科目贷方，经营预算收入结转转入“经营结余”科目借方

三、业务处理题

资料：某行政单位2×23年和2×24年的相关资料如下：

1.2×23年年末“财政拨款结转”和“非财政拨款结余”科目余额分别为20 000元和500 000元，“财政拨款结余”和“非财政拨款结转”科目无余额。

2.2×24年年末各项预算收入和预算支出本年发生额如表8-13所示（假设没有政府性基金预算财政拨款）。

表8-13 **某行政单位2×24年年末各项预算收入和预算支出发生额** 单位：元

预算收入科目名称	贷方发生额	预算支出科目名称	借方发生额
财政拨款预算收入	5800 000	行政支出	6 940 000
其中：项目支出——敬老院维修工程	500 000	其中：财政拨款支出——项目支出——敬老院维修工程	400 000
		财政拨款支出——基本支出	5 000 000
		非财政专项资金支出——敬老院维修工程	200 000
		非财政专项资金支出——新技术引进	700 000
		非财政专项资金支出——其他资金支出	640 000
非同级财政拨款预算收入	300 000		
其中：专项资金收入——敬老院维修工程	200 000		
其他预算收入	2 040 000	其他支出	700 000
其中：专项资金收入——敬老院维修工程	500 000	其中：财政拨款支出	50 000
专项资金收入——新技术引进	800 000	非财政专项资金支出——敬老院维修工程	500 000
		其他资金支出	150 000

3. 2×24年发生如下相关经济业务：

（1）上年度通过预算管理一体化系统采购的办公用电脑耗材因质量问题予以退回，款项为30 000元。收到代理银行转来财政直接支付资金退回入账通知书，退回相关款项30 000元，材料已退回。该笔资金属于以前年度结转资金。

（2）代理银行转来到账通知书，收到主管部门从其他单位调入的财政拨款结转资金150 000元，用于当年敬老院修缮。

（3）检查上年度已完成的公共文化体育设施改造工程项目，发现该项目上年结余资金30 000元，按财政部门要求上交。收到代理银行的已付款通知。

（4）按照主管部门的规定，将60 000元的财政拨款结转资金调出给其他单位，已通过银行转账。

4.假设敬老院维修工程项目年底完工。

要求（会计分录列示二级明细科目）：

（1）编制2×24年发生经济业务的预算会计分录。

（2）结转2×24年度预算收入和预算支出。

（3）年末将财政拨款结转资金转入“财政拨款结余”科目。

（4）将“其他结余”科目余额转入“非财政拨款结余”科目。

（5）计算“财政拨款结转”“财政拨款结余”“非财政拨款结转”“非财政拨款结余”科目的2×24年年末余额。

第九章　政府财务报告

【学习目标】

了解政府会计报告的概念、分类和编制要求；掌握政府单位年终结账的内容；理解和掌握政府财务会计报表的编制方法，了解会计报表附注的内容；掌握政府单位财务分析的指标。

第一节　政府会计报告概述

一、政府会计报告的概念

政府会计报告是反映政府单位某一特定时期的财务状况和预算执行结果等会计信息的文件。

政府单位需要按照财政部门和主管预算单位的要求编制会计报告，向会计报告使用者提供与政府单位财务状况、预算执行情况等有关的会计信息，反映政府单位受托责任的履行情况。

二、政府单位会计报告的分类

（一）按照编报内容分类

按照编报内容，政府单位会计报告分为政府财务报告和政府决算报告。

政府财务报告是反映政府会计主体某一特定日期的财务状况、某一会计期间的运行情况和现金流量等信息的文件。政府财务报告应当包括财务报表和其他应当在财务报告中披露的相关信息和资料。政府财务报告包括政府综合财务报告和政府部门财务报告。政府综合财务报告是指由政府财政部门编制的，反映各级政府整体财务状况、运行情况和财政中长期可持续性的报告。政府部门财务报告是指政府各部门、各单位按规定编制的财务报告。

政府决算报告是综合反映政府会计主体年度预算收支执行结果的文件。政府决算报告应当包括决算报表和其他应当在决算报告中反映的相关信息和资料。

财务报表是对政府会计主体财务状况、运行情况和现金流量等信息的结构性表述。财务报表包括会计报表和附注。会计报表至少应当包括资产负债表、收入费用表和现金流量表。政府会计主体应当根据相关规定编制合并财务报表。附注是对在资产负债表、收入费用表、现金流量表等报表中列示项目所作的进一步说明，以及对未能在这些报表中列示项目的说明。

（二）按照编报时间分类

政府会计报表按照编报的时间不同，可分为月报和年报。政府单位应当按财政部门或上级主管部门的规定报送月度和年度会计报表。其中，财务会计报表中的资产负债表和收入费用表既要按月度编制也要按年度编制；净资产变动表、现金流量表、附注只需按年度编制；预算会计报表中的预算收入支出表、预算结转结余变动表、财政拨款预算收入支出表均按年度编制。

（三）按照编报层次分类

政府财务报告包括政府综合财务报告和政府部门财务报告。其中，政府单位会计报表分为本级报表和汇总报表。本级报表是反映各单位预算执行情况和资金活动情况的报表。汇总报表是各主管部门对本单位和所属单位的报表进行汇总后编制的报表。基层会计单位，只编本级会计报表；二级单位和主管会计单位，要先编制本级报表，然后编制汇总的报表。

三、会计报表的编制要求

（一）编制基础

财务报表的编制主要以权责发生制为基础，以单位财务会计核算生成的数据为准；预算会计报表的编制主要以收付实现制为基础，以单位预算会计核算生成的数据为准。

（二）会计报表的构成

财务报表由会计报表及其附注构成。会计报表一般包括资产负债表、收入费用表和净资产变动表。单位可根据实际情况自行选择编制现金流量表。

预算会计报表至少包括预算收入支出表、预算结转结余变动表和财政拨款预算收入支出表。单位应当至少按照年度编制财务报表和预算会计报表。

（三）编制要求

单位应当根据《政府会计制度》规定编制真实、完整的财务报表和预算会计报表，不得违反《政府会计制度》规定随意改变财务报表和预算会计报表的编制基础、编制依据、编制原则和方法，不得随意改变《政府会计制度》规定的财务报表和预算会计报表有关数据的会计口径。财务报表和预算会计报表应当根据登记完整、核对无误的账簿记录和其他有关资料编制，做到数字真实、计算准确、内容完整、编报及时。

财务报表和预算会计报表应当由单位负责人和主管会计工作的负责人、会计机构负责人（会计主管人员）签名并盖章。

四、编制年报的准备工作

（一）年终清理结算

年终清理是对单位全年财务会计的各项收入、费用，预算会计的各项预算收入、预算支出，以及其他各会计事项或资金活动进行全面清查、核对、整理和结算的工作，这是编制年度会计报表的重要环节。

年终清理结算的主要内容如下：

(1) 清理、核对年度预算收支数字和各项缴拨款项数字

年终前，财政部门、上级单位和所属单位之间的全年预算数，以及应上缴、补拨的款

项等，都要按规定逐笔进行清理结算，保证单位与财政部门之间、部门内部上下级单位之间的年度预算数、领拨经费数和上缴下拨数一致。为保证会计年度分期和年终清理工作顺利进行，凡属于本年度应拨、应缴款项，应当在12月31日前汇达对方，主管会计单位对所属各单位的拨款，一般截至12月25日。

（2）清理核对各项收支款项

凡属于本年的各项收入都要及时入账；凡属于本年的各项支出，都要按规定的支出渠道如实列报，未完工项目当年的开支必须列入当年项目支出。年度单位支出结算一律以基层用款单位截至12月31日的本年实际支出数为准。属于本年的各项应缴财政款项要在年终前全部上缴国库。实行国库集中支付的单位，对期末尚未申请支付的财政直接支付用款，应当按照权责发生制确认收入，将尚未支付的财政授权支付额度转入财政应返还额度。凡属本年的各项支出，应按规定的支出渠道如实分别编入本年收入支出表。不得将年终前预拨下年度的预算拨款列入本年的支出，也不得以上级单位的拨款数代替基层会计单位的实际支出数。

（3）清理往来款项

各项预收、预付、应收、应付等往来款项，年终前应尽量清理完，做到“人欠的收回，欠人的归还”，应当转作各项收入或各项支出的往来款项要及时转入各有关账户。

（4）清查货币资金

年终，政府单位要及时同开户银行对账，银行存款账面余额要与银行对账单余额相符。现金的账面余额应同库存现金的实际数相符。有价证券的账面数字应同实存的有价证券核对相符。

（5）清查财产物资

年终前，应对各项财产物资进行清查盘点，发生盘盈、盘亏的，要及时查明原因，按规定进行处理，并调整账务，做到账实相符、账账相符。

（二）年终结账

政府单位在年终清理的基础上，核对账目无误后，根据各账户12月末的余额，按会计制度规定的年终转账办法填制12月31日的记账凭单，进行年终转账和结账。年终结账工作一般分为年终转账、结清旧账、记入新账三个环节。

1.年终转账

（1）账目核对无误后，首先计算出各账户借方、贷方的12月份合计数和全年累计数，并结出12月末的余额。

（2）财务会计编制结账前的资产负债表，进行试算平衡；预算会计应核对预算收入、预算支出、资金结存及有关预算结余类账户当年发生的调整数。

（3）填制12月31日的记账凭证，办理结账冲转（收入、费用转入净资产，预算收入、支出转入结余类账户）。

2.结清旧账

（1）将转账后无余额的账户结出全年累计数，然后在下面划双红线，表示本账户全部结清。

（2）对年终有余额的账户，在“全年累计数”下行的“摘要”栏内注明“结转下年”字样，再在下面划双红线，表示年终余额转入新账，结束旧账。

3. 记入新账

将表内各账户的余额直接记入新年度有关总账和明细账各账户的余额栏内，并在“摘要”栏注明“上年结转”字样。

第二节 资产负债表

一、资产负债表的定义

资产负债表是反映政府会计主体在某一特定日期的财务状况的报表。

二、资产负债表的性质与作用

资产负债表是政府单位财务会计报表中最基本、最主要的报表，应于月末、年末编制报出。它是依据“资产=负债+净资产”的平衡式编制的，反映政府单位在某一特定日期的全部资产、负债和净资产的情况。

通过对资产负债表的分析，可以掌握单位的经济资源及这些资源的分布和结构，了解单位的资金情况和负债状况，了解单位的财务实力、短期偿债能力和支付能力。对前后期的资产负债表加以对照分析，还可以看出单位资产负债的变化情况及财务状况的发展趋势。

三、资产负债表的格式与内容

政府单位的资产负债表采用账户格式，左边为资产，右边为负债和净资产，项目排列按流动性列式。报表具体形式由表首标题和报表主体构成。报表主体部分包括编报项目和金额。具体格式如表9-1所示。

表9-1 资产负债表 会政财01表

编制单位： 年 月 日 单位：元

资 产	期末余额	年初余额	负债和净资产	期末余额	年初余额
流动资产：			流动负债：		
货币资金			短期借款		
短期投资			应交增值税		
财政应返还额度			其他应交税费		
应收票据			应缴财政款		
应收账款净额			应付职工薪酬		
预付账款			应付票据		
应收股利			应付账款		
应收利息			应付政府补贴款		

续表

资　产	期末余额	年初余额	负债和净资产	期末余额	年初余额
其他应收款净额			应付利息		
存货			预收账款		
待摊费用			其他应付款		
一年内到期的非流动资产			预提费用		
其他流动资产			一年内到期的非流动负债		
流动资产合计			其他流动负债		
非流动资产：			流动负债合计		
长期股权投资			非流动负债：		
长期债券投资			长期借款		
固定资产原值			长期应付款		
减：固定资产累计折旧			预计负债		
固定资产净值			其他非流动负债		
工程物资			非流动负债合计		
在建工程			受托代理负债		
无形资产原值			负债合计		
减：无形资产累计摊销					
无形资产净值					
研发支出					
公共基础设施原值					
减：公共基础设施累计折旧（摊销）					
公共基础设施净值					
政府储备物资					
文物资源					
以成本计量					
以名义金额计量					
保障性住房原值					
减：保障性住房累计折旧			净资产：		

续表

资　产	期末余额	年初余额	负债和净资产	期末余额	年初余额
保障性住房净值			累计盈余		
长期待摊费用			专用基金		
待处理财产损溢			权益法调整		
其他非流动资产			无偿调拨净资产*		—
非流动资产合计			本期盈余*		—
受托代理资产			净资产合计		
资产总计			负债和净资产总计		

注："*"标识项目为月报项目，年报中不需列示。

四、资产负债表的编制方法

（一）年初余额的填列方法

资产负债表中"年初余额"栏内各项数字，应当根据上年年末资产负债表"期末余额"栏内数字填列。

如果本年度资产负债表规定的项目的名称和内容同上年度不一致，应当对上年年末资产负债表项目的名称和数字按照本年度的规定进行调整，将调整后数字填入本表"年初余额"栏内。

如果本年度单位发生了因前期差错更正、会计政策变更等调整以前年度盈余的事项，还应当对"年初余额"栏中的有关项目金额进行相应调整。

（二）期末余额的填列方法

1.根据相应会计科目余额直接填列的项目

（1）资产类项目

资产类项目中的"短期投资""财政应返还额度""应收票据""预付账款""应收股利""应收利息""待摊费用""长期股权投资""固定资产原值""固定资产累计折旧""无形资产原值""无形资产累计摊销""工程物资""在建工程""研发支出""公共基础设施原值""公共基础设施累计折旧（摊销）""保障性住房原值""保障性住房累计折旧""政府储备物资""文物资源""长期待摊费用""待处理财产损溢"等项目根据相应科目的期末借方余额直接填列。

如果"待处理财产损溢"科目期末为贷方余额，以"-"号填列。

（2）负债类项目

负债类项目中的"短期借款""应缴财政款""应付职工薪酬""应付票据""应付账款""应付政府补贴款""应计利息""预收账款""其他应付款""预提费用""预计负债""受托代理负债""应交增值税""其他应交税费"项目根据相应科目的期末贷方余额直接填列。

如果"应交增值税"科目期末为借方余额，以"-"号填列；如果"其他应交税费"

科目期末为借方余额，以“-”号填列。

（3）净资产类项目

净资产类项目中的“累计盈余”“专用基金”“权益法调整”“无偿调拨净资产”“本期盈余”项目根据相应科目的期末贷方余额填列。

如果“权益法调整”科目期末为借方余额，以“-”号填列；如果“无偿调拨净资产”科目期末为借方余额，以“-”号填列；如果“本期盈余”科目期末为借方余额，以“-”号填列。

“无偿调拨净资产”项目和“本期盈余”项目仅在月度报表中列示，在年度报表中不列示。

2.根据资产原值科目与相关抵减会计科目余额计算填列的项目

根据资产原值科目与相关抵减会计科目余额计算填列的项目主要有“固定资产净值”“无形资产净值”“公共基础设施净值”“保障性住房净值”“应收账款净额”“其他应收款净额”。其中：

固定资产净值=固定资产原值-固定资产累计折旧

无形资产净值=无形资产原值-无形资产累计摊销

公共基础设施净值=公共基础设施原值-公共基础设施累计折旧（摊销）

保障性住房净值=保障性住房原值-保障性住房累计折旧

应收账款净额=应收账款-坏账准备

其他应收款净额=其他应收款-坏账准备

3.根据相应会计科目余额分析调整填列的项目

（1）“一年内到期的非流动资产”项目，应当根据“长期债券投资”等科目的明细科目的期末余额分析填列。

（2）“长期债券投资”项目，应当根据“长期债券投资”科目的期末余额减去其中将于1年内（含1年）到期的长期债券投资余额后的金额填列。

（3）“一年内到期的非流动负债”项目，应当根据“长期应付款”“长期借款”等科目的明细科目的期末余额分析填列。

（4）“长期借款”项目，应当根据“长期借款”科目的期末余额减去其中将于1年内（含1年）到期的长期借款余额后的金额填列。

（5）“长期应付款”项目，应当根据“长期应付款”科目的期末余额减去其中将于1年内（含1年）到期的长期应付款余额后的金额填列。

4.根据有关会计科目余额合计填列的项目

根据有关会计科目余额合计填列的项目主要有“货币资金”“受托代理资产”“存货”等项目。其中：

（1）货币资金=库存现金+银行存款

若单位存在通过“库存现金”科目核算的受托代理资产，还应当按照前述合计数扣减“库存现金”等科目下“受托代理资产”明细科目的期末余额后的金额填列。

（2）“受托代理资产”项目根据“受托代理资产”科目的期末余额与“库存现金”“银行存款”科目下“受托代理资产”明细科目的期末余额的合计数填列。

（3）存货=在途物品+库存物品+加工物品

（4）“其他流动资产”“其他非流动资产”“其他流动负债”“其他非流动负债”项目，应当根据有关科目的期末余额的合计数填列。

5.根据所属各子项目的合计数计算填列的项目

“流动资产合计”“非流动资产合计”“资产总计”“流动负债合计”“非流动负债合计”“负债合计”“净资产合计”“负债和净资产总计”等项目根据各类项目下所属各子项目的合计数计算填列。

（1）“流动资产合计”项目，反映单位期末流动资产的合计数。本项目应当根据资产负债表中“货币资金”“短期投资”“财政应返还额度”“应收票据”“应收账款净额”“预付账款”“应收股利”“应收利息”“其他应收款净额”“存货”“待摊费用”“一年内到期的非流动资产”“其他流动资产”项目金额的合计数填列。

（2）“非流动资产合计”项目，反映单位期末非流动资产的合计数。本项目应当根据资产负债表中“长期股权投资”“长期债券投资”“固定资产净值”“工程物资”“在建工程”“无形资产净值”“研发支出”“公共基础设施净值”“政府储备物资”“文物资源”“保障性住房净值”“长期待摊费用”“待处理财产损溢”“其他非流动资产”项目金额的合计数填列。

（3）“资产总计”项目，反映单位期末资产的合计数。本项目应当根据资产负债表中“流动资产合计”“非流动资产合计”“受托代理资产”项目金额的合计数填列。

（4）“流动负债合计”项目，反映单位期末流动负债合计数。本项目应当根据资产负债表中“短期借款”“应交增值税”“其他应交税费”“应缴财政款”“应付职工薪酬”“应付票据”“应付账款”“应付政府补贴款”“应付利息”“预收账款”“其他应付款”“预提费用”“一年内到期的非流动负债”“其他流动负债”项目金额的合计数填列。

（5）“非流动负债合计”项目，反映单位期末非流动负债合计数。本项目应当根据资产负债表中“长期借款”“长期应付款”“预计负债”“其他非流动负债”项目金额的合计数填列。

（6）“负债合计”项目，反映单位期末负债的合计数。本项目应当根据资产负债表中“流动负债合计”“非流动负债合计”“受托代理负债”项目金额的合计数填列。

（7）“净资产合计”项目，反映单位期末净资产合计数。本项目应当根据资产负债表中“累计盈余”、“专用基金”、“权益法调整”、“无偿调拨净资产”（月度报表）、“本期盈余”（月度报表）项目金额的合计数填列。

（8）“负债和净资产总计”项目，应当按照资产负债表中“负债合计”“净资产合计”项目金额的合计数填列。

表中“资产总计”项目期末（年初）余额应当与“负债和净资产总计”项目期末（年初）余额相等。

五、资产负债表的编制方法举例

【例9-1】某政府单位2×24年12月31日结账后，科目余额如表9-2所示。其中，长期借款中，将于1年内（含1年）偿还的借款为82 000元；库存现金中有3 000元为受托代理资产。据此编制该单位的资产负债表。

表 9-2　　××政府单位 2×24 年 12 月 31 日会计科目余额表　　单位：元

科目名称	借方余额	科目名称	贷方余额
库存现金	5 000	短期借款	127 000
银行存款	163 000	应付账款	6 000
短期投资	42 500	预收账款	3 000
财政应返还额度	36 000	其他应付款	2 000
应收票据	18 000	长期借款	282 000
应收账款	40 000	累计盈余	2 021 700
预付账款	12 000	专用基金	64 000
其他应收款	2 200	权益法调整	107 000
在途物品	2 000	固定资产累计折旧	557 500
库存物品	180 000	无形资产累计摊销	52 000
加工物品	120 000	坏账准备	2 000
长期股权投资	181 000		
固定资产原值	2 057 500		
在建工程	68 000		
无形资产原值	252 000		
待处理财产损溢	45 000		
合计	3 224 200		3 224 200

根据上述资料，资产负债表的主要项目的填列说明如下：

（1）货币资金=（“库存现金”－“受托代理资产”）+“银行存款”

=（5 000−3 000）+163 000=165 000（元）

（2）应收账款净额=“应收账款”－“坏账准备”=40 000−2 000=38 000（元）

（3）存货=“在途物品”+“库存物品”+“加工物品”

=2 000+180 000+120 000=302 000（元）

（4）固定资产净值=“固定资产原值”－“固定资产累计折旧”

=2 057 500−557 500=1 500 000（元）

（5）无形资产净值=“无形资产原值”－“无形资产累计摊销”

=252 000−52 000=200 000（元）

（6）受托代理资产=3 000 元

长期借款中，将于 1 年内（含 1 年）偿还的借款为 82 000 元，应列入“其他流动负债”项目。由此可知：

（7）长期借款=282 000−82 000=200 000（元）

（8）一年内到期的非流动负债=82 000元

根据相关项目的数据，所填制的资产负债表如表9-3所示。

表9-3 **资产负债表** 会政财01表

编制单位： 2×24年12月31日 单位：元

资产	期末余额	年初余额	负债和净资产	期末余额	年初余额
流动资产：		（略）	流动负债：		（略）
货币资金	165 000		短期借款	127 000	
短期投资	42 500		应交增值税		
财政应返还额度	36 000		其他应交税费		
应收票据	18 000		应缴财政款		
应收账款净额	38 000		应付职工薪酬		
预付账款	12 000		应付票据		
应收股利			应付账款	6 000	
应收利息			应付政府补贴款		
其他应收款净额	2 200		应付利息		
存货	302 000		预收账款	3 000	
待摊费用			其他应付款	2 000	
一年内到期的非流动资产			预提费用		
其他流动资产			一年内到期的非流动负债	82 000	
流动资产合计	615 700		其他流动负债		
非流动资产：			流动负债合计	220 000	
长期股权投资	181 000		非流动负债：		
长期债券投资			长期借款	200 000	
固定资产原值	2 057 500		长期应付款		
减：固定资产累计折旧	557 500		预计负债		
固定资产净值	1 500 000		其他非流动负债		
工程物资			非流动负债合计	200 000	
在建工程	68 000		受托代理负债		
无形资产原值	252 000		负债合计	420 000	
减：无形资产累计摊销	52 000				

续表

资产	期末余额	年初余额	负债和净资产	期末余额	年初余额
无形资产净值	200 000				
研发支出					
公共基础设施原值					
减：公共基础设施累计折旧（摊销）					
公共基础设施净值					
政府储备物资					
文物资源					
以成本计量					
以名义金额计量					
保障性住房原值					
减：保障性住房累计折旧			净资产：		
保障性住房净值			累计盈余	2 021 700	
长期待摊费用			专用基金	64 000	
待处理财产损溢	45 000		权益法调整	107 000	
其他非流动资产			无偿调拨净资产*		—
非流动资产合计	1 994 000		本期盈余*		—
受托代理资产	3 000		净资产合计	2 192 700	
资产总计	2 612 700		负债和净资产总计	2 612 700	

注："*"标识项目为月报项目，年报中不需列示。

第三节 收入费用表

一、收入费用表的定义

收入费用表是反映政府会计主体在一定会计期间运行情况的报表。

二、收入费用表的性质与作用

收入费用表属于政府单位财务会计报表，应于月末、年末编制报出。它是依据"本期收入-本期费用=本期盈余"等式编制的，反映行政事业单位在某一会计期间内各项收入、费用和结转结余情况。通过收入费用表，可以判断行政事业单位的财务成果、评价业绩。

三、收入费用表的格式与内容

收入费用表采用单步式格式，由表首标题和报表主体构成。报表主体部分包括编报项目和金额，金额栏再分为“本月数”和“本年累计数”两栏列示。具体格式如表9-4所示。

表9-4　　　　收入费用表　　　　会政财02表

编制单位：　　　　年　　月　　　　单位：元

项目	本月数	本年累计数
一、本期收入		
（一）财政拨款收入		
其中：政府性基金收入		
（二）事业收入		
（三）上级补助收入		
（四）附属单位上缴收入		
（五）经营收入		
（六）非同级财政拨款收入		
（七）投资收益		
（八）捐赠收入		
（九）利息收入		
（十）租金收入		
（十一）其他收入		
二、本期费用		
（一）业务活动费用		
（二）单位管理费用		
（三）经营费用		
（四）资产处置费用		
（五）上缴上级费用		
（六）对附属单位补助费用		
（七）所得税费用		
（八）其他费用		
三、本期盈余		

四、收入费用表的填制方法

（一）“本年累计数”的填列方法

表中“本年累计数”栏反映各项目自年初至报告期期末的累计实际发生数。编制年度收入费用表时，应当将本栏改为“上年数”，反映上年度各项目的实际发生数，“上年数”栏应当根据上年年度收入费用表中“本年数”栏内所列数字填列。

如果本年度收入费用表规定的项目的名称和内容同上年度不一致，应当对上年度收入费用表项目的名称和数字按照本年度的规定进行调整，将调整后的金额填入本年度收入费用表的“上年数”栏内。

如果本年度单位发生了因前期差错更正、会计政策变更等调整以前年度盈余的事项，还应当对年度收入费用表中“上年数”栏中的有关项目金额进行相应调整。

（二）“本月数”的填列方法

表中“本月数”栏反映各项目的本月实际发生数。编制年度收入费用表时，应当将本栏改为“本年数”，反映本年度各项目的实际发生数。具体填列方法如下：

1.根据相关科目的本期发生额填列

各收入项目与费用项目均根据相关明细科目的本期发生额填列。

2.根据相关项目的合计数填列

根据相关项目的合计数填列的有“本期收入”“本期费用”项目。

“本期收入”项目，反映单位本期收入总额。本项目应当根据表中“财政拨款收入”“事业收入”“上级补助收入”“附属单位上缴收入”“经营收入”“非同级财政拨款收入”“投资收益”“捐赠收入”“利息收入”“租金收入”“其他收入”项目金额的合计数填列。

“本期费用”项目，反映单位本期费用总额。本项目应当根据表中“业务活动费用”“单位管理费用”“经营费用”“资产处置费用”“上缴上级费用”“对附属单位补助费用”“所得税费用”和“其他费用”项目金额的合计数填列。

3.计算填列

“本期盈余”项目，反映单位本期收入扣除本期费用后的净额。本项目应当根据表中“本期收入”项目金额减去“本期费用”项目金额后的金额填列；如为负数，以“-”号填列。

五、收入费用表的填制方法举例

【例9-2】某事业单位12月份各项收入和费用本月发生额如表9-5所示。据此编制该单位收入费用表。

表9-5 **某事业单位12月份各项收入和费用本月发生额** 单位：元

收入科目名称	贷方发生额	费用科目名称	借方发生额
财政拨款收入	1 420 000	业务活动费用	1 700 000
事业收入	1 200 000	单位管理费用	1 400 000
上级补助收入	100 000	经营费用	80 000

续表

收入科目名称	贷方发生额	费用科目名称	借方发生额
附属单位上缴收入	200 000	资产处置费用	20 000
经营收入	40 000	上缴上级费用	200 000
非同级财政拨款收入	300 000	对附属单位补助费用	300 000
投资收益	60 000	所得税费用	10 000
捐赠收入	1 000 000	其他费用	20 000
利息收入	100 000		
租金收入	40 000		
其他收入	120 000		

根据上述资料，收入费用表中各项收入项目、费用项目的金额直接按照本期发生额填列。本期收入项目金额为各项收入科目本期发生额的合计数，计算结果为4 580 000元。本期费用项目金额为各项费用科目本期发生额的合计数，计算结果为3 730 000元。本期盈余项目的金额为本期收入项目金额减去本期费用项目金额，计算结果为850 000元。编制的收入费用表如表9-6所示。

表9-6　**收入费用表**　会政财02表

编制单位：　2×24年12月　单位：元

项　　目	本月数	本年累计数
一、本期收入	4 580 000	（略）
（一）财政拨款收入	1 420 000	
其中：政府性基金收入	0	
（二）事业收入	1 200 000	
（三）上级补助收入	100 000	
（四）附属单位上缴收入	200 000	
（五）经营收入	40 000	
（六）非同级财政拨款收入	300 000	
（七）投资收益	60 000	
（八）捐赠收入	1 000 000	
（九）利息收入	100 000	
（十）租金收入	40 000	
（十一）其他收入	120 000	

续表

项　　目	本月数	本年累计数
二、本期费用	3 730 000	
（一）业务活动费用	1 700 000	
（二）单位管理费用	1 400 000	
（三）经营费用	80 000	
（四）资产处置费用	20 000	
（五）上缴上级费用	200 000	
（六）对附属单位补助费用	300 000	
（七）所得税费用	10 000	
（八）其他费用	20 000	
三、本期盈余	850 000	

第四节　净资产变动表

一、净资产变动表的定义

净资产变动表反映单位在某一会计年度内净资产项目的变动情况。

二、净资产变动表的性质与作用

净资产变动表属于政府单位财务会计报表，应于年末编制报出，反映政府单位在某一会计年度内净资产项目的变动情况。

三、净资产变动表的格式与内容

净资产变动表由表首标题和报表主体构成。报表主体部分包括编报项目和金额，金额栏再分为“本年数”和“上年数”两栏列示。具体格式如表9-7所示。

表9-7　**净资产变动表**　会政财03表

编制单位：　______年　单位：元

项　　目	本年数				上年数			
	累计盈余	专用基金	权益法调整	净资产合计	累计盈余	专用基金	权益法调整	净资产合计
一、上年年末余额								
二、以前年度盈余调整（减少以“-”号填列）		—	—			—	—	
三、本年年初余额								

续表

项目	本年数				上年数			
	累计盈余	专用基金	权益法调整	净资产合计	累计盈余	专用基金	权益法调整	净资产合计
四、本年变动金额（减少以“-”号填列）								
（一）本年盈余		—	—			—	—	
（二）无偿调拨净资产		—	—			—	—	
（三）归集调整预算结转结余		—	—			—	—	
（四）提取或设置专用基金			—				—	
其中：从预算收入中提取	—		—		—		—	
从预算结余中提取			—				—	
设置的专用基金	—		—		—		—	
（五）使用专用基金			—				—	
（六）权益法调整	—	—			—	—		
五、本年年末余额								

注：“—”标识单元格不需填列。

四、净资产变动表的填列方法

（一）“上年数”的填列方法

净资产变动表中“上年数”栏反映上年度各项目的实际变动数，应当根据上年度净资产变动表中“本年数”栏内所列数字填列。

如果上年度净资产变动表规定的项目的名称和内容与本年度不一致，应对上年度净资产变动表项目的名称和数字按照本年度的规定进行调整，将调整后金额填入本年度净资产变动表“上年数”栏内。

（二）“本年数”栏各项目的内容和填列方法

净资产变动表中“本年数”栏反映本年度各项目的实际变动数。

（1）“上年年末余额”行，反映单位净资产各项目上年年末的余额。本行各项目应当根据“累计盈余”“专用基金”“权益法调整”科目上年年末余额填列。

（2）“以前年度盈余调整”行，反映单位本年度调整以前年度盈余的事项对累计盈余进行调整的金额。本行“累计盈余”项目应当根据本年度“以前年度盈余调整”科目转入“累计盈余”科目的金额填列；如调整减少累计盈余，以“-”号填列。

（3）“本年年初余额”行，反映经过以前年度盈余调整后，单位净资产各项目的本年年初余额。本行“累计盈余”“专用基金”“权益法调整”项目应当根据其各自在“上年年末余额”和“以前年度盈余调整”行对应项目金额的合计数填列。

（4）“本年变动金额”行，反映单位净资产各项目本年变动总金额。本行“累计盈余”“专用基金”“权益法调整”项目应当根据其各自在“本年盈余”“无偿调拨净资产”“归集调整预算结转结余”“提取或设置专用基金”“使用专用基金”“权益法调整”行对应项目金额的合计数填列。

（5）“本年盈余”行，反映单位本年发生的收入、费用对净资产的影响。本行“累计盈余”项目应当根据年末由“本期盈余”科目转入“本年盈余分配”科目的金额填列；如转入时借记“本年盈余分配”科目，则以“-”号填列。

（6）“无偿调拨净资产”行，反映单位本年无偿调入、调出非现金资产事项对净资产的影响。本行“累计盈余”项目应当根据年末由“无偿调拨净资产”科目转入“累计盈余”科目的金额填列；如转入时借记“累计盈余”科目，则以“-”号填列。

（7）“归集调整预算结转结余”行，反映单位本年财政拨款结转结余资金归集调入、归集上缴或调出，以及非财政拨款结转资金缴回对净资产的影响。本行“累计盈余”项目应当根据“累计盈余”科目明细账记录分析填列；如归集调整减少预算结转结余，则以“-”号填列。

（8）“提取或设置专用基金”行，反映单位本年提取或设置专用基金对净资产的影响。本行“累计盈余”项目应当根据“从预算结余中提取”行“累计盈余”项目的金额填列。本行“专用基金”项目应当根据“从预算收入中提取”“从预算结余中提取”“设置的专用基金”行“专用基金”项目金额的合计数填列。

①“从预算收入中提取”行，反映单位本年从预算收入中提取专用基金对净资产的影响。本行“专用基金”项目应当通过对“专用基金”科目明细账记录的分析，根据本年按有关规定从预算收入中提取基金的金额填列。

②“从预算结余中提取”行，反映单位本年根据有关规定从本年度非财政拨款结余或经营结余中提取专用基金对净资产的影响。本行“累计盈余”“专用基金”项目应当通过对“专用基金”科目明细账记录的分析，根据本年按有关规定从本年度非财政拨款结余或经营结余中提取专用基金的金额填列；本行“累计盈余”项目以“-”号填列。

③“设置的专用基金”行，反映单位本年根据有关规定设置的其他专用基金对净资产的影响。本行“专用基金”项目应当通过对“专用基金”科目明细账记录的分析，根据本年按有关规定设置的其他专用基金的金额填列。

（9）“使用专用基金”行，反映单位本年按规定使用专用基金对净资产的影响。本行“累计盈余”“专用基金”项目应当通过对“专用基金”科目明细账记录的分析，根据本年按规定使用专用基金的金额填列；本行“专用基金”项目以“-”号填列。

（10）“权益法调整”行，反映单位本年按照被投资单位除净损益和利润分配以外的所有者权益变动份额而调整长期股权投资账面余额对净资产的影响。本行“权益法调整”项目应当根据“权益法调整”科目本年发生额填列；若本年净发生额在借方，以“-”号填列。

（11）“本年年末余额”行，反映单位本年各净资产项目的年末余额。本行“累计盈余”“专用基金”“权益法调整”项目应当根据其各自在“本年年初余额”“本年变动金额”行对应项目金额的合计数填列。

（12）净资产变动表各行“净资产合计”项目，应当根据所在行“累计盈余”“专用基金”“权益法调整”项目金额的合计数填列。

五、净资产变动表的填列方法举例

【例 9-3】某政府单位上年“累计盈余”科目的余额为 8 253 000 元，“专用基金”科目的余额为 170 000 元，“权益法调整”科目的余额为 9 000 元，净资产合计数为 8 432 000 元。本年 12 月底，“累计盈余”明细科目中，以前年度盈余调整金额 5 000 元，本年运营增加的累计盈余金额为 200 000 元，无偿调拨净资产转入“累计盈余”科目借方的金额为 12 000 元，归集调整预算结转结余金额为 14 000 元，从预算收入中提取的专用基金金额为 25 000 元，从预算结余中提取的专用基金金额为 65 000 元，本年度使用的专用基金金额为 110 000 元，“权益法调整”科目的金额为 8 000 元。据此编制该政府单位的净资产变动表。

根据上述资料编制的净资产变动表如表 9-8 所示。

表 9-8　　**净资产变动表**

编制单位：　　2×24 年 12 月　　单位：元

项目	本年数				上年数
	累计盈余	专用基金	权益法调整	净资产合计	（略）
一、上年年末余额	8 253 000	170 000	9 000	8 432 000	
二、以前年度盈余调整（减少以“-”号填列）	5 000	—	—		
三、本年年初余额	8 258 000	170 000	9 000	8 437 000	
四、本年变动金额（减少以“-”号填列）	247 000	-20 000	8 000	235 000	
（一）本年盈余	200 000	—	—	200 000	
（二）无偿调拨净资产	-12 000	—	—	-12 000	
（三）归集调整预算结转结余	14 000	—	—	14 000	
（四）提取或设置专用基金	-65 000	90 000	—	25 000	
其中：从预算收入中提取	—	25 000	—	25 000	
从预算结余中提取	-65 000	65 000	—		
设置的专用基金	—	—	—		
（五）使用专用基金	110 000	-110 000	—		
（六）权益法调整	—	—	8 000	8 000	
五、本年年末余额	8 505 000	150 000	17 000	8 672 000	

第五节 现金流量表

一、现金流量表的定义

现金流量表是反映政府会计主体在一定会计期间现金及现金等价物流入和流出情况的报表。

这里所指的现金，是指单位的库存现金以及其他可以随时用于支付的款项，包括库存现金、可以随时用于支付的银行存款、其他货币资金、零余额账户用款额度、财政应返还额度，以及通过财政直接支付方式支付的款项。现金流量，是指现金的流入和流出。

二、现金流量表的性质和作用

现金流量表属于政府财务会计报表，按年编制。从编制原则上看，现金流量表按照收付实现制原则编制，将权责发生制下的盈余信息调整为收付实现制下的现金流量信息，便于信息使用者了解单位盈余的质量。从内容上看，现金流量表被划分为日常活动、投资活动、筹资活动三个部分，每类活动又分为各具体项目，这些项目从不同角度反映单位业务活动的现金流入与流出，弥补了资产负债表和收入费用表提供信息的不足。通过现金流量表，报表使用者能够了解现金流量的各个影响因素。

三、现金流量表的内容与格式

现金流量表应当按照日常活动、投资活动、筹资活动的现金流量分别反映。现金流量表由表首标题和报表主体构成。报表主体部分包括编报项目和金额，金额栏再分为“本年金额”和“上年金额”两栏列示。具体格式如表9-9所示。

表9-9　现金流量表　会政财04表

编制单位：　____年　单位：元

项目	本年金额	上年金额
一、日常活动产生的现金流量：		
财政基本支出拨款收到的现金		
财政非资本性项目拨款收到的现金		
事业活动收到的除财政拨款以外的现金		
收到的其他与日常活动有关的现金		
日常活动的现金流入小计		
购买商品、接受劳务支付的现金		
支付给职工以及为职工支付的现金		
支付的各项税费		
支付的其他与日常活动有关的现金		

续表

项目	本年金额	上年金额
日常活动的现金流出小计		
日常活动产生的现金流量净额		
二、投资活动产生的现金流量：		
收回投资收到的现金		
取得投资收益收到的现金		
处置固定资产、无形资产、公共基础设施等收回的现金净额		
收到的其他与投资活动有关的现金		
投资活动的现金流入小计		
购建固定资产、无形资产、公共基础设施等支付的现金		
对外投资支付的现金		
上缴处置固定资产、无形资产、公共基础设施等净收入支付的现金		
支付的其他与投资活动有关的现金		
投资活动的现金流出小计		
投资活动产生的现金流量净额		
三、筹资活动产生的现金流量：		
财政资本性项目拨款收到的现金		
取得借款收到的现金		
收到的其他与筹资活动有关的现金		
筹资活动的现金流入小计		
偿还借款支付的现金		
偿还利息支付的现金		
支付的其他与筹资活动有关的现金		
筹资活动的现金流出小计		
筹资活动产生的现金流量净额		
四、汇率变动对现金的影响额		
五、现金净增加额		

四、现金流量表的编制方法

单位应当采用直接法编制现金流量表。在直接法下一般是以收入费用表中的收入为起算点，调节与日常经营活动有关的项目的增减变动，然后计算出日常活动产生的现金流量。采用直接法编报的现金流量表，便于分析单位日常活动产生的现金流量的来源和用途。在采用直接法编制现金流量表的同时，要在附注中提供以本期盈余为基础调节到日常活动现金流量的信息。

现金流量表中“上年金额”栏反映各项目的上年实际发生数，“本年金额”栏反映各项目的本年实际发生数。

（一）“上年金额”栏的填列方法

现金流量表中“上年金额”栏应当根据上年现金流量表中“本年金额”栏内所列数字填列。

（二）“本年金额”栏的填列方法

1.日常活动产生的现金流量

（1）“财政基本支出拨款收到的现金”项目，反映单位本年接受财政基本支出拨款取得的现金。本项目应当根据“财政拨款收入”“银行存款”等科目及其所属明细科目的记录分析填列。

（2）“财政非资本性项目拨款收到的现金”项目，反映单位本年接受除用于购建固定资产、无形资产、公共基础设施等资本性项目以外的财政项目拨款取得的现金。本项目应当根据“银行存款”“财政拨款收入”等科目及其所属明细科目的记录分析填列。

（3）“事业活动收到的除财政拨款以外的现金”项目，反映事业单位本年开展专业业务活动及其辅助活动取得的除财政拨款以外的现金。本项目应当根据“库存现金”“银行存款”“其他货币资金”“应收账款”“应收票据”“预收账款”“事业收入”等科目及其所属明细科目的记录分析填列。

（4）“收到的其他与日常活动有关的现金”项目，反映单位本年收到的除以上项目之外的与日常活动有关的现金。本项目应当根据“库存现金”“银行存款”“其他货币资金”“上级补助收入”“附属单位上缴收入”“经营收入”“非同级财政拨款收入”“捐赠收入”“利息收入”“租金收入”“其他收入”等科目及其所属明细科目的记录分析填列。

（5）“日常活动的现金流入小计”项目，反映单位本年日常活动产生的现金流入的合计数。本项目应当根据本表中“财政基本支出拨款收到的现金”“财政非资本性项目拨款收到的现金”“事业活动收到的除财政拨款以外的现金”“收到的其他与日常活动有关的现金”项目金额的合计数填列。

（6）“购买商品、接受劳务支付的现金”项目，反映单位本年在日常活动中用于购买商品、接受劳务支付的现金。本项目应当根据“库存现金”“银行存款”“财政拨款收入”“预付账款”“在途物品”“库存物品”“应付账款”“应付票据”“业务活动费用”“单位管理费用”“经营费用”等科目及其所属明细科目的记录分析填列。

（7）“支付给职工以及为职工支付的现金”项目，反映单位本年支付给职工以及为职工支付的现金。本项目应当根据“库存现金”“银行存款”“财政拨款收入”“应付职工薪酬”“业务活动费用”“单位管理费用”“经营费用”等科目及其所属明细科目的记录分析填列。

(8)“支付的各项税费”项目，反映单位本年用于缴纳日常活动相关税费而支付的现金。本项目应当根据“库存现金”“银行存款”“应交增值税”“其他应交税费”“业务活动费用”“单位管理费用”“经营费用”“所得税费用” 等科目及其所属明细科目的记录分析填列。

(9)“支付的其他与日常活动有关的现金”项目，反映单位本年支付的除上述项目之外与日常活动有关的现金。本项目应当根据“库存现金”“银行存款”“财政拨款收入”“其他应付款”“业务活动费用”“单位管理费用”“经营费用”“其他费用”等科目及其所属明细科目的记录分析填列。

(10)“日常活动的现金流出小计”项目，反映单位本年日常活动产生的现金流出的合计数。本项目应当根据本表中“购买商品、接受劳务支付的现金”“支付给职工以及为职工支付的现金”“支付的各项税费”“支付的其他与日常活动有关的现金”项目金额的合计数填列。

(11)“日常活动产生的现金流量净额”项目，应当按照本表中“日常活动的现金流入小计”项目金额减去“日常活动的现金流出小计”项目金额后的金额填列；如为负数，以“-”号填列。

2.投资活动产生的现金流量

(1)“收回投资收到的现金”项目，反映单位本年出售、转让或者收回投资收到的现金。本项目应当根据“库存现金”“银行存款”“短期投资”“长期股权投资”“长期债券投资”等科目的记录分析填列。

(2)“取得投资收益收到的现金”项目，反映单位本年因对外投资而收到被投资单位分配的股利或利润，以及收到投资利息而取得的现金。本项目应当根据“库存现金”“银行存款”“应收股利”“应收利息”“投资收益”等科目的记录分析填列。

(3)“处置固定资产、无形资产、公共基础设施等收回的现金净额”项目，反映单位本年处置固定资产、无形资产、公共基础设施等非流动资产所取得的现金，减去为处置这些资产而支付的有关费用之后的净额。由于自然灾害所造成的固定资产等长期资产损失而收到的保险赔款收入，也在本项目反映。本项目应当根据“库存现金”“银行存款”“待处理财产损溢”等科目的记录分析填列。

(4)“收到的其他与投资活动有关的现金”项目，反映单位本年收到的除上述项目之外与投资活动有关的现金。对于金额较大的现金流入，应当单列项目反映。本项目应当根据“库存现金”“银行存款”等有关科目的记录分析填列。

(5)“投资活动的现金流入小计”项目，反映单位本年投资活动产生的现金流入的合计数。本项目应当根据本表中“收回投资收到的现金”“取得投资收益收到的现金”“处置固定资产、无形资产、公共基础设施等收回的现金净额”“收到的其他与投资活动有关的现金”项目金额的合计数填列。

(6)“购建固定资产、无形资产、公共基础设施等支付的现金”项目，反映单位本年购买和建造固定资产、无形资产、公共基础设施等非流动资产所支付的现金；融资租入固定资产支付的租赁费不在本项目反映，在筹资活动的现金流量中反映。本项目应当根据“库存现金”“银行存款”“固定资产”“工程物资”“在建工程”“无形资产”“研发支出”“公共基础设施”“保障性住房”等科目的记录分析填列。

（7）“对外投资支付的现金”项目，反映单位本年为取得短期投资、长期股权投资、长期债券投资而支付的现金。本项目应当根据“库存现金”“银行存款”“短期投资”“长期股权投资”“长期债券投资”等科目的记录分析填列。

（8）“上缴处置固定资产、无形资产、公共基础设施等净收入支付的现金”项目，反映本年单位将处置固定资产、无形资产、公共基础设施等非流动资产所收回的现金净额予以上缴财政所支付的现金。本项目应当根据“库存现金”“银行存款”“应缴财政款”等科目的记录分析填列。

（9）“支付的其他与投资活动有关的现金”项目，反映单位本年支付的除上述项目之外与投资活动有关的现金。对于金额较大的现金流出，应当单列项目反映。本项目应当根据“库存现金”“银行存款”等有关科目的记录分析填列。

（10）“投资活动的现金流出小计”项目，反映单位本年投资活动产生的现金流出的合计数。本项目应当根据现金流量表中“购建固定资产、无形资产、公共基础设施等支付的现金”“对外投资支付的现金”“上缴处置固定资产、无形资产、公共基础设施等净收入支付的现金”“支付的其他与投资活动有关的现金”项目金额的合计数填列。

（11）“投资活动产生的现金流量净额”项目，应当按照本表中“投资活动的现金流入小计”项目金额减去“投资活动的现金流出小计”项目金额后的金额填列；如为负数，以“-”号填列。

3.筹资活动产生的现金流量

（1）“财政资本性项目拨款收到的现金”项目，反映单位本年接受用于购建固定资产、无形资产、公共基础设施等资本性项目的财政项目拨款取得的现金。本项目应当根据“银行存款”“财政拨款收入”等科目及其所属明细科目的记录分析填列。

（2）“取得借款收到的现金”项目，反映事业单位本年举借短期、长期借款所收到的现金。本项目应当根据“库存现金”“银行存款”“短期借款”“长期借款”等科目的记录分析填列。

（3）“收到的其他与筹资活动有关的现金”项目，反映单位本年收到的除上述项目之外与筹资活动有关的现金。对于金额较大的现金流入，应当单列项目反映。本项目应当根据“库存现金”“银行存款”等有关科目的记录分析填列。

（4）“筹资活动的现金流入小计”项目，反映单位本年筹资活动产生的现金流入的合计数。本项目应当根据现金流量表中“财政资本性项目拨款收到的现金”“取得借款收到的现金”“收到的其他与筹资活动有关的现金”项目金额的合计数填列。

（5）“偿还借款支付的现金”项目，反映事业单位本年偿还借款本金所支付的现金。本项目应当根据“库存现金”“银行存款”“短期借款”“长期借款”等科目的记录分析填列。

（6）“偿付利息支付的现金”项目，反映事业单位本年支付的借款利息等。本项目应当根据“库存现金”“银行存款”“应付利息”“长期借款”等科目的记录分析填列。

（7）“支付的其他与筹资活动有关的现金”项目，反映单位本年支付的除上述项目之外与筹资活动有关的现金，如融资租入固定资产所支付的租赁费。本项目应当根据“库存现金”“银行存款”“长期应付款”等科目的记录分析填列。

（8）“筹资活动的现金流出小计”项目，反映单位本年筹资活动产生的现金流出的合计数。本项目应当根据本表中“偿还借款支付的现金”“偿付利息支付的现金”“支付的其他与筹资活动有关的现金”项目金额的合计数填列。

(9)“筹资活动产生的现金流量净额”项目，应当按照本表中“筹资活动的现金流入小计”项目金额减去“筹资活动的现金流出小计”项目金额后的金额填列；如为负数，以“-”号填列。

(10)“汇率变动对现金的影响额”项目，反映单位本年外币现金流量折算为人民币时，所采用的现金流量发生日的汇率折算的人民币金额与外币现金流量净额按期末汇率折算的人民币金额之间的差额。

(11)“现金净增加额”项目，反映单位本年现金变动的净额。本项目应当根据本表中“日常活动产生的现金流量净额”“投资活动产生的现金流量净额”“筹资活动产生的现金流量净额”“汇率变动对现金的影响额”项目金额的合计数填列；如为负数，以“-”号填列。

五、现金流量表编制举例

【例9-4】某行政单位2×24年现金流量日常活动、投资活动、筹资活动的主要发生事项及其相关资料如表9-10所示。该事业单位无所得税缴纳义务，不受汇率变动影响。

表9-10 **某行政单位2×24年现金流量日常活动等主要发生的事项** 单位：元

序号	摘要	借方	贷方
1	支付工资		400 000
2	提现		20 000
3	财政基本拨款	1 000 000	
4	购买固定资产		16 000
5	财政非资本性项目拨款	400 000	
6	事业活动收到的现金	8 000	
7	收到3月份应收账款	2 000	
8	支付税金		1 600
9	购买办公用品		10 800
10	收到财政资本性项目拨款	1 000 000	
11	取得投资收益	4 000	
12	处置专利权	100 000	
13	偿还利息		2 000
14	收回投资	200 000	
15	上交处置专利权净收入		10 000
16	偿还借款		160 000
17	取得借款	200 000	

【分析】根据上述资料，逐项分析各事项所归属的现金流量表中的项目，分析结果如表9-11所示。

表9-11　某行政单位2×24年现金流量日常活动等主要发生事项及相关资料表　单位：元

序号	摘要	借方	贷方	现金流入	现金流出
1	支付工资		400 000		支付给职工以及为职工支付的现金
2	提现		20 000		
3	财政基本拨款	1 000 000		财政基本支出拨款收到的现金	
4	购买固定资产		16 000		购建固定资产、无形资产、公共基础设施等支付的现金
5	财政非资本性项目拨款	400 000		财政非资本性项目拨款收到的现金	
6	事业活动收到的现金	8 000		事业活动收到的除财政拨款以外的现金	
7	收到3月份应收账款	2 000		收到的其他与日常活动有关的现金	
8	支付税金		1 600		支付的各项税费
9	购买办公用品		10 800		购买商品、接受劳务支付的现金
10	收到财政资本性项目拨款	1 000 000		财政资本性项目拨款收到的现金	
11	取得投资收益	4 000		取得投资收益收到的现金	
12	处置专利权	100 000		处置固定资产、无形资产、公共基础设施等收回的现金净额	
13	偿还利息		2 000		偿付利息支付的现金
14	收回投资	200 000		收回投资收到的现金	
15	上交处置专利权净收入		10 000		上缴处置固定资产、无形资产、公共基础设施等净收入支付的现金
16	偿还借款		160 000		偿还借款支付的现金
17	取得借款	200 000		取得借款收到的现金	

根据表9-11的分析，所编制的现金流量表如表9-12所示。

表9-12　　**现金流量表**　　会政财04表

编制单位：　　2×24年　　单位：元

项目	本年金额	上年金额
一、日常活动产生的现金流量：		
财政基本支出拨款收到的现金	1 000 000	
财政非资本性项目拨款收到的现金	400 000	
事业活动收到的除财政拨款以外的现金	8 000	
收到的其他与日常活动有关的现金	2 000	
日常活动的现金流入小计	1 410 000	
购买商品、接受劳务支付的现金	10 800	
支付给职工以及为职工支付的现金	400 000	
支付的各项税费	1 600	
支付的其他与日常活动有关的现金		
日常活动的现金流出小计	412 400	
日常活动产生的现金流量净额	997 600	
二、投资活动产生的现金流量：		
收回投资收到的现金	200 000	
取得投资收益收到的现金	4 000	
处置固定资产、无形资产、公共基础设施等收回的现金净额	100 000	
收到的其他与投资活动有关的现金		
投资活动的现金流入小计	304 000	
购建固定资产、无形资产、公共基础设施等支付的现金	16 000	
对外投资支付的现金		
上缴处置固定资产、无形资产、公共基础设施等净收入支付的现金	10 000	
支付的其他与投资活动有关的现金		
投资活动的现金流出小计	26 000	
投资活动产生的现金流量净额	278 000	
三、筹资活动产生的现金流量：		
财政资本性项目拨款收到的现金	1 000 000	

续表

项目	本年金额	上年金额
取得借款收到的现金	200 000	
收到的其他与筹资活动有关的现金		
筹资活动的现金流入小计	1 200 000	
偿还借款支付的现金	160 000	
偿付利息支付的现金	2 000	
支付的其他与筹资活动有关的现金		
筹资活动的现金流出小计	162 000	
筹资活动产生的现金流量净额	1 038 000	
四、汇率变动对现金的影响额		
五、现金净增加额	2 313 600	

第六节　会计报表附注

一、会计报表附注的定义与作用

附注是对在资产负债表、收入费用表、现金流量表等报表中列示项目所作的进一步说明，以及对未能在这些报表中列示的项目的说明。

附注是财务报表的重要组成部分。凡对报表使用者的决策有重要影响的会计信息，单位均应充分披露。

会计报表附注的作用主要表现在以下几个方面：

（1）可以对会计报表中数字的形成基础进行解释和说明；

（2）可以对会计报表中的重要项目做较为具体详细的信息披露；

（3）可以对未能在会计报表中列示的项目进行说明。

二、会计报表附注的内容

（一）单位的基本情况

单位应当简要披露其基本情况，包括单位主要职能、主要业务活动、所在地、预算管理关系等。

（二）会计报表编制基础

（三）遵循政府会计准则、制度的声明

（四）重要会计政策和会计估计

单位应当采用与其业务特点相适应的具体会计政策，并充分披露报告期内采用的重要会计政策和会计估计，主要包括以下内容：

（1）会计期间。

（2）记账本位币，外币折算汇率。

（3）坏账准备的计提方法。

（4）存货类别、发出存货的计价方法、存货的盘存制度，以及低值易耗品和包装物的摊销方法。

（5）长期股权投资的核算方法。

（6）固定资产分类、折旧方法、折旧年限和年折旧率；融资租入固定资产的计价和折旧方法。

（7）无形资产的计价方法；使用寿命有限的无形资产，其使用寿命估计情况；使用寿命不确定的无形资产，其使用寿命不确定的判断依据；单位内部研究开发项目划分研究阶段和开发阶段的具体标准。

（8）公共基础设施的分类、折旧（摊销）方法、折旧（摊销）年限，以及其确定依据。

（9）政府储备物资分类，以及确定其发出成本所采用的方法。

（10）保障性住房的分类、折旧方法、折旧年限。

（11）其他重要的会计政策和会计估计。

（12）本期发生重要会计政策和会计估计变更的，变更的内容和原因、受其重要影响的报表项目名称和金额、相关审批程序，以及会计估计变更开始适用的时点。

（五）会计报表重要项目说明

单位应当按照资产负债表和收入费用表项目列示顺序，采用文字和数据描述相结合的方式披露重要项目的明细信息。报表重要项目的明细金额合计，应当与报表项目金额相衔接。报表重要项目说明应包括但不限于下列内容：货币资金、应收账款、存货、其他流动资产、长期投资（长期债券投资、长期股权投资）、固定资产、在建工程、无形资产、公共基础设施、政府储备物资、受托代理资产、应付账款、其他流动负债、长期借款、事业收入、非同级财政拨款收入、其他收入、业务活动费用、其他费用和本期费用。

以固定资产、应付账款、事业收入、业务活动费用的信息披露为例，披露的格式如表9-13至表9-17所示。

表9-13 **固定资产的披露格式** 单位：元

项目	年初余额	本期增加额	本期减少额	期末余额
一、原值合计				
其中：房屋及构筑物				
通用设备				
专用设备				
陈列品				
图书、档案				
家具、用具、装具及动植物				
二、累计折旧合计				

续表

项目	年初余额	本期增加额	本期减少额	期末余额
其中：房屋及构筑物				
通用设备				
专用设备				
家具、用具、装具				
三、账面价值合计				
其中：房屋及构筑物				
通用设备				
专用设备				
陈列品				
图书、档案				
家具、用具、装具及动植物				

此外，还需要披露：①已提足折旧的固定资产名称、数量等情况；②出租、出借固定资产及固定资产对外投资等情况。

表 9-14 **应付账款按照债权人类别披露的格式** 单位：元

债权人类别	期末余额	年初余额
政府会计主体：		
部门内部单位		
单位 1		
⋮		
部门外部单位		
单位 1		
⋮		
其他：		
单位 1		
⋮		
合计		

注：有应付票据、预收账款、其他应付款、长期应付款的，可比照应付账款进行披露。

表 9-15 **事业收入按照收入来源披露的格式** 单位：元

收入来源	本期发生额	上期发生额
来自财政专户管理资金		
本部门内部单位		
单位 1		
⋮		
本部门以外同级政府单位		
单位 1		
⋮		
其他		
单位 1		
⋮		
合计		

表 9-16 **业务活动费用按经济分类披露的格式** 单位：元

项目	本期发生额	上期发生额
工资福利费用		
商品和服务费用		
对个人和家庭的补助费用		
对企业补助费用		
固定资产折旧费		
无形资产摊销费		
公共基础设施折旧（摊销）费		
保障性住房折旧费		
计提专用基金		
⋮		
合计		

注：有单位管理费用、经营费用的，可比照（业务活动费用）此表进行披露。

表 9-17　**业务活动费用按支付对象披露的格式**　单位：元

支付对象	本期发生额	上期发生额
本部门内部单位		
单位 1		
⋮		
本部门以外同级政府单位		
单位 1		
⋮		
其他		
单位 1		
⋮		
合计		

注：有单位管理费用、经营费用的，可比照（业务活动费用）此表进行披露。

对于各类文物资源期初、期末数量以及本期增减变动情况，建议的披露格式如表9-18所示。

表 9-18　**各类文物资源实物量情况**

项目	年初数	本期增加数	本期减少数	期末数
不可移动文物				
⋮				
可移动文物				
其中：待入藏征集物				
其他藏品				
⋮				
其中：待入藏征集物				
其中：名义金额计量的文物资源				
不可移动文物				
⋮				
可移动文物				
其中：待入藏征集物				
其他藏品				
⋮				
其中：待入藏征集物				

注：①政府会计主体可根据需要按照国家级、省级、市县级、未核定文保单位披露不可移动文物的构成情况；按照一级、二级、三级、一般、未定级披露可移动文物的构成情况（下同）；②政府会计主体可根据实际管理情况确定文物资源的实物数量单位，如处、件、件/套。

对于各类以成本计量的文物资源账面余额的期初、期末数以及本期增减变动情况，建议的披露格式如表9-19所示。

表9-19 **各类以成本计量的文物资源价值量有关情况** 单位：元

项目	年初余额	本期增加额	本期减少额	期末余额
不可移动文物				
⋮				
可移动文物				
其中：待入藏征集物				
其他藏品				
⋮				
其中：待入藏征集物				

政府会计主体应当披露当期为征集文物资源所支付的购买价款和捐赠奖金。

政府会计主体当期进行不可移动文物修缮的，应当披露当期修缮的不可移动文物的数量和修缮支出金额，以及其中由政府会计主体负责修缮的民间不可移动文物的数量。

政府会计主体当期进行可移动文物和其他藏品修复的，应当披露当期修复的可移动文物和其他藏品的数量和修复支出金额，以及其中涉及珍贵文物的数量。

对于文物资源的其他相关信息，建议的披露格式如表9-20和表9-21所示。

表9-20 **文物资源借用情况** 金额单位：元

项目	实物数量	金额
借出但期末未收回的文物资源		
借入但期末未归还的文物资源		

表9-21 **本年度文物资源调出、撤销退出等情况** 金额单位：元

项目	实物数量	金额
调出		
依法拆除		
因不可抗力等原因毁损、丢失		
重分类转出		

此外，政府会计主体还可以根据需要披露与文物资源相关的文化创意产品的研发支出和收入等情况。

（六）本年盈余与预算结余的差异情况说明

为了反映单位财务会计和预算会计因核算基础和核算范围不同所产生的本年盈余数与本年预算结余数之间的差异，单位应当按照重要性原则，对本年度发生的各类影响收入（预算收入）和费用（预算支出）的业务进行适度归并和分析，披露将年度预算收入支出

表中“本年预算收支差额”调节为年度收入费用表中“本期盈余”的信息。有关披露格式如表9-22所示。

表9-22　　本年盈余与预算结余的差异情况说明的信息披露格式　　单位：元

项目	金额
一、本年预算结余（本年预算收支差额）	
二、差异调节	
（一）重要事项的差异	
加：1.当期确认为收入但没有确认为预算收入	
（1）应收款项、预收账款确认的收入	
（2）接受非货币性资产捐赠确认的收入	
2.当期确认为预算支出但没有确认为费用	
（1）支付应付款项、预付账款的支出	
（2）为取得存货、政府储备物资等计入物资成本的支出	
（3）为购建固定资产等的资本性支出	
（4）偿还借款本息支出	
减：1.当期确认为预算收入但没有确认为收入	
（1）收到应收款项、预收账款确认的预算收入	
（2）取得借款确认的预算收入	
2.当期确认为费用但没有确认为预算支出	
（1）发出存货、政府储备物资等确认的费用	
（2）计提的折旧费用和摊销费用	
（3）确认的资产处置费用（处置资产价值）	
（4）应付款项、预付账款确认的费用	
（二）其他事项差异	
三、本年盈余（本年收入与费用的差额）	

（七）其他重要事项说明

1.资产负债表日存在的重要或有事项说明。没有重要或有事项的，也应说明。

2.以名义金额计量的资产名称、数量等情况，以及以名义金额计量理由的说明。

3.通过债务资金形成的固定资产、公共基础设施、保障性住房等资产的账面价值、使用情况、收益情况及与此相关的债务偿还情况等的说明。

4.重要资产置换、无偿调入（出）、捐入（出）、报废、重大毁损等情况的说明。

5.事业单位将单位内部独立核算单位的会计信息纳入本单位财务报表情况的说明。

6. 政府会计具体准则中要求附注披露的其他内容。

7. 有助于理解和分析单位财务报表的需要说明的其他事项。

根据《政府会计准则制度解释第1号》的规定，单位在按照债务人（债权人）对应收款项（应付款项）进行明细核算的基础上，应当在财务报表附注中按照债务人（债权人）分类对应收款项（应付款项）进行披露。债务人（债权人）类别主要分为本部门内部单位（指纳入单位所属部门财务报告合并范围的单位，下同）、本部门以外同级政府单位、本部门以外非同级政府单位和其他单位。

单位在按照收入来源（支付对象）对有关收入科目（费用科目）进行明细核算的基础上，应当在财务报表附注中按照收入来源（支付对象）分类对有关收入（费用）进行披露。收入来源（支付对象）主要分为本部门内部单位、本部门以外同级政府单位、本部门以外非同级政府单位和其他单位。

单位按照《政府会计制度》中财务报表附注所列格式分类对应收款项、应付款项、有关收入和费用进行具体披露时，应当遵循重要性原则。单位对重要性的判断，应当依据《政府会计准则第9号——财务报表编制和列报》，并考虑满足编制合并财务报表的信息需要，即相关合并主体能够基于单位所披露的信息，抵销合并主体与被合并主体之间、被合并主体相互之间发生的债权债务、收入费用等内部业务或事项对财务报表的影响。

第七节 合并财务报表

一、合并财务报表的概念和构成

合并财务报表，是指反映合并主体和其全部被合并主体形成的报告主体整体财务状况与运行情况的财务报表。

合并主体，是指有一个或一个以上被合并主体的政府会计主体。合并主体通常也是合并财务报表的编制主体。

被合并主体，是指符合本准则规定的纳入合并主体合并范围的会计主体。

合并财务报表至少包括下列组成部分：合并资产负债表，合并收入费用表，附注。

二、合并财务报表的分类和编制主体

合并财务报表按照合并级次分为部门（单位）合并财务报表、本级政府合并财务报表和行政区政府合并财务报表。

部门（单位）合并财务报表，是指以政府部门（单位）本级作为合并主体，将部门（单位）本级及其合并范围内全部被合并主体的财务报表进行合并后形成的，反映部门（单位）整体财务状况与运行情况的财务报表。部门（单位）合并财务报表是政府部门财务报告的主要组成部分。

本级政府合并财务报表，是指以本级政府财政作为合并主体，将本级政府财政及其合并范围内全部被合并主体的财务报表进行合并后形成的，反映本级政府整体财务状况与运行情况的财务报表。本级政府合并财务报表是本级政府综合财务报告的主要组成部分。

行政区政府合并财务报表，是指以行政区本级政府作为合并主体，将本行政区内各级

政府的财务报表进行合并后形成的，反映本行政区政府整体财务状况与运行情况的财务报表。行政区政府合并财务报表是行政区政府财务报告的主要组成部分。

部门（单位）合并财务报表由部门（单位）负责编制；本级政府合并财务报表由本级政府财政部门负责编制。各级政府财政部门既负责编制本级政府合并财务报表，也负责编制本级政府所辖行政区政府合并财务报表。

本书主要阐述的是政府单位会计，因此以下仅介绍部门（单位）合并财务报表。

三、合并程序

（一）一般合并程序

合并财务报表应当以合并主体和其被合并主体的财务报表为基础，根据其他有关资料加以编制。

合并财务报表应当以权责发生制为基础编制。合并主体和其合并范围内被合并主体个别财务报表应当采用权责发生制基础编制，按规定未采用权责发生制基础编制的，应当先调整为权责发生制基础的财务报表，再由合并主体进行合并。

编制合并财务报表时，应当将合并主体和其全部被合并主体视为一个会计主体，遵循政府会计准则规定的统一的会计政策。合并范围内合并主体、被合并主体个别财务报表未遵循政府会计准则规定的统一会计政策的，应当先调整为遵循政府会计准则规定的统一会计政策的财务报表，再由合并主体进行合并。

编制合并财务报表的程序主要包括：①根据上述有关编制基础和统一会计政策的要求，对需要进行调整的个别财务报表进行调整，以调整后的个别财务报表作为编制合并财务报表的基础；②将合并主体和被合并主体个别财务报表中的资产、负债、净资产、收入和费用项目进行逐项合并；③抵销合并主体和被合并主体之间、被合并主体相互之间发生的债权债务、收入费用等内部业务或事项对财务报表的影响。

（二）报告期内被合并主体变动的处理

对于在报告期内因划转而纳入合并范围的被合并主体，合并主体应当将其报告期内的收入、费用项目金额包括在本期合并收入费用表的本期数中，合并资产负债表的期初数不作调整。对于在报告期内因划转而不再纳入合并范围的被合并主体，其报告期内的收入、费用项目金额不包括在本期合并收入费用表的本期数中，合并资产负债表的期初数不作调整。合并主体应当确保划转双方的会计处理协调一致，不重复、不遗漏，并在合并财务报表附注中对划转情况及其影响进行充分披露。

在报告期内，被合并主体撤销的，其期初资产、负债和净资产项目金额应当包括在合并资产负债表的期初数中，其期初至撤销日的收入、费用项目金额应当包括在本期合并收入费用表的本期数中，其期初至撤销日的收入、费用项目金额所引起的净资产变动金额应当包括在合并资产负债表的期末数中。

在编制合并财务报表时，被合并主体除了应当向合并主体提供财务报表外，还应当提供下列有关资料：①采用的与政府会计准则制度规定的统一的会计政策不一致的会计政策及其影响金额；②其与合并主体、其他被合并主体之间发生的所有内部业务或事项的相关资料；③编制合并财务报表所需要的其他资料。

四、部门（单位）合并财务报表

（一）合并范围

部门（单位）合并财务报表的合并范围一般应当以财政预算拨款关系为基础予以确定。有下级预算单位的部门（单位）为合并主体，其下级预算单位为被合并主体。合并主体应当将其全部被合并主体纳入合并财务报表的合并范围。

部门（单位）所属的企业不纳入部门（单位）合并财务报表的合并范围。

（二）部门（单位）合并资产负债表

部门（单位）合并资产负债表应当以部门（单位）本级和其被合并主体符合上述有关编制基础和统一会计政策要求的个别资产负债表或合并资产负债表为基础，在抵消内部业务或事项对合并资产负债表的影响后，由部门（单位）本级合并编制。

编制部门（单位）合并资产负债表时，需要抵销的内部业务或事项包括：①部门（单位）本级和其被合并主体之间、被合并主体相互之间的债权（含应收款项坏账准备，下同）、债务项目；②部门（单位）本级和其被合并主体之间、被合并主体相互之间其他业务或事项对部门（单位）合并资产负债表的影响。

部门（单位）合并资产负债表参见《政府会计制度》中规定的资产负债表格式，如表9-1所示。

（三）部门（单位）合并收入费用表

部门（单位）合并收入费用表应当以部门（单位）本级和其被合并主体符合上述有关编制基础和统一会计政策要求的个别收入费用表或合并收入费用表为基础，在抵销内部业务或事项对合并收入费用表的影响后，由部门（单位）本级合并编制。

编制部门（单位）合并收入费用表时，需要抵销的内部业务或事项包括部门（单位）本级和其被合并主体之间、被合并主体相互之间的收入、费用项目。部门（单位）合并收入费用表中的收入，应当按照收入来源进行分类列示。

部门（单位）合并收入费用表格式如表9-23所示。

表9-23 **合并收入费用表**

编制单位： ____年 单位：元

项目	本年数	上年数
一、本期收入		
（一）财政拨款收入		
（二）事业收入		
其中：非同级财政拨款收入		
（三）上级补助收入*		
（四）附属单位上缴收入*		
（五）经营收入		
（六）非同级财政拨款收入		

续表

项目	本年数	上年数
（七）投资收益		
（八）捐赠收入		
（九）利息收入		
（十）租金收入		
（十一）其他收入		
二、本期费用		
（一）工资福利费用		
（二）商品和服务费用		
（三）对个人和家庭补助费用		
（四）对企事业单位补贴费用		
（五）固定资产折旧费用		
（六）无形资产摊销费用		
（七）公共基础设施折旧（摊销）费用		
（八）保障性住房折旧费用		
（九）计提专用基金		
（十）所得税费用		
（十一）资产处置费用		
（十二）上缴上级费用*		
（十三）对附属单位补助费用*		
（十四）其他费用		
三、本期盈余		

注：①本表中“本期费用”各项目应当根据个别财务报表附注中“本期费用按经济分类的披露格式”所提供的信息合并填列；②编制部门（单位）合并收入费用表时，标“*”项目原则上应抵销完毕，金额为零。

（四）附注

合并财务报表附注一般应当披露下列信息：

（1）合并财务报表的编制基础；

（2）遵循政府会计准则制度的声明；

（3）合并财务报表的合并主体、被合并主体清单；

（4）合并主体、被合并主体个别财务报表所采用的编制基础，所采用的与政府会计准则制度规定不一致的会计政策，编制合并财务报表时的调整情况及其影响；

（5）本期增加、减少被合并主体的基本情况及影响；

（6）合并财务报表重要项目明细信息及说明；

（7）未在合并财务报表中列示但对报告主体财务状况和运行情况有重大影响的事项的说明；

（8）需要说明的其他事项。

第八节 政府部门财务分析

一、财务分析的含义

财务分析是以财务报表及其他相关资料为依据，采用一系列专门的分析技术和方法，对政府部门的资产使用情况和收入支出情况进行剖析和评价的过程。

二、政府部门财务分析的主要内容

（一）政府部门基本情况介绍

政府部门基本情况主要包括部门基本职能、机构设置、年度工作目标计划及执行情况、绩效目标及完成情况等。

（二）政府部门资产负债状况分析

1. 结合政府部门职能、工作任务、相关政策要求等，对货币资金、固定资产、政府储备资产、公共基础设施等重要资产项目的结构特点和变化情况进行分析，并评估对政府部门提供公共服务的能力的影响。

2. 结合短期借款、长期借款等重点负债项目的增减变化情况，分析政府部门的债务规模和债务结构等。

3. 运用资产负债率、现金比率、流动比率等指标，分析评估政府部门当期及未来中长期财务风险及可控程度、需要采取的措施等。

（三）政府部门运行情况分析

1. 分析政府部门的收入规模、结构及来源分布、重点收入项目的比重和变化趋势，以及经济形势、相关财政政策等对政府部门收入变动的影响等。

2. 分析政府部门费用规模、构成及变化情况，特别是政府部门控制行政成本的政策、投融资情况及其对费用变动的影响等。

3. 运用政府部门的收入费用率等指标，分析政府部门收入用于支付费用的比例情况。

（四）政府部门财务管理情况

从部门预算管理、内控管理、资产管理、绩效管理、人才队伍建设等方面反映部门加强财务管理的主要措施和取得的成效。

三、分析方法和指标

政府部门可采取比率分析法、比较分析法、结构分析法、趋势分析法等方法进行财务分析。

政府部门进行财务分析可参考使用以下指标：资产负债率、现金比率、流动比率、固定资产成新率、公共基础设施成新率、收入费用率等。各指标的含义与计算公式如表9-24所示。

表9-24 政府部门财务分析指标表

序号	指标名称	公式	指标说明
1	资产负债率	$\frac{负债总额}{资产总额}$	反映政府部门偿付全部债务本息能力的基本指标
2	现金比率	$\frac{货币资金+财政应返还额度}{流动负债}$	反映政府部门利用现金及现金等价物偿还短期债务的能力
3	流动比率	$\frac{流动资产}{流动负债}$	反映政府部门的流动资产偿还流动负债的能力
4	固定资产成新率	$\frac{固定资产净值}{固定资产原值}$	反映政府部门的固定资产的持续服务能力
5	公共基础设施成新率	$\frac{公共基础设施净值}{公共基础设施原值}$	反映公共基础设施的持续服务能力
6	收入费用率	$\frac{年度总费用}{年度总收入}$	反映政府部门的收入用于支付费用的比例情况

【学思践悟】

（一）资料

健全体制机制 提升财会监督效能

2023年，中共中央办公厅、国务院办公厅印发了《关于进一步加强财会监督工作的意见》（以下简称《意见》），全文共二十一条。《意见》提出了到2025年财会监督的主要目标：要构建起财政部门主责监督、有关部门依责监督、各单位内部监督、相关中介机构执业监督、行业协会自律监督的财会监督体系；基本建立起各类监督主体横向协同，中央与地方纵向联动，财会监督与其他各类监督贯通协调的工作机制；财会监督法律制度更加健全，信息化水平明显提高，监督队伍素质不断提升，在规范财政财务管理、提高会计信息质量、维护财经纪律和市场经济秩序等方面发挥重要保障作用。

资料来源：申铖，邹多为．健全财会监督体制机制 提升财会监督效能——财政部负责人就《关于进一步加强财会监督工作的意见》答记者问［EB/OL］．［2024-11-10］．https://www.gov.cn/zhengce/202302/content_6754305.htm.

（二）讨论

请在中华人民共和国中央人民政府网站上查阅《意见》全文，根据《意见》的第二部分“进一步健全财会监督体系”的内容，从政府财务报告的角度来谈谈如何提高会计信息质量。

【复习思考题】

1. 政府单位财务报表包括哪些内容？主要会计报表有哪些？
2. 政府单位会计报表按照编制时间分为哪几类？
3. 政府单位资产负债表、收入费用表、净资产变动表和现金流量表的含义是什么？
4. 政府单位会计报表附注包括哪些内容？
5. 政府部门合并财务报表的编制主体有哪些？合并范围包括哪些？
6. 政府部门财务分析的主要内容有哪些？
7. 政府部门进行财务分析的指标有哪些？这些指标的含义是什么，如何计算？

【练习题】

一、单项选择题

1. 下列关于会计报表的编制要求的表述中，错误的是（　　）。

A. 数字真实要求政府会计报表必须真实可靠、数字准确，如实反映单位预算执行情况，可以估计数、计划数填报

B. 报送及时要求政府会计报表必须按照国家或上级机关规定的期限和程序，在保证报表真实、完整的前提下，在规定的期限内报送上级单位

C. 各级主管部门可以根据本系统内的特殊情况和特殊要求，规定增加一些报表或项目，但不得违反国家统一的规定

D. 内容完整要求政府会计报表必须内容完整，按照统一规定的报表种类、格式和内容编报齐全，不能漏报

2. 下列关于资产负债表的表述中，错误的是（　　）。

A. 行政事业单位的资产负债表由表首标题和报表主体构成

B. 报表主体部分包括编报项目、栏目及金额

C. 资产负债表是反映单位某一段时期内财务状况的报表，反映事业单位在某一段时期内的全部资产、负债和净资产的情况

D. 资产负债表的“年初余额”栏内各项数字，应当根据上年年末资产负债表“期末余额”栏内数字填列

3. 下列关于填列负债类项目“期末余额”的表述中，错误的是（　　）。

A. “短期借款”“应缴财政款”等项目应当根据科目的期末余额直接填列

B. “一年内到期的非流动负债”项目，应当根据“长期应付款”“长期借款”等科目的明细科目的期末余额直接填列

C. “其他应交税费”项目，应当根据“其他应交税费”科目的期末余额填列；如果“其他应交税费”科目期末为借方余额，以“-”号填列

D. “应交增值税”项目，应当根据“应交增值税”科目的期末余额填列；如果“应交增值税”科目期末为借方余额，以“-”号填列

4.下列关于填列净资产类项目“期末余额”的表述中，错误的是（ ）。

A.“累计盈余”“专用基金”项目根据科目的期末余额直接填列

B.净资产类项目反映单位净资产金额的情况，一般根据会计账簿中净资产账户的期末贷方余额分析填列

C.“权益法调整”项目，应当根据科目的期末余额填列；如果“权益法调整”科目期末为借方余额，以“-”号填列

D.“负债和净资产总计”项目，应当按照“负债合计”“净资产合计”项目金额的合计数填列

5.下列关于收入费用表编制的“本期收入”的表述中，错误的是（ ）。

A.“财政拨款收入”项目，应当根据“财政拨款收入”相关明细科目的本期发生额填列

B.“事业收入”“上级补助收入”“附属单位上缴收入”等项目，应当根据科目的本期发生额直接填列

C.“本期收入”项目，应当根据“财政拨款收入”“事业收入”“上级补助收入”等项目金额的合计数直接填列

D.“投资收益”项目，应当根据“投资收益”科目的本期发生额填列；如果为投资净损失，以“-”号填列

6.下列关于填列净资产变动表的表述中，错误的是（ ）。

A.“无偿调拨净资产”行，反映单位本年无偿调入、调出非现金资产事项对净资产的影响

B.“本年盈余”行，反映单位本年发生的收入、费用对净资产的影响

C.“以前年度盈余调整”行，应当根据本年度“以前年度盈余调整”科目转入“累计盈余”科目的金额填列；如果调整减少累计盈余，以“-”号填列

D.“上年年末余额”行，应当根据“累计盈余”“专用基金”“权益法调整”科目上年年末余额分析填列

7.下列关于附注的表述中，错误的是（ ）。

A.本期发生重要会计政策和会计估计变更的，变更的内容和原因、受其重要影响的报表项目名称和金额、相关审批程序，以及会计估计变更开始适用的时点等内容要反映在附注中

B.附注是对在会计报表中列示的项目所作的进一步说明，以及对未能在会计报表中列示项目的说明

C.报表重要项目的明细金额合计，应当与报表项目金额相衔接

D.只有制度明确规定的，且对报表使用者的决策有重要影响的会计信息，才应当充分披露

二、多选题

1.下列属于会计报表的编制要求的是（ ）。

A.数字真实　　B.内容完整　　C.报送及时　　D.填报谨慎

2.下列选项中，应当根据科目的期末余额直接填列的是（ ）。

A.“流动资产合计”　　B.“应收利息”

C.“存货” D.“待摊费用”

3.下列选项中根据资产原值科目与相关抵减会计科目余额计算填列的项目有（ ）。

A.“固定资产净值” B.“无形资产净值”

C.“公共基础设施净值” D.“保障性住房净值”

4.关于收入费用表编制的“本期费用”项目应当根据（ ）项目金额的合计数填列。

A.“经营费用” B.“业务活动费用”

C.“单位管理费用” D.“资产处置费用”

5.政府部门合并财务报表至少包括下列组成部分（ ）。

A.合并资产负债表 B.合并收入费用表

C.合并现金流量表 D.附注

6.下列选项中，属于附注中重要会计政策和会计估计内容的是（ ）。

A.长期股权投资的核算方法 B.会计期间

C.主要业务活动 D.记账本位币，外币折算汇率

三、判断题

1.“货币资金”项目中，若单位存在通过“库存现金”科目核算的受托代理资产，则应当按照前述合计数扣减“库存现金”等科目下“受托代理资产”明细科目的期末余额后的金额填列。（ ）

2.“长期应付款”项目，应当包括“长期应付款”科目的期末余额中1年内（含1年）到期的长期应付款余额。（ ）

3.“无偿调拨净资产”项目，应当根据科目的期末余额填列，该项目应在月度和年度报表中列示。（ ）

4.“无偿调拨净资产”行，反映单位本年无偿调入、调出非现金资产事项对净资产的影响。本行“累计盈余”项目，应当根据上年初由“无偿调拨净资产”科目转入“累计盈余”科目的金额填列；如果转入时借记“累计盈余”科目，则以“-”号填列。（ ）

5.单位应当按照收入费用表和资产负债表项目列示顺序，采用文字和数据描述相结合的方式披露重要项目的明细信息。（ ）

四、业务处理题

（一）练习资产负债表的编制

1.资料：某政府单位2×24年11月30日有关会计科目的余额如表9-25所示。

表9-25 **有关会计科目的余额** 单位：元

科目名称	借方余额	科目名称	贷方余额
库存现金	10 000	短期借款	127 000
其中：受托代理现金	2 000	应付账款	6 000
银行存款	158 000	预收账款	3 000
其中：受托代理存款	8 000	其他应付款	2 000
短期投资	42 500	长期借款	255 000

续表

科目名称	借方余额	科目名称	贷方余额
财政应返还额度	36 000	其中：一年内到期的	55 000
应收票据	18 000	长期应付款	327 000
应收账款	40 000	其中：一年内到期的	27 000
预付账款	12 000	累计盈余	2 021 700
其他应收款	2 200	专用基金	64 000
存货	302 000	权益法调整	107 000
长期股权投资	181 000	固定资产累计折旧	550 000
固定资产	2 050 000	无形资产累计摊销	52 000
在建工程	68 000	坏账准备	2 000
无形资产	252 000	无偿调拨净资产	20 000
政府储备物资	80 000		
待处理财产损溢	45 000		
受托代理资产	240 000		
合计	3 536 700		3 536 700

2.该政府单位2×24年12月发生如下经济业务：

（1）接到银行通知，收到财政零余额账户转来的存款400 000元。

（2）上交上月增值税50 000元和其他税费9 000元。

（3）收到入账通知书及相关原始凭证列明采购专用材料一批，通过预算管理一体化系统支付入账金额120 000元，材料已经验收入库。

（4）收到非同级财政部门的财政拨款收入200 000元，款项已存入银行。

（5）接收甲公司的捐赠，其中，货币资金100 000元，专利权一项，发票上注明价款100 000元。假设不考虑相关税费。

（6）收到银行存款利息收入通知书，本月取得存款利息收入5 000元。

（7）收到出租办公楼的年租金51 500元（含税）。假定该租金收入不上缴财政。

（8）计提当月在编职工薪酬800 000元和外部人员劳务费60 000元。

（9）发出救灾药品一批，账面余额70 000元。

（10）计提本月固定资产折旧140 000元、无形资产摊销30 000元。

（11）获得批准处置盘亏的专用材料和图书，账面余额分别为10 000元和2 000元。

3.要求：

（1）根据2×24年12月发生的经济业务编制财务会计分录。

（2）结转2×24年12月收入和费用。

（3）完成上述结转后，结转“本期盈余”科目余额和“本年盈余分配”科目余额。

（4）结转“无偿调拨净资产”科目余额。

（5）编制2×24年12月31日资产负债表。

（二）练习收入费用表的编制

1.资料：某事业单位2×24年12月各项收入和费用发生额如表9-26所示。

表9-26 **各项收入和费用发生额** 单位：万元

收入科目名称	贷方	费用科目名称	借方
财政拨款收入	426	业务活动费用	135
事业收入	480	单位管理费用	225
上级补助收入	70	上缴上级费用	40
附属单位上缴收入	30	对附属单位补助费用	20
经营收入	600	资产处置费用	4.5
非同级财政拨款收入	45	经营费用	300
投资收益	30	所得税费用	75
捐赠收入	75	其他费用	3
利息收入	5		
租金收入	9.6		
其他收入	7		

2.要求：

（1）结转12月各项收入和费用。

（2）年末，结转“本期盈余”科目余额。

（3）年末，结转“本年盈余分配”科目余额。

（4）编制收入费用表。

第十章　政府决算报告

【学习目标】

了解政府预算会计报表的概念；理解和掌握政府预算会计报表的编制方法。

第一节　预算收入支出表

一、预算收入支出表的定义

预算收入支出表反映单位在某一会计年度内各项预算收入、预算支出和预算收支差额的情况。

二、预算收入支出表的性质与作用

预算收入支出表属于政府单位会计报表，该表可以提供某一会计年度内预算收入总额及构成情况、预算支出总额及构成情况，以及预算收支差额的信息。预算收入支出表应当按年度编制。

三、预算收入支出表的格式

预算收入支出表的编制依据是会计等式“本年预算收入-本年预算支出=本年预算收支差额”。预算收入支出表采用单步式格式，根据各项目再分为“本年数”和“上年数”两栏列示，如表10-1所示。

表10-1　　预算收入支出表　　会政预01表

编制单位：　　____年　　单位：元

项目	本年数	上年数
一、本年预算收入		
（一）财政拨款预算收入		
其中：政府性基金收入		
（二）事业预算收入		
（三）上级补助预算收入		
（四）附属单位上缴预算收入		

续表

项目	本年数	上年数
（五）经营预算收入		
（六）债务预算收入		
（七）非同级财政拨款预算收入		
（八）投资预算收益		
（九）其他预算收入		
其中：利息预算收入		
捐赠预算收入		
租金预算收入		
二、本年预算支出		
（一）行政支出		
（二）事业支出		
（三）经营支出		
（四）上缴上级支出		
（五）对附属单位补助支出		
（六）投资支出		
（七）债务还本支出		
（八）其他支出		
其中：利息支出		
捐赠支出		
三、本年预算收支差额		

四、预算收入支出表的编制方法

（一）“上年数”栏的填列方法

预算收入支出表“上年数”栏反映各项目上年度的实际发生数，应当根据上年度预算收入支出表中“本年数”栏内所列数字填列。

如果本年度预算收入支出表规定的项目的名称和内容同上年度不一致，应当对上年度预算收入支出表项目的名称和数字按照本年度的规定进行调整，将调整后金额填入本年度预算收入支出表的“上年数”栏。

（二）“本年数”栏各项目的内容和填列方法

预算收入支出表“本年数”栏反映各项目的本年实际发生数，具体的填列方法如下：

1.根据相关（明细）科目的本年发生额填列

各预算收入和预算支出项目根据相关（明细）科目的本年发生额填列。

2.根据有关项目合计数填列

根据有关项目合计数填列的项目有“本年预算收入”“本年预算支出”项目。

“本年预算收入”项目，反映单位本年预算收入总额。本项目应当根据预算收入支出表中“财政拨款预算收入”“事业预算收入”“上级补助预算收入”“附属单位上缴预算收入”“经营预算收入”“债务预算收入”“非同级财政拨款预算收入”“投资预算收益”“其他预算收入”项目金额的合计数填列。

“本年预算支出”项目，反映单位本年预算支出总额。本项目应当根据预算收入支出表中“行政支出”“事业支出”“经营支出”“上缴上级支出”“对附属单位补助支出”“投资支出”“债务还本支出”和“其他支出”项目金额的合计数填列。

3.根据相关项目计算填列

“本年预算收支差额”项目，反映单位本年各项预算收支相抵后的差额。本项目应当根据预算收入支出表中“本期预算收入”项目金额减去“本期预算支出”项目金额后的金额填列；如相减后金额为负数，以“-”号填列。

五、预算收入支出表的编制举例

【例10-1】某事业单位2×24年预算收支类科目的预算发生额如表10-2所示。该单位无所得税纳税义务。根据资料编制预算收入支出表。

表10-2 某事业单位2×24年预算收入、预算支出类科目预算发生额表 单位：元

支出类	本年数	收入类	本年数
行政支出	—	财政拨款预算收入	2 000 000
事业支出	3 600 000	其中：政府性基金收入	1 200 000
经营支出	600 000	事业预算收入	6 000 000
上缴上级支出	1 600 000	上级补助预算收入	1 600 000
对附属单位补助支出	400 000	附属单位上缴预算收入	400 000
投资支出	120 000	经营预算收入	800 000
债务还本支出	80 000	债务预算收入	120 000
其他支出	40 000	非同级财政拨款预算收入	160 000
其中：利息支出	16 000	投资预算收益	200 000
捐赠支出	24 000	其他预算收入	150 000
		其中：利息预算收入	30 000
		捐赠预算收入	40 000
		租金预算收入	80 000
支出合计	6 440 000	收入合计	11 430 000

分析：根据上述资料，预算收入支出表中各项预算收入项目、预算支出项目的金额直接按照相关科目本期发生额填列。本年预算收入项目金额为各项预算收入科目本年发生额的合计数，计算结果为11 430 000元。本年预算支出项目金额为各项预算支出科目本年发生额的合计数，计算结果为6 440 000元。本年预算收支差额项目的金额等于本年预算收入项目金额减去本年预算支出项目金额，计算结果为4 990 000元。编制的预算收入支出表如表10-3所示。

表10-3 **预算收入支出表** 会政预01表

编制单位： 2×24年 单位：元

项　目	本年数	上年数
一、本年预算收入	11 430 000	（略）
（一）财政拨款预算收入	2 000 000	
其中：政府性基金收入	1 200 000	
（二）事业预算收入	6 000 000	
（三）上级补助预算收入	1 600 000	
（四）附属单位上缴预算收入	400 000	
（五）经营预算收入	800 000	
（六）债务预算收入	120 000	
（七）非同级财政拨款预算收入	160 000	
（八）投资预算收益	200 000	
（九）其他预算收入	150 000	
其中：利息预算收入	30 000	
捐赠预算收入	40 000	
租金预算收入	80 000	
二、本年预算支出	6 440 000	
（一）行政支出		
（二）事业支出	3 600 000	
（三）经营支出	600 000	
（四）上缴上级支出	1 600 000	
（五）对附属单位补助支出	400 000	
（六）投资支出	120 000	
（七）债务还本支出	80 000	
（八）其他支出	40 000	
其中：利息支出	16 000	
捐赠支出	24 000	
三、本年预算收支差额	4 990 000	

第二节 预算结转结余变动表

一、预算结转结余变动表的定义

预算结转结余变动表是反映单位在某一会计年度内预算结转结余的变动情况的报表。

二、预算结转结余变动表的性质和作用

预算结转结余变动表属于政府单位会计报表，该表可提供某一会计年度年初预算结转结余、年初余额调整、本年变动金额和年末预算结转结余等信息。预算结转结余变动表应当按年度编制。

三、预算结转结余变动表的内容与格式

预算结转结余变动表编制依据的基本计算公式是“年初预算结转结余+年初余额调整+本年变动金额=年末预算结转结余”。预算结转结余变动表还将各项目再分为“本年数”和“上年数”两栏分别列示。预算结转结余变动表的格式如表10-4所示。

表10-4 **预算结转结余变动表** 会政预02表

编制单位： ____年 单位：元

项目	本年数	上年数
一、年初预算结转结余		
（一）财政拨款结转结余		
（二）其他资金结转结余		
二、年初余额调整（减少以“-”号填列）		
（一）财政拨款结转结余		
（二）其他资金结转结余		
三、本年变动金额（减少以“-”号填列）		
（一）财政拨款结转结余		
1.本年收支差额		
2.归集调入		
3.归集上缴或调出		
（二）其他资金结转结余		
1.本年收支差额		
2.缴回资金		
3.使用专用结余		

续表

项目	本年数	上年数
4.支付所得税		
四、年末预算结转结余		
（一）财政拨款结转结余		
1.财政拨款结转		
2.财政拨款结余		
（二）其他资金结转结余		
1.非财政拨款结转		
2.非财政拨款结余		
3.专用结余		
4.经营结余（如有余额，以“-”号填列）		

四、预算结转结余变动表的编制方法

（一）“上年数”栏的填列方法

预算结转结余变动表中“上年数”栏反映各项目的上年实际发生数，应当根据上年度预算结转结余变动表中“本年数”栏内所列数字填列。

如果本年度预算结转结余变动表规定的项目的名称和内容同上年度不一致，应当对上年度预算结转结余变动表项目的名称和数字按照本年度的规定进行调整，将调整后金额填入本年度预算结转结余变动表的“上年数”栏。

（二）“本年数”栏各项目的内容和填列方法

预算结转结余变动表中“本年数”栏反映各项目的本年实际发生数。

1.“年初预算结转结余”项目

“年初预算结转结余”项目，反映单位本年预算结转结余的年初余额。本项目应当根据本项目下“财政拨款结转结余”“其他资金结转结余”项目金额的合计数填列。

（1）“财政拨款结转结余”项目，反映单位本年财政拨款结转结余资金的年初余额。本项目应当根据“财政拨款结转”“财政拨款结余”科目本年年初余额合计数填列。

（2）“其他资金结转结余”项目，反映单位本年其他资金结转结余的年初余额。本项目应当根据“非财政拨款结转”“非财政拨款结余”“专用结余”“经营结余”科目本年年初余额的合计数填列。

2.“年初余额调整”项目

“年初余额调整”项目，反映单位本年预算结转结余年初余额调整的金额。本项目应当根据本项目下“财政拨款结转结余”“其他资金结转结余”项目金额的合计数填列。

（1）“财政拨款结转结余”项目，反映单位本年财政拨款结转结余资金的年初余额调整金额。本项目应当根据“财政拨款结转”“财政拨款结余”科目下“年初余额调整”明细科目的本年发生额的合计数填列；如调整减少年初财政拨款结转结余，以“-”号填列。

(2)“其他资金结转结余”项目，反映单位本年其他资金结转结余的年初余额调整金额。本项目应当根据“非财政拨款结转”“非财政拨款结余”科目下“年初余额调整”明细科目的本年发生额的合计数填列；如调整减少年初其他资金结转结余，以“-”号填列。

3.“本年变动金额”项目

“本年变动金额”项目，反映单位本年预算结转结余变动的金额。本项目应当根据本项目下“财政拨款结转结余”“其他资金结转结余”项目金额的合计数填列。

(1)“财政拨款结转结余”项目，反映单位本年财政拨款结转结余资金的变动。本项目应当根据本项目下“本年收支差额”“归集调入”“归集上缴或调出”项目金额的合计数填列。

①“本年收支差额”项目，反映单位本年财政拨款资金收支相抵后的差额。本项目应当根据“财政拨款结转”科目下“本年收支结转”明细科目本年转入的预算收入与预算支出的差额填列；差额为负数的，以“-”号填列。

②“归集调入”项目，反映单位本年按照规定从其他单位归集调入的财政拨款结转资金。本项目应当根据“财政拨款结转”科目下“归集调入”明细科目的本年发生额填列。

③“归集上缴或调出”项目，反映单位本年按照规定上缴的财政拨款结转结余资金及按照规定向其他单位调出的财政拨款结转资金。本项目应当根据“财政拨款结转”“财政拨款结余”科目下“归集上缴”明细科目，以及“财政拨款结转”科目下“归集调出”明细科目本年发生额的合计数填列，以“-”号填列。

(2)“其他资金结转结余”项目，反映单位本年其他资金结转结余的变动。本项目应当根据本项目下“本年收支差额”“缴回资金”“使用专用结余”“支付所得税”项目金额的合计数填列。

①“本年收支差额”项目，反映单位本年除财政拨款外的其他资金收支相抵后的差额。本项目应当根据“非财政拨款结转”科目下“本年收支结转”明细科目、“其他结余”科目、“经营结余”科目本年转入的预算收入与预算支出的差额的合计数填列；如为负数，以“-”号填列。

②“缴回资金”项目，反映单位本年按照规定缴回的非财政拨款结转资金。本项目应当根据“非财政拨款结转”科目下“缴回资金”明细科目本年发生额的合计数填列，以“-”号填列。

③“使用专用结余”项目，反映事业单位本年根据规定使用从非财政拨款结余或经营结余中提取的专用基金的金额。本项目应当根据“专用结余”科目明细账中本年使用专用结余业务的发生额填列，以“-”号填列。

④“支付所得税”项目，反映有企业所得税缴纳义务的事业单位本年实际缴纳的企业所得税金额。本项目应当根据“非财政拨款结余”明细账中本年实际缴纳企业所得税业务的发生额填列，以“-”号填列。

4.“年末预算结转结余”项目

“年末预算结转结余”项目，反映单位本年预算结转结余的年末余额。本项目应当根据本项目下“财政拨款结转结余”“其他资金结转结余”项目金额的合计数填列。

(1)“财政拨款结转结余”项目，反映单位本年财政拨款结转结余的年末余额。本项目应当根据本项目下“财政拨款结转”“财政拨款结余”项目金额的合计数填列。本项目下“财政拨款结转”“财政拨款结余”项目，应当分别根据“财政拨款结转”“财政拨款结余”科目的本年年末余额填列。

(2)“其他资金结转结余”项目，反映单位本年其他资金结转结余的年末余额。本项目应当根据本项目下“非财政拨款结转”“非财政拨款结余”“专用结余”“经营结余”项目金额的合计数填列。本项目下“非财政拨款结转”“非财政拨款结余”“专用结余”“经营结余”项目，应当分别根据“非财政拨款结转”“非财政拨款结余”“专用结余”“经营结余”科目的本年年末余额填列。

预算结转结余变动表中，“年末预算结转结余”项目金额等于“年初预算结转结余”“年初余额调整”“本年变动金额”三个项目的合计数。

五、预算结转结余变动表的编制举例

【例10-2】某行政单位2×24年12月31日结账后各资产、负债和净资产类会计科目的年初数和年末数如表10-5所示。据此编制该行政单位的预算结转结余变动表。

表10-5

会计科目表余额

2×24年

单位：元

会计科目	年初数	年末数	本年变动数（依据本年明细科目发生数）
财政拨款结转	8 000 000	15 000 000	7 000 000
——年初余额调整	0	0	0
——归集调入	0	0	7 800 000
——归集调出	0	0	300 000
——归集上缴	0	0	500 000
——单位内部调剂	0	0	0
——本年收支结转	0	0	0
——累计结转	8 000 000	15 000 000	7 000 000
财政拨款结余	1 200 000	2 300 000	1 100 000
——年初余额调整	0	0	1 100 000
——归集上缴	0	0	0
——单位内部调剂	0	0	0
——结转转入	0	0	0
——累计结转	1 200 000	2 300 000	1 100 000

续表

会计科目	年初数	年末数	本年变动数（依据本年明细科目发生数）
非财政拨款结转	1 500 000	2 800 000	1 300 000
——年初余额调整			300 000
——缴回资金			100 000
——项目间接费用或管理费			0
——本年收支结转			900 000
——累计结转	1 500 000	2 800 000	1 300 000
非财政拨款结余	500 000	1 300 000	800 000
——年初余额调整			800 000
——项目间接费用或管理费			
——结转转入			
——累计结转	500 000	1 300 000	800 000
专用结余	0	0	0
经营结余	0	0	0
其他结余	100 000	300 000	200 000

根据上述资料分析如下：

（一）年初预算结转结余的计算

1.年初财政拨款结转结余=年初财政拨款结转+年初财政拨款结余

=8 000 000+1 200 000=9 200 000（元）

2.年初其他资金结转结余=年初非财政拨款结转+年初非财政拨款结余+年初专用结余+年初经营结余

=1 500 000+500 000+0+0=2 000 000（元）

由上可知：

年初预算结转结余=年初财政拨款结转结余+年初其他资金结转结余

=9 200 000+2 000 000=11 200 000（元）

（二）年初余额调整的计算

1.财政拨款结转结余年初余额调整=财政拨款结转年初余额调整+财政拨款结余年初余额调整

=0+1 100 000=1 100 000（元）

2.其他资金结转结余年初余额调整=非财政拨款结转年初余额调整+非财政拨款结余年初余额调整

= 300 000+800 000=1 100 000（元）

由上可知：

年初余额调整=财政拨款结转结余（年初余额调整）+其他资金结转结余（年初余额调整）

=1 100 000+1 100 000=2 200 000（元）

（三）本年变动金额的计算

1.财政拨款结转结余本年变动金额=本年收支差额+归集调入+归集上缴或调出

（1）本年收支差额=财政拨款结转（本年收支结转）预算收入-预算支出=0

（2）归集调入=财政拨款结转（归集调入）=7 800 000元

（3）归集上缴或调出=财政拨款结转（归集上缴）+财政拨款结余（归集上缴）+财政拨款结转（归集调出）

=-（300 000+500 000）=-800 000（元）

2. 其他资金结转结余本年变动金额=本年收支差额+缴回资金+使用专用结余+支付所得税

=900 000+200 000+（-100 000）=1 000 000（元）

（1）本年收支差额=非财政拨款结转（本年收支结转）+其他结余（预算收入-预算支出）+经营结余（预算收入-预算支出）

=900 000+200 000+0=1 100 000（元）

（2）缴回资金=非财政拨款结转（缴回资金）=-100 000元

（3）使用专用结余=专用结余（本年使用专用结余）=0

（4）支付所得税=非财政拨款结余（缴纳本年企业所得税）=0

由上可知：

本年变动金额=财政拨款结转结余本年变动金额+其他资金结转结余本年变动金额

=7 800 000+（-800 000）+1 000 000=8 000 000（元）

（四）年末预算结转结余的计算

1.年末财政拨款结转结余=年末财政拨款结转+年末财政拨款结余

=15 000 000+2 300 000=17 300 000（元）

2.年末其他资金结转结余=年末非财政拨款结转+年末非财政拨款结余+年末专用结余+年末经营结余

=2 800 000+1 300 000+0+0=4 100 000（元）

由上可知：

年末预算结转结余=年初预算结转结余+年初余额调整+本年变动金额

=年末财政拨款结转结余+年末其他资金结转结余

=11 200 000+2 200 000+8 000 000=21 400 000（元）

=17 300 000+4 100 000=21 400 000（元）

综上所述，编制的预算结转结余变动表如表10-6所示。

表10-6 预算结转结余变动表

编制单位： 2×24年 单位：元

项目	本年数	上年数
一、年初预算结转结余	11 200 000	
（一）财政拨款结转结余	9 200 000	
（二）其他资金结转结余	2 000 000	
二、年初余额调整（减少以“-”号填列）	2 200 000	
（一）财政拨款结转结余	1 100 000	
（二）其他资金结转结余	1 100 000	
三、本年变动金额（减少以“-”号填列）	8 000 000	
（一）财政拨款结转结余	7 000 000	
1.本年收支差额	0	
2.归集调入	7 800 000	
3.归集上缴或调出	-800 000	
（二）其他资金结转结余	1 000 000	
1.本年收支差额	1 100 000	
2.缴回资金	-100 000	
3.使用专用结余	0	
4.支付所得税	0	
四、年末预算结转结余	21 400 000	
（一）财政拨款结转结余	17 300 000	
1.财政拨款结转	15 000 000	
2.财政拨款结余	2 300 000	
（二）其他资金结转结余	4 100 000	
1.非财政拨款结转	2 800 000	
2.非财政拨款结余	1 300 000	
3.专用结余	0	
4.经营结余（如有余额，以“-”号填列）	0	

第三节 财政拨款预算收入支出表

一、财政拨款预算收入支出表的定义

财政拨款预算收入支出表是反映单位本年财政拨款预算资金收入、支出及相关变动的具体情况的报表。

二、财政拨款预算收入支出表的性质和作用

财政拨款预算收入支出表属于政府单位会计报表中的预算会计报表。该表中的数据与预算结转结余变动表中的数据存在内在联系，是对预算结转结余变动表中的相关数据的详细展开，将该表中的数据与经批准的财政拨款预算收入支出预算数据进行比较，可以全面了解和评价单位的财政拨款收支预算执行情况。财政拨款预算收入支出表应当按年编制。

三、财政拨款预算收入支出表的内容和格式

财政拨款预算收入支出表需要详细反映各项财政补助资金由年初数额变化为年末数额的有关内容，包括年初余额的调整、本年归集调入、本年上缴、本年财政拨款预算收入、本年财政拨款支出等内容。财政拨款预算收入支出表的格式如表10-7所示。

表10-7 财政拨款预算收入支出表 会政预03表

编制单位： ____年 单位：元

项目	年初财政拨款结转结余		调整年初财政拨款结转结余	本年归集调入	本年归集上缴或调出	单位内部调剂		本年财政拨款收入	本年财政拨款支出	年末财政拨款结转结余	
	结转	结余				结转	结余			结转	结余
一、一般公共预算财政拨款											
（一）基本支出											
1.人员经费											
2.日常公用经费											
（二）项目支出											
1.xx项目											
2.xx项目											
⋮											
二、政府性基金预算财政拨款											
（一）基本支出											
1.人员经费											
2.日常公用经费											
（二）项目支出											
1.xx项目											
2.xx项目											
⋮											
总计											

四、财政拨款预算收入支出表的编制方法

财政拨款预算收入支出表中“项目”栏内各项目，应当根据单位取得的财政拨款种类

分项设置。其中，“项目支出”项目下，根据每个项目设置；单位取得除一般公共财政预算拨款和政府性基金预算拨款以外的其他财政拨款的，应当按照财政拨款种类增加相应的资金项目及其明细项目。

（一）年初财政拨款结转结余

“年初财政拨款结转结余”栏中各项目，反映单位年初各项财政拨款结转结余的金额。各项目应当根据“财政拨款结转”“财政拨款结余”及其明细科目的年初余额填列。本栏中各项目的数额应当与上年度财政拨款预算收入支出表中“年末财政拨款结转结余”栏中各项目的数额相等。

（二）调整年初财政拨款结转结余

“调整年初财政拨款结转结余”栏中各项目，反映单位对年初财政拨款结转结余的调整金额。各项目应当根据“财政拨款结转”“财政拨款结余”科目下“年初余额调整”明细科目及其所属明细科目的本年发生额填列；如调整减少年初财政拨款结转结余，以“-”号填列。

（三）本年归集调入

“本年归集调入”栏中各项目，反映单位本年按规定从其他单位调入的财政拨款结转资金金额。各项目应当根据“财政拨款结转”科目下“归集调入”明细科目及其所属明细科目的本年发生额填列。

（四）本年归集上缴或调出

“本年归集上缴或调出”栏中各项目，反映单位本年按规定实际上缴的财政拨款结转结余资金，以及按照规定向其他单位调出的财政拨款结转资金金额。各项目应当根据“财政拨款结转”“财政拨款结余”科目下“归集上缴”科目和“财政拨款结转”科目下“归集调出”明细科目，及其所属明细科目的本年发生额填列，以“-”号填列。

（五）单位内部调剂

“单位内部调剂”栏中各项目，反映单位本年财政拨款结转结余资金在单位内部不同项目之间的调剂金额。各项目应当根据“财政拨款结转”和“财政拨款结余”科目下的“单位内部调剂”明细科目及其所属明细科目的本年发生额填列；对单位内部调剂减少的财政拨款结余金额，以“-”号填列。

（六）本年财政拨款收入

“本年财政拨款收入”栏中各项目，反映单位本年从同级财政部门取得的各类财政预算拨款金额。各项目应当根据“财政拨款预算收入”科目及其所属明细科目的本年发生额填列。

（七）本年财政拨款支出

“本年财政拨款支出”栏中各项目，反映单位本年发生的财政拨款支出金额。各项目应当根据“行政支出”“事业支出”等科目及其所属明细科目本年发生额中的财政拨款支出的合计数填列。

（八）年末财政拨款结转结余

“年末财政拨款结转结余”栏中各项目，反映单位年末财政拨款结转结余的金额。各项目应当根据“财政拨款结转”“财政拨款结余”科目及其所属明细科目的年末余额填列。

五、财政拨款预算收入支出表的编制举例

【例 10-3】某事业单位2×24年12月31日结账后各资产、负债和净资产类会计科目的年初数和年末数如表10-8所示。据此编制该单位的财政拨款预算收入支出表，如表10-9所示。(限于篇幅，财政拨款预算收入支出的明细科目金额直接列示在表10-9中)

表 10-8 会计科目表余额

2×24 年

单位：元

会计科目	年初数	年末数	本年变动数（依据本年明细科目发生数）
财政拨款结转	6 000 000	11 000 000	5 000 000
——年初余额调整	0	0	0
——归集调入	0	0	5 500 000
——归集调出	0	0	200 000
——归集上缴	0	0	300 000
——单位内部调剂	0	0	0
——本年收支结转	0	0	0
——累计结转	6 000 000	11 000 000	5 000 000
财政拨款结余	8 000 000	10 000 000	2 000 000
——年初余额调整	0	0	2 000 000
——归集上缴	0	0	0
——单位内部调剂	0	0	0
——结转转入	0	0	0
——累计结转	8 000 000	10 000 000	2 000 000
非财政拨款结转	100 000	150 000	50 000
——年初余额调整	0	0	10 000
——缴回资金	0	0	-10 000
——项目间接费用或管理费	0	0	0
——本年收支结转	0	0	0
——累计结转	100 000	150 000	50 000
非财政拨款结余	250 000	380 000	130 000
——年初余额调整			130 000
——项目间接费用或管理费			
——结转转入			
——累计结转	250 000	380 000	130 000
专用结余	110 000	120 000	10 000
经营结余	400 000	200 000	-200 000
其他结余	100 000	110 000	10 000

表 10-9

财政拨款预算收入支出表

2×24 年

单位：元

项目	年初财政拨款结转结余		调整年初财政拨款结转结余	本年归集调入	本年归集上缴或调出	单位内部调剂		本年财政拨款收入	本年财政拨款支出	年末财政拨款结转结余	
	结转	结余				结转	结余			结转	结余
一、一般公共预算财政拨款	2 000 000	3 000 000	2 000 000	2 500 000	200 000	0	0	100 000	100 000	4 300 000	5 000 000
（一）基本支出	1 000 000	2 000 000	2 000 000		200 000	0	0	20 000	20 000	800 000	4 000 000
1.人员经费	100 000	1 500 000	0		100 000	0	0	10 000	10 000	0	1 500 000
2.日常公用经费	900 000	500 000	2 000 000		100 000	0	0	10 000	10 000	800 000	2 500 000
（二）项目支出	1 000 000	1 000 000	0	2 500 000	0	0	0	80 000	80 000	3 500 000	1 000 000
1.××项目	200 000	1 000 000	0	1 500 000	0	0	0	80 000	80 000	1 700 000	1 000 000
2.××项目	800 000	0	0	1 000 000	0	0	0	0	0	1 800 000	0
二、政府性基金预算财政拨款	4 000 000	5 000 000	0	3 000 000	300 000	0	0	700 000	700 000	6 700 000	5 000 000
（一）基本支出	2 500 000	1 000 000	0	1 000 000	0	0	0	300 000	300 000	3 500 000	1 000 000
1.人员经费	1 500 000	1 000 000	0	0	0	0	0	100 000	100 000	1 500 000	1 000 000
2.日常公用经费	1 000 000	0	0	1 000 000	0	0	0	200 000	200 000	2 000 000	0
（二）项目支出	1 500 000	4 000 000	0	2 000 000	300 000	0	0	400 000	400 000	3 200 000	4 000 000
1.××项目	1 500 000	4 000 000	0	2 000 000	300 000	0	0	400 000	400 000	3 200 000	4 000 000
总计	6 000 000	8 000 000	2 000 000	5 500 000	500 000	0	0	800 000	800 000	11 000 000	10 000 000

注：年末财政拨款结转结余=年初财政拨款结转结余+调整年初财政拨款结转结余+本年变动金额

$$= \frac{\text{年初财政}}{\text{拨款结转结余}} + \frac{\text{调整年初财政}}{\text{拨款结转结余}} + \left(\frac{\text{本年}}{\text{归集调入}} - \frac{\text{本年归集}}{\text{上缴或调出}} \pm \frac{\text{单位内部}}{\text{调剂}} + \frac{\text{本年财政}}{\text{拨款收入}} - \frac{\text{本年财政}}{\text{拨款支出}}\right)$$

=（6 000 000+8 000 000）+2 000 000+（5 500 000−500 000）+0+（800 000−800 000）=11 000 000+10 000 000=21 000 000（元）

【学思践悟】

（一）资料

中央部门公开部门决算信息

2023年7月25日，102个中央部门集中在本部门网站和财政部网站、中国政府网公开2022年度决算情况。与往年比，2023年公开的决算信息更加全面、详细、规范，反映出财政政策的执行效果以及财政改革纵深推进、更好服务经济社会发展的成效。

2023年的部门决算公开表共9张。反映所有预算收支口径的收入支出决算总表、收入决算表、支出决算表等3张表，功能分类细化至最明细的项级科目，能看到各项经费来源和支出用途。财政拨款收入支出决算总表等6张表反映财政拨款收支，功能分类细化至项级科目。其中，财政拨款“三公”经费支出按因公出国（境）费、公务用车购置及运行费和公务接待费公开全年预算数和决算数。

专家认为，持续加大部门决算信息特别是绩效信息公开的力度，一方面是相关部门向老百姓交账本、说明本年度本部门财政资金使用与工作完成状况，打造透明政府的必要之举；另一方面是通过倒逼机制，让相关部门及其下属单位更加重视提升工作绩效，特别是通过项目单位自评、部门评价和财政评价，发现绩效管理工作的不足并予以改进。

财政部表示，为积极稳妥地推进部门所属单位决算公开，2023年中央部门公开决算后，还将继续指导督促所属单位认真履行主体责任，依法依规公开单位预算。

资料来源：曲哲涵.中央部门晒出收支“明白账”[N].人民日报，2023-07-26（10）.

（二）讨论

从政府决算报告信息公开的角度谈谈政府决算报告如何服务于推进国家治理体系和治理能力现代化。

【复习思考题】

1. 什么是政府单位的预算会计报表？包括哪些内容？
2. 什么是预算收入支出表？按照什么时间编制？
3. 什么是预算结转结余变动表？按照什么时间编制？
4. 什么是财政拨款预算收入支出表？按照什么时间编制？

【练习题】

一、单项选择题

1. 下列关于预算收入支出表的表述中，错误的是（　　）。

A. 报表主体部分包括编报项目、栏目及金额

B. 预算收入支出表是反映单位在某一特定日期各项预算收入、预算支出和预算收支

差额情况的报表

C.行政事业单位的预算收入支出表由表首标题和报表主体构成

D.“本年预算收入”项目，应当根据预算收入支出表中“财政拨款预算收入”“事业预算收入”“上级补助预算收入”等项目金额的合计数填列

2.下列关于预算结转结余变动表的表述中，错误的是（　　）。

A.预算结转结余变动表是反映单位在某一会计年度内预算结转结余变动情况的报表

B.行政事业单位的预算结转结余变动表由表首标题和报表主体构成，报表主体部分包括编报项目、栏目及金额

C.预算结转结余变动表“本年数”栏反映各项目的本年实际发生数

D.预算结转结余变动表“上年数”栏反映各项目的上年实际发生数，应当根据本年年初预算结转结余变动表中“本年数”栏内所列数字填列

3.下列关于财政拨款预算收入支出表的表述中，错误的是（　　）。

A.“本年归集调入”栏中各项目，根据“财政拨款结转”科目下“归集调入”明细科目及其所属明细科目的本年发生额填列

B.“年初财政拨款结转结余”栏中各项目，根据“财政拨款结转”“财政拨款结余”及其明细科目的年末余额填列

C.“本年财政拨款收入”栏中各项目，根据“财政拨款预算收入”科目及其所属明细科目的本年发生额填列

D.财政拨款预算收入支出表是反映单位本年财政拨款预算资金收入、支出及相关变动的具体情况的报表

4.下列各项中，反映单位本年财政拨款预算资金收入、支出及相关变动具体情况的报表是（　　）。

A收入费用表　　B.预算收入支出表

C.预算结转结余变动表　　D.财政拨款预算收入支出表

二、多项选择题

1.下列关于预算结转结余变动表的“年初余额调整”项目的表述中，正确的是（　　）。

A.“年初余额调整”项目，根据本项目下“财政拨款结转结余”“其他资金结转结余”项目金额的合计数填列

B.“其他资金结转结余”项目，根据“非财政拨款结转”“非财政拨款结余”科目下“年初余额调整”明细科目的本年发生额的合计数填列

C.“财政拨款结转结余”项目，根据“财政拨款结转”“财政拨款结余”科目下“年初余额调整”明细科目的本年发生额的合计数填列

D.如果调整减少年初其他资金结转结余，以“-”号填列

2.在预算收入支出表中，列示的项目有（　　）。

A.“本年预算收入”　　B.“本年预算支出”

C.“本年预算收支差额”　　D.“本期盈余”

3.下列说法正确的有（　　）。

A.行政单位在编制资产负债表时，应采用“资产=负债+净资产”的平衡等式

B.预算会计报表包括预算收入支出表、预算结转结余变动表和财政拨款预算收入支出表

C.财务报表由会计报表及其附注构成

D.预算会计报表一般包括资产负债表、收入费用表和净资产变动表

4.在编制预算结转结余变动表时，“财政拨款结转结余”项目应当根据（ ）项目的金额的合计数填列。

A.“本年收支差额”　　B.“归集调入”

C“归集上缴或调出”　　D.“缴回资金”

三、业务处理题

某事业单位2×24年的预算收支类科目的发生额如表10-10所示。该单位无所得税纳税义务。根据资料编制预算收入支出表。

表10-10　**某事业单位2×24年预算收入、预算支出类科目预算发生额表**　单位：元

收入类	本年数	支出类	本年数
财政拨款预算收入	3 000 000	事业支出	5 400 000
其中：政府性基金收入	1 800 000	经营支出	900 000
事业预算收入	9 000 000	上缴上级支出	2 400 000
上级补助预算收入	2 400 000	对附属单位补助支出	600 000
附属单位上缴预算收入	600 000	投资支出	180 000
经营预算收入	1 200 000	债务还本支出	120 000
债务预算收入	180 000	其他支出	60 000
非同级财政拨款预算收入	240 000	其中：利息支出	24 000
投资预算收益	300 000	捐赠支出	36 000
其他预算收入	225 000		
其中：利息预算收入	45 000		
捐赠预算收入	60 000		
租金预算收入	120 000		
收入合计	17 145 000	支出合计	9 660 000

参考文献

［1］邢俊英．政府会计［M］．4版．大连：东北财经大学出版社，2023.

［2］孙美杰．政府会计［M］．上海：立信会计出版社，2019.

［3］王晨明，周欣．政府会计实务及案例解析［M］．上海：立信会计出版社，2019.

［4］王彦，王建英，赵西卜．政府与非营利组织会计［M］．8版．北京：中国人民大学出版社，2023.

［5］李燕．政府预算管理［M］．3版．北京：北京大学出版社，2024.

［6］黄海燕．预算会计［M］．上海：立信会计出版社，2017.

［7］章贵桥，陈志斌．我国政府会计七十年理论研究回顾与展望［J］．会计研究，2019（12）：22-27.

